彭国翔 著

近世儒学史的辨正与钩沉

余英時題

中华书局

图书在版编目(CIP)数据

近世儒学史的辨正与钩沉/彭国翔著. —北京:中华书局,
2015.9
ISBN 978-7-101-11164-4

Ⅰ.近…　Ⅱ.彭…　Ⅲ.儒学-研究-中国-宋代~清代
Ⅳ.B222.05

中国版本图书馆 CIP 数据核字(2015)第 181366 号

书　　名	近世儒学史的辨正与钩沉
著　　者	彭国翔
责任编辑	张继海
出版发行	中华书局
	(北京市丰台区太平桥西里 38 号　100073)
	http://www.zhbc.com.cn
	E-mail:zhbc@ zhbc.com.cn
印　　刷	北京天来印务有限公司
版　　次	2015 年 9 月北京第 1 版
	2015 年 9 月北京第 1 次印刷
规　　格	开本/710×1000 毫米　1/16
	印张 36　插页 2　字数 350 千字
印　　数	1-2500 册
国际书号	ISBN 978-7-101-11164-4
定　　价	88.00 元

目　录

1

序　言

2000 年 7 月我在台北初次认识国翔，他当时是北京大学哲学研究生，正在撰写博士论文，即后来修订出版的《良知学的展开——王龙溪与中晚明的阳明学》（台北：学生书局，2003；北京：三联书店，2005）。当天聚会匆促，未及详谈，不过他好学的热忱在我心中却留下了较深的印象。四年后他到哈佛大学进行研究工作，曾抽空来访普林斯顿，我们才有充分的论学机会。以后他多次访美，每来必和我有数日的交流，由于治学范围和价值取向都很相近，这种交流为我们带来了很大的乐趣。

国翔的专业是中国哲学，而中国哲学自正式进入大学课程之日起，便和中国哲学史是分不开的，冯友兰虽有"照着讲"（哲学史）和"接着讲"（哲学）之分，但这一分别只能是相对的而非绝对的。因为严格地说，"照着讲"之中已渗进了数不清的"接着讲"，而"接着讲"也处处离不开"照着讲"。所以中国人文学界早就出现了一个共识：研究中国哲学必须双管齐下，同时进入哲学和史学两大领域。自胡适以来，哲史双修便已形成北京大学的哲学传统，国翔师承有自，并且自觉地继承了这一传统；他在本书《前言》中对此已作了清楚的交代。

但国翔尊重传统，却不为传统所限，从学思发展的历程看，他一直在扩大研究的范围和视野，并尝试不同的方法和观点。自《良知学的展开》以来，十年之中他已有四种论集问世（包括本书），重点和取向各不相同，恰可为他在学问上与时俱进的情况作见证。

本书题作《近世儒学史的辨正与钩沉》，国翔认为在他的哲学专业之外，"而属于学术思想史、历史文献学的领域"（《前言》）。以他的几部论集而言，《儒家传统——宗教与人文主义之间》（北京大学出版社，2007）偏重于宗教学的进路，《儒家传统的诠释与思辨——从先秦儒学、宋明理学到现代新儒学》（武汉大学出版社，2012）所处理的是他最擅长的哲学与哲学史方面的问题，而本书则可以说是他的第一本史学的作品；三者恰好鼎足而立。但学科虽跨三门，研究宗旨却一贯而下，同在阐明儒学传统及其现代意义，故相互之间配合得很紧凑。本书所收"辨正"与"钩沉"十三篇，事实上，都和哲学及哲学史密切相关，所以我并不完全同意上引"属于学术思想史、历史文献学的领域"之说。因为以中国的情形而言，哲学史和学术思想史之间的界线是无法清楚划分的。据我所见，关于《龙溪会语》和两部《理学录》的考论都涉及了明、清哲学史上的重要问题。正如先师钱宾四先生的《中国近三百年学术史》，其中有关陈确《大学辨》、潘平格《求仁录》及章学诚遗书抄本的发现与考订也为后来清代哲学的研究提供了关键性的基础文献，其贡献决不限于"学术史的领域"。

国翔在《前言》中特别重视历史文献的考订，他借用传统的概念，要求哲学和哲学史的工作者"将'宋学'的思想阐发建立在'汉学'的历史研究之上"。自"五四"整理国故以来，这一要求曾不断有人提出，似乎早已成人文学界的一个共识。但按之实际，此说竟流为口头禅，言之者众而行之者寡。因此我认为国翔的论点仍值得再强调一次。他在《合法性、视域与主体性——当前中国哲学研究的反省与前瞻》一文中谈到这个问题时，曾说过下面一段生动而又沉痛的话：

> 如果不能首先虚心、平心吃透文献，还没读几页书就浮想联翩，结果只能是在缺乏深透与坚实的理解和领会的情况下放纵个人的想像力，对源远流长的中国哲学传统终究难有相契的了解。其研究结果也只能是"六经注我"式的"借题发挥"与"过度诠释"。（收在彭国翔《儒家传统与中国哲学——新世纪的回顾与前瞻》，河北人民出版社，2009 年，页 80）

此文撰于 2003 年，国翔的话当然是有感而发。可知对于文献基础的轻忽，一直到最近还是中国哲学史研究中时有所见的现象。我完全同情国翔的立场，所以下面举一个实例来加强他的论点。

很多年前我偶然读到一篇讨论《中庸》"修道之谓教"的文字，作者断定此处"修"字作"学"字解，乃汉初流行语，并引《淮南子·修务训》为证。这句引文说：

> 知者之所短，不若愚者之所脩。

作者在这个基础上，进行了一层又一层的推理，最后得到了他所需要的结论。其实《修务训》此处的"脩"（同"修"）字是"长短"之"长"的意思，高诱在句下注得明明白白：

短、缺；脩、长也。

而且同篇还有另一处"脩短"连用之语：

人性各有所脩短。

此处"脩"字作"长短"之"长"解，更是毫无致疑的余地。作者即使不信高注，也不应对此内证视若无睹。问题尚不止此，高诱在《叙目》中指出：

以父讳长，故其所著，诸长字皆曰修。

这就将刘安及其门下宾客何以用"修"代"长"的最深层原因掘发出来了。（这里我必须补充一句：《淮南子》所讳的是"长短"之"长"，读作"cháng"，第二声，而不是"长幼"或"生长"之"长"，读作"zhǎng"，第三声。）上面提到的那位作者为什么竟会误读"修"字呢？这决不是由于他对古典文本的修养不足。恰恰相反，就我所知，无论是"宋学"、"汉学"或哲学，该作者的造诣都达到了极高的水平。依我的推测，他大概是急于证成他的哲学论点，看到《修务训》中这个"修"字可资利用，便不再追问此字有无歧义及其在《淮南子》中的复杂背景了。其结果则正如国翔所说，完成了一种"六经注我"式的"借题发挥"。

我认为这个例子特别值得哲学史研究者的警惕，因为它提供的最大教训是："在哲学起飞之前，研究者必须以最严肃的态度对待他的历史文本，其中任何一个字都不能轻易放过！"

这是国翔第一部关于思想史和历史文献考释的专集，我希望他继续在这个园地中开垦，所以很高兴地应他之约，匆匆写下这篇短序。

余英时
2013 年 3 月于普林斯顿

前　言

　　本书是我 1997 年迄今十五年间所选十三篇论文的结集。这些文字发表于海内外各种不同的学术出版物，尤以台湾的学术期刊为多。这十三篇文字都涉及大量中文古典文献，而台湾一直使用繁体字这一中文古典文献的原文，因此，本书选择首先在台湾以繁体字出版，就是顺理成章的。至于恰好本书所收文字最初多在台湾发表，或许说明我与台湾学界有着特别的缘分。

　　这十三篇文字放在一起，自然不是任意和偶然的。我愿意在此略加说明。

　　我硕士和博士阶段是中国哲学专业，但是从大学时代开始，除了哲学之外，历史和宗教也是我格外感兴趣的两个学科。我多年以来一直认为，人文学术中的不同学科，如文学、历史、哲学、宗教、艺术等等，其实都是观察与思考人文世界的不同角度，彼此之间非但并无高下短长，更需要相互配合，方可掌握人文世界的整全。任何一个学科有所"见"的同时也都有所"蔽"。恰如一个手电筒，在照亮一个局部的同时，不免无视其余而在周围留下阴影。因此，这些学科只有彼此配合，各条光束相互汇聚，方能形成"无影灯"，使得人文世界的整体尽可能得到完全的照明。在这个意义上，我很欣赏明儒周海门（1547－1629，名汝登，字继元，号海门，浙江嵊县人）所谓的"教本相通不相违，语可相济难相非"这句话。现代学术早已如庄子所谓"道术为天下裂"，分工日益细密。在没有专业和擅长的情况下以"通人"自居，妄谈打破学科界限，只能流于掩盖浮泛与空疏的遮羞布。但学者的学术训练不限于一门学科，掌握一门以上的研究方法，恰如武学高手可以精通一门以上的武艺，虽然能"至"与否有赖于个人主客观的诸多条件，却应当是"心向往之"的目标。当然，兼通一门以上的武艺，是必须以先通一门武艺为前提的。同时，兼通一门以上的武艺，也并不意味着不同的武艺由于可以集于习武者一身而泯灭了各自练法的不同。恰如武学高手可以兼擅内家的太极拳与外家的谭腿，但太极和谭腿各自的习练法门却不会因此而混同一样。在哲学的专业之外，我对于史学和宗教学的尝试，正是在这样一种自觉之下进行的。

任何一种学术自觉的形成，无疑与学者的阅读经验或者说所受师长的影响有关。其实，所谓学术训练，除了师长的耳提面命之外，最重要的莫过于读书。经常阅读某种学科的论著，就意味着经常在接受某种学科的学术训练。北京大学哲学系中国哲学专业的传统，从胡适、冯友兰、张岱年到陈来先生，都非常注重将哲学思想的"辩名析理"，建立在坚实的对于历史文献的"考镜源流"这一基础之上。借用传统的语言，就是将"宋学"的思想阐发建立在"汉学"的历史研究之上。我在北大哲学系六年研究生的阶段师从陈来先生，虽不敢说"好学深思，心知其意"，却也很自然且自觉地接受了这一学术传统的影响。事实上，在就学北大之前，我已经对此具备了一定程度的自觉。因为在大学四年泛观博览的过程中，除了牟宗三、唐君毅等先生之外，从钱穆到余英时先生这一学术谱系，同样已经对我产生了深刻的影响。因此，在研究生的阶段，我就很明确地具有了这样一种自觉。2000 年得遇余英时先生以来，经常得到他的教诲，这种自觉，更为明确。记得当初有一次在陈来先生的研讨班上，我就借用当时官方流行的"物质文明和精神文明两手都要抓，两手都要硬"这一语言，用"汉学和宋学两手都要抓，两手都要硬"的话，表达过自己的这种自觉。当然，对我来说，除了"汉学"和"宋学"这"两手"都要抓、都要硬之外，还有一个"两手"，那就是"中学"和"西学"。在我看来，自现代学术建立以来，尤其民国时期所建立的良好学术传统，正是要"融汇中西"。这也是现代中国学术发展的必由之路。关于这一自觉，我曾在有关反省中国哲学研究方法论的文字中有所说明。有兴趣的读者可以参考我的《儒家传统与中国哲学——新世纪的回顾与前瞻》一书第二部分的相关文字。

我之所以要首先交代自己对于学术研究的这样一种自觉，恰恰因为本书所收的十三篇论文，都是在我的"哲学"专业之外，而属于学术思想史、历史文献学的领域。至于我之前出版的《儒家传统——宗教与人文主义之间》（北京大学出版社，2007），则是涉足宗教学尤其是比较宗教学的开始。

其实，在我最近出版的《儒家传统的诠释与思辨——从先秦儒学、宋明理学到现代新儒学》序言中，已经预告了本书的出版。如题目所示，如果说"诠释与思辨"表明了"哲学"的维度，那么，"辨正与钩沉"则意在提示"历史"的面相。我至今仍不敢说已经略通"史学"这一"艺"，但本书文字大都经历了严格的学术审查制度而在海内外专业的学术刊物上发表，或许可以说，至少从学术思想史和历史文献学的标准衡量，作为我"学而时习之"的历练，本书可以视为我一直"兼修"史学的一个结果。

"辨正"主要是对以往学术思想史中的一些问题予以澄清，力求还其本来面目。而"钩沉"主要是对以往佚失或忽略的历史文献予以发掘，揭示其价值和意义。本书所收文字，都属于"辨正"和"钩沉"的性质，时间跨度由宋代至明末清初，而以儒学史为内容。因此，本书名之为"近世儒学史的辨正与钩沉"。虽然"辨正"与"钩沉"各有侧重，但二者又并非可以截然划分。本书大部分文字，实则大都是"辨正"与"钩沉"兼而有之、融为一体的。

本书十三篇文章的排列，大体依照各篇论文所论内容的时代先后。但各篇文字撰写时间的早晚，却并非与各文排列顺序的先后一致。以下，就让我对各篇文章的相关情况逐一予以简单的介绍，希望可以为读者提供一个钩玄提要的导言。

《杨时〈三经义辨〉考论》一文，缘于我2004年在哈佛访问时拜读余英时先生新出《朱熹的历史世界》一书所受的启发。余先生书中提到未及考证《三经义辨》，当时就让我萌生了研究该书及其思想史意义的兴趣。文章在2004年末已经完成，后来发表于香港城市大学和复旦大学共同出版的《九州学林》2007年春季号。在宋代政治文化的发展过程中，王安石新学实为道学运动兴起的重要背景之一，这是以往哲学史视域中道学研究者所忽略，而为余英时先生基于丰富史料和缜密论证所指出的。而作为直接批评和回应王安石新学的核心著作《三经新义》的重要文献，杨时的《三经义辨》在道学逐渐取代新学而成为思想界主流的过程中曾经发挥过至关重要的作用。但这部儒家经典诠释著作的来龙去脉如何，以往学者尚未深究。我的《杨时〈三经义辨〉考论》一文，既有"考"也有"论"，一方面遍检各种相关史料、尽可能具体了解《三经义辨》的所有相关内容，同时进一步揭示了该书在王安石新学与两宋道学消长过程中所扮演的重要角色与意义。

《〈樗全集〉及其作者》一文作于1998年，曾分别刊于北京的《中国典籍与文化》（1999年，第四期）和台北的《书目季刊》（2000年6月，第34卷第1期）。该文之作，起因是当时出版的《四库大辞典》中《龙溪全集》辞条的错误和《樗全集》辞条的粗率。《四库大辞典》中《龙溪全集》词条的撰写者将《樗全集》归于王畿（1498－1583，字汝中，号龙溪，浙江山阴人）的名下，是由于《樗全集》的作者也叫王畿（1549－1630，字翼邑，号蓼莪，福建晋江人），与作为阳明学重要人物的王龙溪同名。词条撰写者未加检讨，于是张冠李戴。而《樗全集》辞条的撰写者则在未审其书的情况下妄下断语，认为这位福建晋江的王畿"生卒不详"。我的这篇文章，用意即在一方面纠正《四库大辞典》中的错误，同时考察《樗全集》这部埋没已久的著作及其作者王翼邑这位鲜为人知的历史人物。

《阳明学者的"实学"辨正》原是2003年8月我参加澳门中国哲学会主办的"中国实学研讨会"时提交的论文，后收入会议论文集《21世纪中国实学》（北京：社会科学文献出版社，2005年2月）。二十世纪八十年代以来，一些学者在"理学"、"心学"、"气学"之外，着力提倡宋、明、清儒学传统中所谓"实学"的线索和脉络。虽然我对这些"宋明清实学"倡导者的"实学"观念未必完全接受，但这篇文章的重点不是要对"实学"概念的涵义进行重新厘定，而是要在那些"宋明清实学"倡导者"实学"观念的基础上，以中晚明阳明学者直接的原始文献为据，对中晚明阳明学者的"实学"略事考辨。总的来说，在我看来，即便以晚近"宋明清实学"倡导者的"实学"观为准，即强调"经世致用"的一面，中晚明的阳明学中也具有丰富的"实学"内容。换言之，阳明学者并非只有"无事袖手谈心性"的一面，他们在"经世致用"的各个方面，包括政治、经济、军事甚至科技，无论理论还是实践，都有突出的建树。甚至可以说，如果没有这些阳明学者在抗倭、剿寇、地方行政等各个方面鞠躬尽瘁，明朝的统治只会在内外交困的局势下瓦解得更快。而这一点，是从明末清初直到现在，一直较少受到研究者正视的。

《王心斋后人的思想与实践——泰州学派研究中被忽略的一脉》成文于2003年我客座夏威夷大学之前。在正式发表于北京大学出版的《国学研究》第15卷（2004年12月）之际，我于2004年12月由波士顿回北京而中途赴会台北的时候，也曾应友人陈玮芬女士之邀，在中研院中国文哲研究所专门就此论文进行过一场演讲。自现代学术建立以来，泰州学派的研究虽一直受到重视，也出现了一些有价值的研究成果，但对泰州学派究竟应当包括哪些人物，却几乎无不以《明儒学案》所提供的格局为依据。其实《明儒学案》中黄宗羲所列《泰州学案》的成员颇为芜杂，就地域而言，许多人物生长与主要活动都不在泰州；就思想传承而言，一些人物究竟是否属于王心斋一脉也颇成问题。而心斋子孙三代继承和发扬家学的思想和实践，作为最无疑问的泰州学派嫡传和重要组成部分，却一直没有受到海内外学者的注意。我的这篇论文根据《明儒王东崖东隅东日天真四先生残稿》这部以往研究者未尝注意的文集，并结合其他各种相关的文献材料，对王心斋身后三代包括王东崖、王东隅、王东日、王天真等人的生平与思想进行了研究。在此基础上，从思想史和社会史的角度，对晚明儒学所谓"民间化"、"平民化"问题提出一些进一步的观察。该文可以说弥补了迄今为止泰州学派以及晚明儒学研究的一项缺失。

《明刊〈龙溪会语〉及王龙溪文集佚文——王龙溪文集明刊本略考》，是本书中最早发表的一篇文字。成文是在 1997 年，最初刊于《中国哲学》第十九辑（岳麓书社，1998 年 9 月），台湾的《鹅湖》曾于 1999 年第 4、5、6 期分三期转载。我的《良知学的展开——王龙溪与中晚明的阳明学》一书 2003 年在台湾由学生书局出版时，该文也曾经修订之后作为附录之二收入该书。这篇文字的撰写，缘于我 1996 年在北京大学图书馆善本室发现的明万历四年泾县查氏（查铎）刻本《龙溪会语》六卷。在我发现该本之前，中文世界的学者似乎并不知道该本的存在，更遑论以之为据了。由于此本一度在朝鲜和日本流传重刻，其中的一些文献，个别日本学者间或曾有利用。但是对于该刻本的文献价值和意义，日本学者也没有足够的重视和专门的考察。事实上，该本是龙溪文集的最早刊本。万历四年该本刊刻之时，王龙溪尚在世。而特别值得重视的是，该本中有很多后来全集本不见的佚文，对于研究王龙溪的思想极为重要。我的这篇文章对明刊王龙溪文集各种版本进行了考察，比较了萧良榦、何继高和丁宾分别于万历戊子（1588）、万历戊戌（1598）和万历乙卯（1615）刊刻的三种全集本在体例、内容上的异同，在此基础上，重点介绍了《龙溪会语》的内容、流传，并与后来的全集本进行了仔细的比较，指出了彼此的异同，尤其是辑出了《龙溪会语》中不见于后来全集本的七十二条佚文，为研究王龙溪的思想提供了崭新的第一手资料。2007 年《阳明后学文献丛书》出版，其中《王畿集》的附录部分全文收录了《龙溪会语》。虽然该书所收《龙溪会语》以日本翻刻的影印本为据，并非直接依据笔者发现的北大善本室藏万历四年泾县查铎刻本，但二本基本没有差别。不过，全文收录《龙溪会语》虽然表明《王畿集》的整理者意识到了《龙溪会语》的重要性，但如此一来，由于《龙溪会语》中大部分的文字毕竟收入了后来的全集本，《龙溪会语》中的那些佚文和异文，反倒隐没不彰了。也正是因此，我才觉得十五年前撰写的这篇《明刊〈龙溪会语〉及王龙溪文集佚文——王龙溪文集明刊本略考》，迄今仍有便于研究者取用的价值，这也是我最终决定将该文收入本书的一个主要原因。

　　《王龙溪的〈中鉴录〉及其思想史意义——有关明代儒学思想基调的转换》一文，是我 2000 年 3 到 7 月访台期间的研究成果，最初刊于台北的《汉学研究》第 19 卷 2 期（2001 年 12 月）。该文根据相关史料，介绍《中鉴录》这部鲜为人知的著作，指出其作者、成书时间与背景、体例与内容，以及该书作者王龙溪编纂此书的用意。在此基础上指出，由《中鉴录》可见，作为明中后期儒家社会讲学活动的重要代表，王龙溪虽然以讲学活动为其主要关怀和成就所在，但他在从事讲学活动以"移风易俗"的同时，并未放弃"得君行道"的上行路线。后者仍然是其思想的一个深植向度。并且，这种情况在明代中后期的阳明学中并非孤立的现象。《中鉴录》的思想史意义，不仅让我们对王龙溪的思想与实践能有进一步的了解，并且可以让我们更为周延地思考明代儒学"得君行道"的上行路线与"觉民行道"的下行路线之间的关联。该文的写作，也是受到余英时先生关于宋明儒学思想基调转换一说的启发，而希望有所补充。余先生从"得君行道"到"移风易俗"一说，在其《现代儒学论》（上海人民出版社，1998）一书中的《现代儒学的回顾与展望——从明清思想基调的转换看儒学的现代发展》一文中已经提出。后来在《朱熹的历史世界》中虽然重新表述为从"得君行道"到"觉民行道"，但意旨无变。

我在撰写《王龙溪的〈中鉴录〉及其思想史意义》一文时，关于《中鉴录》的讨论，所依据的文献是王龙溪自己的书信和相关史料，当时并不知道《中鉴录》一书尚存于世。后来日本友人三泽三知夫寄赠日本内阁文库收藏的善本明刊《中鉴录》，我阅后觉得该书对于《王龙溪的〈中鉴录〉及其思想史意义》的论旨没有影响，只有支持的作用，遂将复印件珍诸高阁。不过，日本内阁文库收藏的这部善本明刻《中鉴录》应该是一部海外孤本，其内容、价值本身有其独立的意义，值得探讨。如今，我在打算整理本书文字出版之际，决定撰写《日本内阁文库藏善本明刊〈中鉴录〉及其价值和意义》一文，在有关明代儒学思想基调的转换这一课题之外，专门考察《中鉴录》一书的内容，揭示该书在宦官传记与历史的脉络中所具有的价值和意义。这篇文章虽然与《王龙溪的〈中鉴录〉及其思想史意义》一文的论旨无关，但对于《中鉴录》本身的研究来说，却可以说是一个补充。

《周海门的学派归属与〈明儒学案〉相关问题之检讨》一文，也是我在 2000 年访台期间完成的。但此文的问题意识，早在我1996 年开始阅读周海门的《东越证学录》时已经产生。黄宗羲在《明儒学案》中将周海门作为罗近溪的弟子而归入泰州学案，海内外研究者历来大都沿袭此说，并未深究。而我在阅读《东越证学录》时，已经感到海门的自我认同明显在龙溪。在阅读明代各种文献的过程中，我随时留意相关的史料。在 2000 年访台期间，我觉得对于周海门的学派归属以及泰州学案的设立问题，已经有足够的文献依据进行学术思想史的辨正，于是一气呵成。成文之后，我呈送明清思想史研究的几位前辈指正，尤其是日本的荒木见悟先生。因为之前大概只有荒木先生留意过周海门的学派归属问题，尽管他并未解决这一问题。在得到了各位的充分肯定之后，我才将论文投给台湾的《清华学报》，于 2002 年 9 月的新 31 卷第 3 期刊出。我的这篇论文以各种相关原始文献为据，详细考证《明儒学案》中周海门学派归属的失实，指出无论从地域、思想传承还是自我认同来看，周海门都应当作为王龙溪的弟子而归入浙中王门，《明儒学案》中《泰州学案五》的设置因此也就不能成立。

在此基础上，该文进一步分析了黄宗羲在周海门学派归属问题上有违学术客观性的原因。依我之见，黄宗羲撰写《明儒学案》时面临思想界批判阳明学为禅学的巨大压力，将周海门作为罗近溪弟子归入泰州学派，目的即在于尽可能划清浙东阳明学与禅宗的界限，维护前者的声誉。但黄宗羲的做法不仅扭曲了周海门的学派归属，更割断了浙东阳明学由王阳明→王龙溪→周海门→陶望龄等人的传承线索。由于《明儒学案》早已成为治明代思想史尤其儒学史的基本文献，其学派划分也历来被研究者以为依据。因此，有必要充分反省并检讨其中的问题，使现行的研究不至因前提或出发点上的问题而窒碍难通、渐行渐远。我撰写和发表这篇论文时，还没有发现黄宗羲和姜希辙的两部《理学录》。而后来两部《理学录》的发现，特别是姜希辙《理学录》中《龙溪学派》的设立，完全印证和支持了我的判断。

《周海门的学派归属与〈明儒学案〉相关问题之检讨》一文的撰写，是必须以阅读大量史料为基础的。而阅读相关史料尤其海门自己的文献，本身就是一个进入并熟悉其思想世界的过程。我在完成《良知学的展开》一书之后，就一直打算进一步从事周海门与浙东阳明学的研究。《周海门与佛教——历史与思想》一文，是我今年六月提交给中研院举办的第四届国际汉学会议的论文，而我在台北完成《周海门的学派归属与〈明儒学案〉相关问题之检讨》一文时，适逢中研院举办第三届国际汉学会议。不知这种巧合，是否冥冥中具有某种涵义。晚明浙东地区佛教尤其禅宗的兴盛，与阳明学的接引有莫大关系。而作为当时浙东地区士林的领袖，周海门更无疑是阳明学中接引和推动禅宗的关键和首选。但海门与佛教的关系究竟如何？以往的研究者虽或多或少有所触及，但无论是史实的考证，还是义理的分析，似乎都还未有全面的深究。我的《周海门与佛教——历史与思想》一文包括三个部分。第一部分是史实的考证，力求在充分占有史料的基础上，全面细致地展现海门与佛教交涉的各种情况。包括与哪些僧人有过怎样的交往，曾经游历和住宿过哪些佛寺，如何帮助僧寺募缘，如何推动佛教典籍的流通，以及直接参与佛教书籍的编辑。第二部分是义理的分析，目的是在思想的层面厘清海门与佛教的关系。这一部分包括四个方面：一是海门如何看待佛教自身的一些观念及其阐发方式；二是海门如何运用佛教的方法和观念来阐发儒学；三是海门如何站在儒家的立场诠释佛教的一些观念；四是海门有关儒释之辨的主张。最后一部分探讨海门深入佛教的原因。我特意在宏观的社会和思想背景之外，选择微观与个体的取径，专注于从海门自己特定的人生经历（如亲丧病痛）以及家族关系（如家族亲人）这两方面对他的影响。本文之作，希望以专题研究的方式对周海门与佛教这一议题予以全面彻底的清理，也将是我有关周海门与浙东阳明学研究计划的组成部分。

事实上，《周海门先生年谱稿》一文，也可以视为我研究周海门与浙东阳明学的一项准备工作。该文撰写和完成的时间也早在 2000 年，只不过是在我结束访台之后，并非期间。但该文最初发表于中国儒学》第一期，却已经是 2006 年 9 月了。中国历史上一直有为重要历史人物撰写年谱的传统，但之前却并无周海门的年谱之作。因此，正如当初我在研究王龙溪与中晚明的阳明学时，由于意识到以往并无龙溪年谱之作，遂在为研究王龙溪的思想而阅读其文献及各种相关史料的同时，顺便撰写了其年谱。《周海门先生年谱稿》一文，也是在当时阅读各种相关史料的过程中，"趁热打铁"完成的。当然，该文自有其独立的意义，并不只是一个"副产品"而已。之所以许多年后才正式发表，一方面是由于我的研究暂时有所转移，另一方面也是我总觉得该文还有需要修订补充之处，论文题目中的"稿"字，正是我这一考虑的反映。该文发表后，我曾在 2009 年收到复旦大学一位研究生刘浪的来信，并随函附上了他撰写的一份周海门年谱。这位同学表示在写作过程中参考了我的《周海门先生年谱稿》，同时也提出了他的一些意见，指出了文中的一些失误。言之成理之处，我在修订本文时也有所采纳。只是这位同学当时信中即表示将来不会从事学术研究工作，如今也不知身在何处，未免可惜。

《明儒学案》和《宋元学案》是黄宗羲对研究宋、元、明儒家学术思想史的最大贡献。但在两部《学案》之前，黄宗羲其实已有一部梳理宋、元、明儒家学术思想史的著作《理学录》。只是该书一直石沉大海，被认为是一部佚著。我在 2003 年前偶然发现了这部失传已久的著作，《黄宗羲佚著〈理学录〉考论》一文，即是对该书的研究。此书我发现虽早，却迟迟未动笔。2009 年夏我在台湾大学人文与社会高等研究院访问时，适逢田浩（Hoyt Tillman）教授负责主编余英时先生八十寿庆的论文集。我想应该借此机会将这一新材料的发现成文，作为献给余先生的寿礼，于是就在两个月的访问之中，戮力完成了此文。因此，这篇文章也就收入了联经出版公司 2009 年 12 月出版的《文化与历史的追索：余英时教授八秩寿庆论文集》之中。该文首先考察《理学录》的内容和体例，进而检讨该书与今本两部《学案》之间的同异关系，最后指出该书的价值和意义。依我的考察，《理学录》是今本两部《学案》的来源，反映了黄宗羲整理宋、元、明儒家学术思想史的最初构想。其中不少今本《学案》不见的文字，尤其是黄宗羲评论人物或学派的一些案语，对于研究宋、元、明的儒家学术思想史，特别是研究梨洲本人的学术思想史观，提供了最新的文献材料。《理学录》的发现，可以让我们对今本《宋元学案》的成书有更为全面的了解。从《理学录》中宋元的部分，到梨洲原稿《宋元儒学案》，再到今本《宋元学案》，构成今本《宋元学案》成书的完整过程。最重要的是，《理学录》的发现，既可以让我们了解梨洲在康熙初年对宋、元、明儒家学术思想史的看法，又可以让我们掌握从《理学录》到《学案》之间梨洲对宋、元、明儒家学术思想史看法的变化。

在撰写《黄宗羲佚著〈理学录〉考论》的过程中，我无意中还发现，黄宗羲撰写《理学录》之前，其亲密友人姜希辙撰有一部同样命名为《理学录》的著作。但姜希辙以往基本上并未进入明清学术思想史研究者的视野，而他的《理学录》更是无人知晓，未免虽"存"犹"佚"。那么，同样名为《理学录》，姜希辙的这部著作与黄宗羲的《理学录》有什么关系？与黄宗羲的《明儒学案》和《宋元学案》又有什么关系？这部一直以来石沉大海的著作具有怎样的学术思想史意义？这些问题，当我最初看到姜希辙的《理学录》时，已经立刻浮上脑海。相关的研究者如果读过上述关于黄宗羲《理学录》的文章，又知道姜希辙这部《理学录》的存在，想必同样会对这些问题产生兴趣。因此，在完成了《黄宗羲佚著〈理学录〉考论》之后，继续考察姜希辙的《理学录》，在我而言就成了一项责无旁贷的学术工作。《姜希辙及其〈理学录〉考论》一文，即是对姜希辙其人及其《理学录》的研究。该文完成后，曾于 2011 年 4 月提交给香港理工大学中国文化系与香港珠海书院主办的"明史认识与近代中国历史走向国际学术研讨会"，后来发表于中研院史语所的《古今论衡》第 23 期（2011 年 12 月）。该文包括以下几个方面：首先，姜希辙其人及其撰述，包括其生平简历、一生主要事迹，尤其是他和黄宗羲的关系。其次，姜希辙《理学录》的内容和体例，包括所含学派和人物以及对于各个人物的处理方式。第三，姜希辙《理学录》与黄宗羲《理学录》之间的关系。第四，姜希辙《理学录》与黄宗羲《明儒学案》之间的关系。第五，姜希辙《理学录》对于学术思想史研究的价值和意义。根据我的考察，姜希辙《理学录》中对于明代儒学的一些认知和判断，不论是形式结构还是文字内容，都被黄宗羲吸收到了后来的《明儒学案》之中。姜希辙《理学录》中标识学派人员构成谱系和传承的图表法，也被采纳到了《宋元学案》之中。由此可知，黄宗羲对于明代儒学的一些认知和判断，并非其个人的独唱，而是他与包括姜希辙在内当时其他一些思想家、学者彼此交流、相互激荡的结果。此外，姜希辙《理学录》对学派划分、人物构成、文献选录以及各个学派和人物的评价，有许多不同于《明儒学案》之处。这些不同之处，既可以为了解明代儒学史的面貌提供一个不同于黄宗羲《明儒学案》的观察视角，在无法获得某一个学者完整文献材料（全集）的情况下，也可以补正《明儒学案》的不足，迄今仍不失为一部有价值的原始文献选编。

最后一篇《清康熙朝理学的异军——彭定求的〈儒门法语〉初探》，原本是提交给新加坡国立大学中文系主办的"清代理学国际研讨会"（2012年10月29-30日）的论文。该文以清代康熙年间彭定求所编《儒门法语》这部鲜为人知的著作为研究对象，考察了该书的内容，探讨了彭定求编纂此书的宗旨与用意，进而将该书置入当时的社会与思想氛围之中予以分析，指出了《儒门法语》所反映的彭定求的思想，并不是站在王学的立场上反对程朱，更不应当仅仅被视为清初程朱、陆王之争的调和或者康熙朝程朱理学主流之下陆王一脉颓势的余绪。在我看来，彭定求完全可以说是康熙朝理学中的一员。在"崇朱黜王"之风遍布朝野的局面下，他可谓一位理学的"异军"。他只是在"学必宗程朱"的前提下，肯定阳明学能够真正实践程朱之学的真精神而已。在这个意义上，彭定求已经超越了程朱、陆王之争的典范。其《儒门法语》"明义利之辨，决诚伪之几"的宗旨和用意，如果不跳出以往程朱、陆王之争的旧典范，是无法彰显的。需要在此向读者说明的是，在本篇前言写毕之时，《清康熙朝理学的异军——彭定求的〈儒门法语〉初探》这篇文字尚不存在，因为当时我还没有明确该文的选题。该文是我写完本书的这篇前言，由台北返回北京之后，赴会新加坡之前完成的。由于该文恰好完全体现了本书"辨正与钩沉"的两重意旨，遂一并补充进来。该文和《日本内阁文库藏善本明刊〈中鉴录〉及其价值和意义》一道，可以说是本书最为晚近的文字了。当然，本段说明文字，也是在这篇前言完成之后补入的。①

以上是对本书所收十三篇论文的说明。这十三篇文章的撰写虽然时间跨度长达十五年，但汇编成本书并集中修改和整理，却是在最近一两个月内才完成的。尤其此次在中研院史语所的访问，使我得以心无旁骛地对本书文字进行了全面的修订。这篇前言，正是在中研院学术活动中心的客房中写就的。在此，我特别要向史语所的黄进兴所长表示感谢。他不仅是我这次访问的邀请人，更是此书得以在允晨出版的介绍人。

最后我想说的是，我在史语所访问的这些天，正是大陆除了春节之外最长的一个假期，包括中秋节和国庆节。我本应与家人团聚，陪孩子游玩，但却独自来台闭关修书。中秋之夜，月明风清，在中研院内独自凝思漫步之时，我不能无感。事实上，正如本书所收此类"辨正"与"钩沉"的文字大都与"热闹"无缘，很多时候是"独在异乡为异客"的产物一样，在这个浮躁与虚矫的时代，多年以来，以清灯独坐的孤单与寂寞来淬炼自己对于学术的信守，虽不敢说时时刻刻"乐在其中"，却也早已成为我的一种自觉并"安之若素"。而每当独自在外，无法承担家庭的责任和义务时，我也只能将在学术上的努力精进，当作补偿愧疚的一种方式。家人的理解和支持，尤其是在价值观上的认同，正是我一直以来能够专心学术的一个重要保障。如果历史的"辨正"与"钩沉"注重的是客观性，那么，在这样一本著作的前言中，似乎不应当

---

① 这段补入文字作于 2012 年 11 月 3 日。

流露作者个人的主观感受。但是，每一个体"主观的"（personal）的存在感受（existential susceptibility）与终极信守（ultimate commitment），至少在我看来，恰恰是那种看似枯燥乏味的客观的学术人生能够"溥博渊泉"、"不舍昼夜"的最根本的动力来源。

彭国翔
2012 年 10 月 8 日夜
台北南港中研院学术活动中心

一、杨时《三经义辨》考论

一、引言

　　余英时先生近著《朱熹的历史世界——宋代士大夫政治文化的研究》中有一个重要论点，即指出：就儒家士大夫必须"得君行道"而经世致用，以及经世致用的"外王"实践必须建立在"内圣"之学的基础之上这两点而言，王安石的新学和两宋的道学群体是一致的。或者说，在这两点上，其实可以说道学群体继承了王安石的精神。正是在这个意义上，余先生说："我必须郑重指出：强调'外王'必须具备'内圣'的精神基础是王安石对宋代儒家政治文化的一个重要贡献。……在这一特殊论点上，也可以说他是宋代最先接上孔、孟旧统的儒者。"① 至于道学家群体对于王安石的批评，根本并不在于王安石"得君行道"的政治取向本身，而在于在他们看来，王安石的"外王"实践建立在错误的"内圣"之学的基础之上。正因为这一点，余先生引《二程遗书》以及《二程粹言》中的材料，指出北宋时代以二程及其门人为主的道学群体将王安石的新学视为首要的思想敌人。并且，余先生

---

① 余英时：《朱熹的历史世界——宋代士大夫政治文化的研究》（台北：允晨文化实业股份有限公司，2003 年 6 月版），页 93 – 94。

1

还引《二程遗书》中伊川的话以及《朱子语类》中朱熹的话，指出明道与其高弟杨时（1053－1135，称龟山先生）曾经共同钻研过王安石的著作。

从余先生征引的材料中，我们可以看到，杨时应当是当时道学群体批判王安石新学的重要代表。用伊川和朱子的话分别来说，即"杨时于新学极精"、"龟山长于攻王氏"。余先生引用朱子的材料如下：

> 《龟山集》中有《政日录》数段，却好。盖龟山长于攻王氏。然《三经义辨》中亦有不必辨者，却有当辨而不曾辨者。（《语类》卷130《本朝四》）

在征引这段话后，余先生紧接着说：

> 《政日录》当即《神宗日录》，《三经义辨》则集中未见（我所用的是四库本），恐已散佚，俟再考。①

既然《三经义辨》是杨时从"内圣"之学的角度批评王安石新学的文字，那么，对于余先生书中未及考证的《三经义辨》，笔者不由萌生了了解的兴趣。以下是初步的考证以及在此基础上对其相关意义的观察，希望得到余先生以及其它有兴趣的研究者的指正。

---

① 同上书，页89。

二、杨时针对王安石新学撰《三经义辨》专书

南宋李明复①《春秋集义》卷前《诸家姓氏事略》中《杨时》条下载:

> 南方学者从程颢兄弟,惟时与谢良佐、游酢三人以高弟称。时与程颐往来书讲论《春秋》之学极详。又尝语学者:昔闻之师云,若经不通,则当求之传,传不通,则当求之经。又其所著书如《三经义辨》、《论语孟子解》,多有及于《春秋》之说。其后胡安国为《春秋传》,间与时商确。②

这里,根据李明复所说,《三经义辨》乃杨时所著"书",非单篇文字。南宋尤袤(1127－1194,字延之,小字季长,号遂初居士、乐溪)③所撰《遂初堂书志》与《崇文总目》、《郡斋读书志》等同为较早的宋人重要目录书。其中《经总类·儒家类》则明确记载"杨时《三经义辨》十卷"。另《宋史》卷二百二《艺文志》亦载"杨时《三经义辨》十卷"。如此,用今天的话来说,则

---

① 李明复于宁宗嘉定(1208－1224)年间中太学生,专攻《春秋》学,有《春秋集义》等传世。其《春秋集义》中的《诸家姓氏事略》,专门记载宋代传习《春秋》各家的情况。所记有周惇颐、程颢、程颐、范祖禹、谢良佐、杨时、侯仲良、尹焞、刘绚、谢湜、胡安国、吕祖谦、胡宏、李侗、朱熹、张栻等16家。
② 《影印文渊阁四库全书》,第155册,页181。
③ 尤袤为绍兴十八年(1148)进士,初为泰兴令。孝宗朝,为大宗正丞,累迁至太常少卿,权充礼部侍郎兼修国史,又曾权中书舍人兼直学士。光宗朝为焕章阁侍制、给事中,后授礼部尚书兼侍读。卒谥文简。

《三经义辨》当为专书，不能作为单篇文字收入《龟山集》，亦是自然的了。

由余先生上引《朱子语类》中的文字来看，朱子当看过《三经义辨》。事实上，朱子不只一处提到《三经义辨》。在其《四书或问》卷七《论语·为政》中论及"诗三百"与"思无邪"时，朱子曾说：

> 而杨氏又因荆舒新义之说，以国史为国人之文胜者，则其失愈远矣。其后所著《三经义辨》，盖尝辨之。①

不仅如此，在《四书或问》卷三十六论《孟子》中公都子问性而孟子以才、情相对时，朱子更是直接引用了《三经义辨》中的文句：

> 问：杨氏诸说如何？（朱子）曰：其第一说善矣，而词有未畅。第二说则吾已辨于第八篇矣。然此论物各有则，而曰"接于外而不得遁焉者，其必有以也"，则无乃空虚无实而近于佛氏乎？然其于《三经义辨》有曰："视听言动必有礼焉，此一身之则也。为君而止于仁，为臣而止于敬，为父而止于慈，为子而止于孝。此君臣父子之则也。夫妇有别，长幼有序，朋友有信，此夫妇长幼朋友之则也"，则得之矣。岂其晚岁之所得，有进于前乎？②

---

① 《影印文渊阁四库全书》，第 197 册，页 319。
② 《影印文渊阁四库全书》，第 197 册，页 568。

这一段文字不仅进一步证明朱子的确看过《三经义辨》，最后一句话更向我们透露，《三经义辨》乃杨时晚年所作，所谓"晚岁之所得"。

不过，上引李明复的《春秋集义》、尤袤《遂初堂书志》、《宋史·艺文志》以及朱子的《四书或问》，对于《三经义辨》来说，不论可以说明其为专书而非单篇文字，还是可以表明该书为杨时晚年所作，都主要是从经典诠释的角度来加以讨论的。对于《三经义辨》之作的基本目的是否为"整顿介甫之学"，上引文字俱不能有所说明。值得庆幸的是，如果说杨时本人的有关记述是最为可靠的原始证据的话，那么，我们在《龟山集》中杨时与当时友人的几封通信中，足以看到关于这样两点的证明，即：一、《三经义辨》乃专书而非单篇文字；二、《三经义辨》之作确为针对王安石之新学。

《龟山集》卷二十《书五·答胡康侯其九》云：

> 《三经义辨》已成书，俟脱稿，即附去，以求参订也。①

康侯乃胡安国（1074－1138）字。② 由此亦可知《三经义辨》乃专书，故李明复的《春秋集义》、尤袤《遂初堂书志》以及《宋

---

① 《影印文渊阁四库全书》，第 1125 册，页 307。
② 胡安国，宋建宁崇安（今福建）人，后迁居潭州（今长沙）。哲宗绍圣四年（1097）登进士第，名列第三，时年 25。授太学博士，提举荆湖南路学士。为蔡京所恶，诬以举人不善，调移。后竟被除名。安国专心治学，读书于衡山紫盖峰下，潜心研究《春秋》。南渡后，高宗召为给事中，兼侍读。会朱胜非当国，安国以恶其邪佞辞归。再起为宝文阁直学士。绍兴八年（1138）卒。安国长于《春秋》学，为孙复（992－1057，称泰山先生）再传弟子，胡宏父。所撰有《春秋传》三十卷。

史·艺文志》所载不误。

至于此书所做的目的，紧接着上引书信，在《答胡康侯其十》中，杨时说：

> 荆公黜王爵，罢配享，谓其所论多邪说，取怨于其徒多矣。此《三经义辨》，盖不得已也。如《日录》、《字说》，亦有少论著。然此事不易为，更须朋友参订之也。今粗已成书，更俟详审，脱稿即缮写附去也。①

在《答胡康侯其十四》中，杨时再次提到《三经义辨》：

> 某近著《三经义辨》，正王氏之学谬戾处，方就。俟脱稿纳去，取正左右，庶可传后学也。②

这里，杨时不仅明确指出《三经义辨》之作乃"正王氏之学谬戾处"，而且流露出自己对该书有很高的期许，所谓"庶可传后学也"。这两方面的意思，在《龟山集》卷二十一《书六·答萧子庄》一书中，同样表露无疑：

> 向在谏垣，尝论王氏之失。太学诸生安于所习，哄然群起而非之（按：余英时先生曾论王安石去相后其新学影响仍持续颇久，实为的见。杨时此处所论亦足可为证）。赖君相

----

① 《影印文渊阁四库全书》，第1125册，页307。
② 《影印文渊阁四库全书》，第1125册，页308。

之明，遂从之。今虽有定论，学者真知其非者，或寡矣。屏居投闲，因撦《三经义辨》。有害理处，是正之，以示后学。文字多未暇录去。俟小子早晚带行过仙邑，可一览也。①

在杨时看来，其《三经义辨》之所以具有"可传后学"的价值，正在于能"正王氏之学谬戾处"。杨时作《三经义辨》的用意，《三经义辨》的校订者（详后）、杨时之婿陈渊（？－1145，字知默，初名渐，沙县人）最有体会。② 其《默堂集》卷十七《又论龟山墓志中事·〈三经义辨〉止载朱公有益学者之词》对此专门有辨：

  龟山与给事书云："荆公黜王爵，罢配享，尝谓其所论多邪说，取怨于其徒，此《三经义辨》所不得已也。如《日录》、《字说》亦有少论著，然此事不可易为之"云云。又龟山既从萧子庄之请，为作《浦城学殿记》，言王氏立言之谬。又答其书云："向在谏垣，尝论王氏之失。太学诸生安于所习，哄然群起而非之。赖君相之明，遂从其言。今虽有定论，而学者真知其非者，或寡矣。屏居投闲，因撦《三经义》有害理处，是正之，以示后学"云云。以此两书之词观之，则《三经义辨》用之于王氏，岂无意乎？又岂止为解释文义之不当，遂欲求胜乎？诚以道术所在，万世所待，以开明者不可阙

---

① 《影印文渊阁四库全书》，第1125册，页317。
② 陈渊生平事略见（清）李清馥：《闽中理学渊源考》卷一《宗正陈知默先生渊传》。

耳。今墓志所书，止引朱子发奏疏云"所著《三经义辨》有
益学者"，某之愚见，更欲少赐提掇之，庶几不与末篇所谓凡
训释、论撰同为空言也。如何如何？①

由此信可见，对于胡安国所撰杨时墓志中涉及《三经义辨》时只
引朱子所谓"有益学者"来作为评价，陈渊感到完全未能表明杨
时此书的目的和价值。在陈渊看来，杨时此书之作的目的根本就
是针对王安石新学。所谓"《三经义辨》用之于王氏，岂无意乎"
的反问，正在于明乎此。而"又岂止为解释文义之不当遂欲求胜
乎？诚以道术所在，万世所待，以开明者不可阙耳"的话，则指
出杨时作《三经义辨》与王安石相抗，根本不在于经典诠释的不
同意见，而在于关乎内圣之学的根本义理，这也正是杨时《三经
义辨》最为重要的价值所在。

陈渊这里的敏感绝非无的放矢和小题大做，其实具有重要的思
想史意义。事实上，值得我们注意的是，作《三经义辨》以"正
王氏之学谬戾处"并阐明"万世所待"的"道术所在"，并不止
是杨时个人的自我期许与陈渊个人的推重。在当时，《三经义辨》
的确成为摧破王安石新学思想基础的重要理论文献，尽管道学与
王氏新学彼此之间消长的过程是既复杂又漫长的。对此，由相关
的史料记载，完全可以证实。这一点，因余英时先生未考《三经
义辨》其书，故于《朱熹的历史世界》中未及。

---

① 《影印文渊阁四库全书》，第 1139 册，页 449-450。

三、《三经义辨》在道学取代新学过程中的重要作用

《宋史》卷三百八十一《王居正传》载：

> （王居正）其学根据六经，杨时器之，出所著《三经义辨》示居正曰：吾举其端，子成吾志。居正感，历首尾十载，为《书辨学》十三卷、《诗辨学》二十卷、《周礼辨学》五卷、《辨学外集》一卷。居正既进其书七卷，而杨时三卷《义辨》亦列秘府。二书既行，天下遂不复言王氏学。①

此事南宋李幼武补朱子《宋名臣言行录》别集上卷八《王居正》有类似记载：

> 龟山杨先生与公会毘陵。出所著《三经义辨》示公曰：吾甫举其端，以告学者而已。欲发梜而毫辑之，未遑也，非子莫成吾志者。公愈益感。历首末十六载，迄以成书。为《毛诗辨学》二十卷、《尚书辨学》十三卷、《周礼辨学》、《外集》一卷行于世。②

此处除《周礼辨学》似脱漏卷数外，其余皆同《宋史》。而南宋熊

---

① 《影印文渊阁四库全书》，第287册，页222。
② 《影印文渊阁四库全书》，第449册，页437。

克《中兴小记》①卷三十五"绍兴二十一年岁在辛未"亦有简略记载,所谓:

> 居正素不取王安石之学,故工部侍郎杨时尝著《三经义辨》以示居正。居正继亦为《三经辨学》,与时之说相经纬。②

由"吾举其端,子成吾志"、"非子莫成吾志者"的话,我们显然可以看到杨时对于《三经义辨》一书的重视程度。既然作《三经义辨》乃杨时之"志"的表现,对照前面所引杨时书信中对于《三经义辨》乃针对王安石之学所发的那些自述,我们就不能不说,至少就杨时本人的自我理解来看,以《三经义辨》来摧破王安石的《三经新义》,无疑是杨时思想中至关重要的一个向度。这一点,由以往的哲学史研究是无法窥见的。在以往哲学史取径的研究中,由广为人知的明道"吾道南矣"的经典表述所塑造的杨时的形象,显然只是道学传统自身单线传播与发展即所谓"道南一脉"的一个环节。因此,余英时先生在《朱熹的历史世界》中指出王安石新学是程朱道学兴起的重要背景,或者进一步说,程

---

① 据辛更儒先生,现存40卷《中兴小记》为四库本,为四库馆臣从永乐大典中辑录而出。原名为《皇朝中兴纪事本末》,又名《中兴小历》,为避乾隆讳改为《中兴小记》。原本藏北京图书馆,共有20册76卷,未著撰人姓名,为辛更儒先生发现并考证为熊克《中兴小记》之祖本。据辛先生,祖本《皇朝中兴纪事本末》较四库本《中兴小记》颇优。详细情况参见辛更儒:《熊克〈皇朝中兴纪事本末〉的发现及其史料价值概述》,见《古籍整理出版情况简报》2003年第2期。然王曾瑜先生则认为《皇朝中兴纪事本末》的发现固然有其史料价值,但该书是否即熊克之《中兴小历》,未可定论。

② 《影印文渊阁四库全书》,第313册,页1139。

朱理学是在与王安石新学竞争的政治文化氛围中产生的,① 的确是得之于思想史实际的深刻之见。我们这里所引《龟山集》中杨时书信的自述以及《宋史》、《宋名臣言行录》和《中兴小记》的描述,也同样明确指向这一点。这些不同的史料之所以都记录此事,亦见此事在当时儒家知识人心目中的重要影响。除此之外,如果说这些史料还具有其它特别意义的话,那就是,由此我们可以进一步看到,对于摧破王安石新学的思想基础来说,杨时的《三经义辨》加上王居正的《书辨学》、《诗辨学》和《周礼辨学》,在道学战胜新学的漫长而曲折的过程中发挥了至关重要的理论作用。《宋史》所谓"二书既行,天下遂不复言王氏学",虽或有夸张之处,却也的确是对此的写照。②

在中国传统社会中,儒家士人"行道"的前提必须是"得君"。只有皇帝首先接收某一套思想理论,这一套思想理论方能得行天下。王安石得遇神宗固然如此,而我们如果知道高宗本人曾经直接称赞杨时的《三经义辨》并以之为理据来批评王安石之学,

---

① 除了王安石新学之外,另一个背景或者说触媒是佛教徒的儒学化,尤其是他们对于儒家经典如《中庸》等的解释对于道学人士转向内圣之学的导引作用。参见余英时:《朱熹的历史世界》,页 103 – 159。

② 王安石新学自熙宁时形成宋学中最早和最大的学派,元祐时虽被禁,但因二程道学和苏氏蜀学当时还是相当小的学派,在学术界影响不大,新学的地位实质上并无改变。二程道学于高宗绍兴年间一度受到推崇,却仍未成气候。新学则虽受打击,仍为当时最大的学派。孝宗以后,道学地位迅速上升,新学地位逐渐下降,但直至理宗中叶,新学地位仍高于蜀学而与道学大体相当。只是在南宋危亡在即的理宗后期,新学方彻底为道学所取代,作为"邪说"而消沉。不过,其间虽此消彼长,起伏不定,就两宋总体的发展而言,王安石建炎三年(1129)罢配享神宗庙廷,绍兴四年(1134)罢舒王封号,淳祐元年(1241)罢从祀孔庙,新学确乎渐趋弱势。此外,如果我们考虑到政治话语权与文化话语权的差距,自北宋晚期以来,文化的话语权逐渐掌握在朱熹、吕祖谦、张栻和陆九渊(1139 – 1193)等道学士人手中。并且,尽管道学屡遭朝廷打压,其势力却反而伴随着每一次打击而不断增强。

那么，杨时《三经义辨》对于王安石新学釜底抽薪的作用，就更是毋庸置言的了。《宋史》卷三百七十六《陈渊传》记载了高宗与陈渊的如下一段对话：

> 上（高宗）曰："杨时之学，能宗孔孟，其《三经义辨》甚当理。"渊曰："杨时始宗安石，后得程颢师之，乃悟其非。"上曰："《三经义解》，观之具见安石穿凿。"曰："穿凿之过尚小，至于道之大原，安石无一不差。推行其学，遂为大害。"上曰："差者何谓？"渊曰："圣学所传，止有《论》、《孟》、《中庸》。《论语》主仁，《中庸》主诚，《孟子》主性，安石皆暗其原。仁道至大，《论语》随问随答，惟樊迟问，始对曰：'爱人。'爱特仁之一端，而安石遂以爱为仁。其言《中庸》，则谓中庸所以接人，高明所以处己。《孟子》七篇，专发明性善，而安石取杨雄善恶混之言，至于无善无恶，又溺于佛，其失性远矣。"[1]

由此处高宗与陈渊的问答可见，至少至绍兴八年（1138）之前的高宗朝初期，王安石之学已处在失势的状态，[2] 陈渊的说法基

---

[1] 《影印文渊阁四库全书》，第287册，页156－157。

[2] 如前页注②所言，新学与道学的消长并非一个直线的发展过程，更非一蹴而就。这里所谓王安石新学已处于失势的状态，决不意味着道学已经一劳永逸地在朝堂之上处于上风。事实上，此处征引高宗与陈渊的对话乃赵鼎入相和秦桧议和当政之前事。当时二程之学解禁，受到重视。绍兴八年，随着和议与反和议斗争的激烈，高宗态度转变，有所谓绍兴学禁，程学再次受到压制，一直到秦桧去世的绍兴二十五年（1155）。但无论如何，高宗与陈渊的这番对话，对于新学与道学的长期消长过程来说，显然是新学逐渐趋于式微的一个重要标志。

本上反映了道学群体一般的思想倾向。而此段君臣问答在后来的史料中有反复记载，如明杨士奇（1365－1444，名寓，号东里，以字行，江西泰和人）《历代名臣奏议》卷二百七十五、清李清馥（字根侯，李光地之孙）《闽中理学渊源考》卷一《宗正陈知默先生渊传》以及清徐乾学（1631－1694，字原一，号健庵，昆山人）《资治通鉴后编》卷一百八十三《宋纪一百十三》等，则可见南宋以后道学群体的观念一直居于明清两朝的正统地位。

至于《三经义辨》如何为南宋统治者所知，从而在最终道学战胜王安石之学的漫长和曲折过程中发挥了相当重要的作用，我们可以在宋李心传（1166－1243，字微之，四川井研人）《建炎以来系年要录》卷八十八找到解答：

> 是月（壬申），龙图阁直学士致仕杨时卒，年八十三。起居郎兼侍讲朱震言时学有本原，行无玷缺，进必以正，晚始见知。尝排邪说以正天下学术之误，辩诬谤以明玄仁圣烈之功，雪冤抑以复昭慈圣献之位。据经论事，不愧古人。其所撰述，皆有益于学者。诏有司取时所著《三经义辨》，赐其家银帛二百匹两。后谥曰文靖。时尚书左仆射赵鼎素尊程颐之学，一时学者，皆聚于朝。①

此事在宋王应麟（1223－1296，字伯厚，号深宁居士）《玉海》卷

---

① 《影印文渊阁四库全书》，第 326 册，页 255。

四十二《艺文·绍兴三经义辨、辨学》条下亦有记载：

> 绍兴五年六月三日己巳，起居郎朱震言故龙图阁学士杨时所著《三经义辨》，请令本家抄录投进。《书目》，《三经义辨》十卷，辨王安石《书》、《诗》、《周礼》三经义之失。是岁三月庚子，王居正进《辨学》七卷四十二篇，诏送秘省。时居正为兵部侍郎。①

《玉海》所记虽未及《三经义辨》一书所作的用意，但记录上呈秘府时间一事颇详。另外一个可以补充《建炎以来系年要录》不足的重要信息，则是告诉我们王居正的《三经辨学》亦于绍兴五年三月进呈秘府。显然，由于朱震（1072－1138，字子发，湖北荆门人）的进言，杨时卒时受到朝廷的表彰。此段文字单提《三经义辨》而未及杨时的其它著述，亦足见此书当时所受重视的程度。这当该由两方面的因素所决定。一方面，由以上考察可见，杨时此书确为"正王氏之学谬戾处"的精心之作。另一方面，当时道学群体在朝廷中已逐渐得势，而道学群体要彻底清除王安石之学在朝堂之上的影响，也需要直接针对王安石之学的理论著作为自己提供思想基础与合法性论证。不仅"时尚书左仆射赵鼎素尊程颐之学，一时学者，皆聚于朝"足以说明当时道学群体之得势，荐举表彰杨时的朱震本人，虽非二程门人，但其周围友人皆程门高弟（如谢良佐）或与程门关系密切者（如胡安国），因而也

---

① 《影印文渊阁四库全书》，第 944 册，页 181。

算是道学群体的成员之一。可见，正是在这两方面条件的彼此配合下，杨时的《三经义辨》奉诏为有司所取，上达天庭，于是才可能有后来高宗所谓"杨时之学，能宗孔孟，其《三经义辨》甚当理"的话。事实上，从道学的立场来看，杨时对于颠覆王安石新学所做的贡献，一直到清代亦未曾为人所遗忘。张伯行（1651 - 1725，字孝先，号敬庵）在《杨龟山先生全集序》中即明确指出："当王安石邪说盛行之日，新经字说流毒天下数十年，先生（杨时）抗疏黜其王爵，罢其配享。王氏之学息，则圣人之道明。其功固振古为昭也。"[1] 只不过因其时或已无法看到《三经义辨》，故未特别提及而已。

至此，作为专书，杨时《三经义辨》乃完全针对王安石之学而作，并在道学最终击败安石新学的过程中发挥了至关重要的作用，我们可以大体有所了解。[2] 现在，最后的问题是，这样一部在宋代政治文化史上发挥过重要作用的著作如今是否还存世？假如该书还存世的话，除了对于宋代政治文化史的意义之外，我们当可进一步探究这一文本本身的理论内涵。从经典诠释传统的角度来看，该书也

---

[1] 《杨龟山先生全集》（台北：学生书局，1974），页 21 - 22。

[2] 或谓道学群体对于王安石及其《三经新义》并非一概否定。如朱子即曾指出："王氏新经仅有好处，盖其极平生心力，岂无见得处？"（《朱子全书》，第 18 册，《朱子语类》卷一百三十《本朝四·自熙宁至靖康用人》，上海古籍出版社、安徽教育出版社，2002，页 4038）。至于对于王安石个人的操守，则更是获得了包括道学群体在内的广大士人的肯定。此点诚然。但是，认为王安石新学在根本上"不是"、"不正"，却是道学群体尤其程朱一脉的基本判断。譬如，朱子在"论荆公之学所以差者，以其见道理不透彻"时曰："若荆公辈，他硬见从那一边去，则如不识病证，而便下大黄、附子底药，便至于杀人。"（同上引书，页 4036）。因此，新学与道学各自以根本不同的"内圣"之学为基础，或者说彼此对"内圣"之学的理解根本有异，则毫不可掩。以杨时为代表的程学以王安石新学为首要敌人，"辩难不遗余力"，正是这一点的反映。

自然是值得研究的著作。

四、《三经义辨》流传过程考

无论从朱子《语类》提及《三经义辨》的语气、《四书或问》直接引其中的文字来看，朱子当时必曾看过该书。并且，至少至元末明初徐一夔之时，《三经义辨》尚在。徐一夔《始丰稿》卷七《立雪斋记》载：

> 初先生（杨时）资禀甚高，熙宁九年中进士第，调汀州司户参军，不赴。闻河南二程夫子唱鸣道学，往从之游。十年不调官。后起知余杭县。其在程门推广师说，穷探力讨，务极归趣。同门学者甚众，先生涵蓄深广，号称高第。一日与游察院酢侍立，至夜分不退。比出户，限雪深尺余矣。其笃志求道盖如此。当是时也，先生沈浸理窟，心融意会。虽啖之以刍豢，不知其为美也；被之以狐貉，不知其为温也。尚何问雪之深与否哉？先生远矣，其见于《三经义辨》、《四书集注》者，昭然具在，愿学之士，家传而人诵，犹庶几乎先生焉。①

如果《三经义辨》不存于世，徐一夔不会有"先生远矣，其见于《三经义辨》、《四书集注》者，昭然具在，愿学之士，家传而人诵，犹庶几乎先生焉"的话。由此可知，《宋史·艺文志》、尤袤《遂初

---

① 《影印文渊阁四库全书》，第1229册，页257。

堂书目》均载"《三经义辨》十卷",当属信而有征。同是元末明初的陶宗仪（生卒不详，字九成，号南村，黄岩人）是否看过《三经义辨》，如今已难获知，但其《说郛》卷十所引尤袤《遂初堂书目》仍含《三经义辨》。不过，尽管清康熙《御制渊鉴类函》卷一百九十五尚据《中兴艺文志》载"杨时著《三经义辨》"，但在《经义考》卷二百四十二中，朱彝尊（1629－1709，字锡鬯，号竹垞）已言："宋志十卷，未见。"以朱彝尊之博学尚未得见，可知《三经义辨》当时大概已佚。此外，被认为和《三经义辨》"相经纬"的王居正的《三经辨学》，朱彝尊《经义考》中亦谓："三十八卷，佚。"如此看来，至朱彝尊之时，这两部对宋代政治文化发生过重大影响的著作不幸已经双双佚失不见了。

为什么《三经义辨》没有能够流传下来，其实是有历史原因的。前引《宋史·王居正传》，已经向我们略微透露了初步的线索，即杨时的《三经义辨》和王居正的《书辨学》、《诗辨学》、《周礼辨学》和《辨学外集》曾"列秘府"。而具体情况，则见于陈渊的记载。事实上，陈渊是《三经义辨》一书的亲手校订者。他的记载具有第一手的史料价值。

《默堂集》卷十七《与胡康侯侍读》云：

> 渊蒙喻，编次龟山著述文字，不可有遗，此故在下怀，但多故以来，不免散失。已嘱昭祖、安止搜求，十得六七矣。成集，当呈录左右。《论语义》比壬子年所见本又改动。前十篇及《三经义辨》皆有手稿，又有《易义》三十余卦，并《日录辨》数十段，文义粲然，久已无复增损。所可深恨者，未成全书耳。

至如《中庸解》及所为诗，用邹德久写者，与晚年删正杂文净稿，读之皆无笔误去处，此已可传无疑。惟明道、伊川语录，意欲修之，未暇。亦以不肖有室家之祸，归葬沙县，久不得往待先生之侧，遂无人催趣成就，此重可痛也。《三经义辨》已校对定，增入正经全文及王氏义，成十卷，已进去久矣，尚未有报，不知诸公又如何处置也。①

从这封信中，对于《三经义辨》的内容结构，我们也可以有进一步的了解。除了杨时本人对于经义的诠释之外，《三经义辨》还当包括经文本身与王安石对于经文的诠释。至于"进去久矣，尚未有报"，即当指《三经义辨》奉诏为有司取走而"列秘府"。其中的详情，在陈渊的另一封书信中有进一步明确的说明。《默堂集》卷十九《与黄用和宗传》云：

> 龟山先生云亡，失却依仰。过禫祥，又半年矣。触境悲痛，不可为言。昨朱丈言于朝廷，遂蒙宣索《三经义辨》，既进御，久之，却付秘府收藏。正论未明，学者颇以为疑，未知他日更有施行否。此书行不行，系道之存亡，故欲及今传授，以幸天下。②

将陈渊的两封书信对比前引《建炎以来系年要录》以及《玉海》所载朱震进言、朝廷表彰以及有司取《三经义辨》事，彼此若

---

① 《影印文渊阁四库全书》，第1139册，页463。
② 《影印文渊阁四库全书》，第1139册，页490。

合符节，完全可以相互说明。

由此可知，由于朱震的进言，《三经义辨》在杨时去世之时被朝廷收去，蒙皇帝御览，由此也才会有高宗以之为据来批评王安石之学的结果。但进呈皇帝后很长时间收藏于秘府，未尝流通于社会。从所谓"既进御，久之，却付秘府收藏。正论未明，学者颇以为疑，未知他日更有施行否"的话中，我们不仅可以获知这一点，也完全可以感受到当时陈渊对于此书藏于秘府不得刊刻流通的焦虑和关注。这样看来，《三经义辨》被藏于秘府，一方面固然得以直接影响皇帝，从而在道学逐渐战胜王安石之学的过程中发挥了极其重要的作用，成为宋代政治文化史上的重要文献，另一方面也不能不说是在社会上流传不广以至于朱彝尊撰《经义考》时已佚的一个重要原因。

《三经义辨》之所以会出现"进去久矣，尚未有报"、"既进御，久之，却付秘府收藏"的情况，以至引发陈渊的焦虑，细节虽已难详考，但大概与高宗当时对道学的微妙态度有关。前引高宗与陈渊的对话中，高宗称赞杨时《三经义辨》，并以之为批评王安石新学的根据。但绍兴五年（1135），当陈公辅（1077－1142，字国佐，号定庵居士，临海人）、周秘、石公揆（字道佐，石公弼从弟，政和二年（1112）进士）交章弹劾胡安国而后者上疏反驳时，高宗接受的却是前者的上疏，以至于胡安国由原先的除内祠兼侍读，改为除知永州，明显是遭贬外放。因杨时卒于绍兴五年而朱震卒于绍兴七年（1137），故前引《建炎以来系年要录》朱震进言表彰杨时并请谥一事，当在绍兴五年和绍兴七年之间。因此，《三经义辨》的命运，即一方面上达天庭，受到表彰，另一方面却又藏于秘府，未能广布，或许恰恰正是高宗当时对道学抑扬之间那种微妙复杂心态的结果和反映。事实上，绍兴元年（1131）高宗在褒赠程颐的《制词》中推崇后者"高明自得之学"的同时痛斥"浮伪之徒……窃借其名，以为身售"，就已经流露出他对于道学之人的微妙复杂心态。后来淳熙九年（1182），时任吏部尚书的郑丙（1121－1194，字少融，福建长乐人）上书直指朱熹"欺世盗名，不宜信用"，[①] 紧接着淳熙十年（1183）六月，刚刚擢为监察御史的陈贾又上《道学欺世盗名乞摈斥》疏，[②] 再次直指朱熹代表的道学为伪学，开始了以王淮（1126－1189，字季海，浙江金华人）为首的官僚集团对程朱道学有组织且长达十几年的大规模反扑。[③] 在这种形势下，杨时的《三经义辨》就更不容易在社会上和士人之间广为流通了。

至于《三经义辨》藏入秘府后是否一直未得在社会上刊刻流通，朱子、徐一夔所见的《三经义辨》是由秘府得阅，抑或由它处得见，今已难考。不过，至少在吕祖谦（1137－1181，字伯恭，学者称东莱先生，婺州人）的时代，《三经义辨》在社会上已经的确难得一见。《东莱集》卷十《答潘叔度》载：

> 《壹范》，张丈甚爱此书，欲便刊版（恐后月半编集可毕）。今所欠者，最是杨龟山《三经义辨》要切，而严州遍借

---

① 《宋史》卷三九四《列传第一五三·郑丙传》（北京：中华书局，1977），页12035。
② 《宋史》卷三十五《本纪第三五》载："六月戊戌，监察御史陈贾请禁伪学。"（北京：中华书局，1977，页680）。陈贾疏以及后来林栗、何澹、刘德秀、胡纮、沈继祖、刘三杰、姚愈等人攻击道学的奏疏，均收于李心传《道命录》卷五、卷六和卷七。
③ 南宋官僚集团对道学群体的打击，事详余英时先生《朱熹的历史世界》第七章《党争与士大夫的分化》、第九章《权力世界中的理学家》以及第十一章《官僚集团的起源与传承》。

无书。年兄或有之，因便附来为佳。①

大体《三经义辨》并非仅藏于秘府，否则东莱根本不会有在严州借书之举，也不会询问潘叔度处有无。后来的徐一夔也不会号召"愿学之士，家传而人诵"。但是，其书之不易得见，所谓"遍借无书"，显然是东莱此信所正面透露的消息。东莱去杨时不远，《三经义辨》已然难觅。由是观之，后来散佚，亦属难免。

最后需要说明的是，关于杨时文字的汇编刊刻成集，《四库全书提要》云：

> 旧板散佚。明弘治壬戌，将乐知县李熙重刊，并为十六卷。后常州东林书院刊本分为三十六卷。宜兴刊本又并为三十五卷。万历辛卯，将乐知县林熙春重刊定为四十二卷。此本为顺治庚寅时裔孙令闻所刊，其卷帙一仍熙春之旧云。乾隆四十三年五月恭校上。②

可知如今的文渊阁四库本《龟山集》即以万历年间林熙春重刊的四十二卷本为底本。台湾学生书局1974年曾经刊刻过《杨龟山先生全集》，则以文渊阁四库全书本为据。其中卷六《辨一》为《神宗日录辨》，卷七《辨二》为《王氏字说辨》。余英时先生引朱熹所谓"《龟山集》中有《政日录》数段，却好"，并认为"《政日录》当即《神宗日录》"，皆当指卷六而言。无论杨时的《神宗日

---

① 《影印文渊阁四库全书》，第1150册，页288。
② 《影印文渊阁四库全书》，第1125册，页102。

录辨》还是《王氏字说辨》，就其思想内涵而言，均当与《三经义辨》不无关联。但两篇文字毕竟并非《三经义辨》的文本自身。很可惜，对于一部在宋代政治文化史上发挥过非常重要作用的儒家经典诠释的著作，如今的研究者已经无法直接面对文本进行"入乎其内"的探讨了。就此而言，本文之作，大概也不免于"对塔说相轮"或"绕塔说相轮"一类吧。

二、《樗全集》及其作者

近出《四库大辞典》（李学勤、吕文郁主编，吉林大学出版社，1996 年 1 月版）集部别集类有一《龙溪全集》的辞条，其文如下：

> 《龙溪全集》二十卷。明王畿（1498－1583）撰。王畿，安汝中，号龙溪，山阴（今属浙江绍兴）人，嘉靖进士。官至兵部武选郎中。受业于王守仁之门。著有《樗全集》、《龙溪全集》、《龙溪语录》。是集为其子应斌、应吉所编，凡二十卷。其中语录八卷，书、序、杂著九卷，诗一卷，祭文、志状、表传二卷。乃其门人萧良斡所刊。王畿虽受王守仁良知之学，而渐失本旨。如认为虚寂微密是千圣相传之秘，从此悟入，乃范围三教之宗。又对佛氏所说："本是吾儒大路。"（案：此句不通）故史称其"杂以禅机，亦不自讳。"甚至有人把一切浮诞不经者均目为龙溪弟子。应属贬抑过甚。今观其集，其文多类佛语，所言亦使人如解禅机，颇为难懂。是集收入《四库全书·存目》（《四库大辞典》页 2494）

该辞条介绍了四方面的内容：一、《龙溪全集》的作者；二、王龙溪的著作；三、《龙溪全集》二十卷的基本内容；四、王龙溪思想的大致特点。但除了《龙溪全集》的作者为阳明弟子王龙溪这一点之外，其余三方面均有问题。四库本《龙溪全集》为萧良榦所刊，而此外尚有丁宾、何继高刊印的两种刻本。且所谓龙溪之学渐失阳明本旨，以及"文多类佛语，所言亦使人如解禅机"的判语，亦未必谛当。关于王龙溪，笔者曾有专门讨论，此处不赘。①需要指出的是，将《樗全集》归于龙溪名下，却实属张冠李戴。

那么，《樗全集》的作者又是什么人呢？我们不妨再看一看同样是《四库大辞典》集部别集类的《樗全集》条目，该辞条曰：

> 《樗全集》七卷。附录一卷。明王畿（约1612年前后在世）撰。王畿字翼邑，号慕蓼，福建晋江人。生卒不详。万历二十六年（1598）进士。官至浙江布政使。与讲学之王畿同名，非一人。著有《樗全集》。此集为诗文别集，诗文共七卷。末附家谱劝戒二十则，为一卷。清人评其诗文称"畿立身居官，矫矫自励。故所为诗文，皆质朴类其为人。卷首序为施邦曜所作。畿视学浙江时拔邦曜第一，邦曜贫不能婚，畿为之备聘，拜雁于官署。邦曜即于是秋登第。后殉节为完人。其识鉴为世所推服。"四库已存目。（《四库大辞典》页2537）

由此看来，《樗全集》的作者的确为王畿，也是明代人，但却并非作为王阳明弟子而在中国思想史占有一席之地的那个王畿。显然，《四库大辞典》中《龙溪全集》与《樗全集》辞条的撰写者并非同一人，且彼此在撰写时并未互相交流。《龙溪全集》辞条的撰写者显然

---

① 参见我的《良知学的展开——王龙溪与中晚明的阳明学》（台北：学生书局，2003，繁体字版；北京：三联书店，2005，简体字版）。

没有看过《樗全集》，很可能只是在图书馆著者目录卡片上见到王畿名下有一《樗全集》，便未审其详地将两个不同的王畿误作一人，并轻率地将《樗全集》归到了龙溪的名下。而就《樗全集》辞条撰写的内容来看，也可看出撰者并未认真阅读过《樗全集》。

事实上，前引《四库大辞典》中《龙溪全集》和《樗全集》辞条的撰写，基本上都是根据《四库全书总目》相应的辞条。我们可将《四库全书总目》集部别集类中《龙溪全集》与《樗全集》的内容摘录于下：

> 《龙溪全集》二十卷。明王畿撰。畿字汝中，号龙溪，山阴人。嘉靖壬辰进士，官至兵部武选司郎中。事迹具《明史·儒林传》。畿传王守仁良知之学，而渐失其本旨。如谓"虚寂微密是千圣相传之秘，从此悟入，乃范围三教之宗"。又谓"佛氏所说，本是吾儒大路"。是不止阳儒而阴释矣。故史称其"杂以禅机，亦不自讳"。史又载畿尝言学当致知见性而已，应事有小过，不足累，故在官不免干请，以不谨斥。盖王学末流之恣肆，实自畿始。《明史》虽收入《儒林传》，而称士之浮诞不逞者，率自名龙溪弟子云云，深著其弊。盖有由也。是集为其子应斌、应吉所编。凡语录八卷，书、序、杂著、记说共九卷，诗一卷，祭文、志、状、表传二卷。其门人萧良斡刊之。丁宾又为重镌，而益以《大象义述》一卷，传志、祭文一卷。

> 《樗全集》七卷附录一卷。明王畿撰。畿字翼邑，号慕蓼，晋江人。万历戊戌进士。官至浙江布政使。与讲学之王畿同名，非一人也。是集诗文共七卷。末附家谱劝戒二十则，为一卷。

畿立身居官，矫矫自励，故所为诗文，皆质朴类其为人。卷首序为施邦曜所作。畿视学浙江时，拔邦曜第一。邦曜贫不能婚，畿为备聘，拜雁于官署。邦曜即于是秋登第。后殉节为完人。其识鉴为世所推服云。

两相对照，可见《四库大辞典》中《龙溪全集》条以《四库全书总目》中《龙溪全集》条为底据而有所损益。且不论对龙溪思想的评价《四库大辞典》《龙溪全集》辞条的撰写者是以《四库全书总目》为准的，就基本史实而言，《四库大辞典》辞条的撰写者略去了《龙溪全集》除萧良幹刻本外其它的刻本，增加了《樗全集》作为龙溪的著作，结果是略去了不该省略的东西，添入了错误的内容。而《四库大辞典》中《樗全集》条，则基本上是完全抄录《四库全书总目》的内容，只是将"万历戊戌"改写成"万历二十六年（1598）"，"晋江"前标明"福建"二字。这些均无关宏旨，真正新加入的内容只是"约1612年前后在世"和"生卒不详"这二句话。但恰恰是这新加入的两句，暴露出该辞条撰写者的粗枝大叶，没有认真看过《樗全集》，因为其中对王翼邑先生的生卒有极为明确的交代，而"与讲学之王畿同名，非一人"，恐怕自然也只是照搬《四库全书总目》的结果，辞条撰写者未必有自觉的意识。

《四库大辞典》前言中曾检讨了《四库全书总目》及后来《续修四库全书提要》的种种不足之处，并指出了"广大读者普遍呼吁，希望有一部反映现代学术水平，包罗中国古代全部重要文化典籍的大型工具书早日问世。《四库大辞典》就是在这种情况下开始酝酿的"。至于已出版的《四库大辞典》是否满足了这种要求，笔者不敢妄议。《龙溪全集》和《樗全集》辞条的问题，也很可能是瑕不掩瑜。在此，笔者只是希望在指出《四库大辞典》中失误之处的同时，对历史上不太为人所知的《樗全集》及其作者的情况略作介绍，以增加一点见闻之知。

北京大学图书馆藏有《樗全集》一部，为清乾隆廿四年己卯（1759）作者王翼邑的六世从孙王宗敏重刻。其中，王宗敏在《重刻樗全集序》中云：

> 《樗全集》者，太高祖伯慕蓼先生所手著也。集刻于明季，当时宇内盛传其书，贵重宝惜，不啻如藏拱璧。兵变以后，镌板散失，迄今百余年。

由此可见，《樗全集》在明代即有刊刻流布，但是否如宗敏所言"宇内盛传其书"，则不得而知。因为明刊《樗全集》恐已难觅，至少《中国古籍善本书目》及其它有关书目中未有收录，显然不如《王龙溪先生全集》流传之广。

笔者所见的这部清代重刻《樗全集》共分八卷。卷一包括《奏疏》4篇、《揭》8篇、《议》4篇、《寿文》5篇、《序》17篇。卷二包括《序》5篇、《跋》4篇、《引》1篇、《记》3篇、《论》2篇、《表》4篇、《策》6篇、《学政》1篇（《两浙学政十六条》）。卷三包括《解》、《辨》2篇（《不惑知天命解》和《大心小心辨》）、《志铭7篇、《行略》3篇、《祭文》44篇。卷四包括《五言古诗》1首、《五言排律》2首、《五言律》3首、《五言绝句》4首、《七言古诗》1首、《七言排律》1首、《七言律》14首、《七言绝句》

10 首、《赋》2 篇、《歌》2 首、《吟》1 首、《行》1 篇、《传》3 篇、《赞》5 篇、《婚启》22 篇、《启》41 篇。卷五包括《启》104 篇。卷六包括《启》10 篇、《尺牍》145 篇。卷七包括《尺牍》92 篇。卷八包括《家谱》、《劝戒》20 则（《十戒规范》和《十戒药石》）。

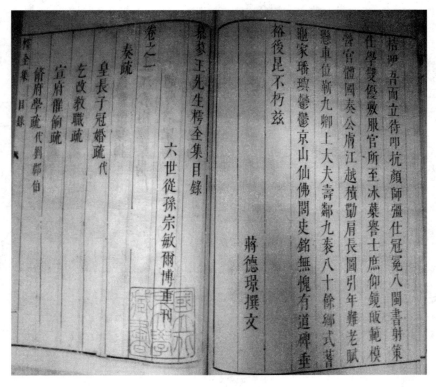

八卷正文之前，有九篇文字，分别为：一、六世从孙王宗敏所撰《重刻樗全集序》；二、姚江门人施邦曜所撰《樗全集叙》；三、四明门人赵珽禹所撰《樗全集序》；四、年友吕图南所撰《特祠王方伯文集叙》；五、年友龙溪张燮所撰《樗全集序》；六、其侄观光所撰《樗全集序》；七、六世从孙王世浚所作《重刻樗全集序》；

八、《省志人物传·王畿》；九、蒋德璟所作《通奉大夫浙江布政使左布政使司纂蓼王公墓志铭》。

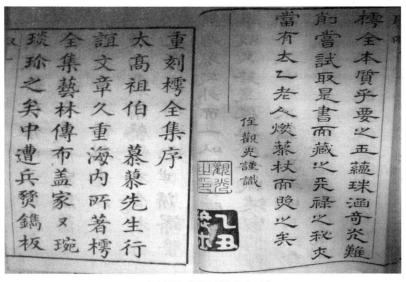

王宗敏撰《重刻樗全集序》

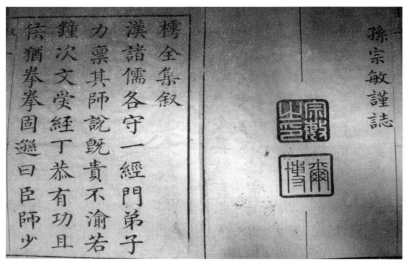

施邦曜所撰《樗全集叙》

八卷正文之后，有三篇跋文，分别为长子王尚诹所作《樗全集后跋》，其孙王昌缵所作《跋》以及其次子王尚谐所作《樗全集后跋》。

　　据王宗敏在《重刻樗全集序》中所谓"并增入先生本传、志铭，弁诸全集，庶几披览者可以仿佛其生平"，则可知除《重刻樗全集序》外，至少《省志人物传·王畿》和蒋德璟所作的《墓志铭》，为原明刊本所无，乃乾隆廿四年乙卯重刻时补入。

　　至于《樗全集》的作者王畿，除了前引《四库大辞典》和《四库全书总目》中已知的"字翼邑，号纂蓼，福建晋江人，万历二十六年戊戌（1598）进士，官至浙江布政使"之外，蒋德璟（1593－1646，字中葆，号八公，又号若柳，泉州晋江福全人）在《通奉大夫浙江布政使司左布政使纂蓼王公墓志铭》中明确指出：

公讳畿，字翼邑，慕蓼其号，生嘉靖己酉十月十三日，卒崇祯庚午八月十二日。

嘉靖己酉为公元 1549 年，崇祯庚午为公元 1630 年。因此，《樗全集》的作者王翼邑先生，便绝非如《四库大辞典》中所谓"生卒不详"。而"约 1612 年前后在世"，则更是不知从何说起了。显然，《四库大辞典》中《樗全集》辞条的撰写者连翼邑先生的墓志铭都未能耐心看完，因为上所引文在墓志铭的临近结束部分，撰写者大概看看前面一大部分均未交代翼邑先生的生卒，便匆匆掩卷而认定其"生卒不详"了。

王翼邑先生的生平事迹，不见于《明史》等八十九种重要的明代传记文献，故较之与其同名的王龙溪先生，实在鲜为人知。《樗全集》中《省志人物传·王畿》条对翼邑先生的生平有简略的交代，其文曰：

王畿，晋江人，万历甲午乡荐第一，戊戌进士，历浙江督学，迁左布政。值边警作，兵饷绎骚，重以尚方机杼之需，畿措处上下，咸无困焉。及挂冠归，惟以著述为事。初视浙学时，拔施邦曜第一。邦曜贫不能婚，畿为备聘，拜雁于官署。是秋邦曜遂登第，以甲申殉节，为一代完人。朝野服其藻鉴。

我们将这段文字与前引《四库全书总目提要》中《樗全集》条的文字相对照，便会发现此段文字除了对翼邑先生一生的为官经历交代

略详之外，对于其在浙江督学时选拔施邦曜一事，几乎是同样的文字记录。由于该段文字是乾隆廿四年王宗敏重刻时补入，且《四库全书总目》亦乾隆年间所修，故两段文字同出一人，亦未可知。因施邦曜（1585－1644，字尔韬，谥忠介，余姚人）为明末殉节名臣，《明史》及其它传记资料有多处记载，因此举拔施邦曜，便成为翼邑先生一生中颇为重要的一件事。张燮（1574－1640，字绍和，又字理阳，号汰沃，又号石户主人、海滨逸史、蜚遁老人）称翼邑先生为官最突出的在于教育，所谓"余友王翼邑先生，以经术名世，而行业所就，卓然大儒，其理剧郡，一切以王者之道行之，为循吏首，载历藩臬，雅称重臣，而最著者尤在督学使者"（张燮《樗全集序》），虽不至仅以举拔施邦曜为凭，但此事显然颇具代表性。

翼邑先生为"贫不能婚"的施邦曜备聘主婚，自然是欣赏其人品才学，而二人早年的相近经历，大概也是个原因。吕图南在《特祠王方伯文集叙》中对翼邑先生早年贫而好学的情况有所描述，所谓：

> 先生早岁失怙恃，以海东孤童依倚荒郊。屋有四壁，家无片轴，瓶无储粟。塾有书声，于先王仪义之说，壁听而乐之。时辍耕时窃读。古人顾欢燃松之照，邴原闻书之泣，不是过也。

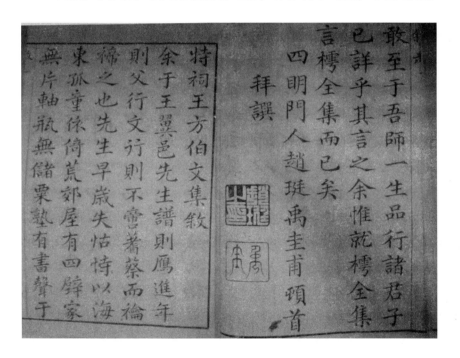

施邦曜亦称"余生遭坎壈，在悲哀衰绖之中者，十有二年，初年所遇，与吾师仿佛"（《樗全集叙》），因此，翼邑先生大概在青年施邦曜身上看到了自己年轻时的影子。而施邦曜由登第至甲申殉节，被称为"一代完人"，亦和翼邑先生"立身居官，矫矫自励"相映

成辉。

翼邑先生为官没有获得像门人施邦曜那样显赫的声名，为学也不能够像与其同名的龙溪先生那样足迹遍布大江南北，到处宣讲儒家成德之教，但观其为官施教，却堪称古之循吏，这大概恰恰反映了他之所以将自己的文集取名"樗全"的寓意。（"樗全"之意取自《庄子》）而透过《樗全集》中的文字，我们又可以看到翼邑先生在隽秀的文笔中，平实地渗透了儒家的一贯思想。张燮称"先生之为文，大都与人子言孝，与人臣言忠，原本六经，而自舒轴，水流峰峤，日朗烟襄，不问而知为大儒之结撰焉"（《樗全集序》）。

施邦曜对翼邑先生有一个基本的概括，所谓：

> 吾师之学虽博极而万殊，而一本之以正心诚意。言理学，则濂、洛、关、闽的派也；言经济，则伊、皋、稷、契其芳躅也；言文章，则六经诸史印证也。（《樗全集序》）

而吕图南（约 1567－1638，字尔转，号天池，南安朴里人，居晋江）对翼邑先生的文字和学问风格，则说得似乎更具体些，所谓：

> 论文则以韩、柳、欧、苏为的，近世独服膺唐应德、王道思，而于王元美衷其材。济南奇，京山杂，无取焉。论学则以濂、洛、关、闽为派，近世独服膺蔡文庄、薛文清，而于王阳明衷其旷。泰山傲，庐陵泛，无取焉。

当然，这样的说法仍不免简略，且准确与否，尚需我们对《樗全集》

的内涵作进一步的研究方可判断。譬如，此处翼邑先生学术思想的路，似乎让人感觉属于程朱理学一派。王宗敏在《重刻樗全集序》中亦言"夫先生以理学祀学宫，直接虚斋（案：蔡清）、紫峰（案：陈琛）数先生嫡派"。但是，明代经过了阳明学的洗礼之后，翼邑先生的思想，亦难免不受影响，观《樗全集》卷三翼邑先生为数不多的直接论学文字之一——《大心小心辨》，即可见一斑。再者，施邦曜曾经辑评过十五卷本的《阳明先生辑要》，且"少好王守仁之学"（《明史》卷 265），应试文字中难免有所流露，而翼邑先生能"拔邦曜第一"，恐非偶然。不过，本文只是由近出《四库大辞典》辞条的失误，而对《樗全集》及其作者的情况作一简单介绍，至于翼邑先生思想与朱子学及阳明学之间的关涉，需依据《樗全集》所提供的材料作专题性的研究，无法在此进行。此项工作，或当俟诸来日。

最后需要说明的是，蒋德璟谓翼邑先生"所著《樗全集》、《四书易经解》，门人施太卿序而梓行之"（《墓志铭》）。由此可见，除《樗全集》外，翼邑先生尚有同样是施邦曜作序的《四书易经解》刊行过。这对于研究翼邑先生的思想，可能会更有帮助。只是此书不见于《四库全书总目》及其它书目存录，恐怕早已亡佚了。

三、阳明学者的"实学"辨正

除了"理学"、"心学"和"气学"之外，现代学者晚近又着力发掘"实学"的线索和脉络。① 尽管"实学"的概念引起了许多讨论，② 但是，对于宋代至明末清初的整个儒学传统来说，提出"实学"之说，的确可以揭示在"理学"、"心学"和"气学"这几种观察视角下不易发现的一些内容和层面，而这些内容和层面，也的确是宋代至明末清初整个儒学传统的重要组成部分。

无论是"理学"、"心学"还是"气学"，无疑都偏重儒家心性论和本体宇宙论的理论论说，主要表现为一种哲学的话语。而"实学"则强调儒家传统中一贯的"经世致用"的方面。前者主要探讨形而上的问题，后者主要关注形而下的问题。当然，"经世致用"是否需要形上学的理论基础？"理学"、"心学"的道德修养理论（以"心性"理论为核心）以及在此基础之上的道德实践（所谓"工夫"）是否不切实际？需要切己实践的"身心性命之学"是否不能称之为"实学"？③ 这些都是曾经而且仍然会在研究者中产生不同意

---

① 陈鼓应、辛冠洁、葛荣晋主编：《明清实学思潮史》（济南：齐鲁书社，1989）。
② 姜广辉：《"实学"考辨》，《国故新知：中国传统文化的再诠释——汤用彤先生诞辰百周年纪念论文集》（北京大学出版社，1993）。
③ 譬如，杜维明先生就认为像陆象山等理学（广义）家所提倡的身心性命之学亦是"实学"，而且是最为着实之学。参见杜维明：《论陆象山的实学》，《中国哲学史研究》，1988 年第 7 期，亦见《杜维明文集》第五卷（武汉出版社，2001），页 110–133。

见的。尽管笔者未必完全接受晚近"宋明清实学"倡导者的"实学"观念，但笔者在此不打算对"实学"概念的涵义进行重新界定，[①] 而是要在晚近"宋明清实学"倡导者"实学"观念的基础上，对中晚明阳明学者的"实学"略事考辨。总的来说，在笔者看来，即便以晚近"宋明清实学"倡导者的"实学"观为准，中晚明的阳明学中也具有丰富的"实学"内容。而这一点，是明末清初以来一直较少受到研究者正视的。[②] 不过，限于篇幅，这里的考察只能是提示性的。

明清鼎革之后，许多儒家学者基于亡国之痛，对宋明理学传统尤其晚明思想界流行的阳明学痛加针砭。如顾炎武（1613 - 1682，字宁人，称亭林先生）等人就几乎将明亡的责任推到了阳明学的头上。而颜元（1635 - 1704，字易直，号浑然，称习斋先生）的"无事袖手谈心性，临终一死报君王"，更是成了宋明理学尤其阳明学的写照。迄今为止，许多人对宋明理学传统的了解恐怕仍然停留在这句话上。"宋明清实学"研究之所以忽略阳明学，也多少是受到这种评价的影响。明末清初儒者的心情可以理解，但就客观的理解尤其深入的研究来说，这种说法不能不说是缺乏历史根据而难免误导后人的。以历史文献为据，正确观察中晚明的阳明学，是"宋明清实学"研究的题中应有之义。

---

① 葛荣晋先生曾经将"实学"界定为"实体达用之学"。有关"实体达用之学"的具体涵义，参见葛荣晋主编：《中国实学思想史》（北京：首都师范大学出版社，1994）"导论"。
② 对阳明后学的"实学"比较重视并进行了相当发掘工作的当为陈鼓应、辛冠洁、葛荣晋主编的《明清实学简史》（北京：社会科学文献出版社，1994）。但是，其中也只是讨论了黄绾、王艮、李贽、唐鹤征、焦竑、黄宗羲的"实学"思想。

"实学"本身也包括思想与实践两个方面。而不论"实学"思想还是"实学"实践，阳明学中都不乏相应的内容。对于阳明学"实学"的"思想"方面，虽然仍有进一步的研究空间，但学界毕竟已经不无探讨，①而阳明学"实学"的"实践"尤其"实务"方面，则似乎尤其乏人问津。并且，"实践"尤其"实务"的方面或许更能够体现"实学"之所以为"实学"。因此，笔者简略的考辨在此着重于后者。

其实，如果就"经世致用"的实践而言，在整个宋明儒学中，王阳明本人应当说是最能够体现"实学"的代表人物之一。在实践方面，王阳明不仅战功赫赫，可谓有明一人。在思想方面，王阳明其实也不是只谈"致良知"，如果我们仔细翻检阳明全集，我们会发现阳明对许多具体的实际问题都有论说：政治方面涉及弹劾、轻政、用人、诤谏、风纪；②军事方面涉及军政、马政、兵饷；③财政方面涉及赋役、盐法、商业；④民政方面涉及户政、乡治、捕盗；⑤还有综合性的边防、虏情、御倭、江防等。⑥也正因此，现今的"宋明清实学"研究中都无法不有王阳明一席之地。不过，作为一个在整个东亚地区产生深远影响的儒学传统，阳明学决不仅仅意味着王阳

---

① 以《明清实学思潮史》、《明清实学简史》和《中国实学思想史》为代表。
② 参见《立崇义县治疏》、《添设平和县治疏》、《乞宥言官去权奸以章圣德疏》、《灾异陈言八事疏》、《上王晋溪司马》等，俱收入《王阳明全集》（上海古籍出版社，1992）。
③ 参见《南赣巡抚批行广东韶州府留兵防守申文》、《罢兵行抚疏》、《南赣捷言疏》、《江西捷言疏》等。
④ 参见《再请通盐法疏》、《开豁军前用过钱粮疏》、《与王晋溪第三书》等。
⑤ 参见《提督南赣牌行南安府抚缉新民》、《巡抚江西申谕十家牌法》、《罢兵行抚疏》、《南赣巡抚案行广东福建兵备官缉捕方略》。
⑥ 参见《陈言边务疏》等。

明个人的思想和实践。在中晚明时期，包括王阳明弟子、后学在内的几代阳明学者的思想和实践，共同构成了阳明学的传统。而王阳明的诸多门人后学，同样也决非"无事袖手谈心性"而缺乏"经世致用"的思想和实践。这一点，由于历来研究相对薄弱，尤其需要指出。

在此，我们不妨根据一些以往不曾受到研究者注意的历史材料，来列举一些有代表性的阳明学者在"实学"实践方面的具体表现。

在王阳明以后的整个阳明学中，最擅长抽象的理论辨析同时也最热中于讲学活动的是王畿（1498－1583，字汝中，号龙溪）。而即便是最"玄虚"的王龙溪，[①] 其实也始终有很强的社会政治关怀。譬如，在万历登基之前，王龙溪曾经编辑过一部《中鉴录》，汇集历代宦官的生平事迹，分门别类，并加以评判，试图通过宦官去影响万历皇帝，最终"得君行道"，实现儒家的王道政治理想。[②] 另外，王龙溪也关心军政，尤其是当时抗击倭寇的情况。当时一些著名的抗倭将领像戚继光（1528－1588，字符敬，号南塘，晚号孟诸）、李遂（1504－1566，字邦良，号克斋）、唐顺之（1507－1560，字应德，号荆川）、胡宗宪（1512－1565，字汝贞，号默林）、万表（1498－1556，字民望，号鹿园，）等都与王龙溪有密切的往来。[③] 胡宗宪抗倭取得战功受到朝廷的奖赏之时，王龙溪曾经作文告诫胡宗宪要戒骄戒躁，保持戒慎恐惧之心。[④] 戚继光还向王龙溪专门讨教过如何在

---

① 王阳明之后，阳明学影响最大的分别是王龙溪和王艮所开启的两支。

② 有关王龙溪《中鉴录》这一思想史意义的详细考察，参见本书《王龙溪的〈中鉴录〉及其思想史意义——有关明代儒学思想基调的转换》一文。

③ 参见王龙溪与他们的通信，收入《王龙溪先生全集》卷九至卷十二《书信》部分。

④ 参见《王龙溪先生全集》卷十三《三锡篇赠言宫保默林胡公》。

纷繁的军务中保持冷静的方法。① 对于地方平寇的事情，王龙溪也很关心，对于几位将领平定地方巨寇的事迹，他都专门写过序文表示祝贺。② 另外，嘉靖二十九年（1550）王龙溪和万表客居杭州时曾经共阅《明名臣奏议》及《十三省九边图考》。万表采编二书，成《皇明经济文录》四十一卷，龙溪颇为赞赏。③ 事实上，抗倭名将戚继光本来是另一位阳明弟子钱德洪（1496－1574，字洪甫，号绪山）的门下，戚继光之所以能够为人所知，一开始也正是由于钱德洪的举荐。钱德洪本人也关注抗倭事，并曾作《团练乡兵议》，积极支持地方自卫武装的建立。④ 而李遂、唐顺之、万表本身就是阳明学者。

如果说一提到阳明学者，我们总以为是一些文人的话，那么，万表中的是武举，一生担任的都是军职。其事功除了抗倭之外，更以整顿漕运最为突出。众所周知，漕运是中国传统经济的一件大事，牵扯到许多不同的职能部门，历来难以处理周全。而正是在漕运方面，万表有突出的贡献。王龙溪曾经在《万鹿园墓表》中对万表抗倭和整顿漕运的功业有过详细的记载。而黄宗羲则根据王龙溪的描述将万表整顿漕运的成就总结为三个方面。所谓"先生功在漕运，其大议有三：一、三路转运，以备不虞。置仓卫辉府，每年以十分之二拨中都运船，兑凤阳各府粮米，由汴梁达武阳，陆路七十里，

---

① 参见《王龙溪先生全集》卷十一《与戚南塘》。
② 参见《王龙溪先生全集》卷十三《贺中丞新源江公武功告成序》、《赠宪伯太谷朱使君平寇序》、《贺郭将军平寇序》。
③ 参见万表：《玩鹿亭稿》卷三《皇明经济文录序》。
④ 参见《王龙溪先生全集》卷二十《刑部陕西司员外郎特诏进阶朝列大夫致仕绪山钱君行状》。

输于卫辉，由卫河以达于京。松江、通泰俱有沙船，淮安有海船，时常由海至山东转贸，宜以南京各总缺船卫分坐，兑松江泰仓粮米岁运四五万石达于天津，以留海运旧路。于是并漕河而为三。一、本折通融。丰年米贱，全运本色，如遇灾伤，则量减折色。凡本色至京，率四石而致一石，及其支给，一石不过易钱三钱；在外折色，每石七钱。若京师米贵，则散本色；米贱，则散折色；一石而当二石。是寓常平之法于漕运之中。一、原立法初意。天下运船万艘，每艘军旗十余人，共计十万余人，每年辏集京师。苟其不废操练，不缺甲仗，是京营之外，岁有勤王师十万弹压边陲。"①从黄宗羲的总结来看，万表对漕运的整顿是具体而卓有成效的。

如果说像戚继光、万表那样的武将抗倭是分内之事的话，文人挂帅抗击倭寇是否会让我们感到惊讶呢？

事实上，曾经统兵抗倭并最后病死在抗倭舟中的唐顺之，就是一位地地道道的文人。唐顺之是江苏武进人，嘉靖十九年会试第一，是所谓"嘉靖八才子"之中名气最大的，也是嘉靖之后文坛"唐宋派"的领袖。同样是嘉靖八才子之一的李开先曾经评价唐顺之的制艺文字说"见者以为前后无比，气平理明，而气附乎理，意深辞雅，而意包乎辞。学者无长幼远近，悉宗其体。如圆不能加于规，方不能加于矩矣。"② 这样一位文坛才子，在思想上深受阳明学影响的儒家学者，之所以能够统兵打仗，与其"实学"是分不开的。除了文学之外，唐顺之早年还"甲兵、钱谷、象纬、

---

① 黄宗羲：《明儒学案》卷十五《浙中王门学案五》。
② 李开先：《李开先集》（北京：中华书局，1959），页621，《荆川唐督御史传》。

历算、击剑、挽强，无不习之"，① 三十六岁时还专门"学枪法于河南人杨松"。② 《明史》"本传"说他"于学无所不窥。自天文、乐律、地理、兵法、弧矢、勾股、壬奇、禽乙，莫不究极原委。尽取古今载籍，剖裂补缀，区分部居，为《左》、《右》、《文》、《武》、《儒》、《稗》六编传于世，学者不能测其奥也。"完全是一位百科全书式的人物。

在阳明学者之中，像唐顺之这样博学多能的人物还有许多。有些学者还尤其侧重"经世致用"的"实务"方面。季本（1485 - 1563，字明德，号彭山）就是其中颇有代表性的一位。季本曾经作《龙惕》书，和王龙溪就有关良知心体的问题进行过理论上的论辨，也是一位擅长理论思辨的阳明学者。但同时，季本也通过自己的身体力行来反对空谈心性，而是力图将阳明学的理论和"经世致用"的实践紧密结合起来。黄宗羲说"先生闵学者之空疏，只以讲说为事，故苦力穷经。罢官以后，载书寓居禅寺，迄昼夜寒暑无间者二十余年。而又穷九边，考黄河故道，索海运之旧迹，别三代、春秋列国之疆土、川原，涉淮、泗，历齐、鲁，登泰山，踰江入闽而后归。凡欲以为致君有用之学。"③

许多阳明学者在各地任官期间，也往往多有政绩，维持地方的治安，在危难时刻能够有勇有谋，颇具英雄气概。顾应祥（1483 - 1565，字惟贤，号箬溪），湖州长兴人，在任江西饶州府推官时，曾经只身深入贼寇巢穴，不仅救出了被贼寇掳去的县令，

① 唐鼎元：《明唐荆川先生年谱》卷六。
② 唐鼎元：《明唐荆川先生年谱》卷二。
③ 黄宗羲：《明儒学案》卷十三《浙中王门学案三》。

而且遣散了寇众。黄宗羲记载此事说："桃源洞寇乱，掠乐平令以去，先生单身扣贼垒，出令，贼亦解去。"① 在广东任职期间，顾应祥也同样多次平定地方的贼寇之乱，所谓"出金广东岭东道事，讨平汀、漳寇、海寇、郴、桂寇，半岁间三捷。"② 此外，顾应祥还著有《重修问刑条例》七卷、《弧矢算术》一卷、《测渊海镜分类释术》十卷和《农书》三十六卷，显然，这些都不是抽象的理论思辨，而是有关法律、算学、天文和农业的典型的"实学"著作。③

像这样的例子还有很多，限于篇幅，我们无法一一举出。需要指出的是，阳明学者的"实学"思想和实践广泛涉及到了社会生活的各个方面。而如果我们能够对此有较为充分的了解，相信一定不会再认为阳明学者都是"无事袖手谈心性"而缺乏"经世致用"的"实学"了。不但明亡的责任不应当推到阳明学者的头上，事实上，中晚明以至清初，能够在官场上保持气节并在危难时挺身而出者，往往都受到过阳明学的熏陶。我们甚至可以说，如果没有这些阳明学者在抗倭、剿寇、地方行政等各个方面鞠躬尽瘁，明朝的统治只会在内外交困的局势下瓦解得更快。

在这个问题上，同样是清代的学者，桐城派的创始人方苞（1668－1749，字凤九，一字灵皋，晚年自号望溪）的观察就比顾炎武冷静和客观。以下这段话虽然是在朱子学与阳明学的学派之争为阳明学鸣不平，却也无形中恰恰道出了阳明学在"实学"方

---

① 黄宗羲：《明儒学案》卷十四《浙中王门学案四》。
② 黄宗羲：《明儒学案》卷十四《浙中王门学案四》。
③ 当然，需要指出的是，顾应祥虽然"少受业阳明"，但后来的思想与阳明学的宗旨多有不契。

面的不容抹杀。他说："自明季以至于今，燕南、河北、关西之学者能自竖立，而以志节振拔于一时者，大抵闻阳明氏之言而兴起者。……吾闻忠节公（鹿善继）之少也，即以圣贤为必可企，而从入则自阳明氏。观其侄孙高阳（承宗），及急杨（涟）、左（光斗）之难，其于阳明氏之志节事功，信可无愧矣。因此知学者果以学之讲为自事其身心，即由阳明氏以入，不害为圣贤之徒。"①

---

① 方苞：《望溪集》卷十四《鹿忠节公祠堂记》。

四、王心斋后人的思想与实践
——泰州学派研究中被忽略的一脉

一、前言

对于王阳明以后晚明王学在天下的广为流传，黄宗羲认为王畿和王艮两大流派的传播最为有力，所谓"阳明先生之学，有泰州、龙溪而风行天下，亦因泰州、龙溪而渐失其传"。[①] 且不论梨洲"亦因泰州、龙溪而渐失其传"的判断是否准确，龙溪与心斋各自所开启的学脉，的确构成晚明王学的两大主流。龙溪之学及其对于中晚明王学展开的意义，笔者有专门的研究，在此不赘。[②] 而心斋所开创的泰州学派，后世虽多有研究，但几乎无不以梨洲《泰州学案》的格局为前提。可是，不但《泰州学案》之设立与人物收录多可商榷，[③]《明儒学案》也不足以成为深入研究明代儒学的原始文献的最终依据。[④] 另外，

---

① 黄宗羲：《明儒学案》卷三十二《泰州学案一》。
② 参见笔者《良知学的展开——王龙溪与中晚明的阳明学》一书。
③ 详细讨论参见本书《周海门的学派归属与〈明儒学案〉相关问题之检讨》一文。
④ 钱穆先生亦曾指出："余少年读黄梨洲《明儒学案》，爱其网罗详备，条理明晰，认为有明一代之学术史，无过此矣。中年以后，颇亦涉猎各家原集，乃时憾黄氏取舍之未当，并于每一家之学术渊源，及其独特精神所在，指点未臻确切。乃复时参以门户之见、意气之争。""故其（梨洲）晚年所为学案，亦仅可为治明代儒学者之一必要参考书而止。"见《读刘蕺山集》，《钱宾四先生全集》，第 21 册，《中国学术思想史论丛》（七）（台北：联经出版公司，1993），页 351，页 365。

还有一点值得研究者注意的是，梨洲在《泰州学案》中虽然也为心斋次子王襞（1511－1587，字宗顺，号东崖）以及心斋族弟王栋（1503－1581，字隆吉，号一庵）专列学案，但心斋身后，其子孙辈继承和发扬家学的思想和实践，却并未在《明儒学案》中得到反映。事实上，心斋身后，其子孙的理学思想和实践，流传三代，清代心斋乡人袁承业甚至说："前明以来，以理学世其家者，未有如心斋一家之盛者。心斋生五子，皆能成其家学，不习举业。若孙若曾孙，又能学继其后，迭迭勿替，新新无已，可谓盛矣。"① 因此，无论梨洲当时是由于"文献不足征"还是认为心斋的子孙并无立案的必要，都未免是一项缺失。而就当今泰州学派的研究来说，与其囿于《明儒学案》所设定的框架，在泰州学派究竟应当包括哪些人物还有待进一步讨论的情况下，泛泛而论所谓"泰州学派"，不如首先考察心斋身后家学的传承。因为不论泰州学派如何界定，心斋身后其家学的流传，都毫无疑问应当是泰州一脉的主体部分。就此而言，研究心斋后人的思想与实践这一海内外学界迄今尚未探究的课题，显然构成泰州学派以及晚明儒学研究的一项重要而具有实质性的内容。

袁氏所谓"前明以来，以理学世其家者，未有如心斋一家之盛者"，或有夸张，② 但并非无据，因为心斋子孙均有文字流传。但

---

① 袁承业：《明儒王东堰东隅东日天真四先生残稿序》，《明儒王东堰东隅东日天真四先生残稿》首页。

② 邹守益家学亦流传三代之久。邹守益其子邹善（1521－1600，号颖泉，嘉靖丙辰进士）、其孙邹德涵（1538－1581，字汝梅，号聚所，隆庆辛未进士）、邹德溥（字汝光，号四山，万历癸未进士）、邹德泳（号泸水，万历丙戌进士）都是一时名儒。

除了王襞有《王东崖先生遗集》传世之外，其余都湮没不彰。袁承业则"从王氏族谱暨诸集中搜得心斋长子东塛诗八首、解论各一篇；三子东隅诗歌九十三首、序文各一篇；四子东日诗歌五十四首、解四章、赋三篇、序一篇；曾孙天真诗歌杂咏十六章，萃成一册，题曰《明儒王东塛东隅东日天真四先生残稿》"（图一）。①

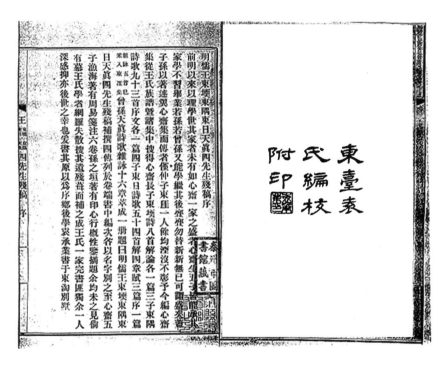

另外，袁氏还为四人分别撰写小传，列于卷端（图二）。

---

① 袁承业：《明儒王东塛东隅东日天真四先生残稿序》，《明儒王东塛东隅东日天真四先生残稿》卷首。

四、王心斋后人的思想与实践——泰州学派研究中被忽略的一脉　**47**

王东崖先生小传

明儒王东崖先生传 子之屏附

先生讳衣字宗乾号东崖吾乡先儒王心斋之长子也生於正德二年
二十八日是年春心斋再游山东过阙里谒先师孔子及颜曾孟诸贤庙归先生
幼奉庭训甫弱冠与其仲弟东隅随心斋游会稽阳明山中时江西解元魏时
斋字师伊 文成弟子 会试下第亦寓山中与心斋同门友善遂命先生从之
讲习讨论期年而气宇雍容成一雅饬儒生突先生善正草书绝肖王文成体
并与越中会诸儒设坐下第来从心斋问学留门下数年不去与先生旦夕
君子人也及文成起南征之忧未几四方志士从学於心斋之门者
生计俱备无所不至心斋之而赡理家致
日泰先生供父母饮旦具无所不至心斋学留门下数年不去与先生旦夕
道州有周合川者亦以会试下第来从心斋既双而先生率
切磋甚治金骢最乎其入道炎心斋悟悟物有本末之旨以
谦明先人格物致知之说於是游学四方所至陛恒满户外不留家聚有客为

袭承袭荣

正是《明儒王东崖东隅东日天真四先生残稿》这部文集，① 为我们了解心斋身后家学的流传提供了第一手的文献依据。但可惜的是，这部文集大概素未为海内外研究者所利用。以下，本文便根据这部文集，并结合其他相关材料，对心斋身后三代子孙的生平活动和思想特征分别略事考察，以填补当今泰州学派研究中的一项空白。所述人物的详略，依文献材料的多寡而定。由于王襞既有文集传世，《明儒学案》中又有专案，需要另外进行专门的研究，加之篇幅所限，故本文所述，不含王襞。

---

① 该文集现藏于泰州市图书馆。

二、王东堧

王衣，字宗乾，号东堧，心斋长子。生于正德二年（1507）十二月二十八日，卒于嘉靖四十一年（1562）八月十五日。东堧年幼时，曾经和二弟东崖一道随心斋共游会稽的阳明山。当时江西解元魏良政（字师伊，号时斋，生卒不详）会试下第，正寓居阳明山中。由于心斋与魏良政为同门好友，便命东堧随魏良政讲习诵读。就东堧从学魏良政而言，可以说是阳明再传。但东堧亦曾直接受教于阳明，并参加越中致良知之学的讲会，得到过阳明的赞许。东堧的书法也与阳明极为相似，所谓"先生善正草书，绝肖王文成体"。今存《王东堧先生残稿》中有一首诗：

> 唤醒从前春梦余，回头便识自家庐。庄严宝像堪为笑，幻妄虚华早破除。
>
> 一物不存非为吝，纤毫落见失元初。夜来闲傍梅花立，月满枝头影满裾。

该诗题为《次先师阳明夫子除夕韵》，或许可以作为东堧曾经直接受教于阳明的证据。阳明南征思州、田州时，东堧随心斋回乡省亲，董理家政，为心斋外出游学提供所需。后来阳明病故，心斋在家乡讲学，四方从游之士日益增多，东堧则全力帮助接待、安排来学之人的日常生活，给予他们无微不至的关怀和照顾，以至于心斋担心家中这些日常的事务会影响到东堧的向学之志。但是，那些有关日常生活的事务并没有消磨掉东堧的向道之心，四方的来学之士也成为东堧切磋、砥砺的友人。譬如道州有一位名叫周合川的人，因会试下第，从游于心斋门下数年，东堧与之朝夕相处，相与论学，"切磨甚洽，益骎骎乎其入道矣"。[①]《王东堧先生残稿》所收八首诗中，有一首《寄周合川先生》，[②] 颇能见出二人的友情。心斋殁后，东堧率诸弟秉承心斋之学，所谓"悟物有本末之旨，以讲明先人格物致知之说"，不事科举，专以讲学化俗为务。有人劝东堧兄弟事举子业，东堧回答说："吾兄弟谨守先君子之训。至尊者道，至尊者身。弗先慎乎德，而苟从于事，可乎？"[③]东堧之不事科举，固然如其所言，乃遵守心斋之训，同时也因其"秉性刚直，不乐于俯仰人世"，于是一生惟"兢兢于学，甘老林下"，成为"遁世无闷者"。

东堧有一首诗题为《夜坐次罗念庵公韵》：

善学能存夜气先，两忘醒梦少缠牵。正嫌槁面年常坐，犹怪灰心昼亦眠。

拥被依稀神外守，欹床缥缈意中全。谁将木铎醒尘世，亦爱勤恳平旦传。

说明他或许与阳明后学中的一位重要人物罗念庵有过交往。当然，

① 袁承业：《明王东堧先生传》。
② 诗云："闲愁消不尽，樽酒对公开。岁月难虚度，春风易满怀。有情还有我，无想亦无媒。如此风流样，何人解脱胎。"
③ 袁承业：《明王东堧先生传》。

由于念庵的文集在嘉靖年间已有刊刻，① 因而还并不能断定东隅此诗是在与念庵相会时当面对念庵诗作的次韵之作。以不曾谋面之人甚至古人的诗作为韵脚而赋诗，在诗作之中是常有的事。如东隅还有《山居白沙翁韵二首》，② 显然无法是当面之作。罗洪先（1504－1564，字达夫，号念庵）在阳明生前虽未及门，在阳明身后亦始终未自称弟子。③ 但由于念庵一生景仰阳明其人其学，并且和钱德洪（1496－1574，本名宽，字德洪，后以字行，改字洪甫，号绪山）、王龙溪等王门弟子交往密切，尤其对阳明年谱的编纂做出了重要贡献，其思想的形成与发展更始终是与龙溪等王门弟子对话互动的结果，因而也历来被视为是阳明之后推动王学发展的有力人物之一。念庵虽历来被视为阳明后学中的重要人物，但在体用的思维方式上，却和另外一位阳明后学聂豹（1487－1563，字文蔚，号双江）一样，其实深受作为儒学正统的朱子学二元论的影响，与心斋、东堧所秉承的阳明学一元论的体用思维方式有所不同。④ 念庵主张收摄保聚，认为体立而后才可以达用，为学偏

---

① 念庵文集明清两朝多有刊刻。据今所知，念庵文集在嘉靖年间至少有三种刊本，即嘉靖三十四年安如盘刊《念庵罗先生文集》四卷本、嘉靖四十二年胡松序刊《念庵罗先生集》十三卷本以及嘉靖四十三年俞宪序刊《念庵罗先生集》十三卷本。

② 其一："何处虚堂击缶歌，听忘金玉契吾何。乾坤合辟存三圾，风雨行藏系一蓑。筼笛夜寒仍调月，钓丝风暖试垂河。春来不记花开少，只记春来得意多。"其二："坐领春风发浩歌，酒杯到手更如何。凭栏冉冉云生袖，弄影纤纤月满蓑。岁暮有怀空海宇，夜深无梦近关河。一斋一榻青山里，已悟年来孟浪多。"

③ 钱绪山曾力邀念庵入阳明门下，但遭念庵婉拒。念庵对于不称弟子的解释参见其《论年谱书》（六），载《王阳明全集》（上海：上海古籍出版社，1992），页1367。

④ 这种一元论和二元论体用思维方式的差异，在阳明后学的发展中极为重要。以念庵、双江为代表的所谓"归寂"派与阳明亲炙弟子包括王龙溪、钱绪山、欧阳南野、黄落村、陈明水等人的一系列辩难，均与此有关。有关该问题详细的讨论，参见彭国翔：《良知学的展开——王龙溪与中晚明的阳明学》，页340－365。

于静寂，多从事静坐，甚至有闭关石莲洞三年不出之举，而心斋所继承的阳明学则主张"百姓日用即道"，未发之功在已发上用，强调要从活泼流动的日常生活中用工夫。上引东堧此诗，尤其是"两忘醒梦少缠牵"、"正嫌槁面年常坐"以及"犹怪灰心昼亦眠"三句，恰恰反映了东堧所秉承的心斋一脉内外两忘、动静一如的工夫论取向。

除了"淮南格物"说别具一格之外，心斋之学的整体取向有两个基本特点：其一，是主张所谓"百姓日用即道"。即强调"道"并非超绝之物，而是内在于人伦日用。百姓日常生活的自然合理中节，正体现了作为"道"的良知心体的发用流行。恰如阳明所谓，良知尽管有"直造先天未画前"的先验性、超越性，但良知同时又"不离日用常行内"，一定要落实在经验之中，内在于生活实际。这种统合性的一元论的立场，也可以说是王学主流基本特征的一个反映。其二，是重视言传身教，不主张过多的理论辨析，有轻视知识的倾向，表现出强烈的实践优先性。这一点尽管就王学整体而言也大略可以适用，却尤其是泰州学派有别于王学其他群体和流派的重要方面。如以心斋与龙溪这两位王门重镇相比较，则龙溪重视说理，论说的思辨性颇高，活动的范围也主要在儒家知识人之中，与心斋显然存在相当的差异。心斋之学的这两个方面，在东堧处都有明显的继承和反映。

东堧有一篇讨论"本末"与"始终"的文字：

子游之学分了本末，子夏之学分了始终。看来二贤之言若能悟得，则道无始终，虽洒扫应对以至饮食衣冠、起居动息之间，即末而本自存，无始而亦无卒者也。不然，是圣人一心，而小子一心矣。不失赤子之心者，如何便做得大人？此等处不明，故后来分了多少畦径。善学者于此不得放过。（《读耿楚侗本末解》）

由这段话可见，东厓认为"本"即在"末"之中，而"始"与"终"也是相互贯穿的。所谓"道无始终，虽洒扫应对以至饮食衣冠、起居动息之间，即末而本自存。无始而亦无卒者也。"如果分本末、别始终，割裂了二者之间连续性的关系，便会导致"圣人一心，而小子一心"，使圣人与普通人成为两种不同性质的存在。如此一来，儒家传统"人皆可以为尧舜"、"不失赤子之心便做得大人"的一贯理念也就不免落空。东厓指出"后来分了多少畦径"的原因正在于"此等处不明"，强调"善学者于此不得放过"，显然反映了心斋将超越性寓于内在性之中的统合性一元论立场。这种立场，借用芬格莱特（Herbert Fingarette）的说法，可以说表现为一种"即凡俗而神圣"（the secular as sacred）的思想特征。①

另外，东厓曾经指出：

凡我之身体力行处，皆是与人为善。如事父孝，以孝教

---

① 这里是借用芬格莱特 Confucius: The secular as sacred（New York: Harper and Row, 1972）一书的书名。该书中译本参见彭国翔、张华译：《孔子：即凡而圣》，南京：江苏人民出版社，2002 年 9 月第 1 版。

人；事兄弟，以弟教人之类是也。（《舟中读鲁论二条》）

　　在东堧看来，"事父孝"、"事兄弟"这种实践活动本身，便构成"以孝教人"、"以弟教人"的主张和要求，便为"孝"和"弟"的观念或者学说树立了一种典范。如果说这表明了一种实践优先性的价值取向，那么，东堧的《夜梦与友论学》诗，所谓"此学元初无可言，有言之后失其元。有言不若无言得，信手拈来信手掀。"则将这种价值取向及其所导致的轻视知识、言说的态度展露无疑。[1]

三、王东隅

　　王襑，字宗饬，号东隅，心斋三子。生于正德十四年（1519）五月二十四日，卒于万历十五年（1587）十月八日。[2] 东隅幼年随东堧、东崖承心斋庭训，后来稍长随心斋游浙江，师从王龙溪数年，完成学业后回归故里。隆庆三年（1569）秋，海潮泛滥，洪泽湖决口，下游泰州等地受淹，百姓溺死无数。东隅先是变卖家产，赈济灾民，继而作《水灾吟》，[3] 赴南京劝四方殷实之士出资赈济救灾，次年在家乡创立义仓，以备将来之歉。晚年与仲兄东崖、四弟东日致力于编辑心斋年谱。东隅曾著有《先公语录私

---

[1]　有关阳明学如何处理良知与知识关系问题的检讨，参见笔者《中晚明阳明学的知识之辨》一文，收入笔者《儒家传统的诠释与思辨——从先秦儒学、宋明理学到现代新儒学》（武汉：武汉大学出版社，2012），页 256－292。

[2]　据袁承业《明王东隅先生传》，东隅卒后三日，东崖亦卒。

[3]　该文收入《王东隅先生残稿》。

绎》，对心斋语录多有发明。心斋门人聂静（字子安，号白泉，嘉靖十四年进士，生卒不详）①在为《先公语录私绎》所作的《叙略》中称东隅"条分缕析，迭迭无倦，微言奥旨，研究莫遗，诚可以羽翼明训，祛除俗学"。许孚远（1535－1604，字孟仲，号敬庵）在同样的《叙略》中也指出，他自己原先对于心斋语录有"疑而未达者"，正是由于东隅的剖析阐发，最终才"得一印证，豁然贯通"。由此可见东隅对于家学的继承和发扬。只是如今此书佚失不存，只有聂子安和许孚远的两篇《叙略》留下。除了秉承家学之外，由于有多年从学龙溪的经历，东隅的思想亦颇受龙溪影响。这一点我们在后面讨论东隅的思想时将会看到。

袁承业在《明王东隅先生传》中称东隅"赋性方刚，接人严介，善诗歌、精翰墨，守家学，乐天伦，兄倡弟和，师友一堂，时时有济人利物之怀"。东隅的翰墨我们如今无缘得见，至于"善诗歌"，则由《明儒王东墺东隅东日天真四先生残稿》本身即可见。因为其中搜集得东隅诗歌九十三首，远远超过其他三人。而下面我们以东隅的诗歌为文献材料进行相关分析时，在不致繁冗的情况下尽量完整征引，也正是为了使东隅"善诗歌"的这一特征得到较为充分的展现。

东隅个性与其仲兄东崖颇有不同。时人有论者说："东崖一个明道，东隅一个伊川"。但正如明道和伊川虽气象不同，却兄弟齐心、共同倡明道学一样，东隅也和其他兄弟感情笃厚，共同传承

---

① 聂静其人因不见于《明儒学案》，鲜为后世儒学研究者所知，历史上其传记材料亦少，仅见于郭汝霖《石泉山房文集》卷八《贺聂仪部泉厓大夫六十序》，以及《掖垣人鉴》卷十三。聂静与王襞交好，《东崖王先生遗集》卷上有聂静所作《寿道兄东崖六十序》。

家学。《王东隅先生残稿》中有三首诗歌，颇能见出其兄弟之情：

念汝亲遗早，相依究所闻。怡然情可掬，豪迈思难群。绝望愁何极，空怀梦入云。可怜终不泯，铁月映孤愤。（《哭渔海弟》）

四顾无消息，空堂月一痕。鸟啼生白发，花落易黄昏。沧海仍虚席，青山独对樽。春来诗景好，重忆细评论。（《忆东日弟》）

一棹之吴楚，乾坤此独行。春风吹草活，细雨看花轻。绿水准于席，青山不问程。却怜鸠与雁，迢递若为情。（《赠东崖兄游学吴楚》）

《哭渔海弟》和《忆东日弟》分别是东隅悼念五弟与四弟的诗作。如今读这两首诗，我们仍然能够强烈地感受到东隅内心的伤痛。东日是心斋四子，下文有专门的介绍，此处暂且不赘。心斋五子王榕，一名王雍，① 字宗化，号渔海，生于嘉靖六年（1527）十一月，年仅十八而卒。渔海幼年即聪慧过人，过目成诵，十岁便能为文，相传有《周易笺注》六卷，如今已佚失不见。临终前曾自题小像云："此处是我形影子，留与家人作哀伤。一十八年原寄住，清风明月是吾藏。"对于渔海的早逝，非但东隅情不能已，当时的识者亦无不为之扼腕叹惜。

从《哭渔海弟》和《忆东日弟》之中，如果说我们更多感受

---

① 《嘉庆扬州府志》以及《嘉庆东台县志》中误作"王裕"。

到的还只是兄弟之间亲情的话，《赠东崖兄游学吴楚》一诗向我们透露的，除了兄弟之情以外，则还有一份道济天下、化民成俗的仁心与公义。由诗中可见，对于东隅来说，仲兄东崖只身远游，讲学于吴楚大地，无异于春风化雨，所谓"春风吹草活，细雨看花轻。绿水准于席，青山不问程"。而这，也充分显示出东隅兄弟以身担道的自信。

古语有"父子兄弟不责善"的说法，为的是避免道义相责，从而可能导致天然亲情受到伤害。但东隅兄弟之间相互的道义砥砺，却不但没有损伤彼此的感情，反而使自然的亲情得到了庄严与理性的凝定。这一点，除了上引《赠东崖兄游学吴楚》诗外，在东隅为其仲兄王东崖所作的寿文中有更为明确的反映。

隆庆四年（1570），王东崖六十寿庆大会时，东隅写了一篇《东崖仲兄六袠寿言》，① 其中，东隅并没有从兄弟私情的角度立言，而是站在同门道友的立场上作了一篇名为祝寿之辞而实为原寿之论的文字。东隅说：

> 褆等忝为弟，感朝夕熏育，曾无一言以庆？愿陈寿原，以证公之造诣。夫寿有几？曰：有禀寿，有葆寿，有际寿，有元寿，有造寿，有征寿，有术寿，有盗寿。精气完固，寒暑弗能侵焉，是谓禀寿；抱朴守素，嗜欲弗能袭焉，是谓葆寿；时逢熙泰，无兵革灾荒以阏天年，是谓际寿；天空海阔，月白风清，萧萧马鸣，无一而非此体，鸢飞鱼跃，无一而非妙用，千

---

① 此篇寿言亦见于《东崖王先生遗集》卷上。

红万紫，可句可觞，杨柳梧桐，可怀可挹，是谓元寿；执天之枢，握人之纪，居广居，位正位，行大道，德孚天下，泽被万世，是谓造寿；温衾扇枕，卧冰泣竹，燃脂剜疮，是谓征寿；吐精咽华，刀圭入口，而白日羽翰，是谓术寿；齿发松然，而德之弗逮，是谓盗寿。盗寿以言乎负也，术寿以言乎幻也，征寿以言乎养也，元寿以言乎性也，际寿以言乎时也，葆寿以言乎人也，禀寿以言乎天也。惟造寿之义大矣！公之寿，果孰从而得之？或曰：一之近，四之中，二之不与焉。褆曰：不然。昔朱子谓人九十亦当硬赛做去。如公曳杖于云水之间，对童冠三三两两，拈出见在，令物物各有契，宛然有上古之风。此修身见世之谓也。公之寿，或从此而得之。公年近六十为之，七十、八十、百岁而无倦焉，则师门之所以寿公者，何如？公之所以授后学百世者，又何如？则公之自授自寿，又不可以年日几之也。

这里对于"禀寿"、"葆寿"、"际寿"、"元寿"、"造寿"、"征寿"、"术寿"、"盗寿"的分别，不仅是对由于各种原因而长寿的不同情况的客观分类，还包含有价值的判断。对东隅来说，只有通过"执天之枢，握人之纪，居广居，位正位，行大道，德孚天下，泽被万世"所得之"寿"，即所谓"造寿"，才是人寿之所以为寿。而在东隅看来，东崖之寿正是由此得来。并且，由这段文字最后所谓"公年近六十为之，七十、八十、百岁而无倦焉，则师门之所以寿公者，何如？公之所以授后学百世者，又何如？则公之自授自寿，又不可以年日几之也"，可见东隅对东崖的期许，完全落在"修身见世"这种儒家传统一贯的价值观之上。这样一来，兄弟之情与道义之理彼此交融，前者经由后者的洗礼获得了升华。

东隅对于家学的传承和发扬，不仅是兄弟间相互砥砺的结果，而且与其亲师取友有着密切的关联。东隅从学于龙溪数年，为龙溪及门弟子。隆庆元年（1567）龙溪七十大寿时，东隅曾有诗为庆：

> 张主师门七十翁，身如海鹤面如童。文章山斗卑韩愈，吾道东南陋马融。到处好花皆拥耀，百年枯木顿生荣。不才叨列春风末，拈笔无能状德容。（《庆龙溪夫子寿七十》）

诗中表达了对龙溪的高度尊敬。万历十一年（1583）龙溪卒后，东隅则作诗云：

> 幸纳门墙下，抠趋四十年。莺花聊自契，吾道竟谁传？樽俎光前哲，弦歌续后贤。偶然观化去，愁思满苍烟。（《悼王龙溪》）

既有对先师在阳明学发展中承前启后的高度肯定，同时也表达了深切的悼念之情。

除了龙溪之外，对于其他王门的师辈人物，东隅也多有亲近之情。邹守益（1491－1562，字谦之，号东廓）在阳明门下属于德高望重的一位，其身后家学亦流传三代之久。并且，阳明身后，东廓倡建复古、连山、复真等书院，创立青原（吉安青原山）、东山（安福）等讲会，大力推动整个江右地区王学的传播与发展。①
我们甚至可以说，东廓的生卒与江右王学的兴衰有着莫大的关系。
嘉靖四十一年（1562）十月东廓病故，东隅有诗祭奠：

> 何处悲声动杳冥，注亭为位拜江苹。百年明教希三代，千
> 古传心启六经。
> 一草一花皆展贡，万山万水一增荣。不才自恨依归晚，愧
> 以临风通此情。（《奠东廓夫子》）

对东廓的学术思想地位予以了高度的肯定，同时也表达了自己的
仰慕之情。另外，东隅是否与念庵有过往来，现已难考，但东隅
至少曾经专门去拜访过念庵。东隅有一首《访罗念庵公不遇》，可
以为证：

> 五夜冲寒候石门，始知踪迹入云深。蓬莱赴约未遗鹤，玉
> 阙陈情何操琴。
> 径草依依应领意，庭花引引已传心。斯行信未虚相讹，私
> 淑无干离合分。

由此诗来看，东隅这次拜访念庵，候五日不遇，足见其诚心。而

---

① 东廓在江右通过讲会、书院对于王学的推动，可参考：（一）、吴宣德：《江右王学
与明中后期江西教育发展》（南昌：江西教育出版社，1996）；（二）、吕妙芬：《阳
明学讲会》，《新史学》（台北）第九卷第二期，1998 年 6 月，页 45 – 87；（三）、
陈来：《明嘉靖时期王学知识人的会讲活动》，《中国学术》第 4 辑，北京：商务印
书馆，2000 年 10 月，页 1 – 53。

所谓"径草依依应领意，庭花引引已传心"，也说明东隅自觉与念庵心意相通。至于"斯行信未虚相讯，私淑无干离合分"，则更表明了东隅私淑念庵的心迹。尽管此行未能与念庵相见，但在东隅看来，外在行迹的离合并不足以阻隔同道师友之间的神交。

龙溪是阳明高弟，念庵是阳明后学，二人都是阳明之后著名的儒家学者。而除了亲炙龙溪、私淑念庵之外，由《西湖同史玉阳李岣嵝晚步》一诗可知，[①] 东隅还与阳明的另一位弟子史际（1495－1571，字恭甫，号玉阳）有过交往。史玉阳是江苏溧阳人，少从阳明、湛若水（1466－1560，字符明，号甘泉）游，嘉靖十一年（1532）进士，官至太仆少卿，有相当一段时间居乡，其间广置义庄、义塾，捐田资助贫士读书，饥荒年间则赈济百姓，还曾招募勇士抗击入侵东南境内的倭寇。[②] 史玉阳与王龙溪关系十分密切，曾为龙溪在景色宜人的玉潭建立讲学居住的寓所，[③] 龙溪在史玉阳七十时亦为之撰写寿序，[④] 并有多首与史玉阳有关的诗篇。[⑤] 只是由于史玉阳不见于《明儒学案》，因而鲜为一般明代儒学研究者所知。

同门之间，东隅亦多有往来。心斋门下有一位布衣儒者韩贞

---

① 诗云："午酒风吹醒，无言领略余。高峰情欲动，中笠兴初浓。山月松穿破，湖云竹拽横。此中无限景，不落画图中。"

② 史玉阳的生平传记见焦竑《国朝献征录》卷七十二李春芳所撰《太仆寺少卿史公际墓志铭》、《严文靖公文集》卷十一《史玉阳公传》。邓元锡《皇明书》卷四十一、何乔远《名山藏》卷一百以及查继佐《罪惟录列传》卷二十四中也有简略的介绍。

③ 参见王畿：《王龙溪先生全集》卷十八《玉阳君为予结楼玉潭之右扁题龙溪游寓盖不忘买山招隐之意用韵述怀二首》。

④ 参见王畿：《王龙溪先生全集》卷十四《寿史玉阳年兄七十序》。

⑤ 如《玉潭仙苑同天卿史玉阳吴周二司谏祝圣用韵》、《酬史玉阳年兄》、《贺玉阳得子》、《别史玉阳用韵》。

（1509－1585，字以贞，号乐吾），① 扬州兴化人，原本家中世代以制陶为业，后由心斋另一门人朱恕（字光信，生卒不详，出身樵夫）引至心斋门下，从学两年后回到家乡，以化民成俗为务，成为当地有名的布衣儒者。黄宗羲曾经如此描绘过韩贞讲学的画面："随机指点农工商贾，从之游者千余。秋成农隙，则聚徒讲学，一村既毕，又之一村，前歌后答，弦诵之声，洋洋然也。"这一场景，东隅在《过戴家窑镇赠韩乐吾次韵》诗中也有类似的描述：

> 一棹穿云去，三杯古殿中。儿童歌朗朗，耄耋拜雍雍。细雨草生甲，春风花自荣。传来消息近，文物故乡同。

"一棹穿云去，三杯古殿中"，是说韩贞四处讲学，不拘场所；"儿童歌朗朗，耄耋拜雍雍"，是说韩贞讲学的对象不拘老幼；"细雨草生甲，春风花自荣"是比喻韩贞的讲学如同春风化雨，深入人心；"传来消息近，文物故乡同"，则意味着韩贞所在的扬州地区与东隅所在的泰州地区声气相通，两地由于儒学的教化也呈现出相同的风貌。由此诗可见，东隅显然与韩贞经常过从，相交甚厚。

泾县②有一位吴标，字从本，号竹山，也是心斋的弟子。③ 心斋一脉在泾县的开展，吴竹山多有倡始与推动之力。而泾县的水

---

① 《明儒学案》韩贞字作"以中"，本文依《韩贞集》作"以贞"。《韩贞集》由黄宣民根据万历本《乐吾韩先生遗稿》和雍正本《韩乐吾先生集》重订，现与《颜钧集》（北京：中国社会科学出版社，1996）合刊出版。
② 明朝时属南直隶（南京）省宁国府，与泰州同省，今则属安徽。
③ 在心斋文集的门人姓氏名录中，可以找到吴竹山的名字。

西会，① 当其衰落之时，也多赖吴竹山维系不坠。② 东隅与吴竹山亦有交往，③ 有一首《访泾县吴竹山道兄》诗可以为证：

> 孤蓬出野沧波小，一帆贴天云袅袅。两岸荒烟散不收，万里长江思缥缈。四山秋落在何处，风高声吼青林杪。一床寒色尊酒深，期君取醉倾怀抱。我欲携琴发孤操，空山犹记风尘道。

这首诗除了可以说明东隅曾经往泾县访问过吴竹山之外，和其他诗歌一样，颇能显出东隅在诗歌方面的造诣。

此外，上一节提到心斋门下有一位从学多年的周合川与东堧彼此相知。而在《王东隅先生残稿》中，东隅也有《怀周合川先生》诗一首，云："忆别青山里，相期意未忘。帆樯云缥缈，江海路微茫。岁月谁堪托，乾坤能主张。不知鸿雁信，寄得到衡阳。"可知东隅亦与周合川交好。

---

① 水西会为嘉靖三十三年刘起宗（字宗之，号初泉，嘉靖十七年进士）所创，是阳明学会讲的重要所在，王龙溪、邹守益等阳明学的主要人物都曾在此主持讲学活动。但随着阳明第一代门人弟子的相继谢世，水西会逐渐衰落。有关水西会及其主要参与者的情况，吕妙芬曾经做过考察，见其《阳明学士人社群》（台北：中研院近代史研究所，2003）第四章《宁国府的讲会活动》，只是其中忽略了吴竹山其人。

② 关于吴竹山在泾县倡导心斋之学以及维持水西会这两方面的贡献，龙溪弟子查铎（1516－1589，字子警，号毅斋）在所撰《祭吴竹山先生文》中有说明："吾泾人文，自昔称名。乃若圣学，寥寥无闻。惟公崛起，师事心斋。衣冠言动，惟师是裁。时方嗤叹，公独砥柱。一齐众咻，曾莫之顾。自此朋从，心志渐同。讲学会友，日以成风。此其倡始之难。公之精神，其可泯耶？至于水西，倡会诸老，时顾郡邑，风从景附。继各散处，会亦渐弛。惟公主持，始终以之。时临水西，号召诸生。耳提面命，诲语谆谆。此生此世，垂老不息。今想风度，宛然如在。此其永终之难。公之精神，又何泯耶？"（《查毅斋先生阐道集》卷九）

③ 王襞集中有《复泾上同志吴竹山王乐庵二兄书》，可见东崖亦与吴竹山有往来。

阳明早年即与湛若水订交，立志共同倡明圣学。王门与湛门虽然宗旨有别，但双方门下互有出入，却是常见之事。如甘泉门下洪垣（生卒不详，字峻之，号觉山）"调停王、湛二家之学"，[①]唐枢（1497－1574，字惟中，号一庵）"慕阳明之学而不及见"，[②]以及蔡汝楠"师则甘泉，而友皆阳明门下也"。[③]而东隅的亲师取友，也同样涉及到了甘泉门下，并不仅限于王学同门。如许敬庵即是一例。许敬庵从学甘泉门下唐枢，因而是甘泉的再传弟子。前文提及，东隅《先公语录私绎》书成之后，曾经请许敬庵为之作《叙略》。除此事之外，《王东隅先生残稿》中还收录有三首直接与许敬庵有关的诗作：

　　　　相求忽相见，小慰野人私。苕水钟千古，乌山产一区。卜临云作榻，取醉月为卮。切莫逢人语，乾坤或未知。（《访敬庵公次韵留别》）

　　　　风正送轻帆，旌旗别样看。雨连淮越地，云出鲁邹山。树遥关河静，花开驿道闲。从今无一事，只在转移间。（《送许敬庵公之吏部》）

　　　　此机会悟有中无，一窍灵通造物初。坐久不知身属我，睡醒惟觉道俱庐。鸟声入竹春犹在，松影飞窗月到虚。对己非前度眼认，真假（原缺"假"）黑白总模糊。（《次万思默公韵答许敬庵公》）

---

①　黄宗羲：《明儒学案》卷四十《甘泉学案四·郡守洪觉山先生垣》，页928。
②　同上，页950。
③　同上，页969。

《访敬庵公次韵留别》或许是东隅访求敬庵为其《先公语录私绎》做《叙略》时所作，而敬庵嘉靖四十四年由南工部主事转吏部，[1]这是敬庵一生中唯一一次任职吏部，故东隅《送许敬庵公之吏部》当作于是年。万廷言，字以忠，号思默，江西南昌人，罗念庵弟子。其父万虞恺，号枫潭，受业于阳明，曾与王龙溪论学。[2] 万廷言进士及第，历任礼部郎官、提学佥事，罢官归家后杜门三十余年，专以修学明道为务，精于易学。[3] 而由《次万思默公韵答许敬庵公》来看，东隅也与思默有所往来。至于这首诗的内容，则显然是东隅在论学活动中向敬庵表达自己的思想主张。从中，我们明显可以看到龙溪思想对东隅的影响。这一点，我们在以下讨论东隅的思想特征时再予以进一步的说明。

在晚明，阳明学者的亲师取友与聚会讲学活动往往是紧密交织在一起而难以分开的。[4] 由以上东隅广泛亲师取友的情况来看，同志道友之间的讲学聚会，应当构成东隅社会活动的主要内容。从东隅《次万思默公韵答许敬庵公》的内容，我们已经可以判断这

---

① 《明史列传》一百七十一《儒林二·许孚远传》未载许孚远由南工部转任吏部的具体时间，仅说许孚远"嘉靖四十一年成进士，授南京工部主事，就改吏部"。但焦竑《国朝献征录》卷四十一孙矿所撰《兵部左侍郎南京工部尚书许公孚远神道碑》则有详细和明确的记载："登嘉靖四十一年进士，十月授南虞卫主事，……四十四年，调南考功。"

② 万枫潭生平可参见王锡爵：《刑部右侍郎枫潭万公墓志铭》，《明文海》卷四百四十八，《四库补遗》第十四册，页625－636。

③ 参见《明儒学案》卷二十一《江右王门学案六·提学万思默先生廷言》。万氏有《易原》四卷、《易说》二卷以及《学易斋集》十六卷，则《明儒学案》中未曾提到。

④ 陈来先生和吕妙芬曾经考察过阳明学者的讲会活动，参见陈来：《明嘉靖时期王学知识人的会讲活动》；吕妙芬：《阳明学者的讲会和友论》，《汉学研究》第17卷第1期，1999年6月，页79－104。从中我们可以很清楚地看到这一点。

首诗应当是东隅在讲学活动中所作，而东隅的《赴董蓉山、罗近溪诸公西江大会舟抵湖口次白沙翁韵》，则更为明确地显示出东隅对当时阳明学者大规模、跨地域性讲学活动的参与：

　　　　迢迢云路敢辞劳？问水寻山兴亦豪。香引玉芝春已近，光摇银汉月初高。

　　　　百年道脉堪经纬，十载心神拟接交。只愿得依沂浴伴，春风无语自熏陶。

董燧（1503－1583，字兆明，号蓉山）家系江西乐安望族，是心斋弟子，也是乐安董氏求学王门的第一人。[①] 嘉靖三十年辛亥（1551）年，董蓉山邀罗汝芳（1515－1588，字惟德，号近溪）等人大会于乐安，参与者甚众。罗近溪的文集中对此事有所记载，所谓"辛亥，蓉山董公邀会乐安，老幼走百里者不可胜计"。[②] 东隅诗中所谓西江大会，当是指这一次。而东隅此诗的内容，显然也将他投身于讲学活动的深切之情表露无疑。

　　泰州有一东淘精舍，原为心斋一所旧园和三间堂屋，后嘉靖十五年（1536）由湛甘泉门人洪垣出官银九十两以及心斋门人林春（1498－1541，字子仁，号东城）等人出资若干共同扩建创立。[③]

---

① 蓉山嘉靖十一年事欧阳南野于南雍，十三年至吉州青原山听邹东廓讲学，十五年赴淮南见心斋，居东淘精舍三年。有关董燧的生平，参见董裕：《明南京刑部正郎董公蓉山行状》，载《抚乐流溪董孕（胤）昂公房支谱》。
② 曹胤儒编：《盱坛直诠》下卷（台北：广文书局，1996），页224。
③ 东淘精舍建立始末参见王栋：《祠堂始末事状》，见《重镌心斋王先生全集》卷一。心斋长孙王之垣（详见后文）曾作《东淘精舍小引》，该文对东淘精舍的情况亦有所交代。其文见《王心斋先生遗集》卷四《（王心斋先生年谱）谱余》。

由于王、湛两家的密切关系，以及洪觉山本来就与阳明门下多有往来，如前文所引所谓"调停王、湛二家之学"，故心斋在世时即以东淘精舍为讲学的主要所在。而心斋身后，东淘精舍变成祭祀心斋的祠堂，自然就成为泰州一脉讲学的大本营。① 作为心斋家人，自然更会常在东淘精舍讲学。东隅有一首《居东淘精舍次一庵公韵》，便向我们透露了东隅与堂叔王栋曾经一道在东淘精舍讲学的消息。② 另外，东隅还有《会中书杜少山卷》、《赴周小塘会途中偶成》、《赴场南夜会》、《秋夜集诸友小会》等诗，均当为参加讲学活动时所作。如今有关明代儒者讲学活动的研究，显然更多地集中在士大夫阶层，虽然从一些史料的蛛丝马迹可以推知布衣儒者的广泛参与，但限于"文献不足征"或利用文献材料的不够广泛，布衣或平民儒者的思想与实践还有相当的研究空间。东隅以一介布衣身份能够广泛参与当时儒家学者的各种讲学活动，固然可能与其作为心斋之子的特殊身份有关，但与东埒以及以下所要考察的东日等心斋的子孙们一道，同时也向我们提供了布衣儒者广泛参与儒家讲学活动的具体个案。

以上，我们从兄弟之间的亲情与道义、亲师取友以及讲学活动这三个方面考察了东隅的实践活动——"行"，下面，我们再根据相关材料对东隅的思想特征——"学"，略加分析与说明。

就良知本体和致良知工夫这一阳明学的基本内容而言，东隅之学有三个较为明显的特征。第一，是强调良知心体发用以及日常

---

① 心斋弟子其后多配享东淘精舍，除一庵（王栋）、东崖、东隅之外，还有林春、徐樾、朱恕、韩贞等人。袁承业《明儒王东埒东隅东日天真四先生残稿序》亦作于东淘精舍，文末署"乡后学袁承业书于东淘别墅"。

② 唐枢亦号一庵，但东隅此诗中所谓"一庵公"，就语脉来看当指王栋而非唐枢。

工夫的从容自然。这一点在东隅以下两首诗中可以得到说明：

> 道在人心本自然，疾徐语默甚周全。愚顽更不分厘减，贤圣何曾毫末添。饮酒只应忘酒酿，得鱼须是弃鱼筌。功夫到此非吾有，试语高明意外传。（《会中书杜少山卷》）
>
> 学本无知无不知，自然应物自然时。于中预定分毫意，已落人为复认迟。（《会中偶成二首》之一）

这两首诗都强调了在道德实践的过程中应当去掉人为造作，因为在儒家性善论尤其阳明学"心即理"的基本立场看来，作为道德本体的良知心体本身既是至善的实在，又具有实现自身的能动性，因而只要在实践过程中顺应本心自然的内在要求，行为自然会合乎天理良知，所谓"道在人心本自然，疾徐语默甚周全"，"自然应物自然时"，而如果搀入了习心的算计与谋划，不免会流于"意必固我"，反而有违天理良知，所谓"于中预定分毫意，已落人为复认迟"。

第二，是强调良知心体当下的现实性，即所谓"见在良知"。如以下这首诗所示：

> 未生懈怠未生钦，此是吾人见在心。吟竹情深云万壑，舞花兴满月千岑。能维此体常时见，勿令真机少刻沉。贤圣相规些子事，契来无古亦无今。（《山翁韵奉答》）

"见在良知"在阳明的思想中已经有所蕴涵，由王龙溪将其正式表述为一个确定的观念，在中晚明的阳明学中逐渐演变成"现成良知"这一流传影响深广且引起了诸多争议的名词。有关龙溪"见在良知"观念的涵义与中晚明围绕"现成良知"所展开的辩难及其哲学、思想史意义，本文无法详述。① 只是需要指出的是，"见在良知"或"现成良知"这一概念关键所要强调的是：作为先验道德本体的良知心体一定要在经验的意识活动中有所呈现，并且，作为良知心体之发用的经验意识活动与良知心体本身具有本质的同一性，而不是无视良知心体本身（"体"）与其在经验意识领域中的表现（"用"）之间成色与分量的差异。东隅的这首诗不仅颇能表达"见在良知"的思想内涵，事实上，这首诗就连形式上也几乎是与龙溪亦步亦趋。龙溪有《再至水西用陆象山鹅湖韵四首》：

　　未论舜哲与尧钦，万古人传万古心。莫道涓流非是海，由来一篑即成岑。江天杳杳云初净，童冠依依日未沉。但得春风常入手，唐虞事业只如今。

　　本来无待若为钦，对治终为未了心。万象扫空归一窍，诸门洞启见孤岑。圣非剩有愚非欠，日自东升月自沉。北海玄珠忘处得，百年忧乐古犹今。

　　莫把矜持认作钦，天然主宰自吾心。俯身恰恰临流水，开眼明明见远岑。世外神龙随变化，空中飞鸟自消沉。金针欲度凭谁领，一笑乾坤无古今。

---

① 参见笔者《中晚明的现成良知之辨》一文，收入笔者《儒家传统的诠释与思辨——从先秦儒学、宋明理学到现代新儒学》，页 221－255。

　　　　吾侪今日学钦钦，只恐钦钦未识心。沧海汇来忘巨浸，泰
　　山顶上失高岑。乾坤何意开远合，鱼鸟从教飞共沉。自在天机
　　归一念，寥寥非古亦非今。

　　当然，龙溪的这四首诗用的是当年鹅湖之会时陆象山的韵脚，而
东隅的诗则显然是仿照龙溪。事实上，这四首诗十分集中地表达
了龙溪对良知本体与致良知工夫的基本看法。无论是良知心体流
行发用的自然性、致良知工夫的自然性，还是见在良知的思想，
可以说都包含在了这四首诗之中。将龙溪的这四首诗与前引东隅
的三首诗相比较，显然可由其间的一致性而见出东隅所受龙溪的
影响之深。不过，这两个方面的思想特征还不能单纯算是龙溪对
东隅的影响。因为强调良知本体与致良知工夫的自然性以及"见
在良知"的主张，也同样适用于心斋。事实上，这两个方面的确
可以说是龙溪与心斋这两位阳明身后最有影响的人物较为一致的
思想特征，也代表了所谓"左派王学"的整体取向。① 由此可见，
作为亲炙龙溪数载的弟子，东隅之学除了秉承心斋的家学授受之
外，尤其受到了王龙溪的影响。
　　除了上述两点之外，东隅的思想还有一个重要方面特别来自于
龙溪，即从"有"与"无"的角度来揭示良知心体在存有论和境
界论上的二重向度。这一思想特征是龙溪所特有且津津乐道的。

---

① "左派王学"大概最早是嵇文甫先生提出的，主要是指龙溪与王艮所开启的思潮。
　参见氏著：《左派王学》（上海：开明书店，1934 年 9 月初版）。迄今海内外许多研
　究者仍然沿用这一说法。其实这种说法的根源还是在黄宗羲《明儒学案》中"泰州
　学案"前的序言，所谓"阳明先生之学，有泰州、龙溪而风行天下，亦因泰州龙溪
　而渐失其传"。

其具体内涵，本文无法在此详论，[①] 需要指出的只是它对于东隅所产生的影响。我们前面曾经引用东隅《次万思默公韵答许敬庵公》的诗来说明东隅与许孚远的交游，而从该诗的内容来看，显然在隐喻的语言中反映了龙溪有无合一的良知心体观的思想内涵。至于东隅《幽事》诗中所谓"吾道千年在，人心万古同。不须生赞毁，端的有无中"，更是直接指向了阳明所开启而由龙溪一脉所著力阐明的"有无之境"。[②]

在东隅的文献材料中，我们还可以看到他对于佛道两家的态度。在晚明思想界，儒释道三家的交融互动是十分常见之事，因而许多儒者都有这方面的言论。但是，表达对于佛道二教的看法在心斋的话语中并不多见，在心斋的子孙包括东堧、东隅以及下面所要考察的东日、天真、元鼎现存的文献中，也只有东隅对佛道两家有过明确的讨论。东隅有一首《患疟答方外友授坐功法歌》：

> 平生骨瘦易衰朽，五十病虐容颜丑。或因风雨不避逃，有时寒暑苦奔走。大抵守固未精密，粗疏形体多空隙。况经妄动与妄思，欲图长久焉能必。久闻世有别传授，七七反复取功骤。舌下流津水济火，眼底生光夜如昼。幻言不老老不死，八十九十能生子。轻身步水并跻云，说来耆旧皆欣喜。可笑近者拙其学，偶尔一见且坚却。有时阔论骇人听，末及旁门

---

① 参见彭国翔：《良知学的展开——王龙溪与中晚明的阳明学》，页 32 – 45。

② 阳明学良知心体的"有无之境"，参见（一）、陈来：《有无之境——王阳明哲学的精神》（北京：人民出版社，1991），页 222 – 229；（二）、彭国翔：《良知学的展开——王龙溪与中晚明的阳明学》，页 483 – 499。

错复错。堕此好肉去剜疮，浅者痴呆深者狂。劳劳攘攘强搬运，搬运结毒自速亡。其如吾道大坦荡，疲癃有志皆可望。寝食动止只平常，古今通达无能尚。区区瘦丑何足碍，药有一丸甚尊爱。时时取服体自舒，可保余年必无害。

这首歌表达了东隅对于道教养生术的看法。从中可见，东隅五十岁时曾患疟疾，有方外友人试图传授其静坐功法以便疗疾养生。而东隅虽然并未直接否定道教养生术的意义，但却指出当时习练与传授道教养生术之人往往不能得其真传，所谓"近者拙其学"。更为关键的是，在东隅看来，养生的工夫不必在致良知的工夫之外去觅取，作为一种人生的修养，不断的道德实践活动本身就能够受到养生的功效，所谓"时时取服体自舒，可保余年必无害"。对东隅而言，"甚尊爱"的"丸药"便是良知心体，并且，这种"丸药"是人人具有的，所谓"其如吾道大坦荡，疲癃有志皆可望"。而作为服食丸药的致良知工夫，也只在于日常的生活世界，别无新奇可觅，所谓"寝食动止只平常，古今通达无能尚"。对道教养生术的这种态度和立场，东隅在其《答朱朝阳入山访隐》诗中讲得更为简明扼要。"不入山来不炼丹，若何为计破元关。见前受用些儿事，冻壑春深花满栏。"

东隅还有一首诗流露了他对佛教尤其禅宗的看法：

一印虚泉拟未能，忽临此际觉飞腾。云移影寂忘机鸟，花落声闻入定僧。有见分明皆捏目，无言领略亦传灯。何如作用何如是？任尔何如又落层。（《游牛首山次白沙翁韵书可庵上

人卷》）

尽管这首诗的意思较为简略和稍欠明确，东隅的文献中也缺乏其他材料的进一步支持，但我们从中仍然可以看出东隅并不以禅家的宗旨为究竟。所谓"有见分明皆捏目，无言领略亦传灯"，即表明东隅认为禅宗虽号称超脱，其实却未能双谴"有无"而得其中道。至于何者能够不堕有无一边而又圆融统合有无双方，在东隅的心目中，恐怕只能是阳明所传而为龙溪、心斋所发扬光大的致良知之教了。事实上，东隅对佛道二教的态度，仍然鲜明反映了龙溪的影响和主流阳明学者的基本立场。[①]

四、王东日

王补，字宗完，号东日，心斋四子。生于嘉靖二年（1523）三月十七日，卒于隆庆五年（1571）六月二十三日。东日年幼时即赋性敏捷、器宇俊雅，受心斋庭训。年十七心斋卒后，从学于心斋门人朱锡。前文提到，隆庆三年泰州地区受水灾时，东隅曾作《水灾吟》并多方赈济，而东日亦作《泽水赋》劝导乡人，"助赈多多，活饥民者无算"，以至"远近士夫咸赞：淮南善士，

---

① 学界历来认为龙溪之学夹杂佛道二教，但龙溪始终丝毫没有放弃自己儒家身份的自我认同，而是通过对佛道二教一些观念和命题的创造性诠释，力图在儒家的基本立场上融摄佛道二教。关于龙溪与佛道二教关系的详细考察，参见彭国翔：（一）、《王畿与佛教》，《台大历史学报》第 29 期，台北：台湾大学历史系，2002 年 6 月，页 29 – 61；（二）、《王畿与道教——阳明学者对道教内丹学的融摄》，《中国文哲研究集刊》第 21 期，台北：中研院中国文哲研究所，2002 年 9 月，页 255 – 292。

尽出王氏一家"。① 东日于书无所不读，天文、地舆、算数无所不精，尤善诗歌。当时学者多称其诗。东日著有《周易解》，如今已佚。所作诗集当时行于世，如今亦不完整。现存《王东日先生残稿》共收录其诗歌五十四首、解四章、赋三篇、序一篇。

由前文考察可见，东堧、东隅不仅兄弟情深、敦族和睦，而且以道义相勉，共倡圣学，这在东日身上同样如此。东崖和东隅外出周游讲学，东日颇觉有兴发民众之功，为之欢欣鼓舞的心情在《民有兴三章——崖、隅二兄周游，余卧竹窗下跃然也》这首诗中表露无疑：

> 民有舆，伯兮驱驱不我劭，不我劭，叔兮以虞。
> 民有舟，伯兮优优不我尤，不我尤，叔兮以休。
> 民有铎，伯兮绰绰不我约，不我约，叔兮以乐。

而王栋赴选时东日亦作诗庆贺：

> 帝乡二月风光媚，客路双毛尘土饶。皓皓高堂非望切，区区斗粟岂能劳？何方有幸兴弦诵，小子还惭恋紫袍。千古吴陵安定老，而今应说两人豪。(《送族叔一庵先生赴选用吴凤林姊丈韵》)

其中颇流露出对王氏一门出现王栋这样人物的自豪之情。事实上，

---

① 袁承业：《明王东日先生传》。

对于凝聚王门一族，发扬心斋以来化民成俗的教化之功，以便在家族伦理方面成为举国的表率，东日有着高度的自觉。东日曾编纂《王氏族谱总图》，可以说正是这种自觉的体现。而在嘉靖四十三年甲子（1564）冬所作的《王氏族谱总图序》中，东日的这种用意有非常明确的表达：

> 人道之大，莫大于报本，莫大于叙伦。知报本则必追远，知叙伦则必和族。追其远，和其族，则人皆不忘乎先而孝敬无穷，人皆念及乎同枝而亲爱无间。夫如是，上焉之宗族，虽百世之远，而愈远愈崇；下焉之子孙，虽千亿之蕃，而愈蕃愈翕，又何有戾族背祖之患哉？……幸吾王门无此患也。不肖礽孙补，窃有防微杜渐之愿，敢自僭越于吾宗之尊与贤者，辄纂《王氏族谱总图》，锓级便览。愿吾王门一体同枝，骨肉俯就翕允，似不无小补云尔。由此讳字不相犯，行叙不相紊，五服不相遗，亲疏远近，枝衍虽蕃，而尽归一本矣。岂特如是而已哉？由是尊卑长幼，各安其分，自秩然有礼；善娥贤愚，指择其行，皆昭然可见。吾王门或庶乎永于彝伦而礼义倡，风俗善而良才茂。前人日光，后人日裕，岂不为国朝大化中之善俗乎？

当然，东日家学的修习并不限于兄弟族人。和东堧、东隅一样，东日与当时的阳明学者亦多有往来。从东日仅存的文字中，我们至少可以列举三位。一位是前文曾经提及与东堧、东隅交好的周合川。《王东日先生残稿》中有《合川周先生任维扬用蓉山先生韵三首》：

> 数年翘首大江东，仰止高山障太空。玉节尚然违咫尺，春风先已到吾宫。卷舒造物伊周手，鼓动乾坤夷惠风。山野贱夫还与旧，尔时应待教坛中。

> 独面沧溟月上东，数声长啸海天空。自来自去孤汀鹤，时隐时开半亩宫。幽性坐澄沙际水，野身吹老石边风。人间何限关情处，无奈难忘枕席中。

> 小构茅堂偎海东，自舒双眼极长空。满腔春兴吾金谷，一阁风花世蕊宫。卧梦魂生玉宇近，□（按：原文缺字）花笑语动香风。乾坤生意无穷尽，收满山人肺腑中。

此处蓉山先生当为前文提及的董蓉山，而此三首诗或当为周合川赴任维扬时，东日与董蓉山送别时所作。另一位是被黄宗羲列入《明儒学案》《南中王门学案二》并以诗文名扬天下的唐顺之（1507－1560，字应德，号荆川）。袁承业在《王东日先生传》中说，唐荆川在巡抚淮扬行部泰州时，曾至东日处造访，两人接谈通宵，临别时荆川作诗以荐。而现存《王东日先生残稿》中有一首《唐荆川巡抚夜过》，可以为此事提供佐证：

> 星飞霜夜度征轮，勤恤宣传代紫宸。向者疏辞青琐闼，迩焉志在白纶巾。迅雷能破妖狐胆，恶飓堪驱臊羯尘。久矣苍生胆斗岳，而今始得觑经纶。

荆川不仅学问淹贯，而且颇有经世之志。他曾经一度离开仕途，打算远离污隆的政坛，与友朋讲学论道终其一生，但因时相严嵩屡屡征召，加之荆川确实并未最终放弃经世之志，终于应命再度出山，领兵抗击倭寇，最后身心交瘁，病死于军中任上。① 东日诗中所谓"向者疏辞青琐闼，迩焉志在白纶巾"，正是指荆川出山前曾屡辞不应，最后两句"迅雷能破妖狐胆，恶飓堪驱膜羯尘。久矣苍生胆斗岳，而今始得觐经纶"，则是指荆川终究怀抱经纶天下之志，应命领兵抗击倭寇。而荆川巡抚淮扬行部泰州时与东日的这次会面，也正是在荆川领命出山抗倭期间。最后一位则是王龙溪。东日有一首《春行北寻用王龙溪师叔韵》：

> 大地春回信自今，道人鼓掌庆酬心。出门友伴先成握，何处风花不可寻。昨日水南云舞破，今宵山北月敧沉。直需慰却吾生愿，击楫归来自在吟。

可以约略向我们提供这方面的证据。由于东崖、东隅均为龙溪及门弟子，加之龙溪被视为最得阳明晚年心传的弟子，与心斋之学又颇有相近之处，东日受兄长影响，于龙溪处有所请益，就是可想而知的。

除了敦伦睦族，亲师取友，共倡圣学的实践之外，在思想上，东日对心斋之学也有明显的继承。心斋有一首著名的《乐学歌》，

---

① 关于荆川生平的史料可参见（一）、（明）焦竑：《国朝献征录》卷六十三《金都御史荆川唐公顺之言行录》；（二）、（明）王兆云：《皇明词林人物考》卷七；（三）、（清）张廷玉：《明史》列传九十三《唐顺之》。

表达了自然和乐既是良知心体的本体存在状态又是致良知工夫所达至境界的思想：

> 人心本自乐，自将私欲缚。私欲一萌时，良知还自觉。一觉便消除，人心依旧乐。乐是乐此学，学是学此乐。不乐不是学，不学不是乐。乐便然后学，学便然后乐。乐是学，学是乐。呜呼！天下之乐，何如此学？天下之学，何如此乐？

而东日也有一首《真乐吟》：

> 真乐本无乐，有乐岂真乐？有乐无乐时，无乐无不乐。虽然云无乐，不乐焉为乐？此乐有无息消微，孔颜乐处谁寻着？孔颜乐，人皆有之不自觉，能自觉时真可乐。不待笑颜开，无时而不乐。喜亦乐，怒亦乐，哀亦乐，乐亦乐。万状任纷纭，此乐应无错。欲无错，须知却。鸢之飞，鱼之跃，察尔鸢鱼何所乐？无欲是天真，此处寻真乐。

将东日的《真乐吟》与心斋的《乐学歌》相对照，我们可以看到，东日一方面继承了心斋良知心体自然和乐的思想主张，另一方面又强调了良知心体"无"的向度。在东日看来，"乐"是良知心体的本然状态，不是经过思虑反省之后所产生的一种精神状态。换言之，良知心体或充分致良知的道德实践者本身并无所谓乐与不乐，所谓"真乐本无乐，有乐岂真乐？"正如阳明、龙溪以"无善无恶"来形容良知心体一样，"无乐"和"无善"都不过是要强调指出，"乐"和"善"本身就是良知心体的内容规定和存在状态，正因为如此，良知心体无须将"乐"和"善"执着为一种价值，否则的话，"乐"与"善"反而会被对象化而成为良知心体之外的一种东西。显然，对于"乐"的这一"无"的向度的强调，应当反映了龙溪思想对东日的影响。事实上，如果说揭示良知心体"无"的向度是阳明晚年思想一个重要取向，并且这一"无"的向度为龙溪所著力发挥的话，①考虑到东崖、东隅直接师事龙溪，以及当时龙溪在整个王门的核心地位与广泛影响，对于东日《真乐吟》的这一思想特征，我们就完全可以理解了。

前文曾经指出，轻视知识是心斋一脉的基本特征之一。而这一点，在东日处也有充分的流露和反映。东日有一篇《大治解》：

> 致大治之世，其必有大道乎？不然，唐虞何由而大治耶？夏商周何由而大治耶？汉晋唐何由而不二帝三王耶？大治之世，不有大道乎？夫是大道也，岂管、晏才识，良、平智术，王、谢聪慧，韩、欧闻见之所及哉？古与今，特尼、轲焉而已。吁！欲知尼、轲之大道者，岂有他哉？亦惟铄才识、截智术、黜聪慧、置见闻，或庶乎可与语之也欤？否则，善者不过小康其世而已。以小康之政而欲求大治之世，得乎？

由这篇文字可见，在东日看来，大治之世的达致，不仅不能依靠

---

① 参见彭国翔：《良知学的展开——王龙溪与中晚明的阳明学》，第二章、第四章。

"管（管仲）、晏（晏婴）、良（张良）、平（陈平）、王（王导）、谢（谢安）、韩（韩愈）、欧（欧阳修）"那样的才智之士，反而应该"铄才识、截智术、黜聪慧、置见闻"，如此方"或庶乎可与语"孔孟所传的大道。

当然，东日并非彻底的反智主义者（anti – intellectualist），在一定条件下，他还是承认知识与教育的意义，如以下这篇《学教解》：

> 道本无学，丧其道者，不得不学。教本无言，失其教者，不得不言。天下有道，风俗□（案：疑为"朴"），民心古。顺帝之则，何以学？有学，则支天下。无道无学，则道益丧。故夫学者，无道之阶，有道之埃。是以上世无学，后世有学；治世无学，乱世有学。圣人在上，道以德，齐以礼，神道设教，何以言？有言则隘。圣人在下，无言，则教益失。故夫言者，在下之羽，在上之耻。是以五帝无言，五霸有言；孔孟有言，沮溺无言。是故言以得教而讫，学以得教而讫。

所谓"不得不学"、"不得不言"，说明东日也看到了"学"与"教"的必要性。但是，我们很容易看出，恰恰是在这篇《学教解》中，同样也显示了东日轻视知识的基本态度和立场。因为在东日看来，"学"与"教"只是对于"后世"、"乱世"才有其必要性，而在"上世"、"治世"，是不需要"学"与"教"的。正所谓"道本无学"、"教本无言"，"学"只会"支天下"。所谓"无道"与"有道"、"上世"与"后世"、"治世"与"乱世"以及圣人"在上"与"在下"的一系列对照，清楚地显示了东日的价值论排序。相对于"无学"、"无言"的最高境界，以知识传授为重要内容的"学"与"教"，只不过是无奈退而求其次的方便法门而已。

最后值得一提的是，在本文所论的心斋后人当中，只有东日保留了反映其政治观的文献。因此，我们还需要讨论一下东日的政治理念。而东日的政治理念，其实具有相当的代表性和思想史意义。

阳明学派发展的一个重要方向，就是深入民间社会，将言说的对象或者说行道的道场由"庙堂"转向"山林"，体现出从"得君行道"的政治取向到"移风易俗"的社会取向的重点转换。[①] 认为泰州学派尤其体现了儒学民间化、社会化的特点，更是历来学界广泛接受的看法。但是，这种侧重点的转换，并不意味着儒家学者完全放弃了"得君行道"的愿望和努力。以社会讲学活动为其一生关怀和最大成就的王龙溪，在万历皇帝登基前夕竟编辑了一部《中鉴录》，以宦官为直接说教的对象，而最终目的仍在于通过宦官而达到对君主的"养正"之功，可以说恰恰体现了"得君行道"的愿望和努力。[②] 即使以民间化、社会化为特征的泰州学派，也同样如此。心斋正德十五年庚辰（1520）初谒阳明时纵论

---

① 参见余英时先生的三篇文章：（一）、《现代儒学的回顾与展望——从明清思想基调的转换看儒学的现代发展》；（二）、《士商互动与儒学转向——明清社会史与思想史之表现》；（三）、《儒家思想与日常人生》；俱载余英时：《现代儒学论》（上海：上海人民出版社，1998）。
② 参见本书《王龙溪的《中鉴录》及其思想史意义——有关明代儒学思想基调的转换》一文。

天下事的政治热情与关怀，① 其实并未因六年之后（嘉靖五年丙戌，1526）《明哲保身论》的写出而完全放弃，而恐怕是深深地埋藏在了心里。在"大丈夫出则为帝王师"的话语中，我们仍然能够感受到心斋那种政治热情与关怀的跃动。在传统君主制的结构下，如果不通过君主这一权力的枢纽，任何政治与社会理想的落实都会是异常困难的。对此，所有的儒家学者几乎都会有深刻的体认。不但官僚士大夫身份的上层儒者如此，民间的布衣儒者亦然。事实上，心斋之后，这一点在东日处继续得到了反映。

东日有一篇《太平解》，在心斋身后承继家学的几位子孙中，这是目前仅见的一篇反映政治理念的文字：

> 天下者，天子之天下也。天下太平，唯圣人太平之也。天降天子之圣人，必有圣人应之，而天下太平。圣人不应，亦不得也。圣人在下，不获天子，天下恶得而太平之？圣人在上，亦必使圣人平天下，而后天下太平也。天子生而圣人兴。圣人在上，圣人在下，皆天也。天欲平治天下，故舜、禹、伊、傅得遇焉。如未欲平治天下，孔、孟、颜、曾不遇也。不遇，虽圣贤抑如之何哉？

---

① 心斋初见阳明时纵言天下事，阳明答曰："君子思不出其位。"心斋则曰："某草莽匹夫，而尧舜之心，未尝一日忘。"阳明又答曰："舜居深山与鹿豕木石游，终身忻然，乐而忘天下。"对于阳明有意避开政治评论的话题，单提儒家自我修养的向度，心斋并不心领，而是紧接着补充说："当时有尧在上。"参见《王心斋先生全集》卷一《年谱》"正德十五年"条下，载冈田武彦、荒木见悟主编《和刻影印近世汉籍丛刊》（台北：广文书局，1972），页21。

在这篇文字中，东日虽然认为天下的太平要通过圣人来实现，所谓"天下太平，唯圣人太平之也"，但圣人使天下太平的一个根本前提，却是要遇到一位圣明的天子并获得天子的信任。如果不能获得天子的信任，圣人也无法施展其平天下的才能，即所谓"圣人在下，不获天子，天下恶得而太平之？"。换言之，在东日看来，圣人与天子是天下太平的两个基本条件，而在这两个条件之中，天子又是天下太平最后的保证。正如这篇文字最后所感慨的："天欲平治天下，故舜禹伊傅得遇焉。如未欲平治天下，孔、孟、颜、曾不遇也。不遇，虽圣贤抑如之何哉？"表面看来，在天子和圣人之外，似乎还有"天"的因素，最终好象是"天"来决定是否天下太平，所谓"圣人在上，圣人在下，皆天也"。但事实上，这里的"天"只是虚说，真正起决定作用的还是天子。因为在传统社会中，天子恰恰是天的代表，天子的意志也就是天的意志。事实上，东日所谓"天下者，天子之天下也"，正是开宗明义地表明了这一点。如此来看，大概只是由于时位所拘和"不获于上"的现实，才使像心斋这样的儒者不得不将实践儒家理想的着力点放在了民间讲学之上。而那种现实的制约，恐怕会使得儒家学者更加认识到只有"得君"才能"行道"的重要性。作为布衣儒者的东日，其《太平解》可以说表露的正是这种政治理念。

五、王天真

王元鼎，字调元，一字去雁，号禹卿，心斋长子东堧之孙，生于万历四年丙子（1576）四月初四，卒年不详。

调元之父王之垣，原名士蒙，字得师，号印心，东堈长子，师从仲父东崖，年弱冠补博士弟子员，旋即以《诗经》廪郡庠。之垣尝游闽、越、吴、楚之间，访先人讲学遗迹，与同道学谊，无不友善，晚年纂修族谱，以竟先志。之垣曾于万历四十二年夏撰写了《东淘精舍小引》，交代了东淘精舍这座心斋后学聚会学大本营的来龙去脉，[1] 还曾与东崖次子王之诠同录过心斋语录两卷。[2] 之垣娶妻陈氏，早卒。之垣题其寝室曰："松作正人不妨霜雪，莲为君子亦自污泥。"鳏居二十四年，终身不娶。袁承业称其"为夫也节，为友也义，为子也孝。若不承家学立本之旨，安能笃实如此？"盐法御史彭端吾曾经表之垣堂曰："敦义崇让"，安院高攀枝嘉尚之垣高谊，奏请朝廷，每岁给之垣米帛，当时其他诸公，对之垣也多有推重。之垣著有《印心行概》、《性鉴题摘》，今已佚失。[3]

调元年二十九时游武林（今杭州）天真山，见山中王文成公祠，其中有心斋配享，一再展拜，观感兴起，流连不忍去，于是改字天真。现存明崇祯至清嘉庆间递修本《新镌东崖王先生遗集》即为天真编辑，门人林讷校订。其中卷首东崖的《行状》和《传》亦为天真所撰。[4] 现存明万历耿定力、丁宾等增刻《重镌王心斋先生全集》亦为天真校订，其中卷一《舍旧图状引》后有天真于万历三十九年（1611）所作识语，卷二更为天真所辑。天真晚年著

---

① 文见《王心斋先生遗集》卷四《心斋先生年谱·谱余》。

② 参见《重刻心斋王先生语录》二卷。该书收入《续修四库全书》子部第 938 册。

③ 王之垣的小传见袁承业《明王东堈先生传》后《附》。

④ 天真所撰王东崖的《行状》和《传》也收录于《王心斋先生遗集》卷四《王心斋先生年谱》。见《北京图书馆藏珍本年谱丛刊》第 49 册，页 254 – 257。

有《大学泄臆》、《投壶谱内外品》、《演王文成、文贞寓庸小传》、《小海场志》等，如今俱已散佚不得见。在袁承业所编《王天真先生残稿》中，仅收录其诗歌杂咏十六篇。

由于"文献不足征"，天真的生平和思想我们难得其详。袁承业称天真：

> 躬行实践，尤以搜罗先世遗佚为心。凡诸名公疏传心斋者，辑为疏传，合编二卷。次修族谱，建宗庙，立义塾，睦宗族，敦伦纪，于友道尤笃。[1]

可见天真颇以曾祖心斋为家族的荣耀，并致力于宗族的建设，对心斋所传的家学有着自觉的传承意识，并将其落实到了具体的生活世界之中。

福建莆田有一位林讷，是王东崖的高第弟子，与东隅为莫逆之交，因贫老无归，卒于东台刘源家中。天真便将其迎葬于东隅的墓侧，意在两位莫逆之交死后仍得相聚左右。这种"敦尚风义"的行为，于是也就成为天真"于友道尤笃"的一件具体事例。事实上，在林讷生前，天真曾与他合作编辑过《东崖王先生遗集》二卷，由天真编，林讷校。其中的《东崖先生行状》，则为天真撰写。[2] 这既是天真交友的一个例子，同时也是其"以搜罗先世遗佚为心"的反映。

天真弱冠以《礼记》补博士弟子员后，即立志向学，从学于

---

① 袁承业：《明王元鼎传》。
② 参见《东崖王先生遗集》。

陈履祥（字光庭，称文台先生，生卒不详，徽州祁门人），^① 游历数年。由于陈履祥受业于罗近溪，近溪受业于颜钧，颜钧受业徐樾，徐樾则为心斋亲炙门下，因此，袁承业谓天真之学"虽得之履祥，实承家学之渊源。"^② 不过，天真虽然卒业陈履祥后便"辙迹四方，阐发淮南一脉"，但后来问学于周海门的一段经历，却对天真影响更大。袁承业不但在《明王元鼎先生传》中称天真问学海门之后"学益大进"，而且还较为详细地记录了天真学归时海门给天真的临别赠序：

> 予（周海门）在庚寅之岁（按：万历十八年，1590）谪官海上，因得履心斋王先生之故里，展拜其祠，而与其嗣孙印心者游。时印心有子调元，年甫垂髫耳。已余倦游还里，去其时一十五年，而印心令调元访余于林间。余一见，执手问讯，不自知其喜之何从。心斋子直截透悟，足称东海圣人，而余异代相孚，皈依诚切，以故见其孙若曾孙，道义一脉，比于同宗。今日之喜，因不专以昔年故旧之雅而已也。调元器宇温嘉，而潜心体验，力量亦自挺挺，堪于任道，且继其父，延纳本郡与四方之士，月会于心斋之祠，而济济不辍。余既问其家事，而又审其道情，具如此，则益以喜，留调元于书院，集余邑中诸同志，相与讲论歌吟，缱绻旬日而告行。行之日，调元

① 《祁门县志》卷二十三（王让等纂修，清道光七年刊本）和施闰章《施氏家风述略》（清康熙至乾隆年间刊本）中均谓"文台"为陈履祥字，但邹元标（1551 – 1624，字尔瞻，号南皋）则在其《愿学集》卷六《文台陈先生传》中谓陈履祥"字光庭，学者称文台先生"。因邹元标为陈履祥同时之人，故此处暂取邹氏之说。
② 参见《东崖王先生遗集》。

复请一言为别。余惟尔祖语录俱存，言言可省。中有言"举业何可非？但君子安身立命不在此"。调元试究安身立命在何处乎？溺举业，夺志，固非；旷举业，废职，亦非。其尚自究竟于兹言哉！调元再拜以受，而诸同志皆有所赋，以赠其行。

除个别文字稍有出入外，袁承业的这段记录完全采自周海门《东越证学录》卷九的《题一脉关情卷》，自属信而有征。[1] 而袁承业不惜笔墨，在整个《明王元鼎传》中用了三分之二的篇幅征引海门给天真的临别赠言，足见至少在他的眼中，海门对于天真的思想和实践有着极为重要的作用。

天真这一次至嵊县访问海门，除了问学之外，直接目的是奉父命请海门为《重刻心斋语录》作序。这一点，可以在海门的《重刻心斋王先生语录序》中得到印证。海门在《重刻心斋王先生语录序》最后的部分写道：

> 不肖尝过先生（心斋）之里，拜先生之墓，而修先生之祠。今十五年矣，先生之孙之垣重刻先生之语，而命子元鼎千里走乞不肖序其首。以不肖于先生仰止特深，不肖固愿为之言，而且喜先生之有后也。[2]

由此可知，天真初见海门在万历十八年，入嵊请序于海门则在万

---

① 只是袁承业在注解周海门其人时以《明儒学案》为据，将海门作为罗近溪弟子。这说明当时《明儒学案》中的学派划分已经颇有影响，以至海门真正的学派归属隐而不彰，连袁承业这样的儒家知识分子也因袭不察，不明海门学派归属的真相了。

② 周汝登：《东越证学录》卷七（台北：文海出版社，1970），页474。

历三十三年（1605）。不过，除了万历十八年海门谪官心斋故里初见垂髫之年的天真之外，天真与海门的接触及其向海门问学的经历，事实上还并不只是十五年后的这一次。海门文集中还记载了两条天真与海门之间的论学语录：

> 王调元述泰州唐先生主会，每言学问只在求个下落，敢问如何是下落去处。先生（海门）曰："当下自身受用得着便是有下落。若止玄空说去，便是无下落。"
>
> 王调元诵书有错，云是矜持之故。先生曰："这矜持可是戒慎恐惧么？"调元曰："此不是戒慎恐惧。"先生曰："然则不矜持，是否？"调元曰："不矜持，又恐放逸。"先生曰："如此，需理会戒慎恐惧明白。"调元曰："如何理会？"先生曰："《中庸》分明言戒慎不睹，恐惧不闻。"调元曰："不睹不闻，如何认取？"先生曰："我若可以说与，则睹闻矣。"

这两条问答语录载于《东越证学录》卷一《南都会语》，此次南都之会即许敬庵与海门九谛九解辨"无善无恶"的那一次，事在万历二十年壬辰（1592）前后。而从这里天真与海门之间的问答话语来看，海门与天真当有师生关系。因此，天真之所以后来受父命请海门为《重刻心斋语录》作序，除了海门当时的学术声望之外，原因或许还应当是天真本来曾求学海门门下。有了这层关系，天真由泰州远赴浙中嵊县请序于海门，便自然是情理之中的了。

袁承业在《明王元鼎传》中以三分之二的篇幅转载记录海门给天真的临别赠言，说明至少在袁承业看来，海门对天真的意义非同一般。由于天真自己文献材料的残缺，我们无法对此获得直接的证据。但由上引海门文集中的旁证材料来看，的确可以对天真受教于海门的情况略窥一斑。因此，除了心斋所传的家学之外，天真的思想必定在相当程度上受到了周海门的影响。这和前文所述王东隅、王东日深受王龙溪影响的情形是一样的。从中，我们再次可以看到泰州一脉与浙中龙溪所传之学的亲和性。

六、余论：晚明儒学的民间化、平民化问题

以上，本文主要对心斋之子王东埈、王东隅、王东日及其曾孙王天真的生平与思想进行了专门的考察，从中，我们可以看到王心斋开启的泰州一脉的思想与实践在其身后家中的流传。这是以往不为人所知的。本文的侧重主要在于针对目前泰州学派研究的阙如进行一项较为坚实的历史研究，其目的在于提供有关心斋后人生平、思想与实践的确定知识。因此，就一般史学研究的基本目标而言，本文的任务或许可以说已经完成。但是，对于其间所关涉到晚明儒学的一些问题，尤其是晚明儒学的民间化问题，笔者最后仍然希望提出一些进一步的观察，在思想史和社会史的意义上将本研究所触及的内容稍事拓展。

自现代学术建立以来，晚明儒学向士大夫以外的社会下层渗透，或者说所谓儒学的"民间化"、"平民化"问题，历来受到研究者的注意。而用来支持这一判断的主要依据，就是泰州学派的思想和社会实践。尤其在唯物史观的影响下，泰州学派所体现的儒学"平民化"，更成为晚明"启蒙"说的历史支持。如果说儒学

的"平民化"意味着儒学从士大夫知识阶层的专利开始大规模地向社会大众传播，众多"士"以外的人士包括农工商贾开始直接接受儒学话语的熏陶并自觉将儒学的价值观念奉为自己的行为准则，那么，我们的确可以说"平民化"构成晚明儒学的一大特征，而这与泰州学派的确有着密切的关联。譬如，有学者曾经进行过量化研究，指出在王艮的文集中，士人与庶民的比例为 32.2%：67.4%；在王襞的文集中，士人与庶民的比例为 14.3%：85.7%。① 王东崖、王东隅、王东日及王天真本人的身份都是庶民。不过，最近也有一些学者认为不能过分强调晚明儒学的"平民化"。譬如，余英时先生根据最近新发现的《颜钧集》中民间儒者颜钧（1504－1596，字子和，号山农、耕樵）遭难入狱时捐钱营救者的名单，指出颜均的信仰者和支持者仍然以士大夫、各级官吏、普通儒生为多，且颜均"传教"首先想要吸引的也还是中、上层的士人。② 余英时先生的观察应当说是正确的。而从以上王东崖、王东隅、王东日及王天真的交友情况来看，也恰好可以与此相印证。如此看来，究竟应当如何理解晚明儒学的"民间化"、"平民化"，还有进一步说明的必要。

首先，晚明儒学的"平民化"、"民间化"是指儒者群体的成员构成以及儒家社会讲学活动的参与者由以往的士大夫阶层扩展到了包括农工商贾在内的其他社会阶层，简单地说即大批布衣儒者的出现。自从儒学成为中国文化的主流以来，儒家思想无疑逐

---

① 参见程玉瑛：《王艮与泰州学派》，《台湾师范大学历史学报》第 17 期，1989 年 6 月，页 123－127。

② 参见余英时：《士商互动与儒学转向——明清社会史与思想史之表现》，《现代儒学论》，页 101，108。

渐影响并渗透到民间社会的方方面面，甚至积淀成为社会大众普遍的文化心理结构。例如，汉代的循吏便在儒学的民间教化方面发挥了重要的作用。①不过，晚明儒学的民间化主要还不是在这个意义上来说的。这里的关键在于，不论儒学的观念如何在社会的各个层面发挥影响，儒者群体由知识人、士大夫阶层构成，儒家讲学活动的参与者或者说儒学的话语专属于"士农工商"中"士"这一阶层，却是晚明之前中国社会的一个基本事实。可是，随着阳明学的发展，阳明学者却不再是一个专属于士人阶层的群体，士农工商不同社会阶层的人物都可以因为讲习和实践阳明学而成为布衣儒者。王艮以一介布衣从游阳明门下，最后成为开启泰州学派的一代儒学宗师，自然是一个最能说明问题的例证，而樵夫朱恕、陶匠韩贞（1509－1585，字以贞，号乐吾）、田夫夏廷美由习阳明学而被黄宗羲列入《明儒学案》，则更是以往儒家传统中不曾有过的事。颜钧虽"辞气不文，其与人札，三四读不可句"，②但却参加过大学士徐阶（1503－1583，字子升，号少湖、存斋）主持的灵济宫讲会，并应邀至徐阶府第论学，且令罗近溪这样的士大夫儒者终生拜倒门下。③韩贞虽以陶业为生，但同时却又在乡间积极传播儒家之道。黄宗羲称其：

　　以化俗为己任，随机指点农工商贾，从之游者千余。秋成

---

① 参见余英时：《汉代循吏与文化传播》，见余英时：《士与中国文化》（上海：上海人民出版社，1988年3月第2次印刷），页129－216。

② 罗汝芳：《揭词》，《颜钧集》（北京：中国社会科学出版社，1996年2月第1版），页44。

③ 参见黄宣民：《颜钧年谱》，《颜钧集》，页117－153。

农隙，则聚徒讲学，一村既毕，又之一村，前歌后答，弦诵之声，洋洋然也。①

这里不仅向我们提供了一位民间儒者的形象，其中所描绘的以农工商贾为听众的大规模布道的场景，更是在以前的理学传统中难以看到的。尽管就总体而言，阳明学者遍及全国各地的讲会仍然以生员为主要参与者，② 但其中委实不乏农工商贾之人。在一些宗族形式的讲会中，农工商贾的成分可能还要高一些。譬如，龙溪曾经主讲过的太平九龙会，参与者便不仅仅是知识阶层。在其所作的《书太平九龙会籍》中，龙溪写道：

予赴会水西，太平杜子质，偕同志二十余辈，诣会所请曰：质昔闻先生之教，归而约诸乡，立会于九龙。始而至会者，惟业举子也，既而闻人皆可以学圣，合农工商贾，皆来与会。③

龙溪的这段记载很能说明问题。九龙会的参与者起初只是单纯的"业举子"者，后来则广泛扩展到了包括农工商贾在内的社会各个阶层。由于以往的传记史料都是以士大夫阶层为构成主体，即使像《明儒学案》这样非官方的学术史书也不例外，如果不是有《明儒王东崖东隅东日天真四先生残稿》留存于世，像王东崖、王

---

① 黄宗羲：《明儒学案》卷三十二，页720。
② 参见吕妙芬：《阳明学讲会》，《新史学》第九卷第二期，1998年6月，页48–52。
③ 王畿：《王龙溪先生全集》卷七。

东隅、王东日以及王天真这样的民间儒者恐怕都是如今难以稽考的了。而深入考察各种地方志，我们其实可以发现晚明社会中存在着大批的布衣儒者。①《明儒学案》中记载的几位，包括本文研究的几位心斋后人，只不过是大批无法进入到历史传记材料中的布衣儒者的几个代表而已。因此，尽管就儒者群体的总体而言，仍然以士大夫阶层为主体，但布衣儒者的大批涌现，的确是晚明一个特有的现象。本文考察的心斋之子王东塸、王东隅、王东日及其曾孙王天真，无一属于士人阶层，但他们几乎都有广泛参与不同地区讲学活动的经验，这也正是当时广大布衣儒者参与儒学话语和实践的缩影。

儒学民间化的这一方面，与当时阳明学者观念上的变化是相配合的。更为明确地说，晚明阳明学者对什么是儒者的理解，为儒者的范围扩展到民间社会农工商贾的阶层提供了观念上的支持。余英时先生曾经援引过王阳明嘉靖四年乙酉（1525）为商人方麟（节庵，生卒不详）所作的《节庵方公墓表》，认为阳明肯定士、农、工、商在"道"的面前完全处于平等的地位，不再有高下之分，从而使传统的四民论发生了重要的变化。② 事实上，王龙溪在同样一篇为商人所作的序中，则在阳明这一思想的基础上进一步明确提出了究竟什么才是"儒"这一根本性的问题。在《赠南山黄君归休序》中，龙溪这样写道：

① 例如，吕妙芬在有关中晚明宁国府讲学活动的研究中，就列举了许多我们以前不曾注意到的布衣儒者。参见吕妙芬：《明代宁国府的讲学活动》，台北：《新史学》，2001 年第 3 期。
② 余英时：《中国近世宗教伦理与商人精神》，见余英时：《士与中国文化》，页 525 – 527。

世有沾沾挟册，猥云经史之儒，而中无特操。甚或窃饾饤以媒青紫，及践腏华，辄乾没于铢两，举生平而弁髦之，谓经术何？卒使士人以此相诋訾，耻吾儒之无当于实用，而却走不前矣。夫其人之不敢步趾儒也，岂诚儒足耻哉！亦谓心不纯夫儒耳。乃若迹与赢牟息者伍，而其心皭然不淄于出入，不悖于人伦，若南山黄君，斯非赤帜夫儒林者耶？①

在龙溪看来，"儒"已经不再是一个外在的职业和身份，而是某种内在精神价值的体现。是不是真正的儒者，不在于是否操儒业，而在于是否"心"能够"纯夫儒耳"。因此，龙溪批评那些"沾沾挟册"的所谓"经史之儒""中无特操"，甚至以儒学作为谋求利禄的的工具，所谓"窃饾饤以媒青紫，及践腏华，辄乾没于铢两"，认为这些人其实并非真正的儒者。而像南山黄君那样的人，虽然从事于商业，却"其心皭然不淄于出入，不悖于人伦"，反而可以说是一位能够"赤帜夫儒林"的真正儒者。龙溪这篇文字直接将儒学视为一种精神价值或者说"道"，将儒者理解为这种精神价值或"道"的人格体现，可以说道出了当时许多儒家学者的心声。这也是龙溪这篇文字重要的思想史意义所在。而正是在这种思想观念的支持下，泰州一脉所代表的布衣儒者尽管与士大夫儒者之间存在着政治、经济等社会地位的差异，却仍然能够被后者接纳为儒家群体的成员，他们自己也自觉将"德"与"位"区分

---

① 王畿：《王龙溪先生全集》卷十三。

开来，认为道德实践与圣贤的追求与外在的社会地位无关。

前文提及，晚明儒学发展的一个方向是实践致力的侧重点由庙堂转向了民间社会。这可以说是儒学"平民化"、"民间化"的另一个内容。这一点表现在以下两个方面。第一，是阳明学者大规模、大范围面向社会的讲学活动。吕妙芬曾经对阳明学的讲会进行过专门研究，①陈来先生也写过有关嘉靖时期阳明学者会讲活动的专题论文。② 不过，我们这里所谓的"社会讲学活动"，还不仅仅限于"讲会"或者"会讲"活动。"讲会"或"会讲"当然不无面向平民大众的教化活动，但主要还是阳明学者的内部活动。而除了"讲会"或"会讲"之外，阳明学者的社会讲学活动还包括直接针对社会大众所组织的民间宣教活动。在这样的民间宣教活动中，主要的参与者往往是以农工商贾为主体的社会大众，而非以生员为主的知识阶层。譬如，王阳明正德年间在江西时便推行过乡约教育，罗近溪在任宁国知府时也"以讲会乡约为治"。③而周海门在遭贬谪任两淮盐运判官时，甚至"建学延师"，将讲学活动推广到盐场工人之中，以至于收到了"场民向化"的效果。④阳明、近溪和海门等人还是士大夫儒者，至于布衣儒者，正如前文考察的心斋后人，则更是以民间社会为其宣教的主要空间，以社会大众为其施教的对象。而除了心斋后人之外，其他还有很多

---

① Lu Miaw – fen, *Practice as Knowledge*: *Yang – ming learning and Chiang – hui in Sixteenth Century China*, Ph. D. Dissertation, University of California, Los Angeles, 1997.
② 陈来：《明嘉靖时期王学知识人的会讲活动》。
③ 黄宗羲：《明儒学案》卷三十四，页760。
④ 《钦定大清一统志》卷二百二十七载："周汝登，字继元，嵊人。万历进士，授南京工部主事。榷税芜湖关，时当道增税额，汝登不忍苛民，以缺额谪两淮盐运判官。建学延师，场民向化。"《文渊阁四库全书》，第479册，页237。

布衣儒者民间宣教的例子。如颜钧在家乡举办的"三都萃和会"，"士农工商皆日出而作，晚皆聚宿会堂，联榻究竟。会及两月，老者八九十岁，牧童十二三岁，各透心性灵窍，信口各自吟哦，为诗为歌，为颂为赞。"[1] 在南昌张贴《急救心火榜文》，所救对象也包括"四方远迩仕士耆庶。及赴秋闱群彦与仙禅、贤智、愚不肖等。"[2] 而在泰州、如皋、江都各盐厂的三年期间，跟随颜钧学习的人竟达几千百众。[3] 第二，是阳明学者领导或参与的地方自治和宗族伦理建设。例如，王阳明在江西推行的乡约教育，一方面具有社会讲学的内容，一方面还包含一整套具体的组织形式和操作方法。乡约设有约长、约副、约正、约史、知约、约赞，有同约人名册、彰善簿、纠过簿，有固定的会所和每月望日举办的同约人大会，[4] 是结合地方民众管理与社会教化的一种政教合一的组织。除了乡约之外，阳明还实行十家牌法的户籍管理制度，而在颁发十家牌法的告谕中，几乎完全是伦理教育的内容。[5] 这实际上是一种行政管理与伦理教化相结合的地方制度。江右的邹东廓、董燧等人也都以阳明学的思想从事于乡里宗族的伦理建设。[6] 前面提到龙溪曾去主讲过的宁国府太平县的九龙会，同样是一种以杜氏宗族为核心的地方伦理建设活动。何心隐（原名梁汝元，字柱乾，号夫山，1517－1579）在家乡江西永丰创建的"聚和堂"由

---

① 颜钧：《自传》，《颜钧集》，页 24。
② 颜钧：《颜钧集》，页 2。
③ 颜钧：《自传》，《颜钧集》，页 26。
④ 参见王守仁：《王阳明全集》卷十七《南赣乡约》，页 599－604。
⑤ 王守仁：《王阳明全集》卷十六《十家牌法告谕各府父老子弟》，页 528。
⑥ 董燧以阳明学思想从事家乡宗族建设的情况，参见梁洪生：《江右王门学者的乡族建设——以流坑村为例》，《新史学》第八卷第一期，1997 年，页 43－85。

其师颜钧的"三都萃和会"转手而来，而我们从何心隐的《聚和
率教谕族俚语》、《聚和率养谕族俚语》可以看到，这更是以家族
为单位，将教育、经济和行政等多方面职能结合在一起的一种带
有地方自治性的组织形式。其中，老人统一抚养，子弟共同教育，
年轻人的婚嫁则由族人统一经办，赋役也大家共同承担。这种组
织形式，可以说是何心隐将儒家传统政教合一的理想切实贯彻于
宗族教育和管理的一种尝试。① 而由前文考察可见，心斋后人所致
力从事的社会实践，其重要内容之一，也同样是地方自治和宗族
伦理建设。

　　当然，在传统的君主制政治结构和政治理念尚未发生根本性改
变的情况下，所有信奉儒学价值的社会人士，无论是士大夫阶层
还是布衣儒者，恐怕都很难放弃"得君行道"的政治诉求和上行
路线，因为他们深知，在君主处于政治权力核心的情况下，儒家
政治社会理想的推行和落实，必须要通过君主以及包括官僚体制
在内的整个上层建筑。明清两代君主专制的空前强化，加之科举
名额相对有限使日益增加的读书人多半无缘于仕途，固然使许多
儒者不得不另辟"移风易俗"的社会空间，同时也势必会使他们
在内心深处更加意识到权力结构与政治建制的决定作用，只有
"得君"，才能"行道"。因此，如前所述，即便像王东日这样纯粹
的布衣儒者，在其《太平解》中也不能不认为，在圣人和天子之

---

① 有关"聚和堂"的情况，参见吴宣德：《江右王学与明中后期江西教育发展》（南
　昌：江西教育出版社，1996），页 343 – 350。而有关何心隐生平与思想较为全面的
　研究，可参考 Ronald G. Dimberg, *The Sage and Society: The Life and Thought of Ho Hsin
　- yin.* Honolulu: University Press of Hawaii, 1974. 其中对"聚和堂"的情况也有介
　绍。

间，后者才是天下太平得以实现的最后保证。这一点，在认识晚明儒学强化社会取向、开拓民间社会而突显"民间化"特征的同时，是我们所不能够忽略的。

其次，我们必须看到所谓儒学"平民化"、"民间化"的内涵的另一方面。所谓"布衣儒者"与"士大夫儒者"，基本上是一种社会地位的区分，反映的主要是政治、经济方面的差别。后者由于经过科举中士而成为社会的管理阶层，在政治、经济方面享有相当的特权。前者由于没有经过科举考试，没有功名，因而不属于社会的管理阶层，在政治、经济上也无法享有相应的特权。因此，布衣儒者不是在士大夫儒者之外出现的另一种文化阶层，二者的区别更多的在于功名（是否通过科举，具体说即是否有进士出身）的有无以及随之而来的政治身份、经济地位的差别，不在于文化的理念与价值的认同。而就文化理念与价值认同来说，就晚明社会的思想来看，儒学的"平民化"、"民间化"恐怕更多的不是儒家的伦理与价值观向世俗的伦理与价值观倾斜而发生变异，而是更多的民间人士与平民百姓更为自觉充分地接受了儒家传统的伦理与价值观。根据我们以上对心斋后人思想与实践的考察，可以看到，像心斋后人那样，一方面身在庶民阶层，另一方面接受、奉行的却是士大夫阶层的主流意识形态，即正统和经典的儒学价值观（如今所谓"主旋律"）。所谓"布衣""儒者"，大概反映的正是这种"二重性"。并且，他们不仅身体力行，而且广施教化。由于他们既信奉儒学（儒者），同时又具有平民的身份（布衣），能够往来于士庶之间，比较不受社会身份的制约，因而比士大夫儒者更能够深入民间。

葛兆光先生提出过"一般知识、思想和信仰"的说法，[①] 认为那是在大小传统、雅俗文化之间的一种更为广大社会人士实际接受的东西，甚至比相对纯粹的大小传统、雅俗文化在社会上发挥着更为广泛与持久的影响力。就中国的历史脉络而言，这种"一般知识、思想与信仰"和精英文化（大传统）、世俗文化（小传统）三者之间的发生学关系，或许还有进一步检讨的必要。但是，指出实际存在这样一个重要的社会意识层面，且这一层面为以往的中国思想史研究所忽略，则颇有意义。或许正是像包括心斋后人在内的那些既与知识精英的儒家士大夫群体交往密切，同时自身又是布衣身份而能够深入民间的布衣儒者，对于社会上"一般知识、思想与信仰"的形成发挥了至关重要的作用，可以说是沟通大小传统、推动儒学民间化的重要动力。不过，在了解到这一点的同时，我们还需要切记，通过本文对心斋后人思想与实践的考察可见，至少就心斋后人而言，民间儒者对社会上"一般知识、思想和信仰"的形成发挥重要作用，并不是说他们自觉到存在着那样一个社会意识的层面，也不是说他们要将社会大众的观念引领向社会上的"一般知识、思想和信仰"，更不是说民间儒者信奉和身体力行的价值观是完全不同于正统和经典儒学价值的另外一套东西。毋宁说，他们主观上无疑是以正统和经典儒学价值为信奉的准则，在民间教化的活动中也无疑是希望社会大众接受经典的儒学价值。只是在实际的社会实践活动中，在与社会大众的密切互动过程中，经典的儒学价值不免发生变异，从而有"世俗化

---

① 参见葛兆光：《中国思想史》（第一卷）（上海：复旦大学出版社，1998），页14-16。

儒学"（Vulgar Confucianism）的出现。① 而如果"世俗化儒学"还并不就等于"小传统"、"俗文化"的话，那么，在汉代以降清代以前的中国传统社会中，我们或许可以说，作为"一般知识、思想和信仰"的儒学观念即便不是与那种"世俗化儒学"完全重合，也至少在后者的实际指涉中占据相当的比重。当然，这一点应当说在宋代以后尤其晚明社会格外突出。

附录：

王心斋世系略表

一、王伯寿→王国祥→王仲仁→王文贵→王公美→王纪芳→王艮

二、王艮→王衣（字宗乾，号东堧，正德二年十二月二十八日生，嘉靖四十一年八月十五日卒，1507 – 1562）

  →王襞（字宗顺，号东崖，正德六年十一月生，万历十五年卒，1511 – 1587）

  →王褆（字宗饬，号东隅，正德十四年五月二十四日生，万历十五

① "Vulgar Confucianism" 一说由 Peter Berger 提出，参见其 "Secularity：West and East"（1983，1999，Institute for Japanese Culture and Classics, Kokugakuin University.）一文。陈来先生也曾经以传统蒙学为对象而研究过世俗儒家伦理的问题。并且，在论证明代后期世俗儒家伦理的理论基础时，陈来先生援以为据的正是泰州学派的两位重要人物王心斋和罗近溪。参见陈来：《世俗儒家伦理：传统蒙学的文化研究》，见陈来：《人文主义的视界》（南宁：广西教育出版社，1997），页 232 – 238。

年十月八日卒，1519 – 1587)

　　→王补（字宗完，号东日，嘉靖二年三月十七日生，隆庆五年六月
　　二十三日卒，1523 – 1571)

　　→王榕（一名雍，字宗化，号渔海，嘉靖六年十一月生，年十八卒，
　　1527 – 1544)

三、王衣→王之垣（原名士蒙，字得师，号印心，卒于万历三十八年六
　　月十六日）、王之渐

四、王之垣→王元鼎（字调元，一字去赝，后改字天真，号禹卿，生于
　　万历四年四月四日）→孙元、孙凯

五、王襞→王之翰、王之诠、王士奇、王士介、王士善、王士文

五、明刊《龙溪会语》及王龙溪文集佚文

——王龙溪文集明刊本略考

本文对明刊龙溪文集，略事考察，重点介绍《龙溪会语》。因此本知之者甚少，且中文世界研究龙溪思想者以往皆未尝以之为据。在考察明刊龙溪文集各种版本的基础之上，本文将《龙溪会语》中的佚文与异文辑出附于文后，于推进龙溪思想之研究及思想材料建设本身，或不无小补。

一、龙溪文集诸明刻本概略

清光绪八年（1882），海昌朱昌燕曾重刻《龙溪王先生全集》二十二卷（书名又题：《王龙溪先生全集》），卷末有一《刊刻缘起》，为我们了解龙溪文集于明代之刊刻情况，提供了重要线索，其文曰：

> 龙溪先生，王文成高弟也，其集流传绝少，余求之逾十年不获。庚辰春，偶与徐丈六英、查丈来玉言及是书，两丈各出所藏残本示余。一万历戊子萧刻本，王宗沐序；一万历戊戌何刻本，李贽序。读之欣然，亟商同志拟重刻焉，然皆以未观完书为憾。夏间，许壬伯广文有省垣之行，嘱其就藏书家访之，

果得诸慈溪冯孝廉梦香处，盖丁刻本也。三书互校，微有异同，不敢臆改，谨依丁本付雕。

这里提到的"萧刻本"、"何刻本"、"丁刻本"，其中"萧"、"何"、"丁"分别指宛陵萧良榦、山阴何继高与嘉善丁宾，皆龙溪后学。万历戊子萧刻本名《龙溪先生全集》，二十卷。万历戊戌何刻本名《卓吾先生批评龙溪王先生语录钞》，八卷。而朱昌燕重刻所依之丁刻本，为万历乙卯年刻，名《龙溪王先生全集》，二十二卷。由此可知，明代有关龙溪之文集，便至少有三个刊本，即：一、万历戊子（1588）萧刻本；二、万历戊戌（1598）何刻本；三、万历乙卯（1615）丁刻本。

然而，此处有两个问题：首先，明代除萧、何、丁三种刊本以外，是否尚有其他龙溪文集的刊本？其次，萧、何、丁三种刊本，除戊子、戊戌及乙卯外，其他时间是否尚有刊刻？

据笔者考察，除萧、何、丁三种刊本外，明代龙溪文集的刊本，尚有以下二种：一、万历丙子（1576）泾县查氏（按：查铎，字子警，号毅斋，1516－1589，亦龙溪门人）所刻《龙溪先生会语》六卷（书口作"龙溪会语"）；二、崇祯十五年（1642）刻《石林先生批评龙溪王先生语录钞》八卷。其中查氏刊本（下称查刻本）不仅远较萧、何、丁三本为早，且在龙溪卒年（万历十一年癸未）前七载已成书，颇值得重视，就目前所掌握的情况而言，此查刻本为龙溪思想材料之最早刻本。

此外，萧、何、丁三本，除戊子、戊戌、乙卯年之外，分别于其他时间亦有刊刻，但在内容、体例上较之戊子、戊戌、乙卯三本略有不同，具体论述见后。以萧刻本而言，除万历十六年刻《龙溪先生本集》二十卷外，尚有万历十五年丁亥（1587）刻《龙溪王先生全集》二十卷。以何刻本而言，除万历二十六年戊戌（1598）刻《卓吾先生批评龙溪王先生语录钞》八卷（书口作"龙溪王先生文集"）外，尚有万历二十七年己亥（1599年）刻《龙溪先生文录钞》九卷和《龙溪王先生文录钞》九卷两种。以丁刻本而言，万历四十三年乙卯（1615）就有两种，一为《龙溪王先生全集》二十二卷；一为《龙溪王先生全集》二十卷。此外，尚有万历四十七年己未（1619）刻《龙溪王先生全集》二十卷。

由以上所示，明代有关龙溪文集之刊本，依时间顺序可排列如下：

一、万历四年丙子（1576），刊有《龙溪先生会语》六卷，查刻本；

二、万历十五年丁亥（1587），刊有《龙溪王先生全集》二十卷，萧刻本；

三、万历十六年戊子（1588），刊有《龙溪先生全集》二十卷，萧刻本；

四、万历二十六年戊戌（1598），刊有《卓吾先生批评龙溪王先生语录钞》八卷，何刻本；

五、万历二十七年己亥（1599），刊有《龙溪先生文录钞》九卷，《龙溪王先生文录钞》九卷，同何刻本；

六、万历四十三年乙卯（1615），刊有《龙溪王先生全集》二十二卷，《龙溪王先生全集》二十卷，丁刻本；

七、万历四十七年己未（1619），刊有《龙溪王先生全集》二十卷，同丁刻本；

八、崇祯十五年辛巳（1642），刊有《石林先生批评龙溪王先生语录钞》八卷，石林本。

以上仅对明代龙溪文集之各种刊本，作一时间上的梳理，以提示其沿革之概要，下面将对不同版本、同一版本之不同时间刻本在体例、内容上的异同，略作考察。

二、萧、何、丁三种龙溪全集刻本异同略说

因查刻本情况特殊，我们置于最后重点加以介绍。在此依时间顺序，先就萧、何、丁三种版本在体例、内容上的异同作一说明。

萧刻丁亥本《龙溪王先生全集》二十卷及戊子《龙溪先生全集》二十卷，内容体例相同。卷之一至卷之八为《语录》，共七十六篇；卷之九至卷之十二为《书》，共一百五十二篇；卷之十三至卷之十四为《序》，共四十四篇；卷之十五至卷之十六为杂著，共五十五篇；卷之十七为记、说，共三十篇；卷之十八为诗，诗名题目共一百三十九篇，然每篇或不止一首，如《和良知四咏》等，实共一百五十九首诗作。卷之十九为祭文，共十六篇；卷之二十为状、志、表、传，共十九篇。

何刻本为李卓吾删节选编而成，而其所据底本，则显为萧刻本。较之萧刻本，内容大为减少，并非如朱昌燕所谓仅"微有异同"。如万历二十七年己亥所刊之《龙溪先生文录钞》九卷，较之万历十六年戊子《龙溪王先生全集》二十卷，其卷一内容实合十六年本卷之一、二而删四篇所成，所删四篇为十六年本卷一之

《闻讲书院会语》、卷二之《怀玉书院会语》、《洪都同心会约》、《约会同志疏》。其卷二内容实合十六年本卷之三、四而删三篇所成，所删为十六年本卷四之《与三峰刘子问答》、《与狮泉刘子问答》、《答退斋林子问》。其卷三内容实合十六年本卷之五、六而删一篇所成，所删者为十六年本卷五之《竹堂会语》。其卷四内容实合十六年本卷之七、八而删一篇所成，所删为十六年本卷八之《性命合一说》。其卷五内容实合十六年本卷九与卷十之一部分而删八篇所成，所删为十六年本卷九之《与吴学愚》、《答胡石川》、《与施益庵》、《答章介庵》、《与屠竹墟》及卷十之《与朱越峥》、《与李中溪》。其卷六之内容实合十六年本卷十一之一部分与卷十一、卷十二而删四十二篇所成，因所删篇目（书信）较多，此不赘录。其卷七内容合十六年本卷之十三、十四所成，删二十篇，而卷中一篇《读云坞山人集序》，则不见于十六年本。其卷八内容合十六年本卷之十五、十六所成，删二十九篇。其卷九内容合十六年本卷之十七、十八、十九而成，卷内则分记、诗、祭文三节。其中记较十六年本删二十三篇，祭文删九篇，而诗部分则较十六年本所删尤多，共删一百三十一篇，龙溪大量诗作于此不得见矣。十六年本卷二十之状、志、表、传，此九卷本则未予收录。

何刻本删繁就简，然取舍之间，未能尽如人意，故丁刻本虽晚于何刻本，却仍以"全集"刊刻。丁本体例、内容多同于萧刻本，但卷之九至卷之十二书信部分，则与萧刻本略异。龙溪与友人之书信，萧刻本对每一封皆于目录中单独列出，如与聂双江（名豹，字文蔚，号双江，1487－1563）二封书信，目录即分列为《答聂双江》、《与聂双江》。而丁刻本则于目录中统列为《与聂双江二通》，两封书信内容在正文中则二本相同。除此体例上有别之外，丁刻本在原萧刻本之基础上又有增补，补者为龙溪著《大象义述》与徐阶（字子升，号存斋，又号少湖，1503－1583）所撰《王龙溪先生传》、赵锦（字符朴，号麟阳，1516－1591）所撰《龙溪墓志铭》以及张元忭（字子荩，号阳和，1538－1588）所作《吊文》这三篇文字。另外，因其刊刻于何刻本之后，故前述何刻本所有而萧刻本所无的数篇文字，亦补入于相应卷次。因此，萧、何、丁三刻本中，以丁刻本所收最为全面。

萧、何、丁三种版本在体例、内容上的基本同异如上所述。至于同一版本不同年代所刻，其体例、内容尽管小有出入，无关大局，但仍需略加说明。就何刻本而言，戊戌年八卷本与己亥年九卷本之所以有一卷之差，是因为八卷本将所选之杂著、记、诗、祭文共为第八卷，而九卷本则以杂著为卷八，记、诗、祭文另列为卷九。此外，戊戌八卷本卷八未录《训言付应吉儿收授》、《遗言付应斌应吉儿》两篇，己亥九卷本则有录。同为己亥年刊刻的九卷本《龙溪先生文录钞》与《龙溪王先生文录钞》，只是后者题名多一"王"字，九卷内容则完全相同。就丁刻本而言，乙卯与己未年刊本均题为《龙溪王先生全集》，之所以有二十卷与二十二卷之不同（两种卷次于乙卯年均有刊刻），是因为二十二卷本将龙溪之《大象义述》单列为第二十一卷，将龙溪之《传》、《墓志铭》与《吊文》共列为第二十二卷。而二十卷本则将《大象义述》与三篇纪念性文字皆作为附录，不单列卷次。故虽有体例之别而内容无异。关于萧刻本，则前已言及，丁亥年与戊子年两种，体例内容皆同，惟文字小有出入，如一本所录篇名为《梅纯甫别言》，另本则作《别言赠梅纯甫》。诸如此类，亦无关宏旨，且极琐屑，恕不赘文列举。

崇祯十五年辛巳所刻之《石林先生批评龙溪王先生语录钞》八卷，现藏于山东大学图书馆（案：其他各本收藏情况见本文附录四表），其刊刻最晚，流传亦少，内容不出萧、何、丁三本之外，而性质则类乎李卓吾所选编之何刻本，实依萧或丁刻本删节编定而成，故于此不再予以特别说明。

三、查刻本《龙溪会语》考论

最后，对于查刻本《龙溪先生会语》六卷，我们要作一单独说明。

此本现收藏于北京大学图书馆善本室。卷前有贡安国于万历三年乙亥（1575）所作《龙溪先生会语序》、查铎于万历四年丙子（1576）所作《龙溪先生会语后序》，卷末有张元忭于万历二年甲戌（1574）所作跋文（三篇文字均见本文附录三）。卷一有七篇文字，包括《水西会约题词》、《冲元会纪》、《斗山留别诸同志漫语》、《南谯别言》、《道山亭会语》、《别周顺之漫语》、《书滁阳会语兼示水西宛陵诸同志》。卷二有两篇文字，包括《三山丽泽录》、《答吴悟斋掌科书》。卷三包括三篇文字，分别为《东游问答》、《愤乐说》、《别见台曾子漫语》。卷四有六篇文字，包括《自讼帖题辞》、《火灾自讼长语示儿辈》、《龙溪先生自讼帖后序》、《自讼问答》、《白云山房答问纪略》、《答问纪略后跋》。卷五为一篇《南游会纪》。卷六包括《天山答问》、《书同心册后语》两篇。

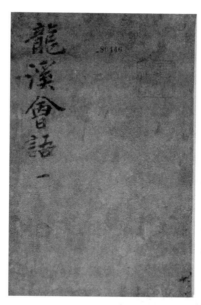

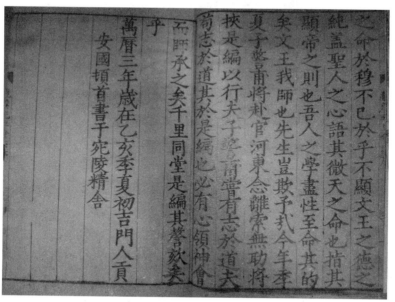

之命於穆不已於乎不顯文王之德之
純蓋聖人之心語其微天之命也指其
顯帝之則也吾人之學盡性至命共的
至文王我師也先生豈欺予哉今年季
夏子監甫將赴官河東念離索無助將
挾是編以行夫子謂南嘗有志於道夫
茍志於道其於是編之必有心領神會
而即承之矣千里同堂是編其譽欸矣
子
萬曆三年歲在乙亥季夏初吉門人貢
安國頓首書于宛陵精舍

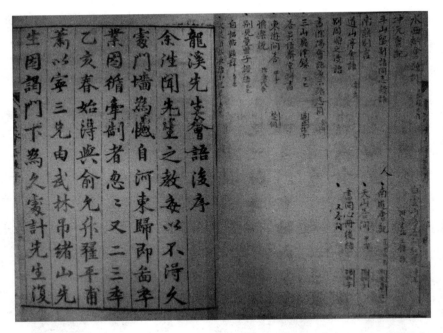

　　值得注意的是，笔者所见此本卷末尾页有一手书识语，对我们了解此本的来源颇有帮助。其文曰：

> 　　此书旧系郑霞谷（齐斗）家所藏，齐斗之子厚一有印记证之。卷衣所记文字，即宁斋李建昌之笔也。王学东来三百年，于今郑氏世学使不得失传，亦可奇矣。按《会语》内外书目未见，盖孤本也。

　　文后日期题为"昭和丙子十一年正月十日"，署一印曰："君山"。昭和十一年为公元 1936 年，霞谷为韩国李朝阳明学者郑齐斗（1649－1736，字士仰）的号。阳明学在韩国一直受到居于正统的朱子学的排斥，其流传多以家学的形式，郑霞谷一家则是阳

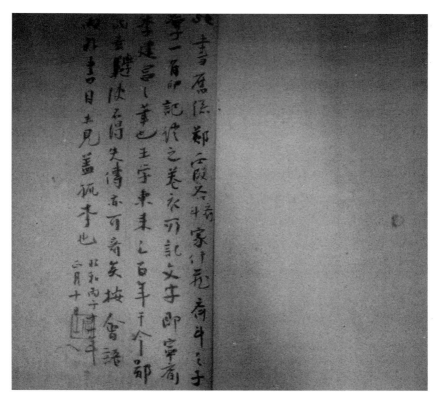

明学得以保存和传播的大本营，正所谓"王学东来三百年，于今郑氏世学使不得失传"。由此可见，此查刻本《龙溪会语》曾传入朝鲜而为郑霞谷一家收藏。据笔者的研究，霞谷的哲学思想与龙溪高度一致，简直可谓龙溪在韩国的知音。① 此查刻本《龙溪会语》在其家保存的一事，恰可以为霞谷受到龙溪的影响提供了历史的说明。

---

① 参见笔者《本体与工夫：郑霞谷与王龙溪合论》。该文是笔者 2006 年提交韩国阳明学会"第三届霞谷学国际学术会议"的论文，最初刊于《国学研究》（北京），第 21 卷，2008 年第 1 期，页 101 – 126。后收入笔者《儒家传统的诠释与思辨——从先秦儒学、宋明理学到现代新儒学》，页 140 – 168。

至于文中"卷衣所记文字，即宁斋李建昌之笔也"，是指如下这段话：

> 王龙溪妙年任侠，日日在酒肆博场中。阳明亟欲一会，不能也。却日令门弟子六博投壶，歌呼饮酒。久之，密遣一弟子瞯龙溪，随至酒肆家，索与共赌。龙溪笑曰："腐儒亦能博乎？"曰："吾师门下，日日如此。"龙溪乃大惊，求见阳明，一睹眉宇，便称弟子。

> 才如龙溪，阳明必欲收之，然非阳明，亦何能得龙溪乎？

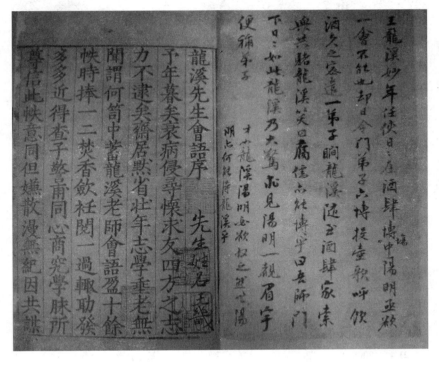

这段话出自袁宗道的《白苏斋类集》卷二十二《杂说类》。抄录此段话的李建昌（1852－1898，字凤朝，号宁斋，别号明美堂），也是韩国阳明学的传人。① 由此可知，此查刻本亦尝为李建昌收藏。而昭和十一年署印"君山"者所谓此书"内外书目未见，盖孤本也"，尤当引起重视。

除了"君山"的手书识语之外，一些印章也为我们了解查刻本的流传提供了线索。此本卷一首页，最下方有一"郑氏厚一之章"印，此印上方有一"稻叶岩吉"印，最上方有一"满洲国立中央图书馆藏书印"，该印左侧下则有"燕京大学图书馆珍藏"印。

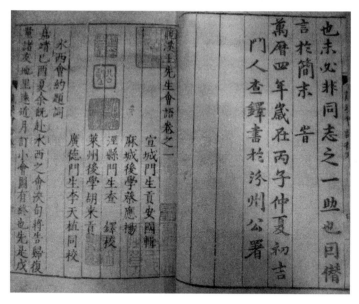

---

① 李建昌与其父李象学（1829－1888，士劝），祖父李是远（沙矶，1790－1866），都是江华阳明学的传人。李建昌有《明美堂集》二十卷、《党议通略》和《读易随记》一卷等。

另外，日本《国立国会图书馆汉籍目录》、《东京大学东洋文化研究所汉籍分类目录》、《京都大学人文科学研究所汉籍目录》以及长泽规矩也著《和刻本汉籍分类目录》均载此书于"子部儒家类性理之属"，谓"昭和七年京城葛城氏用万历四年刊本影印"，且《京都大学人文科学研究所汉籍目录》更明确指出此书由"葛城氏"（葛城末治）"用稻叶氏藏万历四年刊本影印"。这里所谓的"稻叶氏"是指稻叶岩吉。而前引查刻本卷末手书识语的"君山"其人，正是这位稻叶岩吉。稻叶岩吉（1876－1940）号"君山"，是内藤湖南（1866－1934）的学生。日本侵略并占据朝鲜和中国的东三省并成立满洲国时期，他先后在朝鲜的京城（今韩国首尔）和中国的长春（伪满时期被称为新京）研究朝鲜和满洲史。查刻本既为稻叶岩吉所藏，而稻叶岩吉又有如此经历，那么，查刻本随之从朝鲜到日本，再从日本回到中国，便极有可能。不过，稻叶岩吉虽然可以说是查刻本从朝鲜经日本返回中国的关键人物，但其生平事迹与查刻本流传无关者，本文就无需赘述了。

总之，根据以上的各种线索，我们可以得出如下的结论：

一、日本昭和七年（1932）影印《龙溪王先生会语》六卷，底本即北大所藏此查刻本；

二、今北大所藏此本初收藏于韩国郑氏（郑齐斗及其子厚一）处，后由日人稻叶岩吉所获并携入日本，且至少至1932年，此本仍在日本；

三、伪满时期，此本或由稻叶岩吉携回中国，一度为满洲国立中央图书馆所藏，后又为燕京大学图书馆收藏，直至今日由北京大学图书馆善本室收藏。

查刻本刊刻时间在诸本中最早，且其时龙溪尚在世，故为龙溪思想之最早材料。但中文世界中研究龙溪者皆未尝以之为据，此或自黄宗羲《明儒学案》起已然。因此，对此本内容进行一番详细考察，极为必要。日本学者虽知此书，间或亦曾引用，但并未对其专门研究。因此，此书既不为中文世界所知，其文献价值在日本亦尚未引起足够的重视。

查刻本二十一篇文字，类属《全集》（按：以万历十六年萧刻本为参照）之《语录》、《杂著》和《书》（仅《答吴悟斋掌科书》一篇）的部分，但查刻本自身则未做分类。其中有三篇文字后来诸本未录，即商廷试（字汝明，号明洲，1497－1584）撰《自讼帖题辞》、张元益撰《龙溪先生自讼帖后序》及王锴撰《（白云山房）答问纪略跋》。其余各篇均为各本所有，只是有的题名不同。其中，卷一《斗山留别诸同志漫语》，后本卷二作《斗山会语》；卷一《别周顺之漫语》，后本卷十六作《别言赠周顺之》；卷一《书滁阳会语兼示水西宛陵诸同志》，后本卷二作《滁阳会语》；卷二《答吴悟斋掌科书》，后本卷十作《答吴悟斋》（后本共收两封龙溪与吴悟斋的书信，查刻本所收为第一封）；卷三《东游问答》，后本卷四作《东游会语》；卷三《别见台曾子漫语》，后本卷十六作《别曾见台漫语摘略》；卷四《白云山房答问纪略》，后本卷七作《白云山房问答》；卷六《天山答问》，后本卷五作《天柱山房会语》，此名完全不同，不核正文，或以为两篇不同的文字。卷六《书同心册卷后语》，后本卷五则将其分解为《书同心册卷》、《与阳和张子问答》两篇文字。从篇目上看，尽管上述各篇均为后本所录，但与后本对勘互校，查刻本却明显有其特异之处。

首先，就行文方式而言，查刻本《龙溪会语》均以第一人称自述方式（"予曰"或"龙溪曰"）写成，且文章开头多先叙写作缘起，最后则交代著文的时间、地点，显然为龙溪自撰。后来各本（语录部分）则多以第三人称叙述方式（"先生曰"）写成，原来文末作文时间、地点均略去，开头缘起部分，则或略去或加以撮要缩写，较之查刻本，一观即知为后人整理编辑而成。查刻本虽亦经查铎编辑，因此本卷前贡安国《龙溪先生会语序》中曰："近得查子警甫同心商究旧学，所尊信此帙意同，但嫌散漫无纪，因共谋裒录，编写成书"，但每篇文字却保持了龙溪原作的风貌。

其次，查刻本《龙溪会语》中有颇多文字不见于后来诸本，当属佚文。其中，《水西会约题辞》一篇有两条；《冲元会纪》一篇有六条；《斗山留别诸同志漫语》一篇有三条；《道山亭会语》一篇有三条；《书滁阳会语兼示水西宛陵诸同志》一篇有两条；《三山丽泽录》一篇有十七条（多为论佛老的文字）；《答吴悟斋掌科书》一篇有三条；《东游问答》一篇有两条；《愤乐说》一篇有两条；《别见台曾子漫语》一篇有五条；《白云山房答问纪略》一篇有五条；《南游会纪》一篇有十二条；《天山答问》一篇有四条；《书同心册卷后语》一篇有三条。以上合计共六十九条。若再加上三篇非龙溪所作而查刻本中见录的《自讼帖题辞》、《龙溪先生自讼帖后序》、《（白云山房）答问纪略跋》，则《龙溪会语》总计共有后世诸本皆无的佚文七十二条。现辑出附之于后（见附录一）。

第三、查刻本中有些篇章中的条目，后本则加以扩充、修饰而成独立的篇章，分别列入各卷，原文则予以删除。后本卷五《慈湖精舍会语》、卷八《大学首章解义》、《河图洛书解义》，分别取自查刻本卷五《南游会纪》中三段文字。后本卷八《艮止精一之旨》、《天根月窟说》，分别取自查刻本卷二《三山丽泽录》中两段文字。后本卷十七《悟说》，则取自查刻本卷四《自讼问答》中一段文字。这六条文字经后本扩充、修饰，虽文意大体未变，但文字毕竟有别，故亦辑出附之于后（见附录二）。

第四、查刻本中有些文字条目，在后本中被编入了不同的篇章。查刻本卷二《三山丽泽录》中有一条论《老氏三宝之学》的文字，被后本编入了《南游会纪》。查刻本卷五《南游会纪》中则有十三条文字分别被编入了后本《抚州拟砚台会语》（九条，其中有八条为关于陆象山的议论）、《留都会纪》（四条），另有一条则直接被作为后本《维扬晤语》，只是略去了头尾与文意不甚相干的文字。

第五、查刻本卷二《三山丽泽录》中有四段文字，亦见于同本卷五《南游会纪》（三处）与卷六《天山答问》（一处）之中。此为重复文字，后本则删去了《南游会纪》与《天山答问》中的这些重复内容。

由上可知，查刻本包含一部分后来诸本所无的思想材料。后本对查刻本的删节、改编，或许可以视为依龙溪之意所为，因龙溪在《遗言付应斌应吉儿》（万历十六年萧刻本卷十五）中曾说：

> 我平生诗文、语录，应吉可与张二舅、蔡前山整理。中间有重复者，有叙寒温、无关世教者，俱宜减省，或量为改易，

务使精简可传，勿尚繁侈。

后本看来是秉承龙溪遗命而行的。但上述佚失的文字，却并非仅仅是"重复者"或"叙寒温、无关世教者"。这些佚文以及与后本不同的内容，对于龙溪思想与生平的研究，具有相当重要的价值和意义。

作为原始的文献依据，查刻本中的佚文以及与后本相异的内容，对于长期沿袭的关于龙溪思想的一些所谓定论、共识，是否能够作出某些修正或补充呢？这应当是一个颇值得考虑的问题。查刻本最重要的一个特点是：自萧刻本以降各本均列为首篇、且最常为人所引的代表龙溪"四无"说的《天泉证道记》，却未见录于查刻本。查刻本卷三《东游问答》中有一段文字（见附录一《东游问答》佚文第一条）为龙溪论"四无"之说，然其立场却有异于《天泉证道记》中的描绘，反倒与《天泉证道记》中统合"顿"与"渐"、"上根"与"下根"的阳明相一致。这能够说明什么问题呢？因本文旨在对龙溪文集在明代刊刻的情况作一考察，重点指出万历四年刊刻《龙溪会语》的文献价值，并辑录其中的佚文与异文，不涉及对龙溪思想的发掘与诠释。①

由于查刻本的特殊地位，我们不妨称之为会语本。萧刻本、丁刻本可称为全集本。何刻本、石林本可称为选集本。而据以上所述，有明一代龙溪文集的刊刻情况已大体可知。清代龙溪文集亦有刊刻，然皆以明本为底本重刻。除本文开头提到的光绪八年海昌朱昌燕刻本之外，尚有道光二年壬午（1820）会稽莫晋刻本，乃

———————————

① 关于龙溪以及整个中晚明阳明学的思想，参见笔者《良知学的展开——王龙溪与中晚明的阳明学》。

依万历戊子萧刻本重印。台湾华文书局曾于 1970 年出版《王龙溪先生全集》，则是依道光二年会稽莫晋刻本影印。日本方面，除前文提到昭和七年曾影印会语本外，尚有江户年间和刻本影印《龙溪王先生全集》二十一卷，收于冈田武彦和荒木见悟主编的《和刻影印近世汉籍丛刊》。此和刻本二十一卷内容全同万历四十七年丁刻本，只是将二十卷丁刻本附录部分的《大象义述》列为第二十一卷，而徐阶所撰《龙溪传》、赵锦所撰《龙溪墓志铭》、张元忭所撰《祭文》则移列于卷首，仅此编排不同而已（较之万历四十七年丁刻本《龙溪传》，此和刻本《龙溪传》文字略有简化之处）。

附录一：查刻本所录而后本未载之佚文

卷之一、水西会约题词

1.（嘉靖己酉夏，余既赴水西之会，浃旬将告归，复量诸友地里远近，月订小会，图有终也。）① 先是戊申春仲，余因江右诸君子期之青原，道经于泾，诸友闻余至，相与扳聚，信宿而别，汎汎若有所兴起。诸君惧其久而或变，复相与图会于水西。岁以春秋为期，蕲余与绪山子迭至，以求相观之益。余时心许之。今年春，六邑之士如期议会，先期遣使戒途，劝为之驾。余既心许之，不克违。孟夏之望，发自钱塘，由齐云，历紫阳，以达于水西。则

---

① 括号内文字为后来版本所有者。

多士彬彬，候余已逾旬月，其志可谓专矣。诸友不以余为不肖，谬欲以北面之体相加。① 夫千里求益，固余本心，而登坛说法，实非所敢当。若曰将以表诸友之信心，则是诸友之事，非余之咎也。是会合宛及旁郡闻风而至者，凡二百三十人有奇。少长以次，晨夕会于法堂。究订旧学，共证新功，沨沨益有所兴起。邑大夫东岑君，余同志也，以时来督教。邑之乡先生及穷谷之耆旧，乐其事之稀有，咸翩翩然辱临而观之，可谓一时之盛矣。诸友惧兹会之不能久也。（乞余一言，以志心期。夫道有本原，学有要领，而功有次第。真假毫厘之几，不可以不辨也。……）

2.（篇末）己酉夏五月下浣，书于水西风光轩中。

卷之一、冲元会纪

1.（篇首）慨惟先师设教，时时提揭良知为宗，而因人根器，随方开示，令其悟入，惟不失其宗而已。一时及门之人，各以质之所近，领受承接，人人自以为有得。乃者仪刑既远，微言日湮，吾党又复离群而索居，未免各执其方，从悟证学，不能圆融洞彻，归于大同。譬之鼎彝钟镈，器非不美，非得大冶陶熔，积以岁月，终滞于器，不能相通，间复有跃冶而出者矣。不肖深愧弗类，图惟合并。窃念浙为首善之地，江右为过化之区，讲学之风于斯为盛。戊申之夏，既赴冲玄之会。秋仲，念庵诸君送余南还，相与涉鹅湖之境，陟象山之墟。慨流光之易迈，叹嘉会之难数。乘间入龙虚山，得冲玄精庐，乃定为每岁江浙大会之约，书壁示期。今兹仲秋，复偕绪山钱子，携两浙、徽、宣诸友，如期来赴。东郭丈暨卓峰、瑶湖、明水、觉山、少初、咸斋诸兄，先后继至，合凡七十余人。辰酉，群聚于上清东馆，相与绅绎旧闻，

① 《王畿集》（南京：凤凰出版社，2007）此句中"体"误作"礼"。见《王畿集》，页679。

商订新得，显证密语，合异为同。闻者欣欣，咸有所发。顾余不肖，亦与有闻，自庆此会之不偶也。粤自朱陆之后，仅有此风，聚散不常，复成离索，窃有忧焉。爰述相与绅订之旨与诸友答问之词，约为数条，以识赠处，并俟他日相证之义云。

2. 先师提掇良知二字，乃是千圣秘密藏。虞廷所谓"道心之微"，一念灵明，无内外，无寂感。吾人只是不昧此一念灵明，便是致知。随时随物，不昧此一念灵明，便是格物。良知是虚，格物是实；虚实相生，天则乃见。或以良知未尽妙义，于良知上搀入无知意见，便是佛氏之学。或以良知不足以尽天下之变，必加见闻知识补益而助发之，便是世儒之学。

3. 吾人今日致知工夫不得力，第一意见为害最重。意见是良知之贼。卜度成悟、明体宛然，便认以为实际。不知本来灵觉生机，封闭愈密，不得出头。若信得良知及时，意即是良知之流行，见即是良知之照察，彻内彻外，原无壅滞，原无帮补。所谓"册府一粒，点铁成金"。若认意见为良知，便是认贼作子。此是学术毫厘之辨，不可以不察也。

4. （……世之议者，或以致良知为落空，其亦未思之耳。）吾人讲学，切忌帮补凑合。大抵圣贤立教，言人人殊，而其宗旨所在，一言便了。但得一路而进，皆可以入道。只如《大学》格致等说，本自完足无欠，必待补个敬字以为格致之本，便是赘说；必待提个志字以致其知，便是亿见。不知说个诚意，已是主一，已是敬了。格致是做诚意的工夫，非二事也。古人说个"欲明明德于天下"，便是最初大志愿。一切格致诚正工夫，不过了得此志愿而已，何等简径直截！才落补凑，便成葛藤，无有了期。

5. 大抵悟入与敦行工夫，须有所辨。敦行者未必皆悟，未有悟而不敦于行者也。今人自以敦行为足而不求证悟，固未免于未闻道；若曰吾已得悟而不必务于敦行，则又几于无忌惮矣。不可不戒也。

6. （篇末）不肖盖尝折肱于是者，幸相与儆戒，用终远业，不以身谤师门，庶几无负于今日之会，亦千古一快也。己酉仲秋日，书于上清东馆。

卷之一、斗山留别诸同志漫语

1. ……得与新安诸同志诸君为数日之会，其意固不在于山水之间也。诸君不以余为不肖，相与辨析疑义，究订旧闻，相观相摩，情真而意恳，汹汹乎有不容已之机。参诸孟氏尚志之说、曾子格物之说、子思戒惧慎独之说，复证颜氏好学之说，宏纲大旨，节解丝纷，若合若离，迭迭绎绎，其说可谓详矣。至于求端用力之方，生身立命之原，则群居广坐之中，固有所未暇及也。比因久雨，移馆城隅，诸君复移榻相就，连床晤语者，更两日夜。探本要末，广引密证，其说又加详焉。① （诸君乃复各以用力之疏密、受病之浅深，次第质言，以求归于一是之地。……）

2. （……若舍身心性情，而以胜心虚见觅之，甚至以技能嗜好累之，未见其善学也。）商量至此，岂惟说之加详，将并其意思一时泄漏。诸君珍重、珍重。虽然，此非悟后语，殆尝折肱于是者。自闻父师之教，妄志古人之学，于今几三十年。而业不加修，动祇于悔，炎炎乎仆而复兴，夫亦虚见嗜欲之为累耳。动忍以来，稍有所悟，自反自艾，切切求助，以收桑榆之功，其本心也。（昔者秦越人，医之神者也。……）

3. （篇末）明发戒行，留此为别。流光易迈，其志难立。习俗易染，至道难闻。所望此志时时相应，共进此道，直以千古豪杰自待，而无愧于紫阳之乡人。斯固千里耿耿之心期也。

卷之一、道山亭会语

1. （……乃图为月会之约，而属言于予，以导其所志。）夫学之不讲，孔

---

① 此句《王畿集》误作"探本要，末广引，密证其说，又加详焉。"见《王畿集》，页685。

子以为忧。然后之讲学，有以口耳者，有以身心者，先哲盖尝言之矣。君子之学，以亲师取友为急，而其要以辨志为先。（古今之言志者，大略有三，富贵、功名、道德……）

2.（……此端本澄源之功，君子之辨志，辨诸此而已矣。）吾人有生以来，渐于习染，虽浅深不同，未有脱然而尽无者。所赖先哲之微言未泯，而吾心之炯然者未尝昧。一念尚友之志，不容自已，而不忍以功名富贵薄待其身。故每遇同志，亦复不量其力，呶呶焉妄为之言，以成相观之助。虽屡遭疑谤诋侮，有所不暇恤也。吾人今日之学，诚莫有先于辨志者矣。（此志苟立，自能相应，自乐于亲师取友，……）

3.（篇末）不肖因同心之属，叹兹会之不偶也。聊发狂言，用终就正之愿，以广诸君子未究之业。试以质诸方大丈，将亦在所与也乎？嘉靖辛亥冬十一月朔，书于南濠别墅。

卷之一、书滁阳会语兼示水西宛陵诸同志

1.（篇末）而余也何足以知之？昔人尝有贫儿说金之喻，今者则何以异此？惟诸君终始保任，不复以易心乘之，不因其从旁乞食，而并疑其说金之非，庶几不负先师四十年前临滁开讲之苦心，亦不枉不肖千里取道求益之本愿，微言不致终泯，而圣学之明有日矣。

2.（篇后附）余既别滁阳，赴水西，因忆巾石诸兄相属，今日之会，不可以无纪。追述会中相与之意，作《会言》，将以遗之。谫闻虚见，无能仰窥先师之蕴，恐轻于玩泄，反增狂戾。临发复止，不得已。而后安国诸友见而请曰："滁旧为阳明夫子临讲之地，先生发其所悟所得之旨，而四十年前之精爽，俨然如在，可谓一时之盛矣。夫子之神，无所不在也。盍留宛陵、水西，使诸生晨夕观省，即其所学而庶几焉，以展其对越之诚，固滁阳诸君子之同心也。"并书以示。癸丑夏四月朔书。

卷之二、三山丽泽录

1.（篇首）予与遵岩子相别且十余年矣。每书相招，期为武夷之会。时予羁于迹，辞未有以赴也。① 嘉靖丁巳夏杪，始得相会于三山石云馆第。先是丙辰冬，唐子荆川以乃翁状事入闽，予送之兰江之上，意予沿途朋类追从，欲密其迹，遂独赴武夷会遵岩。遵岩讶之，乃复申订前约，以今年四月会于九曲、天游之间。比予将赴水西之会，恐不逮事，更以五月为期。至则遵岩以病未能即来，仲弟东台方解组，侨居芝城，因趋与东台会，且询来耗。适右辖万子枫潭赴任，过芝城，邀为予曰：“函峰公、龙岩、未山、远斋诸君在三山，福守祁子又为亲交，② 诸士友亦有同此志者。子既入闽，情不容于不会。”已而龙岩子复遣使来劝驾，遂顺流抵三山，以迟遵岩之至。既会，彼此慰劳已，顾视形骸，相对黯然以欷，辄复释然以喜。故人久阔骤聚之情，固如是也。出则联舆，入则并席。日则间与函峰及诸君子相聚处，更问互答，以尽切劘之益。夜则相与宴息深坐，究阐旧学，并证新功。或遵岩子倡而予酬之，或予启而遵岩子承之，或借答问疑义，相与寻绎，以归于一。盖荀有九日而别。临别，龙岩诸君相谓曰：“昔者朱陆鹅湖之会，才数日耳，数百年传为盛事，在当时尚不免有异同之见、动色求胜之嫌。今二君之会，迹合心骈，显证默悟，意象超豁，了无形迹之滞。吾辈日籍相观，亦有所发，不减于东莱之在鹅湖也，而顾无一言以纪其盛，不几于欠事乎？况闽为杨、罗、朱、李四子所自出，素称道学之乡，而承传既远，遗韵将埋，怀世道之虑者，方惕然病之。二君不远千里相聚于此，诸所发明，简易邃博，将溯四子而上之。譬之黄钟大吕，宣畅于绝响之余。有耳者所共闻，道将赖以复明，学将

---

① 此句《王畿集》误作“时予羁于迹辞，未有以赴也。”见《王畿集》，页696。

② 此句《王畿集》标明有缺字：“函峰公、龙岩、未山、远斋诸君在三山福□□，子又为亲交。”见《王畿集》页696。

赖以复振也，而可少乎哉?"予与遵岩歉然避席曰："倡道兴学，则吾人岂敢当。若曰各纪所闻，以俟将来，庶乎其可耳。"爰述证悟答问之语，厘为数条。予启其端，遵岩发其趣，用致赠处，以就正于大方，且征他日再会之期，当不以为僭妄也。

2. (……吾儒之学，自有异端。老氏学道德，佛氏学性命，蒙庄宗老而任狂，过于矫与诞则有之，今日所病，却不在此，惟在于俗耳。)先师有云："世之人苟有究心虚寂，学道德性命而不流于俗者，虽其陷于老释之偏，犹将以为贤，盖其心求以自得也。"(世之儒者，不此之病，顾切切焉惟彼之忧，亦见其过计也已。)

3. 遵岩曰："老子原是圣学。"龙溪曰："然老子羲皇无为之学也，病周末文盛，故立言不免于矫，亦孔子从先进之意。"友人问观妙观徼之旨，龙溪曰："观妙是性宗，无中之有也；观徼是命宗，有中之无也。有无交入，老氏之玄旨也。在吾儒即寂感之义。"

4. 友人问："老子谷神玄牝，明是养生之术。"龙溪曰："吾儒未尝不养生，只是致知尽之，不如彼家名象多端庞杂。谷神即良知。谷神不死，即良知常活。良知是鸿蒙初判之窍，故曰'玄牝之门'。良知是生天生地万化之基，故曰'天地根'。以神驭气，神气自相配合，是集义所生者。集义即是致知。'用之不勤，绵绵若存'，即是勿忘勿助。集义，养气之节度也。彼家亦以孟子养气为几于道，但圣学不明，反自以为异耳。"

5. 遵岩论释氏学曰："萧梁以来，溯祖承宗，其说浸盛。学为士而溺于禅，遂多有之。心通性达，廓然外遗乎有物之累，而洞然内观于未形之本，则孔门之广大高明，其旨亦何以异？其疑虑融释，灵几照灼，雨施云行，则草木毕遂。天虚渊定，而飞潜自形。自谓妙得乎姬《易》、《大雅》之微传，足以辟夫执器滞言之陋。以为拟议矜缀，似而非真，诵说训解多而迷始也。然以其摆脱形迹以为无方体，舍弃大义以为黜聪明，荡然无复可守之矩度，而游移茫昧，徒有不可测之言，反为浮诞惰纵者之所托，故儒者尤患之。"龙溪曰："若是，则吾儒与禅学无复可辩矣。器本不可执，言本不容滞。议拟矜缀，执之病也。诵说训解，滞之讹也。有可守即为执，有可测即为滞。若曰'反为浮诞惰纵者之所托'，此则学禅者之病，非禅病也。后儒以其执器滞言之见，而欲窥其廓然之际，以为形迹可略，品节将由以不存，大义少疏，条理或因之无辩，是谓不揣其本而齐其末。一切拘迫谫泥之态，将为禅者之噬，乌在其为辟禅也哉？夫吾儒与禅不同，其本只在毫厘。① 昔人以吾儒之学主于经世，佛氏之学主于出世，亦大略言之耳。佛氏普度众生，尽未来际，未尝不以经世为念，但其心设法，一切视为幻相，看得世界全无交涉处，视吾儒亲民一体、肫肫之心终有不同。此在密体而默识之，非器数言诠之所能辩。"

6. 龙溪谓遵岩曰："子之气魄大，精神力量足担当世界，与世之踽踽谅谅者不同。譬之大树则鹓凤易于杂栖，大海则龙蛇易于混处。世人以其踽踽谅谅之见，欲指摘訾议，而撼而测之，只见其自小也已。若吾人自处，则不可以不慎。有混有杂，终非完行。凤翔则鹓自灭，龙起则蛇自藏。此身独往独来，随处取益，以挽回世界为己任，而不以世界累其身，方为善用其大耳。"

7. 友人问杨、罗、李、朱之学。龙溪曰："龟山亲得明道先生道南之传，豫章、延平皆令学者观未发以前气象，此学脉也。延平自谓'默坐澄心，体认天理'，此其终身用力之地。其传之考亭，亦谆谆以喜怒哀乐未发之旨启之。考亭乃谓'当时贪着训诂，不复记忆'，至以为辜负此翁，则考亭又何学耶？考亭以穷理之要在读书，是专以穷理为知。明道云：'只穷理，便尽性以至于命。'若如考亭之言，不惟与大《易》穷理之旨未尽明透，其于所传于杨、罗诸贤之旨，亦若有所未契，不可以不深究也。"

8. 友人问："河汾有云：'佛，西方之圣人也，中国则泥。'夫佛具圆明无碍之智，不入断灭，使其主持中土，亦能随时立教，何至于泥？"龙溪曰：

---

① 此句《王畿集》遗漏"夫"字。见《王畿集》，页699。

"佛虽不入断灭，毕竟以寂灭为宗。只如庐行者在忍祖会下，一言见性，谓'自性本来清净具足，自性能生万法'，何故不循中国礼乐衣冠之教，复从宝林祝发，弘教度生？盖既以寂灭为宗，到底不肯背其宗乘，虽度未来际，众生同归寂灭，亦只是了得他教门中事，分明是出世之学。故曰'要之不可以治天下国家'。吾儒却是与物同体，乃天地生生之机。先师尝曰：'自从悟得亲民宗旨，始勘破佛氏终有自私自利意在。'此却从骨髓上理会出来，所差只在毫厘，非言语比并、知识较量所得而窥其际也。"

9. 龙溪谓遵岩曰："今人都说静坐，其实静坐行持甚难。念有所著，即落方所；若无所著，即成悬空。此中须有机窍，不执不放，从无中生出有来，方是天然消息。"遵岩曰："予时常也要静坐，正为此二病作祟。不知荆川于此有得否？昔人谓'不敢问至道，愿闻卫生之经'，子素究养生之术，为我略言之。"龙溪曰："荆川自有荆川作用。予于此虽有所闻，终是虚见，言之反成泄漏。子欲静坐，且从调息起手。息调则神自返，神往则息自定。神息相孕，水火自交。然非是致知之外另有此一段工夫，只于其中指出机窍，令可行持。古云：'得其要机，则立跻圣地。'非止卫生之经，至道亦不外此。明秋不负台、荡之约，当共坐究竟此一事，非草草所能悉也。"

10. 函峰过石云馆而论学，曰："诸君尝言寂感一体，此义何如？"龙溪曰："寂是心之本体，非以时言。有思有为，便不是寂。感有不通，即非寂体。""然则双江归寂之说何如？"龙溪曰："双江先生云'感处无工夫'，不为无见。然寂本无归，即感是寂，是为真寂。若有所归，寂感有时，终成二见。"遵岩曰："双江虑学者不知寂体，只从感上牵补过去，故提得寂字较重，非谓寂而后生感也。"函峰云："双江寂感终分先后，自从虚静胎养出来。若只感上求寂，即为义袭之学。"龙溪曰："千古圣贤，只在几上用功。周子云：'寂然者，诚也。感通者，神也。动而未形，有无之间者，几也。'动者，感也；未形，则寂而已。有无之间，是人心真体用，当下具足，更无先后。几前求寂，便是沉空；几后求感，便是逐物。圣人则知几，贤人则庶几，学者则审几。是谓无寂无感，是谓常寂常感，是谓寂感一体。"

11. 函峰谓龙溪曰："昨来所论寂感之义，验之日用应酬，心体不动而触处皆通，觉有入处。得此生生之机，似不容已。乃知师友相观之益，不可无也。"龙溪曰："如此方是经世之学。天机所动，其容已乎？然此却是自能取益，所谓瓦砾黄金。若非虚心乐受，纵便黄金，亦成顽铁而耳。"

12. 未山过馆，论学曰："函峰先生谓以心喻镜，镜有尘垢，即用刮磨。心有尘垢，作怎生刮磨？"龙溪曰："古人取譬，只是得其大概。以无形之心而喻以有形之物，一一相比，如何同得？磨镜功夫，只在照上磨，不是磨了后方去照。吾人心镜被世情嗜欲尘垢昏蔽，亦只在应感上刮磨，务令光明透露。非是离了应感世情，逃诸虚空做得。人心未尝无感时，纵令槁心静坐，亦有静境相感。譬镜在匣，亦不废照，寂感一体也。"

13. 龙溪尝宿于蒙泉私署，见蒙泉日间百务纷纭，晚间对坐，意象超然，若无事者。尝曰："且管见在性命，过去未来，忧之何益？徒自苦耳。"予曰："只此便是无将迎，只此是学。若日间随分酬应，不论闲忙好丑，不以一毫荣辱利害、将迎意必介于其间，便是无入而不自得。古人无入而不自得，以其无入而非学也。"

14. 遵岩谓龙溪曰："予之作文，比荆川早悟一两年。予未有荆川识见，但荆川文字，终有凌振之气。予发之稍和厚，亦系于所禀耳。"又曰："韩子谓'师其意，不师其词'，此是作文要法。欧、苏不用《史》、《汉》一字，脱胎换骨，乃是真《史》、《汉》。"

15. 龙溪谓遵岩曰："古人作文，全在用虚。古今好文字足以有传，未有不从圆明一窍中发者。行乎所当行，止乎所不得不止，一毫意见不得而增减焉。只此是作文之法，只此是学。"

16. 龙溪曰："吾人居家，以习心对习事，未免牵缠堕落。须将此身撒（撒）得出来，时常求友于四方，换易境界，方有得力处。只如不肖，长年出游，岂是家中无些子勾当？岂是更无妻孥在念？亦岂是招惹朋类、专欲以教人为事？

盖此学之于朋友，如鱼之于水，相濡相吻，不若相忘于江湖。终日与朋友相观相磨，一时不敢放逸，与居家悠悠意味自大不同。朋友因此或亦有所感发开悟，亦是朋友自能取益，非我使之能益。固有士夫相接，一句开口不得时，真成对面千里，岂能一毫有所意必也？"

17. 尝读遵岩《孔孟图考序》。仲尼独为万世仁义礼乐之主，何也？既开室设科以来，四方之士复偕之周流四方，随地讲习，非独其门人子弟而后为此学也。举一世之人，莫不欲使之共学。故上则见其邦君，中则交其公卿大夫，下则进其凡民。如耦耕荷蓧之丈人、拏舟之渔父、阙党互乡之童子，皆有意焉，固非必人人之必能此道也。遇其邦君卿大夫而得一二人焉，而学明于上矣；遇其凡民之父子兄弟而得一二人焉，而学明于下矣。启发掖引之机，问聘之所及，光辉之所见，在乡满乡，在国满国，所接莫非人，则亦莫非学矣。当其时，未尝一日不与人接，固以此为易天下之道也。史迁之知，不足以及此。谓"去来列国，皆以求仕，至于七十二君而不遇"，可慨也已！遵岩子因谓予曰："子之出游，亦窃似之。"（予曰："鸟兽不可与同群，非斯人而谁与？"……）

卷之二、答吴悟斋掌科书

1. 不肖年弛志迈，多过之身，修行无力，动憎众口，岂敢谓毁誉忘情，自拟于贤者？而一念改过，颇能自信；两者路头，颇知抉择，以为从违，不忍自负其初心。尝谓君子为善有所顾忌，则不能成大善；小人为恶有所顾忌，则不能成大恶。善恶大小之分，决诸一念而已。人之相知，贵于知心。既食五谷之味，则杂物自无所容，亦赖知我者有以谅其心而卒成之，固难与世人言也。

2. （……夫道有本而学有机，）不得其本，不握其机，则工夫扞格不能入微，虽使勋业格天，文章盖世，声名喧宇宙，过眼等为浮云。譬之无根之木，无源之水，徒有采摘汲引之劳，盈涸荣枯，可立而待也。

3. 先师云："致知存乎心悟，致知焉尽矣。"昔有人会法义，堕以赌头为约者，宁可有智人前舍头，不可无智人前取胜。此言可以喻大，非兄相爱，无以发予之狂言。（此固报赐之情，亦捶挞相期之初心也。）

卷之三、东游问答

1. 楚侗曰："阳明先生天泉桥印证无善无恶宗旨，乃是最上一乘法门，自谓颇信得及。若只在有善有恶上用功，恐落对治，非究竟，何如？"龙溪曰："人之根器不同，原有此两种。上根之人，悟得无善无恶心体，使从无处立根基，意与知物皆从无生。无意之意是为诚意，无知之知是为致知，无物之物是为格物。即本体便是功夫，只从无处一了百当，易简直截，更无剩欠，顿悟之学也。下根之人未曾悟得心体，未免在有善有恶上立根基，心与知物皆从有生，一切是有，未免随处对治，须用为善去恶的功夫，使之渐渐入悟，从有以归于无，以求复其本体，及其成功一也。上根之人绝少，此等悟处，颜子、明道所不敢言，先师亦未尝轻以语人。楚侗子既已悟见心体，工夫自是省力。只缘吾人凡心未了，不妨时时用渐修工夫，不如此不足以超凡入圣，所谓上乘兼修中下也。其接引人，亦须量人根器，有此二法。不使从心体上悟入，则上根无从而接；不使从意念上修省，则下根无从而接。成己成物，原非两事，此圣门教法也。"

2. 楚侗曰："吴中士夫习俗，称为难处。仆一切以法裁之，分毫不与假借，宁任怨，求尽吾职而已。"龙溪曰："此是霹雳手，一切不与假借，士习一变，有补于风教不小。大凡应感之际，有从有违，未免有拣择炎凉之态，所以生怨。若一切裁之以法，我无容心焉，怨从何生？但闻往来交际，大煞严峻，不能以盎然出之，至使人有所不堪，或亦矫枉之过也。"

卷之三、愤乐说

1.（……吾人欲寻仲尼、颜子之乐，惟在求吾心之乐；欲求吾心之乐，惟在去其意必之私，荡邪消滓，复还和畅之体，便是寻乐真血脉路。）夫仲尼、颜子，至圣大贤，犹不忘发愤之心，吾人以不美之质，不肖之身，乃欲悠悠度日，妄希圣贤，是犹梦入清都，自身却未离溷厕，其不为赤之所笑者无几。《论语》一书，首发"学"之一字，曰"学而时习之，不亦说乎"。（学者，觉也，觉与梦对。）

2.（篇末）学为觉义，即良知也。愤乐相生，以至于忘年。无知，知之至也；罔觉，觉之至也。① 天生斯民，使先知觉后知，使先觉觉后觉，一知一觉，德可久而业可大。尧舜耄期，犹不忘兢业，此危微精一之旨，固夫子所祖述而觉焉者也。吾人可以自悟已。

卷之三、别见台曾子漫语

1. 儒者之学务于经世。古人论经纶无巧法，惟至诚为能之。至诚也者，无欲也。以无欲应世，立本知化而无所倚，此千古经纶手段，天德之良知也。若夫以任情为率性，以测亿为觉悟，以才能计度为经纶，皆有所倚而然，非无欲也。见台可以自考矣。

2. 见台问三教同异。予谓："昔儒辨之已详，今复言之，是加赘也。自儒教不明，二氏之教亦晦。三教不外于心，信得虚寂是心之本体，二氏所同者在此，其毫厘不同处亦在此。须从根源究取，非论说知解可得而分疏也。吾

① 此句《王畿集》误作"愤乐相生以至于忘年无知，知之至也。罔觉，觉之至也。"见《王畿集》，页 725。

儒精义见于大《易》，曰'周流六虚'，曰'寂然不动'。虚以适变，寂以通感，不泥典要，不涉思为，此儒门旨诀也。自此义失传，佛氏始入中国，即其所谓精者，据之以主持世界。儒者仅仅以其典要思为之迹，与之相抗，才及虚寂，反若讳而不敢言。譬诸东晋、南宋之君，甘守偏安，无复恢复中原之志，其亦可哀也已！先儒判断，以儒为经世，佛为出世，亦概言之。文中子曰：'佛，西方之圣人，中国则泥。'使中国尽行其教，伦类几绝，谁与兴理？苟悟变通宜民之义，尚何泥之为病也哉？毫厘可以默识矣。若夫老氏，则固圣门之所与，就而问礼，未尝以为非。致虚守寂，观妙观徼，拟于圣功，未尝专以异端目之也。世之所传者，乃其后天渣滓，旁门小术，诪张烦琐，并老氏之旨而失。使今之世而有老氏者出，盛德深藏，且将复有犹龙之叹矣。至其绝圣智、小仁义，剖析斗衡，以还无为之化，立言过激，使人无可循守，卒流于贤知者之过。较之吾儒中庸之道，似不免于毫厘之辨也。夫异端之说，见于孔氏之书。先正谓'吾儒自有异端'，非无见之言。二氏之过，或失则泥，或失则激，则诚有之。今日所忧，却不在此，但病于俗耳。世之高者，溺于意识；其卑者，缁于欲染。能心习见，纵恣谬幽，反为二氏之所嗤。有能宅心虚寂，不流于俗者，虽其陷于老氏之偏，犹将以为贤，盖其心求以自得也。学者不此之病，顾汲汲焉惟彼之忧，亦见其过计也已。良知者，范围三教之灵枢，无意无欲，内止而外不荡，圣学之宗也。予非悟后语，盖尝折肱而若有得焉。吾人果能确然自信其良知，承接尧舜以来相传一脉，以立天地之心、生民之命，不为二氏毫厘之所惑，不为俗学支离之所缠，方为独往独来担荷世界之大丈夫尔。"

3. 见台问乡愿狂狷。予谓："孔子恶乡愿，以其学得圣人大逼真，从躯壳起念，坏人心而伤世教也。乡愿忠信廉洁，不只在大众面前矫持强饰，虽妻孥面前，亦自看他不破，才是无可非刺。孔子以为似者，以其不根于心而徇于迹也。同流非是干流俗之事，不与相异，同之而已。合污非是染污世之行，不与相离，合之而已。① 忠信廉洁，是学圣人之修行，既足以媚君子；同流合污，是学圣人之包荒，又足以媚小人。譬之紫之夺朱，郑声之乱雅。比之圣人，更觉光耀动人。圣人之学，时时反求诸心，常见有不是处。乡愿则终身精神全在躯壳上照管，无些渗漏，常常自以为是而不知反，故不可与入尧舜之道。坏心术而伤教本，莫此为甚。所以为德之贼，而恶之尤深。狂者其志嘐嘐然，只是要做古人，② 已有作圣胚胎，但功夫疏脱，行有所不掩耳。不掩处虽是狂者之过，亦是他心事光明无包藏，只此便是入道之基。若知克念，时时严密得来，即可以为中行矣。狷者不屑不洁，笃信谨守，耻为不善，尚未立有必为圣人之志，须激发成就，进此一格，方可以入道。此良工苦心也。虽然，知圣人之学，而后知乡愿之为似；知圣人之德，而后知乱德之为非。非易易然也。学绝教弛，世鲜中行，不狂不狷之习沦浃人之心髓，虽在豪杰有所不免。有人于此持身峻洁而不缩，处世玄同而无碍，精神回护，侈然自信自是。以为中行，世之人亦且群然以中行称之。究其所归，流入于乡党自好而不自觉。乡党自好，所谓愿也。夫乡党自好与贤者所为，原是两条路径。贤者自信本心，是非一毫不徇于俗，自信而是，虽天下非之而不顾；自信而非，虽天下是之而有所不为。若乡党自好，则不能自信其心，未免以世情向背为是非，于是有违心之行，有混俗之迹，外修若全，中之所存者鲜矣。谚云：‘真货难识，假货易售。’后世取人，大抵泥迹而遗心，与古人正相反。譬之荆璞之于燕石，一以为瑕瑜，一以为完碌，真假固自有在也。见台卓然立志，尚友古人，而资性纯谨，耻于不善，乃类于狷。循勉以进，可冀于中行。区区媚世，断然知有所不为，但似是而非之习渐渍已深，真假毫厘易于眩惑，或有袭陷其中而不自觉，不可以不察也！”

---

① 此句《王畿集》误作“同流非是干流，俗之事不与相异，同之而已。合污非是染污，世之行不与相离，合之而已。”见《王畿集》，页 728。
② 此句《王畿集》误作“狂者其志，嘐嘐然只是要做古人”见《王畿集》，页 728 – 729。

4. 见台问："古之欲明明德于天下，说者谓既自明其德，使天下之人皆有以明其明德，何如？"予谓："如在效上取必，虽尧舜有所不能。大人之学，原是与万物同体。此一点灵明，原与万物通彻无间。痿痹不仁，以灵气有所不贯也。欲明明德于天下者，是发大志愿，欲将此一点灵明普照万物、著察昭朗，不令些子昏昧，是仁覆天下一体之实学。不然，便落小成之法，非大学之道也。"

5. 吾党致知之学，疏而未密，离而未纯，未能光显于世，虽是悟得良知未彻，亦是格物工夫未有归着，未免入于支离。物者，意之用，感之倪也；知者，意之体，寂之照也；意则其有无之间，寂感所乘之机也。自一日论之，动静闲忙，食息视听，歌咏揖逊，无非是物。自一生论之，出处逆顺，语默进退，无非是物。是从无声无臭凝聚感应之实事，合内外之道也。而其机惟在察诸一念之微。察之也者，良知也。格物正所以为致也。此件原无奇特，圣人如此，愚人亦如此，是为庸德庸言。一切应感，惟在察诸一念之微，一毫不从外面帮补凑泊。其用功不得不密，其存主不得不纯，可谓至博而至约也已。千钧之鼎，非乌获不能胜。见台，吾党之乌获也。从心悟入，从身发明，使此学廓然光显于世，非吾见台之望而谁望哉？隆庆己巳夏闰月上浣书。

卷之四、白云山房答问纪略

1.（篇首）予自遭室人之变，意横境拂，哀情惨惨不舒。诸友虑予之或有伤也，谋于白溪王子，崇酒与肴，旋集于白云山房。缱绻酬酢，坐起行歌，宾主协竟日之欢，意陶陶也。

2.（……是非举业能累人，人自累于举业耳。举业德业，原非两事。）士之于举业，犹农之于农业。伊尹耕莘以乐尧舜之道，未闻其以农业为累也。君子之学，周乎物而不过。（意之所用为物，物即事也。举业之事，不过读书作文。……)

3.（……诸君皆一日千里之足，区区非敢以身为教，但欲借此为诸君助鞭影耳。）夫学莫先于立志，先师有《立志说》。志犹木之根也，水之源也。木无根则枝枯，水无源则流竭，人无志则气昏。吾人一生经营干办，只是奉持得此志，故志立而学半。习心习气未能即忘，方知有过可改。忿心生，责此志则不忿；傲心生，责此志则不傲；贪心生，责此志则不贪；怠心生，责此志则不怠。无时而非责志之功，无处而非立志之地。此志既定，自不能不求于先觉，自不能不考于古训。二者便是辅成此志之节度。譬之有欲往京师之志，便须问路，起脚便疑，必须寻问过来人，以决其疑。今人未有疑问，只是坐谋所适，未尝行也。既问于人，又须查路程本子，以稽其日履，然后路头不至疑忘。问过来人，便是质诸先觉；查路程本子，便是考诸古训，无非所以助成必往京师之志。若志不在燕，而吾强告以适燕之路，虽言之而不听，虽听之而不审，亦徒然也。今日诸君既相信爱，敢谓无志做人？但恐未立得做圣人之志耳。

4. 先师祠中旧有初八、二十三之会，屡起屡废，固是区区时常外出，精神未孚，修行无力，而过日增，无以取信于人，亦因来会诸友，未发其真志，徒以意兴而来，亦以意兴而止，故不能有恒耳。（夫会所以讲学明道，非徒崇党与、立门户而已也。天之所以与我，人之所以异于禽兽，惟此一念灵明，不容自昧，古今圣凡之所同也。哲人虽逝，遗教尚存。海内同志，信而向者，无虑千百，翕然风动。而吾乡首善之地，反若幽郁而未畅，寂寥而无闻。）（按：括号内文字亦见后本卷二《约会同志疏》）师门道脉，仅存一线，此区区日夜疚心不容已于怀者也。今日诸君来会，不过二三十人。越中豪杰如林，闻有指而非之者，有忌而阻之者，又闻有欲来而未果，观望以为从违者矣。其非而忌者，以为某某平时纵恣、傲气凌物，常若有所恃；某某虽稍矜饰，亦是小廉曲谨；某某文辞虽可观，行实未著。皆未尝在身心上理会。今欲为学，不知所学何事。此言虽若过情，善学者闻此，有则改之，无则勉之，莫非动忍增益之助。

5. （篇末）所云"为学只在理会性情"，然须得其要机，方成德业。颜子不迁怒，有未发之中始能。吾人欲求未发之中，须从戒慎恐惧养来。然戒慎恐惧之功，亦有浅深。每与东廓公相会，东廓常发此义：自闻先师良知教旨，即知从事此学。初间从事上戒惧，每事摄持，不敢流入恶道；中年从意上戒惧，一切善恶，只从意上抉择；近来始知从心上戒惧，用力更觉易简。盖心者，意之体；意者，心之用；事即意之应迹也。在事上摄持，不过强制于外。在意上抉择，动而后觉，亦未免于灭东生西。不睹不闻，心之本体。在心上体究，方是禁于未发，方是端本澄源之学，师门指诀也。诸君既知在性情上理会，去傲安分，不为旧习所汩、妄想所营，只须各随根器大小，量其浅深，以渐而入，水到渠成，真机自显。但办肯心，必不相赚。此学进退只在一念转移之间，得之可几于圣贤，失之将入于禽兽，可不惧乎？古人进德修业，贵于及时，亦望诸君趁此日力，各相懋勉，以终大业，无若区区过时而后悔也。同心之言，不嫌直致，诸君谅之。隆庆辛未岁六月念日书。

卷之五、南游会纪

1. 南都、滁阳会竟，虹峰学院、履庵司成、渐庵、五台二冏卿属言于予曰："昔者鹅湖之会，仅仅数语，简易支离，不无异同，尚传以为盛事。今日之会，诸老道合，群彦志应。随机启牖，风规翕然，无复异同之嫌，尤不可以无传。非惟征学，亦以弘教也。"因追述会中答问诸语，录以就正，以见一时相与之义。若曰比美前闻，则非所敢当也。（按：此为正文前识语，盖述作文之缘起。）

2. （……佛氏明心见性，自以为明明德，自证自悟，离却伦物感应，与民不相亲，以身世为幻妄，终归寂灭，要之不可以治天下国家。此其大凡也。）且天地间生人不齐，不问中国外夷，自有一种清静无为之人。唐、虞在上，下有巢、由。中国巢、由之辈，即西方之佛徒也。儒学明，有圣人主持世教，爱养此辈，如乔松贞璞，偃仰纵姿，使各得以遂其生，无所妨夺，大人一体曲成之仁也。圣学衰，此辈始来作主称雄。号为儒者，仅仅自守，不复敢与之抗，甚至甘心降服，以为不可及，势使然也。若尧、舜、姬、孔诸圣人之学明，自当保任廓清，光复旧物。虽有活佛出世，如唐、虞之有巢、由，相生相养，共证无为，无复大小偏全之可言。缘此灵性在天地间各各具足，无古今无内外，浑然一体。在上则为君为相，都俞吁咈，以主持世教；在下则为师为友，讲习论辨，以维持世教。师友之功与君相并。统体源流，各有端绪，未尝一日亡也。不此之务，而徒纷纷然同异之迹，与之较量，抑末也已。

3. 问者曰："佛氏上报父母之恩，下乐妻孥之养，未尝遗弃伦理，是世出世法。只缘众生父子恩重，夫妇情深，佛氏恐其牵缠相续不断，为下根众生说法，立此戒门，所谓权也。若上根人，无欲应世，一切平等，即淫怒痴为戒定慧，所谓实也。"予曰："佛氏虽上报四恩，终是看得与众生平等。只如舜遇瞽瞍，号泣怨慕，引咎自责，至不可以为人，佛氏却便以为留情着相。天地絪缊，万物生化，此是常道。佛氏虽乐有妻子，终以断淫欲为教门。若尽如佛教，种类已绝，何人传法度生？所谓贤知者之过也。"

4. 五台问："先师格物之说与后儒即物穷理不同，已信得及，但格物意义，尚未明了。"予曰："格物之物是应感之实事，从无声无臭凝聚出来，合内外之道也。致知不在格物，便会落空。良知是寂然之体，物是所感之用，意是寂感所乘之机。机之所动，万变不齐，莫非良知之妙应，用功只在格物上。使舜不遇瞽瞍，则孝之物有未格；周公不遇管、蔡，则弟之物有未格；汤、武不遇桀、纣，则忠之物有未格。格物所以致其良知也。"

5. 成山王子问曰："颜子不迁怒，不贰过。晦庵训解或非本意。"予曰："颜子不迁不贰，有未发之中始能。颜子心常止，故能不迁；心常一，故能不贰。常止常一，所谓未发之中也。颜子发圣人之蕴，此是绝学，故曰'今也则亡，未闻好学者也'。若如所解，原宪诸贤皆能之，何以谓之绝学？"

6. 时有山人谈佛学，诵《金刚经》，未明三心之意，请问。时方与山人对食，予谓："即此可以证明。念是心之用，未有无念之心。从前求食之念已往，便是过去心不可得。从后欲食之念未生，便是未来心不可得。只今对食之念本空，便是现在心不可得。此是无所住真心，不着四相。若有所得，即有所住、有所著矣。"

7. 山人又问有为法中六如之义。予谓："人在世间，四大假合而成，如梦境、如幻相、如水上泡、如日中影、如草头露、如空里电，倏忽无常，终归变灭。惟本觉无为真性，万劫常存，无有变灭。大修行人作如是观，即有为而证无为，世出世法。若外有为别求无为，是二乘见解，非究竟法也。"

8. 友人问象山、晦庵无极太极之辨。予谓："象山、晦翁往复辨难，莫详于论无极数书。某尝以质于先师。师曰：'无极而太极，是周子洞见道体，力扶世教，斩断汉儒与佛氏二学断案，所谓发千圣不传之绝学。朱陆皆未之悉也。'夫无极而太极、而阴阳五行万物，自无而达于有，造化之生机也。万物五行阴阳、太极而无极，自有而归于无，造化之杀机也。生机为顺，杀机为逆。一顺一逆，造化之妙用。故曰：'《易》，逆数也。'象山以无极之言出于老氏，不知孔子已言之矣。其曰：'易有太极。''易无体。'无体即无极也。汉儒不明孔氏之旨，将仁义忠孝、伦物度数、形而下者，着为典要，索于刑名器数之末，一切皆有定理，以为此太极也，而不知太极本无极，不可得而泥也。佛氏之徒见圣人之学拘泥执滞，不能适变，遂遗弃伦物器数，一归于空，以为此无极也，而不知无极即太极，不可得而外也。一以为有物，一以为无始；一则求明于心而遗物理，一则求明物理而外于心。所趋虽殊，其为害道而伤教，均也。周子洞见其弊，故特揭此一言以昭来学，真良工苦心也。象山谓《通书》未尝言无极，不知《圣学篇》：'一者，无欲也。'一即太极，无欲即无极。周子已发之矣。晦翁恐太极沦为一物，力争无极以为纲维，而不知无极果为何物。'圣人定之以中正仁义而主静，立人极焉。'中正仁义所谓太极，静者心之本体；无欲故静，无欲即无极，主静所谓无极也。朱子乃以主静属之动静之静，分仁义为动静；众人失之于动，圣人本之于静，自陷于支离而不自觉矣。故曰：'言有无，诸子之陋。'"

9. 予谓五台曰："佛氏以生死为大，吾儒亦未尝不以为大。'原始反终，故知生死之说'，'未知生，焉知死'，乃真实不诳语。孔氏以后，任生死者不为无人，说到超生死处，实不易得。任则敦行者皆可能，超非大彻悟不能也。佛原是上古无为圣人，后世圣学不明，故佛学亦晦。吾人为此一大事出世一番，原是为天地立心，为生民立命。既幸有闻，岂容自诿？今日良知之学，原是范围三教宗盟。一点灵明，充塞宇宙。羲皇、尧舜、文王、孔子诸圣人，皆不能外此别有建立。灵性在宇宙间万古一日，本无生死，亦无大小。圣学衰，佛氏始入中国，主持世教。时有盛衰，所见亦因以异，非道有大小也。谓孔子之道大于佛，固不识佛；谓佛之道大于孔子，尤不识孔子。吾世契崇信孔子，复深于佛学，一言轻重，世法视以为向背。自今以后，望专发明孔氏以上诸圣大宗，立心立命，以继绝学而开太平，弗多举扬佛法，分别大小，以骇视听。非有所避忌，随时立教，法如是故也。圣学明，则佛学不待阐而自明矣。若夫同异毫厘之辨，存乎自悟，非可以口舌争也。"

10. 心之体不可言，圣人未尝言，独于《易》言"寂然不动，感而遂通天下之故"。心之体用，不过一感一应，古今言心者，尽于此矣。六十四卦，惟《艮》与《咸》取象于人身。艮，止也，不动也。咸，感也，感通也。止之体不可容言，而思之用则人生日用。之所以不穷，皆心主之。① 思者，心之职也。日用寒暑、尺蠖龙蛇之屈信启蛰，极而至于穷神知化，皆不出乎此。寂非证灭也，感非起缘也。即寂而感行焉，寂非内也；即感而寂存焉，感非外也。是谓常寂常感，是谓无寂无感。心岂肉团之谓哉？圣人之意微矣。

---

① 此句《王畿集》作"止之体不可容言，而思之用则人生日用之所以不穷，皆心主之。"见《王畿集》，页763。

11. 履庵邀予曾宿观光馆中。予扣近来新功，履庵若谦谦未遑。履庵一生冲淡谦抑，无一毫兢进之心，见之使人躁心自消。然未肯出头担荷世界，亦在于此。荆川每每激发，欲其开展任事。既为入室宗盟，此等处未可轻轻抹过。大丈夫出世一番，自有见在合干的事。身为国师，以教人为职，教学相长，学不厌，教不倦，原非两事。其机只在默识。内以成己，外以成物，合内外之道也。昔者泉翁及东廓、南野诸公为大司成，与诸生轮日分班讲学、歌诗、习礼，示以身心之益，弦诵之声达于四境，翕然风动。岂必人人皆能发真心、修实行？树之风声，以为之兆，其职固所以自尽。若徒循资格，了升散，绝馈遗，谨约束，使人无破绽可举，作自了汉，非所望于有道也。

12. 侍御湛台胡子出差方回，候于承恩寓所，自晨抵暮。闻予宿履庵馆中，即趣宿鸡鸣方丈，次早造馆求见。十年相别，叙寒燠外，汲汲以问学求印证，复期过私第请教，其志可谓切矣。湛台谓："与师相别多年，所闻良知之教，时时不敢忘。一切应用，逆顺好丑，起倒不常。才欲矜持，似觉拘迫；才欲舒展，又觉散缓，未得个恰好处。勘来勘去，只是致良知工夫无病痛。故近来一意只是致良知，虚灵应感，自有天则。制而不迫，肆而不荡，日觉有用力处，日觉有得力处。以此就正，更望有以进之。"噫！若湛台，可谓善学矣。良知无尽藏，致知工夫亦无尽藏。古云："百尺竿头，更进一步。"四面虚空，从何处着脚？闻以有翼飞者矣，未闻以无翼飞者也。于此得个悟入，方为究竟法。待子更用工夫，火力具足，当储天泉勺水与子沃之，未晚也。

卷之六、天山答问

1. 甲戌闰立春前一日，阳和子相期会宿天柱山房，寻岁寒之盟。仕沛裘子充与焉。阳和子质性本刚毅，迩来留心问学，渐觉冲粹。一切应感，严而能容，和而有制。常见自己有过可改，不忍自欺其本心。学莫先于变化气质，若阳和，可谓善变矣。

2. 阳和子谓："周继实深信禅学，崇斋素，重因果，信自本心，不敢自肆，以为此是西方圣人之教，中国之学不是过也。"相留寝处数日，因丧中，亦与同斋，意颇无逆。亲交中，以予溺心虚寂，将外伦物而习于异教，亟来劝阻。予叹曰："世以斋素为异，恣情纷华，穷口腹之欲者，始得为常乎？以果报为惑，世之纵欲败度，肆然无所忌惮者，始为信心乎？先师有云：'世之人苟有沦于虚寂、究心性命而不流于世情者，虽其陷于异端之偏，犹将以为贤，盖其心求以自得也。'求以自得而后可与语圣人之学。良知者，心之本体，性命之灵枢也。致知之学，原本虚寂，未尝离于伦物之应感。内者不诱而外者有节，则固中国之宗传也。世人不此之虑，顾切切焉惟彼之忧，亦见其过计也已。"

3. 子充问操心之法。予谓："操是操习之操，非把持也。心之良知原是活泼之物，人能操习此心，时时还他活泼之体，不为世情嗜欲所滞碍，便是操心之法，即谓之存。才有滞碍，便着世情，即谓之亡。譬之操舟，良知即是舵柄。舟行中流，自在东西无碍，深浅顺逆无滞，全靠舵柄在手，随波上下，始能有济。良知之变动周流，即舵柄之游移，前却无定在也。若硬把捉死，手执定舵柄，无有变通，舟便不活。此心通达万变，而昭昭灵灵，原未尝发，何出之有？既无所出，何入之有？既无出入，何方所之有？此是指出本心真头面与人看，以示为学之的，非以入为存、出为亡也。"阳和子曰："知此始为心之得其所养也。"（按：后本卷七《华阳明伦堂会语》及卷十五《册付养真收受后语》中亦有同此处论操心之法的文字。）

4.（篇末）云石沈子，期而未至，绛朝始会于舟中。云石有志于学，与阳和为同心，更图后会未晚也。万历二年至日，书于洗心亭中。

卷之六、书同心册后语

1. 内典有空假中三轮观法。静即空观，动即假观，动静交即中观。吾儒亦有取焉。夫根有利钝，习有浅深，学者各安分量，随时炼养，或修空观，或修假观，或兼修中观。

2. 夫学必讲而后明，务为空言而实不继，则亦徒讲而已。仁者切于言，惧其为之难也。古者言之不出，耻其躬之不逮也。此孔门家法也。故曰讲学有二：有以口耳者，有以身心者。入耳出口，游谈无根，所谓口说也。行著习察，求以自得，所谓躬行也。君子可以观教矣。此件事无巧法，惟在得悟。心悟者，无所因而入。一切依傍闻见，分梳道理，辨析文义，探索精微，自以为妙契，正落知解窠臼里，非心悟也。良知本明，无待于悟，只从一念入微识取。悟与迷对，不迷所以为悟也。百姓日用而不知，迷也。贤人日用而知，悟也。圣人亦日用而不知，忘也。学至于忘，悟其几矣。北海之珠，得于罔象。悟之一字，主静之玄窍，求仁之密枢也。先师信手拈出良知二字，不离日用而造先天，乃千圣之绝学，已是大泄漏。世人听得耳惯，说得口滑，漫曰"良知，良知"。是将真金作顽铁用，陷于支离而不自觉，可哀也已。

3. 太史阳和张子归省，亲庭侍膳之余，时往云门避静，究明心性之旨，方图请乞，为久处计，其志可谓远矣。甲戌仲夏二十日，相期往会山中，商订旧学，并扣新功。张子以为："此学固须动静交参，不专于静。但吾人久泪世纷，走失不小，静中存息，若少有受用处。泰宇定而天光发，人不鉴于流水而鉴于止水，各安分限，求以自益，庶不为虚度耳。"予谓："张子发此真志，又肯安分不为凌躐之图，尤为人所难能。张子取大魁、建大议，后辈方企羡以为不可及，今复锐志于学，为后辈作此榜样，其为企羡，又当何如？"张子所见，已渐超脱，犹虚心求益，请扣不已，以为心性本来是一，孟氏存其心，养其性，似若二之，何也？予谓："此是古人立教权法。性是心之生理，既曰心，又曰性，见心是天然主宰，非凡心也。心之说始于舜，性之说始于汤。《大学》言心不言性，心即性也；《中庸》言性不言心，性即心也。心无动静，故性无动静。定者，心之本体。动静，所遇之时也。悟得时，谓心是常动亦可，谓心是常静亦可。譬之日用之明，恒用不息而恒体不易。以用之不息而言谓之动，以体之不易而言谓之静。善观者随其所指，得其立言之意，而不以文害辞，则思过半矣。"三宿山中，往复辨证，颇征赠处之义。临别，复书静中所见，请质于予。因次第其语，披答如右，幸为终其远业，固交修之望也。

卷之四、自讼帖题辞

尝谓灾祥者，适然之数耳。天道微渺，而欲一一证之事应，则瞽史之见，君子不道也。然而君子反身修慝，恒必由之。故身之所遇，虽顺逆异境，将无适而非修德进业之地，是未可一诿之数而漫不之省也。语曰"灾祥在德"，是推天以验之人者也。又曰"吉凶不僭"，是修人以合于天者也。非通于天人之故，其孰与于斯？岁庚午冬，龙溪家毁于火，予往候之，见王子有惧心而无戚容，惟自引咎曰："吾欲寡过而未能，天其以是警戒我耶？"且以为自信未笃，致憎多口。凡所自讼，皆由衷之言，方与儿辈相勉戒，以庶几乎"震，无咎"之义。其他外物，成毁何常，岂能置忻戚于其间哉？因出其所自讼长语及所问答数条示予，得谛观之，皆超然卓越之见，融合精粹之学。中所称有孟之自反而后可以语颜之不校，则深于道者也。推此心以事天则为不怨，推此心以待人则为不尤，不怨不尤，此夫子之所以上达而乐天知命，其极则也。龙溪子殆通于天人之故者欤？龙溪昔从阳明夫子游，得讲于良知之学，而潜心者数十年矣。尝斥之以伪学而不惧，或目之为禅学而不疑。混迹尘俗而玩心高明，其仡仡乎任道之重、孜孜乎与人为善之心，盖有老而弥笃者。予幼不知学，晚未闻道，惟有真朴一念，守而弗渝，而辱与龙溪子交最久，时闻警策之言，若有所悟而步趋不前耳。观自讼帖而有感焉，因缀数语以志不忘。隆庆辛未春二月上浣，会下生明洲商廷试撰。①

---

① 查刻本中此文原为一整段，《王畿集》将其分成两段。见《王畿集》，页 731 – 732。

卷之四、龙溪先生自讼帖后序

圣人之学，知微而已矣。知微则能无过，而圣人兢兢业业之心，盖不敢自以为是也。天地之大犹有所憾，而况于人乎？形生神发以后，一念之所动，宁能尽保其无过？过斯觉，觉斯复，复则天地之心见矣。此圣人之所以为圣，而亦贤人希圣之学也。虽然，微之难言久矣，过之难知也亦久矣。惟知微而后能知过，惟知过而后能知微。要非矫饰于一言一行者所可几也。《书》曰："人心惟危，道心惟微。"微为圣学之宗，非微之动，谓之曰危。危者，过之所由生也。几者，动之微，吉之先见。非微之动，谓之曰凶。凶者，过之所由成也。贞吉贞凶，安危之机，介于一念之动。非知几之君子，其孰能与此？余小子侍教龙溪先生三十余年于兹矣。先生，小子女兄之所归也。闻先生之言甚熟，而察先生之行甚详。自其起居动息之小，以至于出处辞受之大；自其夫妇兄弟之好，以至于君臣朋友之交；自其一乡一邑之近，以至于四海五岳之远，凡夫顺逆常变，是非好丑，与夫人情难易之迹，其所感无朕而所应无穷。先生笃于自信，直心以动，自中天则。纷沓往来，处之若一，未尝见有履错之咎。其交于海内，诚爱相与，不激不阿，善于知人之病，随机开诱，使人之意自消。教学相长，日入于微，易简直截，一洗世儒支离之习。不惟千圣学脉有所证明，而二氏毫厘亦赖以为折衷。海内同志，翕然信而归之，推为三教宗盟。而先生孜孜不自满之心，惟以过情为耻，以不知过为忧。自视歉如也。是岂矫饰于一言一行、以众人耳目为趋舍者，可得比而同也哉！微言微行，日精日察，无所怨于天而求合于天，无所尤于人而求信于人。何者为顺逆好丑？何者为难易？神感神应，声息俱泯。动斯觉，觉斯化，惟先生自知之，世人不得而尽知也。迩者火灾之变，亦数之适然耳。先生不诿于数，惕然深警，引为己过，作自讼长语以训戒于家，因或人疑质，复述为问答，以衍其义。遇灾而惧，知过而改，古人兢业之心也。是虽意在反省，而天泉秘义时露端倪。标指可以得月，观澜可以窥源，信乎师门之嫡传也！善学者默体而悟，得于言诠之外，圣学斯过半矣。因书以诏同志，斯固先生一体同善之意也。隆庆辛未春正月元日，门人张元益撰。[1]

卷之四、（白云山房）答案问纪略跋

龙溪先生答问纪略，盖过余草堂与诸弟子论难语。陈子维府，敬梓以播同志者也。先生遭家不禄，余与子锡等亦君子之举，正以宽先生之忧耳。先生宴笑终日，意陶陶也，则理会性情之方，固已示之不言间矣。而复不容已于言者，其对症之药方也。虽然，求方于言，不若调自己性情，此疗病之要诀也。一点灵明，随缘随发，凡一切顺逆得丧，毫无增损。此体之心而可自得者。先生之不动心意，或在未发之前，独有所照察矣乎？然则求先生之教者，求之方乎？抑求之性情乎？余不学，敢与同志者同商之。白云溪隐人王锴谨识。

附录二：查刻本中为后本所修饰、
扩充成单篇之条目

卷之二、三山丽泽录

1. 枫潭问"天根月窟"。龙溪曰："此是邵子一生受用功夫。是从阴阳升

---

[1] 查刻本中此文原为一整段，《王畿集》将其分成三段。见《王畿集》，页 742–743。

降之几，握固得住。消息循环，无终无端，始谓之弄丸。然此原是圣学，非如养生家任、督周天之说。良知才觉处，谓之复。才觉便聚翕得住，弗致流散，谓之姤。吾人知复而不知姤，只如电光，灵根不固。知姤而不知复，只定得气，灵机不显。知复知姤，方是阴阳互根，方是太极生生之机，方是一阴一阳之道。邵子闲往闲来，亦只是窃弄此机。到熟处，便是内圣外王之学。"①（按：后本卷八《天根月窟说》本此。）

2. 龙岩问曰："古云：'看一部《楞严经》，不如读一《艮》卦。'既曰'艮其背'，又曰'思不出其位'，何也？"龙溪曰："此是圣学之宗传。止必有所，'艮其背'，止其所也。圣学功夫只在'艮其背'一言。圣人取象，耳目口鼻手足感触，皆在于面，皆是动处，惟背不动。凡卦，阴阳相得谓之和应。《艮》卦上下二体，未尝相和，故谓敌应。言耳目感触与物相应，只如艮背一般，不为所引，故曰'不相与也'。外道绝应，众人和应，圣学敌应。'不获其身'，只如不用耳目感触一般，忘己也。虽行于庭，不见一些声色一般，忘物也。艮，非偏于静也。吉凶悔吝，生于动静而不与，故无咎。'心之官则思'，'思不出其位'，即所谓止其所也。不出位之思，方是心得其职，方是圣学。"又曰："北辰，天之枢也。天枢无时不运，七曜赖以生明，四时赖以成岁，而未尝离于本垣。此即'思不出其位'之意。若止而不思，则运息，便是禅学。若思而不止，则位离，便是俗学。"（按：后本卷八《艮止精一之旨》本此。）

卷之四、自讼问答

1. 或曰："子谓吾儒中行，异于禅学、俗学，是矣。殆非可以袭取而

---

① 此句《王畿集》作"邵子'闲往闲来'，亦只是窃弄此机到熟处，便是内圣外王之学。"见《王畿集》，页705。

146 近世儒学史的辨正与钩沉

得，请问从入之方。"予曰："君子之学，贵于得悟。悟门不开，无以证学。入悟有三：有从言而入者，有从静坐而入者，有从人情事变练习而入者。从言而入，谓之解悟，学之初机也。从静坐而入，得自本心，谓之心悟。从练习而入，无所择于境，谓之彻悟。静坐者必有所藉，境静而心始静。譬之浊水之澄，浊根犹存，才遇风波震荡，尚易淆动。若从人情事变练习，彻底晶莹，随流得妙，波荡万端而真宰常定。愈炼习愈光明，不可得而澄淆也，是谓实证实悟。盖静坐所得，倍于言传；练习所得，倍于静坐。善学者量其根器大小，以渐而入，及其成功一也。先师之学，幼年亦从言入，继从静中得悟，其后居夷三载，从万死一生中炼习过来，始证彻悟。生平经纶事业，皆其余事。儒者中行之实学也。"（按：后本卷十七《悟说》本此，只是第二悟作"证悟"。）

卷之五、南游会记

1. 两峰问曰："《大学》首三条，闻先师有圣人、贤人、学者之分，何如？"予曰："大学是大人之学，对小人而言。大人以天地万物为一体，明德是立一体之体，亲民是达一体之用，止至善是体用一原，明德亲民之极则也。此是即本体为功夫，圣人之学也。因学者未悟至善之体，又提出知止一段工夫。人心无欲则止，有欲则迁。知止即是致知格物，定、静、安即是诚意、正心、修身。虑是与万物相感应，即是齐家治国平天下。得者，得《大学》之道也。又因学者未悟知止之功，故复说出先后次第，以示学者用功之序。此学者之事也。本体功夫、浅深难易，虽有不同，及其成功一也。"又问曰："文公格物之义有四，非止一草一木上去格，亦是身心应感切实功夫。"予谓："先师格物，亦未尝外此四者，但于其中提出主脑，功夫始有归着。圣人之学，只是察诸念虑之微，凡文字、讲论、事为，皆在念虑上察，以致其知，此便是学问主脑。若作四项用功，即为支离之学矣。"（案：后本卷八《大学首章解义》本此。）

2. 友人问《河图》、《洛书》之义。予谓："造化之机，一顺一逆而已。《河图》为顺，《洛书》为逆。顺为生机，逆为杀机。顺而不逆，则无以成化育之功。《河图》左旋，《洛书》右旋，天水违行之象。故曰：'《易》，逆数也。'其用逆，而其机则顺也。不翕聚则不能发散，杀者所以为生也。世传金丹用逆，不知吾儒之学亦全在逆。颜子四勿，便是用逆之数。收视反听，谨言慎动，不远而复，所以修身也。《图》、《书》五皆居中，而一皆居下者，此尤造化示人之精蕴。五居中者，人受天地之中以生也；一居下者，即五中之一点也。万物发用在中，而根荄在下。雷在地中，复。阳气潜孚于黄钟之宫。君子以此洗心，退藏于密。《乾》之初爻曰'潜龙勿用'，阳在下也。《乾》之勿用，即图、书之一也，即复之初也。其旨深矣。旧曾与荆川子论及此。后儒不原古人画卦叙畴之本旨，不明顺逆之机，纷纷泥于方位象数之说，牵补附会，无益于学，其亦陋矣。"（按：后本卷八《河图洛书解义》本此。）

3. 少岩举后渠序《杨子折衷》以慈湖为灭意，与不起意本旨同否？予谓："意是本心自然之用，如水鉴之应物，变化云为，万物毕照，未尝有所起也。离心起意即为妄，有起而后有灭，万欲皆从意生。本心自清自明，虚灵变化，妙应无方，原未尝起，何待于灭？或以不起意为不起恶意，非也。善与恶对，心本无恶，虽善意亦不可得而名，是谓至善。有善可为，是谓义袭，非慊于心也。或以不起意非初学所能及，亦非也。初学与圣人之学，只有生熟安勉，原无二致，及其知之，成功一也。昔上蔡举'何思何虑'请正伊川，伊川以为'说得太早'，既而曰'却好用功'，则已自悔其说之有未尽矣。或以慈湖之学为禅，亦非也。慈湖之学得于象山。慈湖举本心为问，象山以扇讼是非启之，恍然自悟，乃易简直截根源。荆门之政，几于三代，儒者有用之学也。知不起意之说，则知今日诚意致知之旨矣。""然则慈湖疑正心、洗心皆非圣人之言，何也？"予曰："此是慈湖执见未化。古人垂训，皆因病立方。人心溺于染习，不能无邪无垢，故示以正心、洗心之方。病去则药除，所谓权法也。象山谓：'予不说一，敬仲常说一，便是一障。'先师谓'慈湖见得无声无臭之旨，未能忘见'，未免为无声无臭所碍，将古人教法，尽与破调，则不起意三字亦剩语矣。要之大本大原，乃是入圣真脉路，瑕瑜自不相掩也。"（按：后本卷五《慈湖精舍会语》本此。）

附录三、查刻本序与跋

龙溪先生会语序

予年暮矣。衰病侵寻，怀求友四方之志，力不逮矣。斋居默省，壮年志学，垂老无闻，谓何？笥中蓄龙溪老师会语，盈十余帙，时捧一二，焚香敛衽，阅一过辄助发多多。近得查子警甫，同心商究学脉，所尊信此帙意同，但嫌散漫无纪，因共谋裒录，编为成书。谨按先生之学，刊繁揭要，探本逢源，窥天人统宗之奥，握阴阳合辟之机。种种不离伦物，而伦物一切生于虚明之中。故予尝信先生之学，真入圣梯航也。点掇心源，穷极微妙，拈来机窍，直凑天根，有发《易》、《庸》所未发者。宋儒以来，未之或逮矣。不冥会之，孰从而臆及之乎？至于辨二氏之似是，总百家之委流，入其精髓，析之毫厘，则有功圣门多矣。先生志意凌厉，识度宏深，有尚友千古之气，不屑屑世人称讥，一洗乡愿陋习。迹其用，常有独往独来、不求人知而求天知者。平生所在，憎多口，既功从师证，德由悟入，亦独信所诣，恢恢如也。夫气质未融，不妨其有未融也；查滓未净，不妨其有未净也。顾其学可以考往圣而俟百世焉尔。夫子曰："知及之，仁能守之。不庄以莅之，则民不敬。

动之不以礼，未善也。"夫"知及之"，知止也；"仁守之"，缉熙其止也，特德未盛耳。更深造之，益醒酿之，则充实光辉，动容周旋而中礼矣。先生于此必有不自满假之心，非予小子能测其微也。先生晚年，气愈敛，神愈藏，混于尘世，不见与愚夫愚妇有异。熙熙穆穆，如抱赤子之心。夫人能自信其心，始信先生之心也与。昔《大雅》之称文王：无歆羡，无畔援，泯识知，穆然缉熙敬止，与帝则周旋。故后人颂之曰："维天之命，于穆不已。于乎不显，文王之德之纯。"盖圣人之心，语其微，天之命也；指其显，帝之则也。吾人之学，尽性至命，其的矣。文王，我师也，先生岂欺予哉？今年季夏，子警甫将赴官河东，念离索无助，将挟是编以行。夫子警甫，尝有志于道。夫苟志于道，其于是编也，必有心领神会而师承之矣。千里同堂，是编其謦欬矣乎？万历三年岁在乙亥季夏初吉，门人贡安国顿首书于宛陵精舍。

龙溪先生会语后序

余往闻先生之教，每以不得久处门墙为憾。自河东归，即图率业。因循牵制者，忽忽又二三季。乙亥春，始得与俞允升、翟平甫、萧以宁三兄由武林吊绪山先生，因谒门下，为久处计。先生复先期有云间之行，无由得一面证。未几，而河东之命下矣。后会难期，归途怅怅。抵宛陵，遂谋诸吾师贡先生，得语录数贴以行。庶仪刑虽远，謦欬犹存，亦可为师资之助也。沿途细玩，见其于先天混沌之妙、乾坤合辟之机、千圣心传之要、二氏似是之非，莫不漏泄其蕴奥，剖析其几微，真有发前贤之所未发者。至于周流四方，日以求友为事。所至发挥性灵，则透人心髓。指点病痛，则直中膏肓。凡上而公卿大夫，下而乡者士庶，承其颜色，听其议论，莫不各有所兴起。其与人为善之心，虽老而不倦。余窃以为，先生之学，圣学也。自昔文成公倡道东南，聪明睿智，直达天德。学者云从风附，多诣道妙。然其为教，亦随缘设法，因人而施耳。至其上达之妙，不落言诠，亦有可悟而不可传者。乃先生以上乘之资，独得不传之妙。故其学以万物为体，以混沌为根，不离一切伦物之间，而一切伦物卒不能为此心之碍。文成公致知格物之蕴，已深造而自得之矣。迨其晚年，其养愈纯，其精愈藏，盖已能所俱泯，顺逆两忘，熙熙穆穆，超乎生死之外者矣。乃世之学者，或以形迹之间疑之，不知贤者所为与乡党自爱者，原自殊科。先生固已言之矣。间以此录示诸同事，诸公读之，莫不跃然，且有津津知所兴起。以是知良知在人，真有不谋而合者。闻喜王君尤爱而传之，因托梓之，俾与同事者共焉。先生之会语甚多，此其十之二三耳。夫先生之精神，非言语所能传也。然不得见先生，待见余言而有所兴起，则是录也，未必非同志之一助也。因僭言于简末。时万历四年岁在丙子仲夏初吉，门人查铎书于汾州公署。

龙溪先生会语跋

吾越为文成公倡道之乡，而龙溪先生又亲受衣钵之传者。先生之学，洞澈圆融，无所凝滞。汲汲乎欲人同进于善，故其于人也，无可否，皆和光以与之；孜孜乎求以利济乎物，故其于事也，无好丑，皆混迹以应之。盖先生唯自信其心，而吾乡之人每不能无疑于其迹。忭于先生，固不敢疑乡人之所疑，而犹未能信先生之所信。盖尝以吾之不可，学先生之可，而期先生不以为谬也。① 是岁仲夏，柱棹云门，相从累日，或默而坐，或步而游。一时诸友迭为唱和，欣欣焉舞雩风咏之乐，不是过也。忭不自量，乃出所疑数条，以请正于先生。② 而先生条答之，迭迭数千言。所以启师门之关钥，指后学之迷津者，至详恳矣。抑忭闻之，非言之艰，行之唯艰。今日之问答，皆言耳。吾党苟不能以身体之，入乎耳，出乎口，闻教之后与未闻教之先，犹若人也，

---

① 此句《王畿集》误断为"盖尝以吾之不可学先生之可而期，先生不以为谬也。"见《王畿集》，页789。
② "以请正于先生"句中"正"字，《王畿集》误作"证"。见《王畿集》，页789。

则一时之辨论皆空言，而先生之嘉惠为虚辱矣。兹忭之所大惧，亦诸友之所同体者也。敢以是交弝焉。万历甲戌夏五月之吉，张元忭谨跋。

附录四：龙溪文集明刊本国内收藏情况表

版本	书名	刊刻年代	现收藏地点
查刻本	《龙溪先生会语》六卷	万历四年丙子	北京大学图书馆
萧刻本	《龙溪王先生全集》二十卷	万历十五年丁亥	南京大学图书馆
	《龙溪先生全集》二十卷	万历十六年戊子	北京大学图书馆、山东省图书馆
何刻本	《卓吾先生批评龙溪王先生语录钞》	万历二十六年戊戌	北京大学图书馆、中央党校图书馆、中科院图书馆、上海图书馆、华东师大图书馆、天津图书馆、甘肃省图书馆、南京图书馆、浙江省图书馆、湖北图书馆、四川图书馆
	《龙溪先生文录钞》九卷	万历二十七年己亥	北京大学图书馆、中央党校图书馆
丁刻本	《龙溪王先生全集》二十二卷	万历四十三年乙卯	中国国家图书馆、台湾"中央图书馆"
	《龙溪王先生全集》二十卷	万历四十三年乙卯	台湾"中央图书馆"
	《龙溪王先生全集》二十卷	万历四十七年己未	北京大学图书馆
石刻本	《石林先生批评龙溪语录钞》八卷	崇祯十五年辛巳	山东大学图书馆

六、王龙溪的《中鉴录》及其思想史意义
——有关明代儒学基调的转换

一、前言

较之以往的儒学传统，明代儒者"外王"事业的重点，体现出由政治取向到社会取向的转移。阳明学者大规模的民间讲学活动，便是这一重要变化的集中反映。作为中晚明阳明学核心人物的王畿（1498 – 1583，字汝中，号龙溪），更是阳明学者社会讲学活动的主要代表人物之一。

王龙溪像，取自绍兴印刷局 1918 年印张岱《越中三不朽图赞》

不过，恰恰是以社会取向的讲学活动为其主要成就的王龙溪，晚年却在万历皇帝登基前夕编辑了一部如今可能已经亡佚的《中鉴录》。该书以宦官为题材和读者，而其目的则是希望通过宦官进一步影响当时年幼即位的万历皇帝。这又仍然反映出传统儒家"得君行道"的一贯政治取向。并且，中晚明许多具有鲜明社会取向而致力于"移风易俗"的阳明学者，其实也始终怀抱着"得君行道"的心理与愿望。因此，通过对《中鉴录》的考察，或许可以使我们在掌握明代儒学从政治取向到社会取向这种重点转化的同时，避免将这种重点的转换误解为彼此之间的取舍，从而更为周延地把握"得君行道"与"移风易俗"这两种不同方向在明儒尤其中晚明阳明学者那里的复杂关联。

二、《中鉴录》的作者

明隆庆六年（1572）十二月二十七日，内阁首辅大臣张居正（1525 – 1582，字叔大，号太岳）于文华殿向年幼即将登基的明神宗朱翊钧（1572 – 1620 年在位）进呈《帝鉴图说》。在此之前，明太祖朱元璋（1368 – 1398 年在位）曾命人编过《昭鉴录》、《永鉴录》、《历代驸马书》以及《公子书》等。明宣宗朱瞻基（1426 – 1435 年在位）与明代宗朱祁钰（1450 – 1456 年在位）也编过《君鉴》、《臣鉴》等书。这些书都是向统治阶层进言，为其提供正面楷式和反面教材，要求他们树立良好的公共形象，以利长治久安的。而在张居正进呈《帝鉴图说》后不久，又有一部《中鉴录》问世。只是，这部书或许未能流传下来，不见于各种书目，因而也就鲜为人知了。

在《明儒学案》这部研究明代儒家思想史的重要文献中，曾经有一处提到过《中鉴录》，黄宗羲（1610－1695，字太冲，号南雷，称梨洲先生）于《明儒学案》卷 15《侍读张阳和先生元忭》中写道：

> 万历己卯，教习内书堂。先生（张元忭，1538－1588，字子荩，号阳和）谓寺人在天子左右，其贤不肖，为国治乱所系；因取《中鉴录》谆谆诲之。

事实上，黄宗羲这里的记载是根据朱赓（1535－1608，字少钦，号金庭，谥文懿）为张元忭所撰写的行状。朱赓在《明奉直大夫左春坊左谕德兼翰林院侍读阳和张公行状》中写道：

> 己卯，充内书堂教习。故事，入内书堂，为乙其章句，课之对语止矣。子荩曰："此辈他日在天子左右，关主德不细，奈何不预教之？"乃取《中鉴录》亲为条解。①

仅就朱赓这一最初的记录以及黄宗羲在《明儒学案》中的转述来看，很容易让人以为《中鉴录》的作者便是张元忭。但是，在徐阶（1503－1583，字子升，号存斋）和赵锦（1516－1591，字符朴，号麟阳）的记载中，均明确指出《中鉴录》的作者是张元忭

---

① 张元忭：《张阳和先生不二斋文选》（《四库全书存目丛书》，台南：庄严文化事业有限公司，1997，集 154），页 328 下—329 上。

的同乡兼师辈王龙溪。

王龙溪是王阳明（1472－1528）的高第弟子，在明中后期的中国思想史上占有相当重要的地位。徐阶在其《王龙溪先生传》中写道：

> 公（龙溪）著有《大象义述》、《丽泽录》、《留都》、《岘山》、《东游》、《南游》诸《会记》，《水西》、《冲玄》、《云门》、《天山》、《万松》、《华阳》、《斗山》、《环濮》诸《会语》，《罗念庵东游记》、《松原晤语》、《聂双江致知议略》、《别曾太常》、《赵瀔阳漫语》、《答王敬所论学书》以及《中鉴录》凡数十种。[①]

而赵锦在为龙溪写的《墓志铭》中也同样说道：

> （王龙溪）所著有《龙溪先生全集》二十卷、《中官中鉴录》七卷、《大象义述》、《念庵东游记》及诸《会语》行于世。[②]

尽管前引朱赓和黄宗羲的记载有可能让人以为张元忭是《中鉴录》的作者，但那毕竟是读者自己的联想，细读文句，其实并不能断定。徐阶和赵锦均与龙溪交往密切，所说自非虚言。此外，在龙溪给张元忭的一封回信中，更直接说明了《中鉴录》乃龙溪所作：

---

① 徐阶：《王龙溪传》，见《王龙溪先生全集》，卷22，万历43年丁宾刻本。
② 赵锦：《龙溪墓志铭》，见《王龙溪先生全集》，卷22，万历43年丁宾刻本。

领手书并诸论学稿，具悉明定造诣之概。既膺起居之命，内馆主教势不得兼。所云《中鉴录》，未敢为不朽之作。区区两三年纳约苦心，庶几自尽。内馆之设，事几若微，于圣躬得养与否，所系匪轻。不知相继主教者能悉领此意，不做寻常套数捱过否？①

由此可见，张元忭是看过《中鉴录》并给予很高评价的。而将龙溪的这封信与前引朱赓、黄宗羲的记载相对照，也就自然很清楚《中鉴录》的作者是谁了。

只是，《中鉴录》虽或如赵锦所说，在当时曾经一度"行于世"，但如今却可能已亡佚，无法让我们得观其详了。不过，所幸龙溪在与友人的通信中，曾多次提到过《中鉴录》。在《王龙溪先生全集》中，卷九至卷十二部分为龙溪与友人的通信汇编，其中有《与陶念斋》、《与耿楚侗》、《与朱越峤》、《与赵瀫阳》以及《与曾见台》这五封书信是专门有关《中鉴录》的。由于这五封书信对《中鉴录》的基本相关情况已有较明确的说明，以下，我们便以之为基本依据，并结合其它的材料，对《中鉴录》

---

① 王畿：《王龙溪先生全集》，卷11《答张阳和》（《四库全书存目丛书》，台南：庄严文化事业有限公司，1997年，集98），页464。案：王龙溪的文集在明代有不同的刊本，有关各种文集的差异情况，参见笔者《明刊〈龙溪会语〉及王龙溪文集佚文——王龙溪文集明刊本略考》一文，收入笔者《良知学的展开——王龙溪与中晚明的阳明学》，繁体字版，"附录"，最新的修订版现已收入本书。为方便读者查阅，此处及以下所引《王龙溪先生全集》除注明外皆据《四库全书存目丛书》，是书所据版本为万历16年萧良榦刻本，未录徐阶之《王龙溪传》和赵锦之《龙溪墓志铭》。

的相关情况加以介绍，既为史海钩沉之一则，同时也对其所具有的思想史意义略做提示。为了既保持这五封书信的整体性，避免在后文局部引用时割裂其内在一贯性，同时不占用正文的篇幅，我们将这五封书信做为附录列于文末，以资参照。

三、《中鉴录》的成书时间

除了第四封书信之外，龙溪这五封信都是以"圣天子睿智夙成、童蒙之吉"来开头的，第一封《与陶念斋》更是明确指出"天子新祚"，而就《与耿楚侗》中所谓"迩者元老有《帝鉴》"来看，我们可以判定龙溪《中鉴录》之成书当是在万历皇帝登基不久，张居正进呈《帝鉴图说》之后，因为龙溪卒于万历十一年，所谓"天子新祚"，不可能指万历以后的皇帝。再者，陶念斋（1527－1574，名大临，字虞臣，号念斋，谥文僖）于万历皇帝登基时迁礼部右侍郎兼学士，负责给年幼的神宗讲学，[①] 这和龙溪信中所谓"执事任养蒙之贵，其功贵豫"亦恰相吻合。赵瀔阳（1524－1601，名志皋，字汝迈，号瀔阳，谥文懿）在万历元年担任侍读，[②] 朱越峰（生卒不详，名南雍，字子肃，号越峰）也在万

---

① 焦竑：《国朝献征录》卷26，王世贞：《吏部侍郎陶文僖公大临传》云："上（万历）践祚，迁礼部右侍郎兼学士，……每进讲，左右皆目相视，而上亦严重之，亟称先生。"雷礼《国朝列卿记》卷22云："陶大临，字虞巨，浙江会稽人。嘉靖丙辰榜眼。隆庆四年以侍读学士掌院事，五年升南京祭酒，十月升少詹事兼侍读学士，六年升詹事。"

② 焦竑：《国朝献征录》，卷17，朱赓：《光禄大夫柱国少傅兼太子大傅吏部尚书建极殿大学士赠太傅谥文懿赵公志皋墓志铭》云："癸酉（万历元年）预修《穆庙实录》，升侍读。"

历元年升任礼科都给事中。① 从龙溪给这些人内容大体相同的书信来看，均可以推断龙溪的书信应当是写在万历登基不久的时候。另外，龙溪在给陶念斋的信中谓《中鉴录》"寄麟阳世丈处，可索取观之"，给耿定向（1524－1596，字在伦，号天台，又号楚侗）的信中称"吾丈遵养逢时，帝心简在"，而万历元年二月耿定向晋工部屯田主事，九月晋尚宝丞，万历二年八月晋尚宝少卿，万历三年晋太普少卿、督察院右佥都御史之后，五月即因母卒奔归。② 陶念斋于万历二年即卒，赵锦亦于万历二年迁南京右都御史。因此，龙溪写给这些京中任职的朋友们的信，至少应在万历二年之前，万历皇帝正式登基之后，大概在万历元年左右。而《中鉴录》的完成，则当略早。至于编纂的时间，则约有两三年之久，这在前引龙溪给张元忭的信中可以得到证明，所谓"区区两三年纳约苦心"。

万历皇帝初登基时，颇显示出圣明天子的端倪，赢得了朝野的广泛赞誉。③ 因此，龙溪在《与朱越峄》中声称："圣天子睿智夙成，得于传闻，宛然帝王矩度。"并且，在几乎每一封书信的开头都用的"睿智夙成"来形容万历，的确反映了当时举国上下对神宗皇帝的普遍佳评和殷切希望。毕竟，在传统中国社会，再没有

---

① 雷礼：《国朝列卿记》，卷150云："（朱南雍）万历元年改工科左，本年升礼科都给事中。四年升顺天府丞。"

② 参见焦竑：《澹园集》，卷33《资德大夫正治上卿总督仓场户部尚书赠太子少保谥恭简天台耿先生行状》（北京：中华书局，1999年），页529；张廷玉，《明史》，卷221《耿定向传》。

③ 参见黄仁宇：《万历十五年》第一章《万历皇帝》（台北：食货出版社，1990年），页1－46。樊树志：《万历传》第一章第五节《小皇帝视朝》（台北：台湾商务印书馆，1996年），页42—54。

什么比有可能出现一位圣明天子会更令儒家知识分子感到欢欣鼓舞的了。龙溪《中鉴录》的问世，正是处在这样的背景之下。

四、《中鉴录》的体例与内容

即便《中鉴录》如今已佚，我们无法得观其详，但是凭借附录所列龙溪的书信，我们仍然可以了解到《中鉴录》的基本体例和内容。龙溪在《与陶念斋》和《与朱越峤》中说《中鉴录》分三册，前面我们所引赵锦为龙溪写的墓志铭文则指出《中鉴录》有七卷。而根据龙溪所写的书信来看，则龙溪曾经请耿定向为《中鉴录》作序言，请曾同亨（1533－1607，字于野，号见台，谥恭端）为《中鉴录》作跋语，请朱南雍、赵志皋予以修正，并请耿定向、赵志皋"梓而行之"、"刻布以传"。当然，这些人是否将龙溪之所托付诸实际，现在已不得而知。但是，从我们在开头曾引《明儒学案》中张元忭取《中鉴录》教诲内廷宦官的记载，以及龙溪书信中所谓"有稿在王龙阳处"、"托龙阳奉览"和"寄麟阳世丈处"这一类的话可见，《中鉴录》至少曾经在龙溪的一部分同志道友们中间传阅过。① 由此可知，龙溪的《中鉴录》共分七卷三册，除了正文之外，或许还包括耿定向的序、曾同亨的跋。不过，我们在耿定向和曾同亨现有的文集中并未见到相关的文字。当然，这并不足以推断《中鉴录》实际上没有得以刊刻流传。因为赵锦明确指出龙溪的《中鉴录》曾经与其它的文字一道"行于

_____

① 王龙阳即王阳明之子正亿。

世"，既然龙溪其它的那些文字都有刊刻，便很难说单单《中鉴录》未有刊刻。此外，根据前文朱赓为张元忭所做行状中的那段文字，张元忭用来教导宦官的事发生在万历己卯，亦即万历七年，那时距龙溪完成《中鉴录》已有六、七年的时间了，如此则更难说他使用的会是龙溪的未刊手稿。

关于《中鉴录》的基本内容，龙溪在《与朱越峄》一书中有较明确的说明，所谓：

> 不肖因纂辑《春秋》以下历代诸史宦官传，得其淑与慝者若干人，分为三册。其言过于文而晦者，恐其不解，易为浅近之辞；其机窍过于深巧者，恐启其不肖之心，削去不录。我国朝善与恶者，亦分载若干人。首述太祖训谕教养之术、历代沿革之宜。又为《或问》，以致其开谕之道，个人为小传，以示劝阻之迹。①

由此可知，龙溪的《中鉴录》基本上是一部人物传记的选录，它取材于一直到明代为止的各种史书，从历代有关宦官人物的传记中选择善恶两方面有代表性的若干人物，每个人物作成小传。但龙溪并非只是就原文加以节录汇集，而是进行了文字上的更易与修饰。并且，龙溪以或问的方式加上自己的按语，从而使之不仅仅是事实的记录，还包括对这些人物的行为进行价值上的评判。这样一来，对于宦官而言，《中鉴录》似乎便具有

---

① 王畿：《王龙溪先生全集》（《四库全书存目丛书》，台南：庄严文化事业有限公司，1997年，集98），页446。

了某种范例的意味。

五、《中鉴录》的目的

龙溪为什么要编纂《中鉴录》这样一部书，这在他写给不同人物的书信中也有明确的交代。在《与耿楚侗》中，龙溪称"迩者元老有《帝鉴》，独中官无鉴，似为缺典"，而在《与朱越峄》中则进一步指出："凡我大小臣工，守令有鉴，台谏有鉴，辅相有鉴。迩者复有《帝鉴》，独中官未有所鉴，似为缺典。"不过，龙溪作《中鉴录》却显然不是为了单纯解决"缺典"的问题，而是为了教化内廷的宦官，如《与陶念斋》中所云"开其本心之明，示以祸福利害之机"，《与耿楚侗》中所谓"开其是非之本心，警以利害之隐机"。甚至连具体的方式，龙溪都已有筹算，所谓"择此辈可与言者，无意中授以一册，递相传玩，少知劝阻，兴起善念，拂其邪心"（《与陶念斋》）。而如果我们再进一步来看的话，甚至教化中官仍然还只是手段，最终的目的并不在于教化中官本身，而是希望通过中官的作用，达到对年幼的新天子的"养正"之功。有了贤明的天子，儒家一贯的政治理想才能得以实现，家国天下才会在和谐有序中健康发展，欣欣向荣，这恐怕才是龙溪最终的用心所在。

虽然明太祖朱元璋有见于以往历史上宦官干政的祸患，从而为以后立下了内臣不得干预朝政的祖训。但是，朱元璋自己因胡惟庸案而于洪武十三年（1380）废相，不仅使专制主义在传统中国社会达到了前所未有的程度，同时也为后来宦官干政较之以往历代有过之而无不及埋下了体制上必然的祸根。正如黄宗羲所言"有明之无善治，自高皇帝罢丞相始"。[1] 到万历时期，宦官对朝政的干预甚至把持，已经根本不再是一个有可能对治的问题，而早已成为各种实际政治运作所必须由之出发的前提之一了。有明一代宦官专权，如王振、刘瑾、魏忠贤之类，几乎是稍知历史者皆耳熟能详的。而张居正之所以能够排挤掉高拱（1512－1578，字肃卿，谥文襄）而成为内阁首辅大臣，很大程度上便是得到了司礼监掌印太监冯保的帮助。[2] 至于阳明平定宁王朱宸濠叛乱之后所经历的政治上的艰难险阻、风云变换，除了部分朝臣妒忌阳明的赫赫军功而担心权力的重新分配，以及学术上归属不同所导致的门户之见这些因素之外，相当程度上也与宦官直接相关，既有太监张忠之流的构陷与刁难，以致演出了明武宗在阳明擒获朱宸濠之后还要御驾亲征的荒唐一幕，也有太监张永等人的护持与帮助。[3] 诚如孟森先生所谓："明中叶以后，朝廷大事，成败得失，颇系于阉人之贤否。"[4] 因此，对于内廷宦官的作用，除了对于历史前鉴的了解之外，亲炙阳明的龙溪无疑不能不了然于心。尤

---

① 黄宗羲：《明夷待访录·置相》（台北：中华书局，1980 年），页 6 上。

② 参见谷应泰：《明史纪事本末·江陵柄政》（台北：三民书局，1969 年），卷 61，页 653－654。樊树志：《万历传》第一章第三节《冯保与高拱斗法：顾命大臣内讧》（台北：台湾商务印书馆，1996 年），页 16－31。关于冯保其人，参见刘若愚：《酌中志》，卷 5《三朝典礼之臣纪略》（艺文印书馆原刻影印 百部丛书集成 921，海山仙馆丛书 14）；张廷玉：《明史》，卷 305《冯保传》。而关于中国历史上宦官各方面的基本概况，可参考杜婉言：《中国宦官史》（台北：文津出版社，1996 年 6 月）。

③ 见《王阳明年谱》，《王阳明全集》（上海：上海古籍出版社，1992 年），页 1267－1270。夏燮：《明通鉴》（上海：上海古籍出版社，1990 年），卷 48，页 360。

④ 孟森：《明清史讲义》（北京：中华书局，1981 年），页 293。

其对于年幼的皇帝，尽管有侍讲大臣承担启蒙教师的职责，这些侍讲大臣也往往多是如龙溪所谓的"海内忠信文学之士"（《与陶念斋》）。但是，亦诚如龙溪所言，毕竟"外廷公卿进见有时"（《与耿楚侗》），年幼的皇帝则"日处深宫，与外廷相接之时无几"（《与曾见台》），"食息起居，不得不与中官相比昵"（《与耿楚侗》）。当然，这种状况并不合理，乃是"势使然也"，所谓"三代以降，君亢臣卑，势分悬隔"。（《与赵瀫阳》）不过，尽管并不能简单地将儒家在政治上化约为只知维护现状的保守主义，因为在既存政治和社会无道之极的情况下，儒家是主张"汤武革命论"的，但在通常情况下，儒家的变革之道的确往往是从既定的存在结构出发因势利导，以求渐变，而不是打破现有的结构，另起炉灶。所以，在龙溪看来，既然现实的情形是："在内所赖，全在中官。盖幼主深处宫闱，舍此辈无与周旋承事，导之以正则吉，纳之于邪则凶。"（《与陶念斋》）那么，"吾人欲引君道，舍中官一路，无从入之机"（《与赵瀫阳》），便恐怕是在所难免的了。

必须指出的是，在中国历史上，儒家士大夫所代表的清流，与宦官集团之间始终存在着紧张，自汉代以来，彼此之间的紧张时时演化为冲突与对决。在龙溪完成《中鉴录》的万历初年，虽然儒家清流与宦官集团之间还并未发展到如晚明东林党人与宦官集团之间形成大规模冲突，以致演出一幕"一堂师友，冷风热血，洗涤乾坤"（黄宗羲语）的地步，但至少以清流自居的儒家人物，除非朝廷公务，一般也是绝不屑与宦官有所往来的。不过，历史上的宦官除了汉代的十常侍、明代的王振、刘瑾、魏忠贤等大奸大恶之外，虽多阴险邪曲之辈，却也不无忠义良善之士。① 我们从附录所列龙溪几封书信中的措辞可见，尽管龙溪对中官一类人在价值层面上亦难免不持较为负面的评价，此固历史情势所使然，但同时龙溪也指出："此辈伎俩，染习虽深，然未尝无是非本心，利害未尝不明"（《与陶念斋》），甚至将他们比做"缀衣虎贲之士"（《与陶念斋》）。儒家心学一脉发展到王阳明的良知教，极大限度地高扬了人的道德主体性，肯定了每一个人都内在地具有良知本心，以为成圣成贤的先天根据。现实形态上每一个人都难以达到圣贤境地，但从潜能上讲却又每个人都是圣贤，所谓"人人心中有仲尼"。在这个意义上，宦官虽然在生理上有异常人，却仍不例外。况且，儒家士大夫出于自觉不自觉的歧视心理，将宦官视为异类，不与之交通，也往往是令宦官们自甘陷溺，并造成儒家士大夫与宦官彼此紧张冲突的原因之一。正如龙溪所言："此辈并生天地间，是非利害之心，未尝不与人同，但溺于习染，久假不归。况吾辈不能视为一体，自生分别，有以激之。彼此势离，则情间而意阻，未尝开以是非，导以利害，譬之迷途之人，甘于离陷，欲其回心向善，不可得也。"（《与朱越峤》）因此，在龙溪看来，基于儒家"万物一体"、"人皆可以为尧舜"的理念，教化

---

① 韩邦奇《苑洛先生语录》便记载了一位太监何文鼎的故事："弘治中，国戚张鹤龄时入禁宫，侍宴太监何文鼎戒鹤龄曰：'祖宗有法，非内官入此门者，许诸人斩之。国舅再无入。'鹤龄不悛。一日，复入侍，文鼎仗剑立门外曰：'今日必诛鹤龄。'内使密报，上（明孝宗）命收缚文鼎。鹤龄既出，上面讯文鼎曰：'汝内臣，安能如此？是谁主使？'文鼎曰：'主使者二人，皇上亦无如之何！'上曰：'彼为何人，而我无如之何？'文鼎曰：'孔子、孟子。'上曰：'孔、孟古之圣贤，如何主使？'文鼎曰：'孔、孟著书，教人为忠为孝。臣自幼读孔孟之书，乃敢尽忠。'"见《四库全书存目丛书》，台南：庄严文化事业有限公司，1995 年，子 7，卷 6，页 364上。

中官，使其"同心向善"、"回心向主"，显然应当是有其可能性的。而就所收到的对于君主的"辅理之益"、"匡弼之劳"，与外廷朝臣相较，更是"功可百倍"这一点而言，则教化中官便更有其必要性。

不过，即便"人性本善"是北宋道学兴起以来几乎所有儒家知识分子的基本肯认，且王阳明一派的良知教又几乎将"人皆可以为尧舜"的信念提升到了前所未有的高度，与龙溪同时代的士人，即使是同属阳明学阵营的儒家学者，在都能认识到宦官对于皇帝影响之大的情况下，恐怕却未必都会像龙溪那样将宦官作为政治诉求的对象。毕竟，视儒家清流与宦官集团即便不是势同水火，至少也是泾渭分明，这一点自汉代以降至龙溪所处的明中期，似乎早已成为儒家士子们的文化心理结构或"心灵的积习"（habits of the heart）了。龙溪之所以能有《中鉴录》之作，不避忌以宦官为政治诉求的对象，希望通过宦官的作用来培养一位圣明的君主，除了其"忧世之微忱"（《与耿楚侗》）、"芹曝之苦心"（《与曾见台》）之外，与其力斥乡愿，提倡"自信本心"、"不以毁誉为是非"的"狂者之学"这一思想向度，恐怕也是有着密切关系的。[1]

六、《中鉴录》的思想史意义

即使《中鉴录》这部书的具体内容我们目前已无法了解，但

---

[1] 有关王龙溪"心体立根"的"先天之学"，参见彭国翔：《良知学的展开——王龙溪与中晚明的阳明学》，第21章，页69-162。

是对于其思想史意义而言，或许我们前文的考察已经提供了足够的分析基础。

　　至少自宋代以来，儒家士大夫的讲学活动便随着书院等民间社会组织的建立而逐渐发展，不过，这种以"移风易俗"的"下行路线"而非"得君行道"的"上行路线"为特征的讲学活动，要到了明代尤其阳明学的讲会活动兴起之后，才成为儒家知识分子尤其阳明学者的重要特征，而这一点，与先秦孔孟以来以君主为说教对象的传统已经有所差异。① 明代高度专制的政治体制与氛围，是促成这种转变的外部压力之一，而当时儒家士大夫动用地方各种资源能力的强化，以及逐渐繁荣的社会经济，② 也为大规模的社会讲学活动提供了条件。③ 不论讲学活动其实仍以士大夫阶层为主，就某种意义而言，即便是向来以民间化著称的泰州学派，也不过是表明了阳明学的普及，并不意味着士大夫阶层构成讲学活动的主体以及讲学活动始终以儒家的经典文献为基本内容这一

---

① 这里所谓"移风易俗"的"下行路线"与"得君行道"的"上行路线"的讲法，取自余英时先生。参见余先生《现代儒学的回顾与展望——从明清思想基调的转换看儒学的现代发展》一文之"申论与展望"部分。载余英时：《现代儒学论》（上海：上海人民出版社，1998 年 11 月），页 28 – 45。

② 有关明代社会经济的发展状况，参见傅衣凌：《明代江南市民经济试探》（台北：谷风出版社，1986 年 9 月）；《明清时代商人及商业资本》（台北：谷风出版社，1986 年 12 月）。关于明代社会商业活动的发展所带来的文化变迁，参见 Timothy Brook，*The Confusions of Pleasure：Commerce and Culture in Ming China*（California：University of California Press，1998）。

③ 有关明代阳明学讲会的研究，可参考（一）、吕妙芬：《阳明学讲会》，台北：《新史学》9 卷 2 期，1998 年 6 月，页 45 – 86；《阳明学者的讲会与论说》，台北：《汉学研究》第 17 卷第 1 期，1999 年 6 月，页 79 – 102。（二）、陈来：《明嘉靖时代王学知识人的会讲活动》，北京：《中国学术》第 4 辑，2000 年 10 月，页 1 – 53。

性质有所改变。① 但是，无论如何，阳明学者讲学的空间与对象，其重心的确是由庙堂转向了山林。王阳明事功赫赫，但他却一再强调讲学活动才是他的究心所在。② 而作为明中期讲学活动的核心人物，龙溪本人几乎献身讲学活动的一生，对此也恰恰可以提供最佳的左证。

王龙溪一生大部分时间是致力于阐扬王阳明的致良知教，他在各地讲学，足迹遍布大江南北，年过八十仍不废出游。所谓"林下四十余年，无日不讲学，自两都及吴、楚、闽、越、江、浙，皆有讲舍，莫不以先生为宗盟。年八十，犹周流不倦"。③ 当有人劝他高年不宜过劳外出时，龙溪回答说：

> 不肖亦岂不自爱？但其中亦自有不得已之情。若仅仅专以
> 行教为事，又成辜负矣。时常处家，与亲朋相燕昵，与妻奴佃
> 仆相比狎，以习心对习事，因循隐约，固有密制其命而不自觉

① 程玉瑛在其《王艮与泰州学派》（《台湾师范大学历史学报》第 17 期，页 123—127）中对泰州学派人员的身份构成进行了量化分析。就《明儒学案》所录泰州学派的成员来说，士大约占 75%，就王艮与王襞文集中所录成员而言，士人与庶民所占比例分别为 32.2%：67.4% 和 14.3%：85.7%。但是，即使以王艮与王襞二人文集的记录为准，这种量化分析也只能说明泰州学派拥有众多庶民，至于说是士大夫们经由泰州而变得具有平民意识了，还是庶民经由泰州而提升了他们对于儒家纲常伦理的反省与认同，尚需进一步的检讨。清末民初以来强调泰州学派的所谓反封建的平民意识，恐不免偏于一隅。
② 邹守益《阳明先生文录序》云："当时有称先师者曰：古之名世，或以文章，或以政事，或以气节，或以勋烈，而公克兼之。独除却讲学一节，即全人矣。先师笑曰：某愿从事讲学一节，尽除却四者，亦无愧全人。"见《王阳明全集》（下）（上海：上海古籍出版社，1992 年 12 月），页 1596。
③ 黄宗羲：《明儒学案》（台北：华世出版社，1987 年），卷 11，页 225。而对于龙溪讲学活动时间、地点、次数等的具体研究，可参见中纯夫，《王畿の讲学活动》，《富山大学人文学部纪要》（日本：富山大学，1997 年），第 26 号。

者。才离家出游，精神意思便觉不同。与士夫交承，非此学不究；与朋侪酬答，非此学不谈。晨夕聚处，专干办此一事。非惟闲思妄念无从而生，虽世情俗态亦无从而入。精神自然专一，意思自然冲和。教学相长，欲究极自己性命，不得不与同志相切磨、相观法。同志中因此有所兴起，欲与共了性命，则是众中自能取益，非吾有法可以授之也。男子以天地四方为志，非堆堆在家可了此生。"吾非斯人之徒而谁与"，此原是孔门家法。吾人不论出处潜见，取友求益，原是己分内事。若夫人之信否，与此学明与不明，则存乎所遇，非人所能强也。至于闭关独善，养成神龙虚誉，与世界若不相涉，似非同善之初心，予非不能，盖不忍也。①

由此可见他对于讲学活动的热衷，甚至颇具宗教精神。但是，恰恰是堪称明代讲学活动典范的龙溪，其思想却隐含着另一个值得注意的层面。这是以往绝大多数研究龙溪的学者们所忽略的。而前面对有关《中鉴录》的考察，正向我们揭示了这一点。

万历皇帝登基时（万历元年），龙溪已是七十六岁高龄的人了，② 而此时他将自己纂辑的《中鉴录》委托先师之子（王龙阳）带到京师，并不厌其烦地分别写信给京中任职的道友们，甚至连"无意中授以一册"这样传播给中官的具体方式都考虑在内，显然充分说明了他通过中官以"得君行道"的强烈愿望与良苦用心。

---

① 王畿：《王龙溪先生全集》，卷5《天柱山房会语》，页344。
② 参见我的《王龙溪先生年谱》，见彭国翔：《良知学的展开——王龙溪与中晚明的阳明学》，"附录"。

对此，本文开头所引龙溪五封书信的内容以及我们前面进行的分析已足资为证。而在给当时在京任职的邹守益（1491－1562，字谦之，号东廓）之子邹善（生卒不详，嘉靖丙辰进士，号颖泉）的书信中，龙溪更是明确将对幼年天子的"养正"之功视为"第一义"。所谓：

> 迩来京师事变日新，有如轮云。天子新祚，睿智夙成。童蒙之吉，所以养正，不可不熟为之虑。须复祖宗起居注、宏文馆旧制，选用忠信有学之士十余辈，更番入直，以备顾问而陪燕游，方为预养之道。闻冲年气淑，伫好文学，时与讲官接谈，机犹可入。不知当事者以此为第一义不？①

由此可见，作为以"移风易俗"为目标的"下行路线"之重要代表人物的龙溪，恰恰仍然深怀着强烈的"得君行道"的心愿，围绕《中鉴录》所发生的一系列行为，也正是这种愿望的体现以及"上行路线"的实行。并且，尽管龙溪完成《中鉴录》并试图通过京中任要职的道友们使这部书刊刻流通且发生实际的作用是在"睿智夙成"的万历刚刚登基之时，但龙溪给张元忭的信中所谓"区区两三年纳约苦心"，却又显示出虽然万历新一代王朝的开启或许是龙溪推出其《中鉴录》的直接的外部契机，但龙溪早在面临有可能出现一位圣明君主之前，便已经有编纂《中鉴录》这样一部书，以便通过宦官去影响君主的打算了。这一点更加说明，

---

① 王畿：《王龙溪先生全集》（二），卷12《与邹颖泉》（台北：华文书局，1970），页799。

龙溪"得君行道"的意愿，又绝非万历登基这一事件所激发的偶然之举、应时之作，而是其思想深层的一个基本面向。

　　龙溪委实不汲汲于科举、从政，这由其生平可见，[①] 即便在担任行政官员期间，他甚至仍然不忘与吏曹部中的同事相约连群论学。[②] 在龙溪的集子中，也完全没有"策论"之类的文字，有的只是良知教义理的阐发以及各种讲学活动的记载，认为龙溪一生以讲学为其成就所在以及关怀的重点，或许并不为过。但是，不论短暂的从政经验或许是构成龙溪不得不将说教的对象由庙堂之上的君主转向儒家知识分子和社会公众的客观原因，更为重要的是，尽管明代的高压政治迫使儒家知识分子开拓出"移风易俗"的下行路线，这自然是一个不争的事实，但在儒家尚未能对政治与道德领域的相对独立性有所反省和简别的情况下，[③] 龙溪显然不可能真正放弃"得君行道"的心愿；在传统君主制的政治结构之下，若不通过帝王这一权力的枢纽与核心，任何的"道"都几乎无法

---

① 徐阶：《龙溪王先生传》云："复当试礼部，文成命公（龙溪）往，不答。文成曰：'吾非欲以一第荣子。顾吾之学，疑信者犹半，而吾及门之士，朴厚者未尽通解，颖慧者未尽敦毅，觐试仕士咸集，念非子莫能阐明之，故以属子，非为一第也。'公曰：'诺。此行仅了试事，纵得与选，当不廷试而归卒业焉。'"

② 王畿《王龙溪先生全集》卷20《刑部陕西司员外郎特诏进阶朝列大夫致仕绪山钱君形状》记载龙溪与钱绪山在吏曹时，"部中同年数十人，日以五经约会于东西坐厅，胜日出游，歌咏笑谈，不知守部之困也"。页661上。

③ 严格而论，传统儒家对道德与政治亦并非全然混为一事，但实不免有将政治领域视为道德之延伸的倾向。黄宗羲在《明夷待访录》中对君主制的批判尽管已经相当的激烈，但对于政治领域与道德领域的区别，毕竟与近代意义上那种清楚的自觉尚有一间未达。只有到了现代儒学的阶段，在近代西方文化的参照下，儒家学者才对此有了明确的分疏。同时，现代的儒家学者也一并指出，尽管道德与政治各有所属，二者却又并非毫无关连。道德对于政治仍然可以或者说应当提供一种归约原则（regulative principle），且"徒法不足以自行"，政治领袖人物的道德修养和精神气质，仍然会对实际的政治运作产生微妙曲折但却有时相当重大的影响。

得以落实，对此，龙溪也不可能缺乏充分的认识。我们提出《中鉴录》这部鲜为人知的撰述加以讨论，在知识性的历史考察之外，正在于揭示《中鉴录》所反映的龙溪思想的一个深植向度。当然，这一向度与其以"移风易俗"为目标的讲学活动并不互相抵触，它所能够说明的关键在于：龙溪这样的儒家知识分子在长期的高压政治之下，虽然已经开辟出通过多种形式的讲学活动"以学为政"、"移风易俗"这种推行儒家政治理想的曲折、间接的道路，但同时依旧始终怀抱着出现圣明君主的希望和企盼。一旦稍具条件，这种内在的心愿便立刻会转化为现实的行动。非但龙溪围绕《中鉴录》所展开的一系列活动是如此，张元忭亲自采用《中鉴录》教导宦官的行为，所谓"亲为条解"、"谆谆诲之"，则无疑更是这种心愿的具体落实。当然，这种心愿及其表达往往以失望而告终，万历皇帝后来的表现，便直接对此提供了注脚，但这或许正是儒家"知其不可而为"一贯精神的一种表现吧。

事实上，龙溪《中鉴录》所反映的那种"得君行道"的愿望，在明中后期的儒家知识分子中并非孤立个别的现象。周海门（1547－1629，名汝登，字继元，号海门）所作《天真讲学图序赠紫亭甘公》同样鲜明地表现了这一点：

> 盖即学即政，自昔未有判为两事者。降及后世，兹风始漓。师有专门，相多无术。虽有宋真儒辈起，而时位所拘，事功亦未有与著述并著者。盖自政学分离，而大道使不得为公。千余年来，无有善治。圣人之所为忧，其虑远矣。惟兹昭代，乃有阳明，直接千圣之宗，复燃长夜之炬，挺身号召，到处朋

从。当秉钺临戎，而由讲廷大启。指挥军令，与弟子答门齐宣。窃谓自孔子以来，未有盛于阳明，是岂阿语哉？迄今百有余年，复见我紫亭甘公。公默体性真，密修至行。抚循全浙，惠洽风清。延儒倡道，一切步武阳明。……虽然，阳明更有未了之案，留俟我公者。阳明寄居闲外，未获一日立朝。相业未彰，人用为恨。公且内招，指日掌宪。持铨居正，本赞丝纶，则阳明未有之遇也。……世之忧国忧民者不乏，而忧学之不讲于朝署之间，鲜不谓迂，非公无能辨此者。率帝臣王佐之典刑，守泥山之家法，以毕阳明未竟之用，为千古一快！①

这篇文字是写给甘紫亭（生卒不详，名士价，号紫亭）的。当时在浙江担任地方官的甘紫亭奉召入阁，面临被君主重用的机会，于是周海门便写了这样一篇情见乎辞的文字。文中深以阳明在世时未能入阁受到朝廷的重用为憾，② 甚至明确表白了认为阳明应当秉执"相业"的看法，所谓"阳明寄居闲外，未获一日立朝。相业未彰，人用为恨"。而将殷切希望寄于了同阳明有着许多相似

---

① 周汝登：《东越证学录》（《四库全书存目丛书》，台南：庄严文化事业有限公司，1997 年，集 165），卷 7，页 539 下－540。

② 阳明平宸濠之乱后，世宗曾一度招阳明入京，行至中途为辅臣阻止，未成。阳明虽有《乞归省书》，但却是在赴京途中闻辅臣阻止、事不得行的情况下不得不写的。《王阳明年谱》嘉靖十六年辛巳条下载："六月十六日，奉世宗敕旨，以'尔昔能剿平乱贼，安静地方，朝廷新政之初，特兹招用。敕至，尔可驰驿来京，毋或稽迟。'先生即于是月二十日启程，道由钱塘。辅臣阻之，潜讽科道建言，以为'朝廷新政，资费浩繁，不宜行宴赏之事'。先生至钱塘，上书恳乞便道归省。朝廷准令归省，升南京兵部尚书，参赞机务。"《王阳明全集》（上海：上海古籍出版社，1992年），页 1281。

之处的甘紫亭。① 周海门是龙溪的传人，② 他这里直接以讲学于朝署之间、政学合一为儒家古来一贯的传统，并不以单纯的民间讲学为满足，同样是表露了当时的儒家知识分子尤其阳明学者虽然迫于政治情势而开辟了社会讲学的道路，但却并未放弃将儒家之道"上行"于"朝署"的任何机会。

另外，罗近溪（1515－1588，名汝芳，字惟德，号近溪）是明中后期与王龙溪齐名的讲学人物，他讲会时经常引用明太祖所谓"圣谕六言"以开示诸生，教育民众。如程开祜在《镌盱坛直诠序》中所谓：

> 所纪会语、会录无虑数十百种，每以太祖高皇帝圣谕六言为诸人士敷宣阐绎。③

甚至专门著有《太祖圣谕演训》。④ 而在教育自己的嫡孙时，近溪

---

① 关于甘紫亭与王阳明的一些生平相似之处，周海门在《天真讲学图序赠紫亭甘公》后所附的《再纪》中有较为详细的记载，所谓"予又窃叹，阳明子年止五十有七，而公与同寿；阳明子遗孤二岁，而公孤甫近一周；阳明子卒公里，而公卒阳明子之里。贤哲摧残，何其先后偶和，岂天果无意于吾道也耶？"见周汝登：《东越证学录》（《四库全书存目丛书》，台南：庄严文化事业有限公司，1997年，集165），卷7，页541上。
② 黄宗羲在《明儒学案》中划分学脉流衍的标准并不一贯，但无论以地域还是师承而言，周海门都应属于浙中王门而非泰州一脉，参见本书《周海门的学派归属与〈明儒学案〉相关问题之检讨》一文。
③ 见罗汝芳：《盱坛直诠》（台北：广文书局印行，1967年3月再版），首页。杨起元在《明云南布政使左参政明德夫子罗近溪先生墓志铭》中亦称罗近溪"立乡约，饰讲规，敷演圣谕六条，惓惓勉人以孝弟为先"。见罗汝芳《近溪子集》（《四库全书存目丛书》，台南：庄严文化事业有限公司，1997年，集130），页244上。
④ 据悉该书共两卷，附于日本内阁文库藏《近溪子全集》，中国大陆及台湾地区通行《近溪子全集》皆无此两卷。

仍以"圣谕六言"为教：

> 子之第三孙怀智问道。子曰：圣谕六言尽之。问功夫，子
> 曰：圣谕六言行之。请益，曰：圣谕六言达之天下。如斯而已
> 乎？曰：六言行之天下，尧舜孔孟其病诸？
>
> 智问修身，子曰：舍圣谕六言而修身，是修貌也，非修身
> 也矣。
>
> 子谓智曰：圣谕六言，其直指吾人日用常行，不可须臾离
> 之道乎？①

而这并不能认为是近溪出于当时的政治高压，为了避祸所做的装
饰门面。因为在生命即将结束之际，近溪仍然向他的诸位孙辈讲
了下面的这段话：

> 圣谕六言直接尧舜之统，发明孔孟之蕴，汝辈能合之
> 《论》、《孟》，以奉行于时时，则是熙熙同游尧舜世矣。于做
> 圣何有？②

此时，近溪并非在大庭广众之下，而是面对着自己的嫡孙。如
果不是真正相信明太祖的"圣谕六言"可以"直接尧舜之统"，近
溪绝不会如此矫情地以这样的话做为自己的临终遗言。并且，这

---

① 罗汝芳：《盱坛直诠》（台北：广文书局印行，1967 年 3 月再版），卷下。
② 罗汝芳：《近溪子集》（《四库全书存目丛书》，台南：庄严文化事业有限公司，
  1997 年，集 130），页 228 上。

种对于"圣谕六言"的认同，在近溪的弟子杨起元（1547－1599，字贞复，号复所）等人那里是相当普遍的。杨起元与周汝登是同榜进士和好友，他在给周汝登的一封信中甚至认为明太祖继承了道统：

> 别来寡偶，惟取高皇御制文集，手自誊释，乃见千百年道统，集于高皇。其前后诸儒种种论说，皆难为言矣！今不自量其力之小，篇摘而章分之，作《明一经》，刻之鄙署，脱稿十篇，刘刚倩携而东南，以奉报门下也。①

而杨起元的门人佘永宁在为刊刻《太史杨复所先生证学编》所做的序中，同样秉承了近溪以来他们这一脉对于明太祖"圣谕六言"的看法：

> 孔子千五百年而有高皇，其间治乱相寻，道统相继，历数有在，非偶然者。而斡旋宇宙之命脉，果系六谕之天言。②

甚至象颜钧（1504－1596，字子和，号山农）这样的民间儒者，也曾经作《箴言六章》以阐发明太祖的"圣谕六言"。③

---

① 杨起元：《续刻杨复所先生家藏文集·与周海门》（《四库全书存目丛书》，台南：庄严文化事业有限公司，1997年，集167），卷7，页327下。
② 杨起元：《太史杨复所先生证学编》卷前，明万历40年序范炳校刊本，东京：高桥情报，1991。
③ 颜钧在《箴言六章》下自注云："阐发圣谕六条"。见黄宣民点校《颜钧集》（北京：中国社会科学出版社，1996年2月第1版），页39。

当然，"圣谕六言"的内容所指，仍是人伦日用的教化。近溪一脉对于儒学的推动也的确以强调"孝、弟、慈"来"移风易俗"见长。但是，明代的政治高压对于当时的儒家知识分子而言已是不言而喻，而明太祖无疑又是这种高压政治的始作者。那么，像罗近溪、杨起元、佘永宁这样并非意识形态下之奴儒的儒者为什么反而会对朱元璋的"圣谕六言"予以如此之高的评价呢？[①] 除了对"圣谕六言"所涵客观内容本身的肯定之外，其中是否仍然曲折反映了儒家对于"圣王"这一理想的心理企盼以及始终不渝的"得君行道"的愿望呢？换言之，近溪等人宣讲"圣谕六言"尽管在实践行为的层面上仍然是"移风易俗"的取向，但其背后支撑这种行为的心理愿望，却不能不说仍然和"得君行道"这一传统儒家的一贯理想有着紧密的关联。

七、结论

无疑，从思想发展的大势来看，从明到清，的确可以见到由

[①] 有论者指出，明太祖朱元璋在立国之后真诚推尊孔子，并将对孔教的崇尚具体落实到了建制上。参见朱鸿林，《明太祖的孔子崇拜》，《中研院历史语言研究所集刊》第七十本第二分，1999 年 6 月，页 483－529。这也许恰可以为罗近溪、杨起元等人为何会如此推崇明太祖的"圣谕六言"提供一个方面的理由。但是，朱元璋是否真正崇拜孔子？在何种意义上崇拜孔子，尚有进一步检讨的必要。并且，无论朱元璋如何推尊孔子以及儒家伦理，其政治上实行专制，亦是从思想到体制一以贯之。删改《孟子》中有关民本思想的言论并一度罢孟子配享，便是明证。因此，不论是朱元璋对于儒学的抑扬，还是罗近溪等人对于朱元璋的复杂心态，其实正是中国历史上儒家思想与现实政治之复杂关联的表现。视儒家为专制政治的帮凶，以及认为儒家与专制政治的现实绝不相干，均未免堕落边见，不免将极为复杂的问题简单化了。

"得君行道"的"上行路线"转化为"移风易俗"的"下行路线"这样一条线索。这在明中后期阳明学者的讲学活动中尤其得到了体现。钱穆先生曾经指出，明儒尤其王学人物关注的重点已不在政治，所谓：

> 宋崇儒道，明尚吏治。永乐族诛方正学一案后，明儒淡于仕进之心，益潜存难消，故吴康斋特为理学之冠冕。阳明稍不然，乃游其门者，皆多无意科第。故王学末流，惟盛唱人皆可以为圣之高论，而治平大道，多不顾及。①

但钱先生于此未能深论，将这样一条线索置入整个明清思想基调的转换来明确加以检讨的是余英时先生。② 不过，对于钱穆尤其余英时先生的精辟洞见，我们切不可作简单化与极端化的理解。由我们以上的论述可见，对于儒家知识分子来说，"得君行道"的"上行路线"与"移风易俗"的"下行路线"之间，又并非鱼或熊掌之间的取舍关系。以后者为重点，未必一定要放弃前者。因此，我们要善会前辈学者的论断。如果认为当时的儒者们已经完全放弃了"得君行道"的上行路线，则恐怕会有推论太过之虞。阳明学者社

---

① 钱穆，《中国学术思想史论丛》（七）（台北：东大图书公司，1977 年 9 月），《序》。

② 余先生所论明清儒学基调的转换，涉及社会、政治、经济和伦理的各个方面。由"得君行道"到"移风易俗"的转换只是其中一条线索。相关论述参见余英时，（一）《现代儒学的回顾与展望——从明清思想基调的转换看儒学的现代发展》；（二）《士商互动与儒学转向——明清社会史与思想史之表现》；（三）《儒家思想与日常人生》，俱载《现代儒学论》（上海：上海人民出版社，1998 年 11 月）。该书尚有美国八方文化企业公司 1996 年 6 月版，然未及收录《士商互动与儒学转向》一文。

会取向的讲学活动到晚明一变而为东林党人的抑扬时局、针砭朝政，儒学传统一贯的政治取向再次得以凸显，决非偶然现象。

当然，就"得君行道"而言，我们或许还可以区分出心理愿望和现实行为这两个不同的层面。我们可以说所谓放弃"得君行道"的上行路线，只是着眼于现实行为，是说儒者们不再像以往那样以君主为说教的对象，即便他们仍然怀有"得君行道"的心愿，就象近溪一脉那样。但即便如此分疏，也仍然无法适用于王龙溪这位讲学活动的最主要代表，因为龙溪作《中鉴录》并写信给诸位京中任职的同志道友，本身便是实际的行动。此外，心理愿望与现实行为亦实难以割裂，只要具有自觉的心愿，恐怕一定会有现实的行为表达，只不过在不同的时空境遇下会隐显有别，方式各异而已。

事实上，在传统的君主制政治结构和政治理念尚未有根本性改变的情况下，儒者们几乎很难放弃"得君行道"的上行路线。因此，在我们注意到思想史基调发生重大变化的同时，还需要以史料为依据，兼顾不同的视角，从而尽可能把握到历史发展的复杂面貌。当然，检讨儒家知识分子政治取向和社会取向两者之间的关连，尚有待于进一步更为广阔与深入的研究，但那已经远远超出了本文的范围，属于另一个专题的领域。不过，除了让我们对王龙溪的思想与实践可以有进一步的认识之外，同时还向我们提出了这样一个值得思考的问题，或许正是《中鉴录》所具备的重要的思想史意义。①

---

① 当然，王龙溪的《中鉴录》尚可从一般教化的意义上置入一个与之相关的历史脉络中加以考察，但那并非本文的研究视角。并且，那种视域之下《中鉴录》所具有的思想史意义，也许并非其重点与特点之所在。

附录：

（一）《与陶念斋》：

天子新祚，睿智凤成，童蒙之吉。执事任养蒙之责，起功贵豫。窃意治有大本、有大机。大本莫切于明圣学，大机莫切于和人心。圣学明，养蒙之功使有所就；人心和，协恭之化使有可成。养正之术，全在内外得人辅理。在外，须复祖宗起居旧制，访求海内忠信文学之士，更番入直，以备顾问，以供燕游；在内，所赖全在中官。盖幼主深处宫闱，舍此辈无以周旋成事。导之以正则吉，纳之于邪则凶。吉凶之机，不可以不慎也。此辈伎俩，染习虽深，然未尝无是非之本心，利害未尝不明。吾辈无耻者，方倚以为速化之术。起子子自好者，视此辈为异类，若将浼己，绝不与通，则又矫枉之过矣。今日欲事蒙养，须与此辈通一线之路，诚心相处，开其本心之明，示以祸福利害之机，使此辈知吾党之可赖，当有所忻然悦而趋前者。得此辈办几分好心肠，随时引沃，辅理之益，奚啻外廷百倍？非有不二心之臣、圆机之士，未足以语此。周公辅成王，倦倦于缀衣虎贲之士。所谓缀衣，即今尚衣供奉之役；虎贲，即今持戟护屏之士。正指此辈而言也。……不肖隐忧不忘，眠时之外，以心代力，纂集《中鉴录》三册，寄麟阳处，可索取观之。倘以为有补万一，或抄录数册，择此辈可与言者，无意中授以一册，递相传玩，少知劝阻，兴起善念，拂其邪心，未必无可助耳！①

---

① 王畿：《王龙溪先生全集》，卷9，页421下－422下。

（二）《与耿楚侗》：

圣天子童蒙之吉，柔中临于上，元老以刚中应于下。刚柔相济，德业
日彰。吾丈遵养逢时，帝心简在，舍讲学无可报称。窃意蒙养之道，不在
知识伎俩，只保全一点纯气，弗为外诱迁夺，便是作圣之功。外廷公卿进
见有时，（天子）日处深宫，食息起居，不得不与中官相比昵，势使然也。
迩者元老有《帝鉴》，独中官无鉴，似为缺典。闲居无事，纂集历代中官
传，得其善与恶者若干人，录为《中鉴》，间以数语，引而伸之，开其是
非之本心，警以利害之隐机，使知所惩发。若得此辈回心向主，比之外廷
献替，功可百倍。非吾丈苦心，知我爱我，及未必以为迂，或以为过计也。
录成，托龙阳奉览。若以为有补世教，需吾丈以数言弁首，刻布以传，此
固杞人忧世之微忱也。①

（三）《与朱越峄》：

惟圣天子睿智夙成，得于所传闻，宛然帝王矩度，此诚社稷生灵之福。但
蒙养贵正，是惟圣功。大臣进见有时，晨夕与居，乘藉周旋，惟在中官。此辈
并生天地间，是非利害之心，未尝不与人同，但溺于习染，久假不归。况吾辈
不能视为一体，自生分别，有以激之。彼此势离，则情间而意阻，未尝开以
是非，导以利害。譬之迷途之人，甘于离陷，欲其回心向善，不可得也。凡
我大小臣工，守令有鉴，台谏有鉴，辅相有鉴，迩者复有《帝鉴》，独中官无
鉴，似为缺典。不肖因纂辑《春秋》以下历代诸史宦官传，得其淑与慝者若
干人，分为三册。其言过于文而晦者，恐其不解，易为浅近之辞；其机窍

---

① 王畿：《王龙溪先生全集》，卷10，页432下 - 433上。

过于深巧者，恐启其不肖之心，削去不录。我国朝善与恶者，亦分载若干人。首述太祖训谕教养之术、历代沿革之宜。又为《或问》，以致其开谕之道，个人为小传，以示劝阻之迹。此杞人忧世之苦心、纳牖之微机也。有稿在王龙阳处，吾丈可索观之。若以为有补世教，可留意批抹，与同志相参，以广其传。如以为迂狂，则置之可也。①

（四）《与赵㵩阳》：

《中鉴》之辑，自吾弟起因。今已脱稿，寄留龙阳处。取而观之，自见杞人忧世苦心。三代以降，君亢臣卑，势分悬隔。吾人欲引君道，舍中官一路，无从入之机。譬如寐者，得呼而醒，诸梦自除，《中鉴》所以代呼也。吾弟可细细批抹笔削，以润色之。若以为有补世教，梓而行之，与诸鉴并传，示法于将来，未必非格心之助也。②

（五）《与曾见台》：

圣天子在上，睿智凤成，童蒙元吉。窃念蒙养之道，不在知识技能，惟保护一脉真纯，弗为外诱所妨夺，纯气自长，才能自著。若强闻以知识，杂以机械，混沌凿而七窍伤，非图无益，而反害之也。圣躬冲颖，日处深宫，与外廷相接之时无几。时寝燕游，不得不与中官相狎昵。此辈是非之心、利害之机，未尝不明，但积于习染，无人为之开牖，迷而不自觉耳。若得此辈同心向善，如家众之护主人，不惟不为投间，且将随事纳诲，以效匡弼之劳。比之外廷，其功百倍。不肖杞人之忧，以心代力，博采历代中官传，得其善

---

① 王畿：《王龙溪先生全集》，卷10，页446。
② 王畿：《王龙溪先生全集》，卷11，页466。

与恶者若干人，录为《中鉴》，并附数语，开其是非利害，使知所劝阻。譬之雷藏于泽，龙潜于渊，深宫固育德之渊泽也。如以为有补世教，可跋数语，图刻以传，亦芹曝之苦心也。①

---

① 王畿：《王龙溪先生全集》，卷 12，页 476。

七、日本内阁文库藏善本明刊《中鉴录》
及其价值和意义

一、引言

笔者 2000 年曾经撰写《王龙溪的〈中鉴录〉及其思想史意义——有关明代儒学思想基调的转换》。① 该文的主要目的是要指出，作为明中后期儒家社会讲学活动的重要代表，王龙溪虽然以讲学活动为其主要关怀和成就所在，但他在从事讲学活动以"移风易俗"的同时，并未放弃"得君行道"的上行路线。后者仍然是其思想的一个深植向度。并且，这种情况在明代中后期的阳明学中并非孤立的现象。如此，可让我们对王龙溪的思想与实践能有进一步的了解，并更为周延地思考明代儒学"得君行道"的上行路线与"移风易俗"的下行路线之间的关联性。

当时，笔者并不知道《中鉴录》仍在世，所以文中有"如今可能已经亡佚"的推测。对于《中鉴录》的考察，包括其成书时间与背景、体例与内容，以及作者王龙溪编纂此书的用意，笔者依据的是王龙溪自己的书信以及相关的史料。后来，日本

---

① 该文最初刊于《汉学研究》（台北），第 19 卷 2 期，2001 年 12 月，页 59 – 81。现收入本书。

友人三泽三知夫先生读了笔者的上述文章之后，告知日本内阁文库收藏有一部王龙溪的《中鉴录》，并影印了完整的一份寄给笔者。笔者当时收到并浏览之下，觉得该书对于笔者《王龙溪的〈中鉴录〉及其思想史意义——有关明代儒学思想基调的转换》的论旨没有什么影响，只有支持的作用，遂将复印件珍诸高阁。不过，日本内阁文库收藏的这部善本明刻《中鉴录》应该是一部海外孤本，在有关明代儒学思想基调的转换这一课题之外，其内容、价值本身有其独立的意义，如今看来，还有值得进一步探讨的必要。本文之作，也算是对于三泽三知夫先生的答谢。

《中鉴录》之作的目的及其关联于明代思想基调转换的思想史意义，笔者在《王龙溪的〈中鉴录〉及其思想史意义——有关明代儒学思想基调的转换》一文已有充分的探讨，如今内阁文库收藏的这部完整的《中鉴录》，对此除了进一步的印证和支持之外，并无能增益。但是，对于《中鉴录》的体例和内容，当初由于未见其书，只能根据龙溪的相关书信得其大概。而如今这部完整的《中鉴录》，却可以让我们对其体例和内容有充分的了解。此外，除了关于明代儒学思想基调的转换所具备的思想史意义之外，龙溪这部《中鉴录》在宦官传记与历史的脉络中，还有其特殊的价值和意义。这两点，正是本文重点所要考察的。

二、《中鉴录》的内容与体例再探

日本内阁文库所藏的这部《中鉴录》的确是七卷本，只是分为七册，而不是如龙溪书信中所说的三册。其中第一、二卷为一册，第三、四卷为一册，第五卷为一册，第六卷为一册，第七卷为一册。此外，据龙溪的书信可知，当时龙溪是希望耿定向作序，曾同亨作跋。但内阁文库的这部《中鉴录》，却并没有两人的序跋，只有卷首龙溪自己的《中鉴录序》和卷末刘成于万历辛亥（1611）所作的《刻〈中鉴录〉跋》。

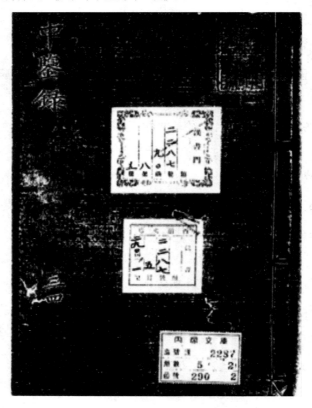

　　除了卷首龙溪自己的《中鉴录序》和卷末刘成的《刻〈中鉴录〉跋》之外，在《中鉴录》的七卷正文之中，卷一包括《中鉴答问》和《古今沿革》两个部分。其下卷二至卷七，共收录自春秋战国以迄明代宦官 91 人。这 91 名太监分别被归于"忠类"、

"贤类"、"让类"、"劳类"、"能类"、"准类"、"逆类"、"乱类"、"奸类"、"横类"、"贪类"和"残类"这十二类之下。第二卷包括"忠类"一种，第三卷包括"贤类、"、"让类"和"劳类"三种，第四卷包括"能类"和"准类"两种，第五卷包括"逆类"一种，第六卷包括"乱类"和"奸类"两种，第七卷包括"横类"、"贪类"和"残类"三种。其中，"忠类"15人，"贤类"5人，"让类"7人，"劳类"6人，"能类"6人，"准类"5人，"逆类"15人，"乱类"7人，"奸类"4人，"横类"8人，"贪类"10人、"残类"3人。

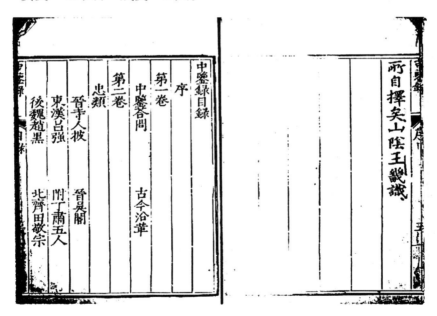

所录 91 名太监，基本上是每人各有单独一篇传记，但也有数人合为一篇的。数人合为一篇的情况在"忠类"、"贤类"、"逆类"、"乱类"、"横类"和"贪类"六种之中各有一例。第二卷

"忠类"之中有一篇名为《附丁肃五人》，将丁肃、徐衍、郭耽、李巡、赵祐五人合为一传。第三卷"贤类"之中，明代的金英和兴安两名太监合为一传。第五卷"逆类"中，汉代的曹节和王甫两人合为一传，张让和赵忠两人合为一传。第六卷"乱类"中，唐代的韩全海和张彦弘两人合为一传。第七卷"横类"中，唐代的窦文场和霍仙鸣两人合为一传。第七卷"贪类"中，唐代的朱超宴和王志忠两人合为一传。

如果按照先秦、两汉、三国两晋南北朝、唐、宋和明这六个时代划分的话，《中鉴录》所收91名太监在这六个不同时代的分布是这样的。

先秦7人，包括：第二卷"忠类"的晋寺人披和晋吴阁两人；第五卷"逆类"的宋伊戾和秦赵高两人；第六卷"乱类"的齐寺人貂、齐宿沙卫两人；第六卷"奸类"的宋寺人柳一人。

两汉23人，包括：第二卷"忠类"的东汉吕强和丁肃等共六人；第三卷"让类"的汉良贺、后汉郑众、后汉杞嶷和栾巴四人；第四卷"能类"中的汉李延年、李巡、吴伉和后汉蔡伦四人；第四卷"准类"的汉孙承一人；第五卷"逆类"的汉曹节、王甫、张让、赵忠四人；第六卷"奸类"的汉石显一人；第七卷"横类"的汉侯览一人；第七卷"贪类"的后汉李屺一人；第七卷"残类"的汉单超一人。

三国两晋南北朝5人，包括：第二卷"忠类"的后魏赵黑、北齐田敬宗；第四卷"能类"的北齐田敬宣一人；第五卷"逆类"的后魏宗爱一人；第七卷"贪类"的后魏李坚一人。

唐32人，包括：第二卷"忠类"的张承业、杨复光、刘贞亮三人；第三卷"让类"的马存亮、严遵美两人；第三卷"劳类"的杨思勖、刘景宣、西门重遂三人；第四卷"准类"的高力士、俱文珍、吐突承璀三人；第五卷"逆类"的仇士良、李辅国、王守澄、刘克明、刘季述、杨复恭六人；第六卷"乱类"的韩全海、张彦弘、田令孜三人；第七卷"横类"的鱼朝恩、窦文场、霍仙鸣、程元振四人；第七卷"贪类"的牛仙童、甫缪琳、邵光超、朱如内、朱超宴、王志忠、刘希光、王践言八人。

宋12人，包括：第三卷"贤类"的张居翰一人；第三卷"让类"的刘承规一人；第三卷"劳类"的窦神宝、阎承翰、秦翰三人；第四卷"准类"的王继恩一人；第五卷"逆类"的任守忠一人；第六卷"乱类"的周怀政一人；第六卷"奸类"的梁师成一人；第七卷"横类"的童贯一人；第七卷"残类"的杨戩、李彦两人。

明12人，包括：第二卷"忠类"的怀恩、张永两人；第三卷"贤类"的金英、兴安、覃吉、陈准四人；第四卷"能类"的阿丑一人；第五卷"逆类"的曹吉祥一人；第六卷"乱类"的王振一人；第六卷"奸类"的梁芳一人；第七卷"横类"的汪直、刘瑾两人。

关于《中鉴录》的体例，如龙溪在其自序所言，是将91名太监分门别类，系属于"忠"、"贤"、"逆"、"乱"、"横"和"贪"六类之下。每一类的最后，龙溪都以"外史氏总曰"开头的按语进行总结。至于每一名宦官，《中鉴录》基本的体例首先是其生平传记，然后是龙溪以"外史氏曰"对该名宦官的评论。每一名宦官生平传记的部分，应当是龙溪浏览和损益历代宦官传记的所得。而"外史氏曰"的评论，则是龙溪自己的议论或感想。这里，让我引两个较短的例子加以说明。在"忠类"的最后，龙溪有如下的总评：

外史氏总曰：先正有言，忠而不谄，妇寺之忠也。余列宦官之忠者，得晋披、吴闿、吕强、赵黑、马存亮、① 张承业、杨复光，若我朝明怀恩、张永之八人者，非以身批逆鳞，即以言做良药，皆侃侃谔谔，有古巷伯孟子风。岂直阉竖所不能拘哉？谓之曰不诲，吾不信也。然就其中而论之，在他朝，吕强最优，赵黑差劣。何者？黑之于李䜣也，始虽以公而致嫌，终则以嫌而招怨。此则未免于客气用事。乃若强之诸疏，启心沃心，即大雅不是过矣。顾自负直而短于用巽，适以售其党。外交之谮，身死非罪，惜也。盖余所谓不善与人同过者，胡以强之贤而亦不能免耶？

第三卷"让类"中汉良贺的传记以及龙溪的评论和感想如下：

> 良贺当汉顺帝见废时，监太子家小黄门，以无过获罪徙朔方。及帝即位，擢为中常侍。贺清俭退让，位至大长秋。阳嘉中，诏九卿举武猛。贺独无所荐。帝引问其故。对曰："臣生自草茅，长于宫掖。既无知人之明，又未尝交加士类。昔卫鞅因景监以见，有识知其不终。今得臣举者，匪荣伊辱。"固辞之。及卒，帝思贺忠，封其养子为都卿侯。
>
> 外史氏曰："贺谓'得臣举者，匪荣伊辱'，今之士人，有乞哀以求援者，可以自愧矣。"

当然，并非每一个人物传记之后都有龙溪以"外史氏曰"进

---

① 此处原文为马存亮，但马存亮是在第三卷"让"而非第一卷"忠"类。此处当为刘贞亮之误。

行的评论。在《中鉴录》所收 91 名宦官中，传记之后有"外史氏曰"的评论者，有 60 人，其余 31 都只有传记而无评论。每一传主有无评论，在龙溪所划分的 12 类中分布也并不平均。例如，第七卷"贪类"所收 10 人，都是只有传记没有"外史氏曰"的单独评论，只是在此类最后有一长段"外史氏总曰"的总评。

《中鉴录》中各个宦官的传记，长短不一。如唐田令孜的传记长达 13 页半；秦赵高、唐吐突承璀和唐李辅国的传记均长达 11 页；唐高力士、仇士良、明王振的传记有 9 页；东汉吕强、唐鱼朝恩、宋童贯、明刘瑾的传记也都有 8 页。而短的传记有的只有一两行，如第三卷"让类"的"栾巴"，其传记只有如下两行：

> 栾巴，魏郡黄人。顺帝世给事掖庭，补黄门令，非其好也。性质直，学觉经典。虽中官，不与诸常侍接交。

而第四卷"能类"的"赵祐"和"吴伉"，其传记都只有一行字而已：

> 赵祐为中官，博学多著作，校书诸儒称之。
> 吴伉为小黄门，善风角，博士秦公称之。

三、《中鉴录》的价值与意义再探

笔者《王龙溪的〈中鉴录〉及其思想史意义——有关明代儒学思想基调的转换》一文，如其副标题所示，主要是关联于明代儒学思想基调的转换，来探讨《中鉴录》的思想史意义。在那篇论文中，笔者结合其他史料指出，《中鉴录》的意义在于表明"得君行道"与"觉民行道"至少在晚明的儒家知识人那里并不是彼此之间取舍的关系，虽然儒学基调无疑可以说从"得君行道"转向了"觉民行道"，这是余英时先生指出的从宋到明儒学发展的一个基本趋势，但儒家知识人并未完全放弃"得君行道"的理念和实践。这是那篇论文的主旨。不过，龙溪《中鉴录》的价值和意义，可以从不同的角度来看。除了上述的意义之外，《中鉴录》对于研究中国的宦官史更有直接的价值和意义。这一点，虽然与当初笔者的论旨无关，但在没有看到完整的《中鉴录》时，也是无法探讨的。如今，在我们对《中鉴录》的完整内容有了掌握之后，就可以对此稍事说明了。

在探讨《中鉴录》对于研究中国宦官史的价值和意义之前，让我先对《中鉴录》卷末刘成的跋和卷首龙溪的自序所透露的信息做一简单的说明。

《刻〈中鉴录〉跋》文如下：

> 余闻鉴以照物，而丑者忘怒，谓无私也。然造化肖形，靡可移易。人性本善，返照则明。申能鉴于善而从之，鉴不善而改之，不大愈于以铜为鉴哉？我皇上御极之初，元辅即进以《帝鉴图说》。方今圣学日新，登三迈五，则鉴于图说有明征矣。猗欤盛哉！乃若《中鉴》之纂，条分缕析，衮钺森严，所以觉吾侪之迷思，挈之以同归于善，意何媺也！余虑其久而湮泐讹谬，爰重校而梓之，亦庶几乎不朽之传与？万历辛亥日

在寿星之次，关西刘成谨跋。

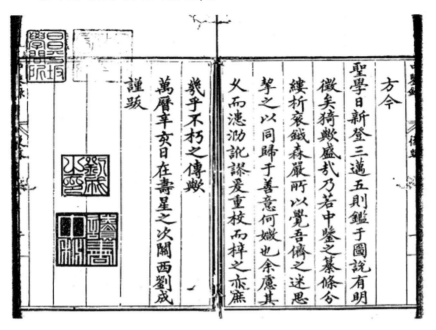

由此可见，该文作者是一位叫刘成的宦官。这位刘成或许就是万历四十三年（1615）"梃击案"中的那位太监刘成。① 如此说来，刘成写作这篇跋文之后四年，就因梃击案被神宗皇帝处死了。虽然刘成撰写跋文并重新校刻《中鉴录》时，龙溪已经辞世二十八年了，但由宦官为《中鉴录》作跋，倒也未尝不合乎龙溪作《中鉴录》的用意。刘成的这篇跋文，恰好可以印证笔者在《王龙溪的〈中鉴录〉及其思想史意义——有关明代儒学思想基调的转换》

---

① 由于文献不足征，据现有的史料如明顾秉谦《三朝要典》卷三、卷四《梃击》和清张廷玉《明史》卷二百四十一列传第一百二十九、清谷应泰《明史纪事本末》卷六十八以及清夏燮《明通鉴》卷七十五等，仅知梃击案中的刘成原名刘登云，其它生平事迹等均不详。

一文中对于龙溪编撰《中鉴录》一书背景的考察。这里所谓"我皇上御极之初，元辅即进以《帝鉴图说》"的话，也说明龙溪作《中鉴录》的直接诱因大概是因为张居正进呈《帝鉴图说》。这一点，与龙溪自己有关《中鉴录》的几封书信所言是一致的。更为重要的是，刘成所谓"乃若《中鉴》之纂，条分缕析，衮钺森严，所以觉吾侪之迷思，挈之以同归于善，意何娓也！"不仅透露出了自己的身份，同时也表明了对于《中鉴录》具有引导中官"同归于善"的作用。这一点，正是龙溪之所以要编撰《中鉴录》的目的。而作为宦官的刘成能够充分肯定《中鉴录》的作用并"重校而梓之"，本身就说明龙溪的《中鉴录》确实在一定意义上起到了引导宦官"同归于善"的效果。如果皇帝身边的太监能够"同归于善"，必然会对皇帝发生正面的作用。这一点，正是龙溪的根本用意所在。

至于龙溪的《中鉴录序》，主要是交代其编纂《中鉴录》的目的。所谓：

> 余读古今宦者传，历观诸人祸福之由，未有不自己求之者。由今观昔，其有所鉴而惩矣。而当行险侥幸之时，志得气满之日，率懵然莫之省。譬之覆锦于阱，行者务向前驱，自以为置身康庄、展步华灼矣。驰骛不已，忽堕阱中，乃知蹈锦之日，即寓陷阱之基。使其预知即锦为阱，将驱且避之不暇，又肯从而蹈之也乎？……故纂中官传，得其切于人情者若干人，善恶分为六门。凡为善招福、构恶致祸者，悉以类从。盖明示其阱于覆锦，不欲其迷锦而忘阱也。噫！天生斯民，中人为多，上智下愚，间可数也。然则居内侍者，岂可不以上智为

师、下愚为惑？监兹成败，宜动警省。与其蹈锦而罹阱，孰若舍锦而远阱哉？由斯以言鉴，兹祸福之机，当知所自择矣。山阴王畿撰。

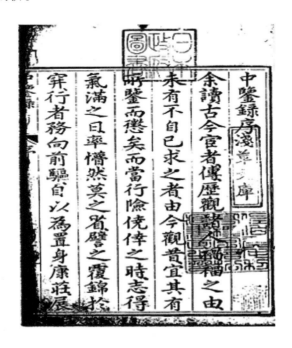

这段话所说的意思与其几封有关《中鉴录》的书信吻合无间。其中"覆锦阱上"的比喻，龙溪甚至在写给胡宗宪的《三锡篇赠宫保默林胡公》有完全同样的使用。①

　　当然，让宦官为善去恶，尚不是最终的目的。由于宦官与君主亲近，所谓"昵而情亲"；引导宦官向善，就更是为了在君主对宦官之言"无所疑而易入"的情况下进一步引导君主向善。这才是

----

① 文见王畿：《王龙溪先生全集》卷十三。

龙溪《中鉴录》之作的终极目标。对此，龙溪在其《中鉴录》卷一《中鉴答问》中指出：

> 夫外廷之臣，邃而情疏；宦官宫妾，昵而情亲。情疏则志暌，其言有所讳而难尽；亲情则志应，其言无所疑而易入。言一也，内外难易，势之不同，则人心变矣。昔者周公知恤于缀衣、虎贲，至于左右常伯常任。准人三事，每举以为首务。缀衣，掌服器者也；虎贲，掌射御者也，即今尚衣、御马诸监之属也。周公立政之意深也。予之《中鉴》，窃有附于斯义，欲使辅养君德，以成穆清之化。此谓内外皆得其人，而辅弼承顺之责得矣。

这一点，在龙溪几封有关《中鉴录》的书信中，也有清楚的表达。上引《中鉴录序》和《中鉴答问》的话，不过是再次印证了这一点而已。

龙溪的目的固然是引导宦官向善，进而辅养君德，但《中鉴录》本身，首先是一部有关中国历史上宦官生平传记的资料汇编。至少从司马迁的《史记》以降，中国正史上一直都有宦官的传记资料。但是，专门汇集宦官的传记数据而成书者，龙溪《中鉴录》之前是否已有，尚需考察。假如之前并无类似著作，那么，龙溪的《中鉴录》就可以说是第一部中国太监史了。当然，由于《中鉴录》鲜为人知，现代学者撰写的宦官史一类的著作，①就笔者所

----

① 如杜婉言《中国宦官史》（台北：文津出版社，1996）、汪靖中《无根之根——中国宦官史话》（北京：东方出版社，2009）、寺尾善雄《宦官史话》（北京：商务印书馆，2011）等。

见，都没有提到龙溪的《中鉴录》这部先驱之作。

中国历史上宦官影响最大的时期包括东汉、唐代和明代。[①] 其中，大概又以有明一代为最盛。如黄宗羲所谓"阉宦之祸，历汉、唐、宋而相寻无已，然未有若有明之为烈也"。[②] 这自然是龙溪编纂《中鉴录》的一个基本的社会原因。而据《明史·艺文志》和《千顷堂书目》等，在龙溪编纂《中鉴录》之前，明代已经有两部类似《中鉴录》而专以外戚为内容的著作。一是永乐中所编有明成祖制序的《外戚传》；另一部是宣德元年御制颁赐给外戚的《外戚事鉴》。这两部书的存在，或许可以说给龙溪编纂《中鉴录》提供了直接的示范。尤其后者，是一部将汉代以后外戚中 79 人的善恶事迹及其吉凶后果分类而成的书。这与《中鉴录》的基本形式有很大的相似性，龙溪的《中鉴录》从中得到启发，不无可能。

由前文对于《中鉴录》具体内容的考察可见，龙溪的《中鉴录》可以说是一部较为完备详实的中国太监史。其中不仅记录了春秋战国直到明代具有代表性的太监人物的生平传记，同时，卷一的《古今沿革》部分，更可以对于中国历史上到明代为止宦官制度的产生和演变进行了简明扼要的交代。在此之前，是否已经有类似《中鉴录》中《古今沿革》这种有关中国宦官制度史的文字，笔者尚不得而知。因此，对于研究中国古代的宦官制度，至少对现代学术的有关著作而言，《中鉴录》中《古今沿革》的部分，似乎可以视为一部先驱之作。当然，在中国现代学术中，较

---

① 如赵翼在其《廿二史札记》卷5《宦官之害民》条即有此说。
② 黄宗羲：《明夷待访录·奄宦上》，《黄宗羲全集》第一册（杭州：浙江古籍出版社，1993），页44。

之龙溪《中鉴录》中《古今沿革》的部分，晚近对于中国宦官制度的研究远为丰富和细致。① 但龙溪《中鉴录》所具有的某种开先河的意义，也是应该予以表彰的。

由于万历初龙溪的《中鉴录》已经刊刻流布，当对后人产生一定的示范的作用，这是可想而知的。刘若愚（1584－?）的《酌中志》虽然并非专以宦官为书写的对象，而是一部保存了万历、泰昌、天启三朝宫廷史料的著作，但其二十四卷中有十二卷是有关宦官的。譬如，其中卷五至卷七和卷九，记录了万历、泰昌、天启三朝司礼监掌印太监、提督东厂太监的更替，各太监的喜好、性格等，尤其是陈矩和王安这两位魏忠贤之前重权在握的宦官。至于卷八、卷十至十五和卷二十四，完全以魏忠贤为主。② 因此，在这个意义上，《酌中志》也是一部有关明代万历、泰昌、天启三朝的宦官史料。并且，刘若愚本人就是一个宦官。《酌中志》之作是否有《中鉴录》的刺激，如今尚无直接的文献依据。一般通行的看法是刘若愚之所以有《酌中志》之作，是因蒙冤入狱，欲效司马迁之榜样，从而发愤著书，呕心沥血，记述了自己在宫中数十年的见闻，并说理申冤以自明。不过，刘若愚去龙溪的《中鉴录》刊刻流布之日不远，必然知道《中鉴录》的存在。由此设想《中鉴录》对刘若愚的《酌中志》之作不无一定影响，当不至于是毫无根据的推测。

以往中国士大夫对于宦官基本上往往持否定的态度，对于宦官

---

① 参见余华清：《中国宦官制度史》（上海人民出版社，2006）。
② 关于刘若愚其人及其《酌中志》，参见郑威：〈明代宦官史家刘若愚及其《酌中志》〉。该文似未在纸本刊物发表，见 http://www.docin.com/p-16013154.html。

很少有正面的评价。虽然历代史家也能正视宦官中那些正面的人物，例如赵翼《二十二史劄记》卷五《后汉书》"宦官亦有贤者"条中也和龙溪一样，根据《后汉书》中《宦者列传》的记载，称赞东汉的吕强"尽忠奉公"，丁肃、徐衍、郭耽、李巡、赵祐五人"亦皆清忠"。但龙溪却不止于此，他非但对于宦官不是简单的否定，而是能够予以同情的了解，对于历史上的宦官之祸，甚至更进一步认为儒家士大夫也负有一定程度的责任。龙溪在《中鉴录》卷一的《中鉴答问》中指出：

> 何谓吾党有过？古云：豹死留皮，人死留名。此辈（按：指宦官）皆得天地之灵以为本心之聪明知觉者也，岂肯甘心以贪暴为事哉？吾党不能包荒，不与分别，玉石一切，以刑余寺人鄙弃而恶绝之。彼既不见与于君子，虽有粲然为石中之玉者，亦且安于染习，无复自爱，既不能成圭章瑚琏之名，固将浑于尘土而自不惜。此吾党激之也。

由此可见，在龙溪看来，儒家士大夫对于宦官的偏见和鄙弃，所谓"吾党不能包荒，不与分别，玉石一切，以刑余寺人鄙弃而恶绝之"，也是一个导致宦官自暴自弃而甘于为非作歹的刺激因素。而作为儒家士大夫的一员，龙溪能够肯定宦官同样也是"得天地之灵以为本心之聪明知觉者"，并非天生"甘心以贪暴为事"，自觉并反省到"吾党有过"、"吾党激之也"，这是非常不容易的的。事实上，甚至在中国现代学术有关宦官的研究中，对宦官的偏见也一直存在。直到 20 世纪 90 年代，中国大陆史学界对于宦官的评价才开始逐步客观化。如果了解这一点的话，那么，龙溪对待宦官的态度，尤其是他在《中鉴录》中首先将历代属于"忠"、"贤"、"让"、"劳"、"能"这些正面价值类别的 39 位宦官列出，就更加难能可贵了。

八、周海门的学派归属与《明儒学案》
相关问题之检讨

虽然严格而论，黄宗羲（1610－1695，字太冲，号南雷，称梨洲先生）并非以"学案"这一名词作为学术思想史撰写体例的首作者，[①] 但以《明儒学案》作为第一部较为完整、客观的学案体学术思想史，则是目前学界基本上一致接受的。[②] 而正是基于这样的看法，《明儒学案》已成为治明代儒家思想的必备基本参考书。除非专题性、个案性的深入研究不得不依据第一手的原始文献之外，一般对于明代儒家思想的研究甚至大都以《明儒学案》所选录的思想材料作为直接的文献根据。即使不满足于仅以《明儒学案》中所录的材料为据，在进行有关明代儒学的各种类型的研究过程中，也几乎无不以黄宗羲在《明儒学案》中所做的学派划分

---

① 据今所知，最早使用"学案"一词并以之为撰述体例者为耿定向（1524－1596，字在伦，号天台，又号楚侗），其所著有《陆杨学案》（案：陆象山、杨慈湖）。耿定向的弟子刘元卿（1544－1621）后来有《诸儒学案》，显然是沿用耿定向的用法。有关学案体裁的相关研究，参见（一）、阮芝生，《学案体裁源流初探》，《史原》第二期，台北：台湾大学历史学研究所，1971年10月；（二）、陈祖武，《中国学案史》（台北：文津出版社，1994）；（三）、黄进兴，《"学案"体裁产生的思想背景》，《汉学研究》第2卷，第1期，1984；《"学案"体裁补论》，《食货月刊》，1987年，第十六卷，第九、十期。
② 自梁启超所谓："中国有完善之学术史，自梨洲之著学案始。"（梁启超：《中国近三百年学术史》，台北：华正书局，1984，页54），今人如冯友兰、侯外庐、劳思光、冯契、陈祖武等皆持此说。

作为明代儒学的基本面貌。因此,《明儒学案》的学派划分便可以说在相当程度上为我们现在的明代儒学研究预设了一种结构性的前提。不过,我们需要反省到的是:如果《明儒学案》的学派划分较为客观,或至少大体上接近历史的原貌,那么,这种结构性的前提则是在实际上为我们进一步研究的开展预先铺设了合理的轨道。但假如《明儒学案》的学派划分本身便存在着失真的问题,那么,这种结构性的前提则显然会构成一种前理解的限制,若无自觉并加以超越,由之出发,无疑会被误导而愈行愈远,无法对学术思想史予以相应的了解和把握。

尽管历史上不无批评,认为黄宗羲亦不免门户之见,[①] 但就学术思想史自身的标准来说,《明儒学案》首先在思想材料的甄选上相当可靠与精当,在学派的划分上也大体上能够较为客观地反映出有明一代儒家思想的基本面貌。这也是长期以来它之所以会成为明代儒学研究必备参考资料的原因所在。黄宗羲本人亦颇以此自诩。然而,这并不意味着《明儒学案》在人物学派归属的划分上没有[②]问题。

[①] 如全祖望云:"惟是先生之不免于议者则有二:其一,则党人之习气未尽,盖少年即入社会,门户之见深入,而又不可猝去,便非无我之学;其一,则文人之习气未尽,不免以正谊、明道之余枝,犹流连于枝叶,亦其病也。"见全祖望《答诸生问南雷学术帖子》,《鲒埼亭集》外编卷四十四(台北:华世出版社,1977)。《四库全书总目提要》在论及《明儒学案》时也说:"宗羲生于姚江,欲抑王尊薛则不甘,欲抑薛尊王则不敢。故于薛之徒,阳为引重,而阴致微词;于王之徒,外示击排,而中存调护。……宗羲此书,犹胜国门户之余风,非专为讲学设也。"

[②] 黄宗羲在《明儒学案发凡》开首便说:"从来理学之书,前有周海门《圣学宗传》,近有孙钟元(案:孙奇逢,1584－1675,号夏峰)《理学宗传》,诸儒之说颇备。然陶石篑《与焦弱侯书》云:'海门意谓深居山泽,见闻狭陋,尝愿博求文献,广所未备,然非敢便称定本也。'且各家自有宗旨,而海门主张禅学,扰金银铜铁为一器,是海门一人之宗旨,非各家之宗旨也。钟元杂收,不复甄别,其批注所及,未必得其要领,而其闻见亦犹之海门也。学者观羲是书,而后知两家之疏略。"参见黄宗羲,《明儒学案》,《黄宗羲全集》第七册(杭州:浙江古籍出版社,1993),正文页5。

事实上，我们发现，《明儒学案》中对于周汝登（1547－1629，字继元，号海门）学派归属的划分，完全背离学术思想史的实际。并且，这种背离并非源自黄宗羲对情况的不了解，而应是黄宗羲的有意安排。此外，较之其它一些有可能引起讨论的类似问题，这一例人为的误置，更不只是一个无关宏旨的行为，它实际上反映了黄宗羲在当时历史情境下撰写《明儒学案》一书的基本考虑和用心。由于该问题一直未经反省，以致于在周海门的学派归属上，学界对黄宗羲之说的因袭，早已成为研究相关问题的前提性限制。因此，以下本文就根据第一手的相关原始材料，首先对周海门的学派归属问题予以澄清，进而从检讨《明儒学案》的相关问题出发，揭示黄宗羲在《明儒学案》中为什么要对周海门的学派归属做出这种背离思想史本来面目的处理。

一

明代思想史的内容异常丰富，仅就儒学而言，的确如黄宗羲所谓："牛毛茧丝，无不辨晰，真能发先儒之所未发。"① 但与之不相称的是，单单有关明代中后期的阳明学，深入的个案研究依然相对薄弱。王阳明第一代传人的研究尚不能算是充分，至于第二、第三代影响所及的人物，则更是有待开发检讨。② 以周海门为例，

① 《明儒学案发凡》，《黄宗羲全集》第七册，正文页5。
② 就此而言，日本学者所做的工作颇值得重视。仅就已出版的十二卷《阳明学大系》（宇野哲人、安冈正笃监修，荒木见悟、冈田武彦、山下龙二、山井涌编集，东京：明德出版社，1972）而言，便是对阳明学研究极大的推动与建设。但对阳明门人及其再传、三传的专门研究，目前却仍是国际阳明学界有待开展的课题。

迄今为止尚鲜有专著或专论性的研究。① 因此，即便在专治中国哲学史、思想史的圈子中，周海门恐怕仍然未必是个众所周知的名字。

关于周海门，黄宗羲在《明儒学案》卷三十六中将其列为《泰州学案五》之首。而《泰州学案五》共列三人，海门之后为陶望龄（1562—1609，字周望，号石篑）、刘塙（生卒不详，字静主，号冲倩）。刘塙是海门的弟子，陶望龄不仅与海门交往密切，而且其学多得自海门，虽或尚未称门人弟子，与海门的关系亦总在师友之间。② 因此，整个《泰州学案五》实可谓为海门开出。那么，为何将海门归为泰州一脉呢？我们先看看黄宗羲的交代：

> 周汝登，字继元，别号海门，嵊县人。万历丁丑进士。擢南京工部主事，历兵、吏二部郎官，至南京尚宝司卿。先生有从兄周梦秀，闻道于龙溪，先生因之，遂知向学。已见近溪，七日无所启请。偶问如何是择善固执？近溪曰："择了这善而固执之者也。"从此便有悟入。近溪常以《法苑珠林》示先生，先生览一二页，欲有所言，近溪止之，令且看去。先生竦

---

① 据笔者所知，正式出版专论海门的文字，大概只有荒木见悟先生的《周海门の思想》，见氏著《明代思想研究》（东京：创文社，1988），页 227 - 264。台湾则有博士、硕士论文各一篇（刘哲浩：《周海门的哲学思想研究》，辅仁大学哲学研究所，1991；许馨元，《周海门及其〈圣学宗传〉研究》，东吴大学中文研究所，1998。）

② 陶望龄在《海门文集序》中说："望龄蒙鄙，获以乡曲事先生，受教最久。"见陶望龄，《歇庵集》（一）（台北：伟文图书公司，1976），卷三，页 357。仅从这句话来看，似乎陶为海门门人弟子，但就自述而言，所谓"受教"亦可为一般意义上的谦辞。据陶氏与海门的十五封通信（见《歇庵集》（五）卷十五）观之，陶氏屡称海门为"老丈"，自称为"弟"，显然并非严格意义上海门的门人弟子。故海门与陶氏之关系，或当在师友之间。

然若鞭背。故先生供近溪像，节日必祭，事之终身。①

在《明儒学案》中，不同"学案"划分的标准并不统一，有以地域，有以人物。而在划分各个人物学派归属的问题上，则基本上以师门授受与学术思想的传承为据。此外，由于明代儒家尤其阳明学者中向不同的学者问学甚至师从多人的情况甚为普遍，因此，若论学脉流衍与学派归属，又必须以最为重要的师门授受与思想传承为标准。这是黄宗羲在《明儒学案》中所奉行的原则。由是观之，根据上引《明儒学案》的材料，依黄宗羲之见，尽管海门是浙江嵊县人，同时还因从兄周梦秀②的缘故受到王龙溪的影响，但鉴于海门主要是受到罗近溪的启发并自觉以为近溪的门人，所谓"供近溪像，节日必祭，事之终身"，因而不将海门作为"浙中王门"的成员，而将其归入泰州一脉，便自然是顺理成章的了。

正如天泉证道中的"四无"论几乎成为王龙溪的象征符号一样，万历二十年（1592，时海门四十六岁），在南都讲会中周海门回应许孚远（1535—1604，字孟中，一作孟仲，号敬庵）"九谛"

---

① 黄宗羲：《明儒学案》，《黄宗羲全集》第八册，页112。
② 周梦秀其人史书无载，惟《嵊县志》卷十三《人物志·乡贤》载："周梦秀，字继实，震之子。为邑诸生，自少以道学名。潜心笃行，瞻视不苟。已而读竺典有悟，屏绝世味，恶衣粝食，晏如也。性好施，囊钱不蓄。有所入，辄分给亲友之贫乏者。时例庠生限年起贡，次当及梦秀，义不敢当，以让师友。事父孝，父亦贤智其子。复宅为寺，梦秀实成焉。生平志行超卓，时以天下苍生为念。日练习世故，采取人物，习博士家言，与海内作者称雁行。嘉兴陆光祖谓为三绝：学绝、行绝、贫绝也。年四十六卒。乡人贤之，请祀于学宫。太守宛陵萧良榦题其墓曰高士。"十年前（2004），荒木见悟先生告之笔者周梦秀有《知儒编》四卷，今藏日本内阁文库，惜未得见。后来知道另有崇祯九年（1636）刊本的《知儒编》藏于台北"国家图书馆"。惟两本异同如何，未便对照。

所提出的"九解"，也几乎成了海门的象征符号。不过，如果我们知道海门"九解"的核心内容是在阐发龙溪四无论中"无善无恶"的意旨并为之辨护，那么，细心的读者不禁自然会想到：既然海门是近溪的传人，那么作为其思想中最具代表性的东西，为什么反而会是与龙溪而非近溪一脉相承呢？更有意思的是，这一疑问不必来自别处，突出"九谛"、"九解"之辨对于海门的意义，以"九解"中的内容作为海门思想特色的主要标识，恰恰是我们在阅读黄宗羲《明儒学案》时便可以立刻获得的感受。

从上引黄宗羲的叙述来看，黄宗羲并没有无视王龙溪之于海门的意义，所谓："先生有从兄周梦秀，闻道于龙溪，先生因之，遂知向学。"但是，这句话讲得非常含糊，从文句本身而言，意思也仅仅表明海门是受到龙溪的影响，甚至是间接的影响，并没有说海门是龙溪的弟子或传人。而海门与近溪的关系，黄宗羲则言之确，近溪如何当面引导启发海门的情景更是描绘得有声有色。因此，尽管我们在阅读《明儒学案》中有关海门的思想材料时或不免有上述疑问，但由于当时学承多人为一普遍现象，学者之间的交互影响错综复杂，加之黄宗羲毕竟提到了龙溪，一般读者在没有掌握其它有力证据的情况下，便自然不会于此深究了。①

但是，在黄宗羲的《明儒学案》中，除了各位儒家学者的思想材料均选自学者们各自的著述如各类文集之外，对于各位儒家学者生平事迹的介绍，黄宗羲其实大多是根据以前更为基本的相

---

① 在阳明学大系第七卷《阳明门下》（下）《周海门》中，今井宇三郎、荻原寿雄、中村璋八对于海门与龙溪、近溪的关系也感到难以厘清，但他们最终还是根据黄宗羲的讲法，认为海门早年虽曾受到龙溪的影响，师承却是近溪。见该书页 44 – 58。

关文献，比如焦竑（1541 – 1620，字弱侯，号澹园）《国朝献征录》、王世贞（1526 – 1590，字符美，号凤洲，又号弇州山人）《弇州山人四部稿》中许多人物的"行状"、"墓志铭"等。譬如在介绍张元忭（1538 – 1588，字子荩，号阳和）生平事迹的文字中，黄宗羲说：

> 万历己卯，教席内书堂。先生谓寺人在天子左右，其贤不肖，为国治乱所系，因取《中鉴录》谆谆诲之。①

而朱赓（1535 – 1608，字少钦，号金庭，谥文懿）在《明奉直大夫左春坊左谕德兼翰林院侍读阳和张公行状》中则是这样写的：

> 己卯，充内书堂教习。故事，入内书堂，为乙其章句，课之对语止矣。子荩曰：此辈他日在天子左右，关主德不细，奈何不预教之？乃取《中鉴录》亲为条解。②

显然，黄宗羲介绍张元忭的文字来源于朱赓的这篇行状，只是文字稍加变动而已。同样的例子不胜枚举。而这说明，我们无需放过在阅读《明儒学案》时心中有关海门思想传承与学派归属的些

---

① 黄宗羲：《明儒学案》卷十五，《侍读张阳和先生忭》，《黄宗羲全集》第七册，页324。
② 张元忭：《张阳和先生不二斋文选》（四库全书存目丛书，下引该套丛书俱简称四库存目丛书），集154，页328 下 – 329 上。按：《中鉴录》非张元忭所作，乃王龙溪编辑，参见我的《王龙溪的〈中鉴录〉及其思想史意义》，《汉学研究》，第19卷第2期，2001年12月，页59 – 81。现收入本书。

许疑惑，完全可以而且有必要进一步根据那些更为基本的第一手资料，对海门与龙溪、近溪的关系加以进一步的考察。

<h1 style="text-align:center">二</h1>

要了解海门与龙溪、近溪之间的传承与授受关系，当然可以从三方彼此思想内容的相关性着手，不过，这种传承与授受的考证，毕竟不同于彼此思想内容之间义理关联的哲学性分析，它所需要的首先是史料上的直接证据。只有在史料证据不足的情况下，我们才有必要诉诸于思想内容的辨析，采取"以义理求考证"的方法。以下，我们就在黄宗羲的描述之外，再看看其它一些有关海门师承与归属的文献记载。

《钦定大清一统志》卷二百二十七载：

> 周汝登，字继元，嵊人。万历进士，授南京工部主事。榷税芜湖关，时当道增税额，汝登不忍苛民，以缺额谪两淮盐运判官。建学延师，场民向化。累官南京尚宝卿。汝登师事王畿，论者谓王守仁之学再传汝登云。①

而《嵊县志》亦云：

> 周汝登，字继元，谟之子。读书过目不忘。年十二而孤。

---

① 《钦定大清一统志》（文渊阁四库全书），第 479 册，页 237。

十八为诸生，二十四师山阴王龙溪，示以文成之学，辄领悟。①

并且，《嵊县志》所谓"二十四师山阴王龙溪"的明确年代性叙述与海门自己的表述是一致的（见后文）。由此，我们已经看到不同于黄宗羲的说法。假如海门主要的师承是近溪而非龙溪，这里"汝登师事王畿"、"师山阴王龙溪"的明确陈述若非有误，便无疑是别有根据，显然不会是以《明儒学案》中黄宗羲的说法为凭。因为在黄宗羲的说法中，龙溪充其量只是对海门有影响而已。否则，如果近溪是海门的主要师承，则以上文献中便不应只提龙溪而丝毫未及近溪。

邵廷采（1648－1711，字允斯，号念鲁）是黄宗羲的同乡，家传王学，并且曾经向黄宗羲问过学。② 其所著《思复堂文集》虽然尚不足以与《明儒学案》相提并论，但也是研究明中后期儒学史的一份重要参考文献。而邵廷采有关海门师承的说法亦不同于黄宗羲：

> 越中之学宗龙溪者为周汝登及陶望龄、奭龄兄弟。汝登号

---

① 《嵊县志》卷十三《人物志·乡贤》，《中国地方志丛书·华中地方志》，第212号，第4册，页987。
② （清）钱林《文献征存录》卷四载："余姚自王守仁始言致良知，同里钱德洪受其学以授沈国谟。国谟授韩孔当、邵曾可。曾可子贞显颇传父业。廷采，贞显子也。少补诸生，游孔当门。复学于黄宗羲，遂笃志儒术。"《清代传记丛刊》，明文书局，第10册，页669。同样的记载亦见（清）黄嗣东：《道学渊源录·清代篇》；（清）徐世昌：《清儒学案》卷一；（清）朱克敬，《儒林琐记》等。

海门，嵊县进士，亲贽龙溪，笃信四无之教。①

并且，邵廷采这里所谓"亲贽龙溪，笃信四无之教"，不但明确与黄宗羲的讲法不同，而且反而与《明儒学案》中所录海门"九解"对于龙溪"无善无恶"思想的阐发恰相吻合。

《钦定大清一统志》成书于乾隆八年，《思复堂文集》成书于康熙四十四年之前，②《嵊县志》则是民国二十一年重修的。③后者晚出毋论，前两部书和《明儒学案》一样也都是清初的文献，或许尚不能借之以判定黄宗羲《明儒学案》的讲法一定有误。但是，至少说明存在着另外一种思想谱系的划分，那就是认为海门师承龙溪。并且，这种师承是明确而地道的授受关系，所谓"师事"、"亲贽"，而绝非像黄宗羲《明儒学案》中"因之向学"那样的外在与模糊。

其实，无论是《明儒学案》、《嵊县志》、《钦定大清一统志》还是《思复堂文集》，都可以说是后人的判断，难免因时空的隔绝而失真。我们不妨再往上溯，检讨一下海门当时的人们对其师承有何讲法。

邹元标（1551 – 1624，字尔瞻，别号南皋）是海门的好友，且名重于晚明士林，这从他为当时众多硕儒士子所写的大量的序、

---

① 邵念鲁：《思复堂文集碑传》卷一，《明代传记丛刊》（台北：明文书局，1990），第158册，页036。

② 《思复堂文集》卷前有《思复堂文集原序》，文末署："山阴刘士林序，时康熙四十四年十一月初六日。"

③ 参见余重耀所作《嵊县志·序》，《中国方志丛书·华中地方志》第212号，第1册，页5 – 7。

跋、墓志铭等即可窥见。他在为海门的文集《东越证学录》所写的序中说：

> 或曰：新建《传习》诸录，所称存理遏欲，谆谆详挚。天泉证道初语，如花欲吐，尚含其萼。后龙溪氏稍稍拈出，闻者多不开悟。周子复扬其波，何耶？邹子曰：学必知性体而后为真学，证必彻性地而后为实证。山穷水尽，能者从之。龙溪见地，非不了义者所能究竟。继元后龙溪而出者也，双目炯炯，横冲直撞。所至令人胆落心惊，亦能使人神怡情旷。东越之学，从今益显益光者，非继元氏乎？①

这里向我们指示了从阳明到龙溪再到海门这样一条思想传承的谱系。但如果思想上的承续与正式的师门授受尚属于两个不同的类别，前者并不能代表后者的话，邹元标这里的说明也许还不够。那么，我们可以再看看陶望龄的说法。

陶望龄对海门的师承与思想渊源，自然相当了解。他也为海门的《东越证学录》做过序，其中指出：

> 海门子少闻道龙溪之门，晚而有诣焉。自信力，故尊其师说也益坚；其契也亲，故词不饰而甚辨。四方从游者皆曰：先生，今龙溪也。其门人墙辈，其答赠之词刻之。读者又曰：龙

---

① 邹元标：《东越证学录序》，《愿学集》卷四，王云五主编：《四库全书珍本五集》，页44。亦见周汝登，《东越证学录》卷首，《四库存目丛书》，集165，页411下 – 412上。

溪子之文，何以异诸？①

这里，陶望龄以海门为龙溪的弟子传人，讲得便非常明确。而且，他还传达了当时人们普遍的看法，即无论为人为文，海门均可谓龙溪之再现。

此外，黄宗羲的业师刘宗周（1578－1645，字起东，号念台，晚更号克念子）是浙江山阴人，于海门三十二岁时出生。刘宗周科举中式离乡为官之前，海门几乎一直在外宦游沉浮。而海门回乡居里时，又遭逢学禁。因此，在为海门所写的《祭周海门先生文》中，刘宗周表达了对海门的景仰以及未能投身求教于这位乡前辈门下的遗憾。② 也正是在这篇文字中，刘宗周同样指出了越中之学从阳明到龙溪再到海门这样的一条脉络。

> 呜呼！斯道之不传于世，盖千有余年。而吾越阳明子以良知之说启天下，及门之士，于吾越最著者为龙溪先生。又百年，龙溪之门于吾越最著者为先生。先生于阳明之学，笃信而谨守之。由祢而祖，一嫡相传。③

---

① 陶望龄：《海门文集序》，《歇庵集》（一）卷三，页357。亦见周汝登：《东越证学录》卷首，《四库存目丛书》，集165，页408下－409上。
② 所谓"始先生盛讲良知之学，往来吾越，予发未燥也。即稍有知，颇欲澡雪身心，为受教地，进而及先生之门，而先生叙历仕途，云泥相失。晚年悬车，会遭学禁，彼此交游尽谢。一日际圣明表彰斯文，首起先生为士绅者蔡。冀天假之缘，宗周不进而奉先生于朝，亦将退而奉于野。而先生忽已骑箕尾往矣。呜呼！世有觌面而失先生如宗周者哉？"见刘宗周：《刘宗周全集》第三册下（台北：中研院中国文哲研究所，1997），页1060－1061。
③ 刘宗周：《刘宗周全集》第三册下，页1060。

刘宗周是黄宗羲的业师，黄宗羲不可能不知道刘宗周的讲法。况且，以黄宗羲之博学多知，也很难说对陶望龄、邹元标等当时人物对于海门师承归属的判断没有了解。那么，黄宗羲为何仍然在《明儒学案》中将海门作为近溪的弟子而列入泰州学案呢？难道当时与海门交往密切的这些人反倒不如黄宗羲对海门的师承更加了解吗？

三

或许，我们以上所引用的还只是外部的证据与判断。海门的师承与思想渊源究竟如何，我们更应当在海门自己的文献中去寻找答案。

海门有多种撰述，[①] 但其自己的文集，则为《东越证学录》。[②] 而翻开《东越证学录》，我们几乎立刻会发现，海门直接称龙溪为先师的文字简直俯拾皆是。

> <u>龙溪先师</u>云：上根人即工夫即本体，中下根人须用工夫合本体。盖工夫不离本体，本体不离工夫。此不易之论也。[③]

---

① 有关海门撰述的介绍，目前有张克伟：《周汝登生平及其著述论略》，《书目季刊》第二十二卷第四期，页 53 – 62。
② 明刻《东越证学录》有十六卷本和二十卷本这两种不同的版本，而《周海门先生文录》十二卷，则为《东越证学录》的略本，然年代早于十六卷本。本文所据为较为通行之十六卷本，《四库全书存目丛书》所收《东越证学录》即此本。
③ 周汝登：《越中会语》，《东越证学录》卷四，《四库存目丛书》，集 165，页 486 上。

祖玄问曰：师所论天根月窟，何与龙溪子不同？龙溪子以动处言天根，而师指寂处；龙溪子以静处言月窟，而师指动处。何相违也？先生曰：语贵善会尔。……予之言固与龙溪先师之言相表里也。①

吾越中故有学会，自龙溪先师主教席以来，阳和子（案：张元忭）时号召之。而嗣后莫为之倡。虽三五同心，佹羊为去，而寥寥寡和，盖已不绝如丝矣。②

《传》曰：父母所爱亦爱之。先君于宗中所最亲爱者，从伯骆峰公、从叔瑞泉公、从兄岐山公。三公品格，不肖犹及见之。骆峰公为古遗植，称儒林高节；瑞泉叔孝友诚笃，受学龙溪先师之门；岐山兄温温挹让，皆难于今人中求者。③

此外，海门在《登龙溪师讲楼》、《谒龙溪夫子墓》以及《哭王世韬》三首诗中，也明确称龙溪为"先师"：

春风缓步踏苍苔，樽酒相偕上讲台。百尺宫墙容我入，千年关锁待谁开。龙山耸户排云列，净水浮窗涌月来。昔日洪钟看在虞，一时敲动梦皆回。④

---

① 周汝登：《剡中会语》，《东越证学录》卷五，《四库存目丛书》，集165，页503。
② 周汝登：《证修会序》，《东越证学录》卷六，《四库存目丛书》，集165，页531上。
③ 周汝登：《题骆峰伯歧山兄书后》，《东越证学录》卷九，《四库存目丛书》，集165，页579上。
④ 周汝登：《东越证学录》卷十五，《四库存目丛书》，集165，页687下。

祗谒<u>先师</u>墓，那知风雨侵。返萝非偶兴，筑室是初心。异姓儿孙满，弥山桃李阴。归闻松籁起，犹作海朝音。①

豁达生来具大根，曾经十载侍吾门。伤亡共学真良友，哭丧<u>先师</u>尔嫡孙。何事久羁京国往，空怜近寄首书存。满怀疑恨无人识，谁与召回万里魂？②

而更能够说明问题的，则是下面这段海门与王世韬的对话：

余谓世韬曰：<u>龙溪先师</u>祖训历然，子归求有余，师尚需他请耶？世韬曰：晃祖训具存，而茫乎莫得其涯涘，不知毕竟以何语为要也。余因歌先师《再示诸生》诗：浮世光阴只百年，百年事业岂徒然？亡羊逐逐终何补，梦鹿纷纷亦妄传。本性淡中须着便，世情浓处莫争先。人间未必皆聋耳，高阁钟声岂浪宣。③

王世韬名继晃，是龙溪的嫡孙，也是海门的门人。他因无法掌握祖父龙溪的思想要旨，所谓"不知毕竟以何语为要也"，因而向海门求教，而海门则答以龙溪的《再示诸生》。从这段问答，显然颇可以反映出海门与龙溪之师承关系以及海门自觉以为龙溪之传人。

---

① 周汝登：《东越证学录》卷十五，《四库存目丛书》，集 165，页 691 下–692 上。
② 周汝登：《东越证学录》卷十六，《四库存目丛书》，集 165，页 717 上。
③ 周汝登：《题世韬卷之一》，《东越证学录》卷九，《四库存目丛书》，集 165，页 583 下。

至于海门与龙溪的师承关系究竟如何，其实当时已经有人向海门当面提出过这样的问题，而海门自己对此也有详细与明确的解说。

> 或曰：子与龙溪先生，及门受业乎？曰：及门而未受业，受业而非及门矣。曰：何谓也？曰：予少年不知学。隆庆庚午（1570，时海门二十四岁），邑令君请先生入剡，率诸生礼拜，不肖与焉。虽侍侧听讲，而不能领略，故及门而未可谓之受业。后予通籍后，始知慕学，渐有所窥。思先生平日之言为有味，取会语读之，一一皆与心契，乃切依归，而先生此时逝矣，实受业而非及门也。①

当然，海门与龙溪的接触并不只是这一次谋面，因为海门在上面这段文字之后又有"予虽不得时侍左右，而间尝过从"的话。而以上这段海门自己的表述，与黄宗羲所谓海门早年因受到龙溪影响而"遂知向学"的讲法恰好相反。黄宗羲所写给人的感觉是龙溪虽对海门有启蒙的影响，但近溪才是海门后来思想成熟的关键。可是，从海门这里对"及门未受业，受业未及门"的解释来看，海门早年虽亲赘龙溪，但真正了解并自觉接上龙溪的思想，所谓"皆与心契，乃切依归"，反倒是在龙溪去世之后。显然，海门这里的文字无可辩驳地说明：龙溪才是海门思想成熟后真正的依归。

---

① 周汝登：《剡中会语》，《东越证学录》卷五，《四库存目丛书》，集165，页514下。

另外，在为龙溪的第三子王宗溪所做《宗溪王公寿六十序》中，海门则不仅以龙溪嫡传自居，所谓"托为异姓之嗣"，尤其明确提出了阳明→龙溪→自己这样一条继承了儒家道脉的思想谱系。

> 我越阳明夫子崛起群圣之后，首倡致良知之旨。祖洙泗而父濂洛，源流不爽。其言曰：吾所示良知，乃认祖父之滴骨血也。斯不益信乎？嗣阳明者，则吾师龙溪子。曰：我是师门一唯参。又曰：师门致良知三字，谁人不闻，惟我信得及。盖当时及阳明之门者不知凡几，而称嫡骨子者，惟师一人。师之道近，且弥久弥尊，为天下宗仰。然毕竟有所付托，嗣师者又谁归乎？宗溪兄者，师之季嗣也。今日之任，宜在于兄。……不肖早游师门，毫无知识，而近稍窥见一斑。虽足不逮眼，而托为异姓之嗣，亦无多让。①

由此可见，我们前面所引邹元标、陶望龄、刘宗周等时人对阳明→龙溪→海门这样一条思想传承线索的描绘，便并不只是一种外部的主观揣测，而是以海门自我认同为基础的客观表述。时人观察与自我认同这两者的若合符节，正反映了思想史的实际。

其实，黄宗羲所描述的海门对于近溪那种笃信不疑与恭敬的态度，反倒恰恰是可以用于龙溪的。不仅上引海门自己的材料可资为凭，如所谓"乃切依归"、"托为异姓之嗣"，更有一件事表明海

---

① 周汝登：《东越证学录》卷八，《四库存目丛书》，集165，页560。

门对龙溪的维护甚至几近建立门户。海门《圣学宗传》书成于万历三十三年（1605）十月，[1] 当时耿定向已去世十年，并在社会上享有极高的声望，但海门《圣学宗传》一书中却并未将其包括在内。为此，耿定向之弟耿定力委托焦竑为耿定向撰写了一篇行状并特地通过陶望龄转交给海门，显然是希望海门能将耿定向列入《圣学宗传》。海门对此并未有正面答复，只是由陶望龄向焦竑代为转达了"身居山泽，见闻狭陋"的理由。[2] 但是，这种限于见闻的托词恐怕很难说得过去。事实上，海门此举，大概与耿定向对龙溪的态度不无关系。龙溪得享高年，讲学活动遍布大江南北，与众多士人都有往来，耿定向亦是龙溪所交之一。观龙溪文集中与楚侗子（耿定向别号）的多处问答即可见。并且，就龙溪文集中的文字来看，二人的关系似颇为融洽，耿氏对龙溪亦尊敬有加，并无异议。[3] 但是，在耿氏的文集中，耿定向对龙溪却颇有微词，

---

[1] 陶望龄云："今以功利之俗学，架训诂之肤词，而欲阐纬圣真，迷轮大道，不亦远乎？是以四蔽未祛，一尊奚定？此海门周子《圣学宗传》所由做也。……是编成于万历乙巳，冬十月杀青寿梓。"见陶望龄，《圣学宗传序》，《歇庵集》（一）卷三，页328。

[2] 陶望龄在《与周海门先生》第九书中云："有人从金陵来，传耿叔台（耿定力）语，颇以侗老（耿定向）不载《宗传》（《圣学宗传》）为言。昨得焦弱侯（焦竑）书，又谆谆论之。并寄所作行状，令并奉览。"见陶望龄，《歇庵集》（五）卷十五，页2172。而在给焦竑的回信中，陶望龄则转述了海门的婉拒之意，所谓"海门意谓身居山泽，见闻狭陋，常愿博求文献，广所未备，非敢便称定本也"。见陶望龄，《歇庵集》（五）卷十六，页2387。这显然是海门自己的谦词，但黄宗羲在《明儒学案》中的叙述脉络则曲解了陶望龄的意思，断章取义地引以为对海门《圣学宗传》的批评。

[3] 参见王畿：《王龙溪先生全集》（台北：华文书局，1970）卷四《东游会语》、《答楚侗耿子问》，卷十《与耿楚侗》二封、《答耿楚侗》一封。

有时甚至过于贬损。① 另外，在耿定向编写的《儒宗传》中，也没有列入龙溪。而这，极有可能便是海门不将耿氏列入《圣学宗传》的真正原由。

综上所述，海门与龙溪之间的师承授受关系已昭然若揭，那么，海门与近溪的关系又如何呢？

与龙溪相反，在整部《东越证学录》中，海门很少提到近溪。在仅有的几处提到近溪的地方，也并没有一处称近溪为师。而就海门在谈到近溪思想时的反应来看，更是难以想象黄宗羲所描述的海门"供近溪像，节日必祭，事之终身"的那种情状。当有人举近溪"童子捧茶是道"的讲法为问时，海门的态度是有所保留的：

> 问：用力之久，一旦豁然贯通，兹言是否？先生曰：极是。曰：近溪先生谓捧茶童子当下即是，岂待用力之久耶？曰：童子虽是，由之而不知。欲知，必用力。才用力而知者能有几人？故必用力也。②

而在南都讲会中，当有人直接将龙溪与近溪放在一起加以比较，希望海门予以回答时，海门的评价与倾向便更加能够说明问题。

> 问：龙溪子语录与近溪子语录如何？先生曰：龙溪子之

---

① 如在《与胡庐山》中说："前在宜兴，得与龙溪会，相与再宿，细扣其所得，本未大澈，其不能光显此学，无怪也。"还曾在《寄screen里中友》中指责龙溪随道士习长生术。分别见耿定向，《耿天台先生文集》卷三、卷六。
② 周汝登：《剡中会语》，《东越证学录》卷五，《四库存目丛书》，集165，页506下。

语，上中下根俱接得着；近溪子之语，需上根方能领略，中下根人凑泊不易。①

同样，在海门的《圣学宗传》中，我们对比海门对龙溪与近溪生平思想的描写，也立刻会看出海门的认同与归属是在龙溪。而在《王门宗旨》中，海门共收录了阳明、王艮（1483－1541，字汝止，号心斋）、徐爱（1487－1517，字曰仁，号横山）、钱德洪（1496－1574，本名宽，以字行，改字洪甫）、龙溪五人的语录，根本没有收入近溪。并且，在上述诸人中，除阳明之外，也以龙溪所占篇幅最多。

由于海门文集中提到近溪的地方并不多见，尽管以上的证据其实已经颇为坚强，我们还可以从另外一个角度对此再加以说明。明人撰写序文、行状、墓志铭之类文字之风兴盛，这在中后期尤然。一般有紧密师承关系者，弟子大多有编纂老师文集、撰写序文以及相关文字的情况。不属亲炙弟子但为同道者，也往往会有类似文字。同辈之间也常常借此类文字彼此互相唱和。而根据这些文字的称呼用语，我们通常亦得以判断为文者与所述者之间的关系。杨起元（1547－1599，字贞复，号复所）和耿定向都是近溪的门人，他们均为近溪的文集做过序言等相关的文字。譬如，作为近溪的首座弟子，杨起元便曾撰《明云南布政使司左参政明德夫子罗近溪先生墓志铭》，其篇名下署名为"归善门人杨起元撰"。我们并未发现海门为近溪的文集做过序言，不过海门倒也写

———————

① 周汝登：《南都会语》，《东越证学录》卷一，《四库存目丛书》，集165，页441。

过一篇《罗近溪传》，篇名后所署则为"东越后学周汝登撰"。①
如果海门确为近溪门人，即使尚未达到黄宗羲在《明儒学案》所
谓"供近溪像，节日必祭，事之终身"的程度，也不可能在这样
一篇文字中仅以后学自称。因此，根据前文内部与外部两方面的
证据，将海门作为近溪的门下弟子，显然是难以成立的。相反，
在《王龙溪先生全集原刻编校及门姓氏》的名单中，则有海门的
名字。② 万历四十三年丁宾（字礼原，龙溪弟子）重刻《龙溪王先
生全集》时，海门曾应丁宾之请撰《刻王龙溪先生集序》，③ 其中
亦有"若登，虽及师门，无能增重"这样的话。当然，对于海门
为龙溪正式的门人弟子，而非仅仅"因之向学"，这也不过是多了
两条证据而已。

　　总之，通过以上第一手间接与直接、外部与内部的证据，海门
自觉认同并归宗龙溪，而与近溪并无师承关系，这一点应当可以
说是断然无疑。因此，无论从地域还是师承方面的因素考虑，都
自然应当将海门作为龙溪的弟子而划归"浙中王门"。但是，黄宗
羲何以会误将海门作为近溪的传人而归入泰州学案呢？以黄宗羲
之博学，本身又是越中之人，难道会没有掌握第一手的材料，从
而对历史的实际缺乏了解？或者还是另有原因呢？

----

① 见罗汝芳：《近溪子集》，《四库存目丛书》，集130，页236。海门所撰《罗近溪
传》原亦收在《圣学宗传》最末，现行本《圣学宗传》（济南：山东友谊书社，
1987年版，《孔子文化大全》影印万历刻本）中已不见此篇。
② 参见《王龙溪先生全集》（台北：华文书局，1970，影印清道光二年莫晋刻本），页
29。按：道光二年莫晋刻本正文之底本为万历十六年萧良榦刻本。有关王龙溪文集
明代各种刻本以及最早的六卷本《龙溪会语》，参见笔者《明刊〈龙溪会语〉及王
龙溪文集佚文——王龙溪文集明刊本略考》，现收入本书。
③ 海门之《刻王龙溪先生集序》见明刻二十卷本《东越证学录》卷六。

四

　　现在，问题的焦点落在了黄宗羲有关海门与近溪关系的那段文字上。前文已经指出，《明儒学案》中，黄宗羲在每个人物学案开头所做的有关案主生平的介绍，基本上都是有更早的文献材料为根据。可是，笔者至今一直未发现黄宗羲关于海门与近溪的那段叙述究竟何所本？或许有一种可能，即黄宗羲并非没有其他相关的史料为凭，只是该史料如今已亡佚了。但是，根据我们前文的多方求证，尤其是就海门自己的文字来看，即便黄宗羲的叙述不无出处，也显然不符合实际。另外，作为学术思想史大家的黄宗羲，又凭什么会对以上大量直接、间接的材料熟视无睹，却偏偏选择一条如今已无从查考的史料为根据呢？因此，仔细推敲，这种可能性恐怕是难以成立的。

　　有趣的是，笔者在阅读史料的过程中，发现一些关于杨起元与近溪关系的记载，倒颇接近黄宗羲对海门与近溪关系的那一段描述。过庭训所著《明分省人物考》成书于万历戊午（1618）、己未（1619）年间，远早于《明儒学案》，当时杨起元已去世十九、二十年，而海门则七十二、三岁，距其去世尚有十年。其中对杨起元有这样的记载：

　　　　杨起元，字贞复，别号复所，惠州府归善县人。……三试南宫不售，乃游金陵，下帷续学。邂逅盱江黎允儒，欢然相得也。黎为近溪罗先生之甥，为述先生言行甚悉，大契于中，业骎骎向往之矣。……取道盱江，执贽罗先生而禀学焉。往复参证，<u>因大悟性命之宗</u>。……一闻罗先生之学，明心刻骨，无须臾忘。<u>雕一小像，出必告，反必面，岁时约同志祭奠于所，居以为常。</u>①

相似的内容，在李贽（1527－1602，号卓吾，别号温陵居士）的《续藏书》、尹守衡的《明史窃》、徐乾学（1631－1694，字原一，号健庵）的《徐本明史》、王鸿绪（1645－1723，字季友，号俨斋）的《明史稿》中都有文字记载。② 如果我们将其与黄宗羲描述海门与近溪关系的那段文字相对照，相信立刻可以发现两者在意思内涵上的相近之处。黄宗羲所谓"近溪常以《法苑珠林》示先生（海门），先生览一二页，欲有所言，近溪止之，令且看去。先生竦然若鞭背"。与过庭训描写杨起元与近溪"往复参证，因大悟性命之宗"，在意涵上可以联想互通。而黄宗羲所谓海门"供近溪像，节日必祭，事之终身"，则与上引杨起元"雕一小像，出必告，反必面，岁时约同志祭奠于所，居以为常"，更是极为相似。由此，我们也许可以做出这样的推断，即黄宗羲是误将杨起元的材料当成海门的了。可是，杨起元是近溪的首座弟子，并非泛泛无名之辈，黄宗羲难道会犯这种严重而明显的错误吗？

---

① 过庭训：《明分省人物考》卷二百二十二，《明代传记丛刊》，第 140 册，页 467－470。

② 李贽：《续藏书》卷三十二，《侍郎杨公》，《明代传记丛刊》，第 106 册，页 467－468；尹守衡：《明史窃》卷七十七，《罗、杨、耿、夏、王、邓、刘列传》，第五十五，《明代传记丛刊》，第 83 册，页 657；徐乾学：《徐本明史列传》卷七十，《明代传记丛刊》，第 93 册，页 218；王鸿绪：《明史稿·列传》八十八，《明代传记丛刊》，第 96 册，页 202。

问题并不如此简单，我们在仔细检读黄宗羲的文集时发现，黄宗羲其实对海门与龙溪之间的承继关系并非不了解，他甚至自己便曾经对阳明到龙溪再到海门这样一条思想延续发展的脉络加以说明。所谓：

> 当是时，浙河东之学，新建一传而为王龙溪畿，再传而为周海门汝登、陶文简（陶望龄），则湛然澄之禅入之；三传而为陶石梁奭龄，辅之以姚江之沈国谟、管宗圣、史孝贤，而密云悟之禅又入之。①

虽然此处批评阳明之学二、三传后流入于禅，但就学脉传承而言，黄宗羲这里的叙述显然与其业师刘宗周在《祭周海门先生文》中的描述是一致的。如此看来，既然黄宗羲很清楚海门的思想归属以及浙中从阳明到龙溪再到海门这样一条思想传承的脉络，他对海门与近溪的那段找不到更早文献根据的描述，便不会是出于失误的张冠李戴，而极有可能是有意识的移花接木。并且，如果黄宗羲是误将杨起元的材料张冠李戴到了海门的头上，那么两处文字即使有出入，也不会差别过大。

不过，黄宗羲的移花接木并非简单的文字移植。比较黄宗羲对海门与近溪关系的那段描写与上引杨起元的材料，二者的文字显然有别。可是，恰恰是这种文字绝然有别而意涵实在类同的情况，

---

① 黄宗羲，《子刘子行状》，《黄宗羲全集》第一册，卷下，页253。本文标点有改动。原书标点为："则湛然澄之，禅入之。……而密云悟之，禅又入之。"断句有误，于意不通，似为不知湛然澄乃湛然圆澄简称、密云悟乃密云圆悟简称所致。

反倒不能不启人疑窦。既然杨起元是近溪的首座弟子，又是海门的同榜进士兼交往密切的好友，假如想人为地将海门刻画成近溪的弟子，以杨起元的经历为参考而给海门虚构一个类似的故事，便会是很自然的心理经验与行为表达。因此，我们可以推断，黄宗羲并非误将杨起元的经历当作海门的经历，也不是简单地移花接木，而应当是以杨起元的经历为参考而加以变化，人为建构了海门师承近溪的那段故事。为的是使得将海门作为近溪门人而归入泰州学派这一有悖于历史实际的安置显得顺理成章。

显然，这并非难以证实的"诛心之论"。既然不论黄宗羲关于海门受教于近溪并"供近溪像，节日必祭，事之终身"的故事有无出处，前文所列各方面的证据都已经说明将海门作为近溪传人而归入泰州学案不合历史真相。并且，黄宗羲其实自己亦有从阳明到龙溪再到海门这样一条有关越中学脉的判断。那么，若非黄宗羲有意为之，则很难有周延合理的解释。

上引黄宗羲自己对于从阳明到龙溪再到海门这样一脉传承的叙述，出自黄宗羲为刘宗周所写的《子刘子行状》，该篇文字作于康熙六年至七年（1667－1668）间。[1] 而《明儒学案》的成书时间，至今虽众说纷纭，但必在康熙十五年（1676）之后，则是共识。[2] 这样看来，与时人包括其业师刘宗周一样，黄宗羲起先是根据事

① 此据吴光说。见吴光：《黄宗羲遗著考》（一），《黄宗羲全集》第一册，页434。
② 以往学者多以康熙十五年为成书时间，但由于黄宗羲在《明儒学案序》中明谓："书成于丙辰（十五年）之后"，故如今学者大都以康熙十五年为上限。至于具体时间，则仍有不同说法。如吴光认为书成在康熙十七至十八年间（吴光：《黄宗羲遗著考》，《黄宗羲全集》第八册，附录，页1005。）陈祖武则认为完稿于康熙二十三至二十四年间（陈祖武，《中国学案史》，页129。）

实将海门作为龙溪一脉之传人的。若依此，海门无疑应归入浙中王门学案。但是，在后来的《明儒学案》中，黄宗羲却显然违背了事实，也违背了自己本来正确的判断，扭曲了海门的师承与学派归属。黄宗羲认为自己的《明儒学案》可以客观反映有明一代儒学各家的宗旨，所谓：

> 从来理学之书，前有周海门《圣学宗传》，近有孙钟元《理学宗传》，诸儒之说颇备。然陶石篑《与焦弱侯书》云："海门意谓深居山泽，见闻狭陋，尝愿博求文献，广所未备，然非敢便称定本也。"且各家自有宗旨，而海门主张禅学，扰金银铜铁为一器，是海门一人之宗旨，非各家之宗旨也。钟元杂收，不复甄别，其批注所及，未必得其要领，而其闻见亦犹之海门也。学者观羲是书，而后知两家之疏略。①

可是，批评海门《圣学宗传》和孙奇逢《理学宗传》未能反映各家宗旨，而以客观反映学术思想史真实面貌自诩的黄宗羲，为什么会在八年多的时间里前后思想不一，以至于要在海门的学派归属上有悖于历史的本来面目呢？

五

黄宗羲之所以要作《明儒学案》，一方面固然是不满于海门的

---

① 黄宗羲：《明儒学案发凡》，《明儒学案》卷首，《黄宗羲全集》第七册，正文页5。

《圣学宗传》和孙奇逢的《理学宗传》，希望较为客观、周延地反映有明一代儒学的面貌。而另一方面，为阳明学澄清、辩护，不能不说是黄宗羲心中非常强烈的动机与愿望。这在其《复秦灯岩书》[1] 和《移史馆论不宜立理学传书》中均有明确的反映。[2]

透过《明儒学案》，我们看到明代的儒学几乎是阳明学的天下，但阳明学从产生之日起，其实一直受到居于正统地位的朱子学的批评。虽然在隆庆、万历年间达到鼎盛，并以阳明获得从祀而取得官方正统的认可，[3] 但旋即开始衰落。[4] 不仅在明亡之前由于其流弊丛生，已经开始受到各方面的严厉批评，尤其明亡之后，当时的知识分子激于亡国之痛，更是对阳明学痛加诟病。既涌现了一大批学宗朱子的学者，如陆世仪（1611 – 1672，字道威，号桴亭）、张履祥（1611 – 1674，字考夫，号念芝，称杨园先生）、吕留良（1629 – 1683，一名光轮，字用晦，号晚村）、熊赐履（1635 – 1709，号愚斋）、李光地（1642 – 1718，号安溪）、陆陇其（1630 – 1692，字稼书）、张伯行（1651 – 1725，字孝先，号敬庵）等人，与之相应，也出现了相当站在朱子学立场批评王学的

---

① 黄宗羲：《黄宗羲全集》第十册，页 203。
② 黄宗羲：《黄宗羲全集》第十册，页 211 – 214。
③ 王阳明从祀一事万历二年便提出，但直至万历十二年方才确定，期间所经历的曲折，本身便足以说明阳明学在当时虽影响颇大，但始终并未能够取代朱子学的正统地位。有关阳明从祀一事引发的争论以及所反映的问题，参见 Chu Hung – lam, The Debate Over Recognition of Wang Yang – ming, *Harvard Journal of Asiatic Studies* 48，1（1988），pp. 47 – 70.
④ "心即理" 说可谓阳明学的第一原则，但是，外在批评且不论，这一原则在隆、万之后亦逐渐从王学内部受到质疑而动摇。内外因素交互激荡，遂引致学风之转变，阳明学由盛而衰。关于这一点参见王泛森：《"心即理" 说的动摇与明末清初学风之转变》，《中研院历史语言研究所集刊》第六十五本，第二分，页 333 – 373。

著述，如熊赐履之《学统》、张烈（1622 – 1685，字武承，号孜堂）之《王学质疑》、张伯行之《性理正宗》等等。[①] 明中期王学兴盛时便已有两部批判阳明学的力作，即罗钦顺（1465 – 1547，字允升，号整庵）的《困知记》和陈建（1469 – 1567，号清澜）的《学蔀通辨》，与之相较，这些著述在基本立场上皆可谓完全一致。此外，康熙皇帝在朝堂之上反复提倡并认真讲习朱子学的行为，[②] 无疑也为朱子学的再兴以及对阳明学的批判意识形态化提供了合法性依据。在黄宗羲撰写《明儒学案》的时代，思想界对阳明学的讨伐可以说已经达到了空前的境地。这一声势在当时的思想界几乎无人可以阻挡，风气所至，黄宗羲亦难免不为其所裹挟。因此，黄宗羲虽欲还阳明学之清白，但《明儒学案》中伸张阳明学的方式，已经要从肯定朱子学的正统地位出发，以当时对阳明学的基本批评为前提了。在为阳明学辩护的代表性文字之一《移史馆论不宜立理学传书》中，黄宗羲首先要说"以程朱为正统，是矣"，[③] 便是明证。《四库全书总目提要》在论及《明儒学案》时所谓："宗羲生于姚江，欲抑王尊薛则不甘，欲抑薛尊王则不敢。故于薛之徒，阳为引重，而阴致微词；于王之徒，外示击排，

---

① 熊赐履的《学统》一书是他于 1676 – 1692 赋闲南京时写成的，此前熊氏历任大学士、刑部尚书、吏部尚书，权重一时，因此《学统》可为代表官方意识形态的正统学术史。但《学统》中几乎完全忽略了王阳明及其后学，不仅《正统》中只字未提，甚至在《翼统》中也未予着墨，只是在卷四十九《杂统》中论及王阳明，并在最后卷五十六《异统》论释氏的文字中对晚明的阳明学进行了批评。批评的核心便是认为阳明学为禅。熊氏该书是否对黄宗羲构成直接刺激，这一点无案可稽，但熊氏所代表的当时思想界的舆论，黄宗羲则不可能没有意识。

② 康熙皇帝对朱子学的研讨并非装点门面，而是确有相当的了解与体会。关于这一点可参考宋德宣，《康熙思想研究》（北京：中国社会科学出版社，1990）。

③ 黄宗羲：《黄宗羲全集》第十册，页 211。

而中存调护。"① 固然有清代朱子学的门户因素，但也恰恰从侧面反映出黄宗羲面对批判阳明学的风潮，已经无法采取正面积极回应的辩护方式了。

另外，当时代表官方意识形态的明史馆在拟修《明史·道学传》时，站在朱子学的立场提出了批评阳明学的四条纲领：一、以程朱一派为正统；二、批判陈献章（1428—1500，字公甫，号石斋，称白沙先生）、王阳明、湛若水（1466—1560，字符明，号甘泉）等人思想宗旨不合于程朱；三、批判浙东学派之流弊；四、认为学术多元流弊甚大，宜总归程朱一脉。② 对此，黄宗羲便作《移史馆论不宜立理学传书》分别予以回应，其中，在承认"以程朱为正统，是矣"的前提下，尤其为浙东学派进行了辩护：

> 其三言浙东学派，最多流弊。有明学术，自白沙开其端，至姚江而始大明。盖从前习熟先儒之成说，未尝反身理会，推见至隐。此亦一述朱，彼亦一述朱。高景逸（高攀龙）云：薛文清（薛瑄）、吕泾野（吕柟）语录中皆无甚透悟，亦为是也。殆及先师蕺山，学术流弊，救正殆尽。向无姚江，则学脉中绝；向无蕺山，则流弊充塞。凡海内之知学者，要皆东浙之所衣被也。今忘其衣被之功，徒离其流弊之失，无乃刻乎?③

相对而言，在回应史馆的四点中，黄宗羲为浙东学派所做的辩解

---

① 《四库全书总目提要》卷五十八，《史部》十四，《传记类》二。
② 参见黄宗羲：《移史馆论不宜立理学传书》，《黄宗羲全集》第十册，页211–214。
③ 黄宗羲：《黄宗羲全集》第十册，页213。

是最强势的。由此可见，在当时尊朱黜王的大势下，至少就黄宗羲的感受来说，浙东学派是首当其冲的。

明清之际，无论是内在批判还是外在攻击，自始至终，对阳明学的种种批评都有一个基本的焦点与核心，那便是认为它与禅宗难脱干系。儒学内圣方面的脱略功夫与外王方面的不切实用，几乎都可以归结为夹杂禅学的究心虚寂。这在黄宗羲的时代尤其如此。而黄宗羲在诸多王门学案中最推崇的是"江右王门"而非"浙中王门"，所谓"姚江之学，惟江右得其传。……是时越中流弊错出，挟师说以杜学者之口（案：此当指龙溪），而江右独能破之，阳明之道赖以不坠。"① 并且在"江右王门"中又特别表彰并非阳明亲传的聂豹（1487－1563，字文蔚，号双江）、罗洪先（1504－1564，字达夫，号念庵），② 大概与思想界的压力和禅学的忌讳颇有关系。③ 因此，要为阳明学辩护，最重要的便是需要划清它与禅宗的界线。通观《明儒学案》，黄宗羲对那些接近禅宗儒者的批评随处可见。对儒学与禅学的纠缠不清，黄宗羲也辨析不遗余力而显得大费周章。这一切，皆莫不与当时的情势有关。

显然，黄宗羲对阳明学的维护，有三点需要注意。其一，当时思想界的局面已是朱子学重兴，从上到下弥漫着批判阳明学的浓

---

① 黄宗羲：《江右王门学案》卷首序言，《明儒学案》卷十六，《黄宗羲全集》第七册，页377。

② 聂豹原本私淑阳明，在阳明卒后由龙溪、钱德洪共证入阳明门下，始称门人。而罗洪先则一直以阳明后学自居，即便在钱德洪力邀的情况下，亦婉拒未称门人。参见其《与钱绪山》，《念庵文集》（上海：上海古籍出版社，1993），页117。此封书信现亦收入《王阳明全集》卷三十七《年谱附录二》罗洪先之《论年谱书》，见《王阳明全集》（下）（上海：上海古籍出版社，1992），页1367。

③ 当然，江右王门在晚明因有救正浙中流弊之功而在思想界逐渐获得较为普遍的肯定，亦可能是一个重要原因。

厚空气，对阳明学的辩护已无法采取直接的正面回应；其二，阳明学在浙中一脉尤其受到了当时思想界的批判，如何确保浙中阳明学的地位，构成黄宗羲的一个重点；其三，批评阳明学的焦点与核心在于认为阳明学"杂禅"、"近禅"，而儒释之辨，也相应成为充斥于《明儒学案》中的一个主题。

必须指出的是，黄宗羲在《移史馆论不宜立理学传书》中所谓的浙东学派，显然并非后世史学界所谓清代由黄宗羲所开创的包括万斯同（1638－1702，字季野，号石园）、全祖望（1705－1755，字绍衣，号谢山）、章学诚（1738－1801，原名文教，字实斋，号少岩）等人在内的史学意义上的浙东学派，而是指阳明学在越中的一脉传承。[①] 根据前文邹元标、陶望龄、刘宗周、甚至作《子刘子行状》时的黄宗羲所做的描述，这一意义上的浙东学派，正是王阳明→王龙溪→周海门→陶望龄→陶奭龄这样一条线索。而了解了黄宗羲作《明儒学案》的目的以及当时思想界的背景之后，我们或许便会明白，黄宗羲背离学术思想史的实际，将本应当属于浙中王门的周海门虚构为罗近溪的弟子而归入泰州学派，正体现了他力求确保越中阳明学摆脱与禅学之纠结以免遭时人攻击的良苦用心。当然，黄宗羲的这一作法，是不惜以牺牲学术思想史的客观性为代价的。

王龙溪生前身后，已难免杂禅之议。这和龙溪继承阳明的精神方向、自觉站在儒家的立场上融摄佛老有关。龙溪的宗旨终归是

---

① 广义的浙东学派则涵盖南宋以来浙东的各个学派，包括吕祖谦（1137－1181，字伯恭，号东莱）为代表的金华学派、叶适（1150－1223，字正则，号水心）为代表的永嘉学派、陈亮（1143－1194，字同甫，号龙川）为代表的永康学派，明代王阳明的姚江学派与浙中王门，以及黄宗羲开创的清代浙东学派。

儒非禅，这一点笔者别有专论，本文不必枝蔓。① 但黄宗羲对龙溪近禅的看法虽然不像其师刘宗周那么过分，② 而是认为：

> 先生亲承阳明末命，其微言往往而在。象山之后不能无慈湖，文成之后不能无龙溪。以为学术之盛衰因之，慈湖决象山之澜，而先生疏河导源，于文成之学，故多所发明也。③

却显然也接受了当时人们批评龙溪近禅的看法，所谓：

> 阳明先生之学，有泰州、龙溪而风行天下，亦因泰州、龙溪而渐失其传。泰州、龙溪时时不满其师说，益启瞿昙之秘而归之师，盖跻阳明而为禅矣。④

不过，龙溪作为越中阳明亲传，天泉证道尤得阳明印证，尽管被视为近禅，也绝无法剥夺其越中阳明传人的身份。因此《明儒学案》中《浙中王门学案》，便无论如何须有龙溪一席之地。

作为龙溪的传人，周海门在与禅学的关系问题上显然与龙溪一脉相承，而且更为深入复杂。海门不仅以"九解"阐发龙溪的"无善无恶"说闻名当世，并且在对禅学的吸纳上较之龙溪走得更

---

① 参见笔者《王畿与佛教》，《台大历史学报》第二十九期，2002 年 6 月，页 29 - 61。
② 刘宗周不但认为四句教出自龙溪而非阳明，更直接认为龙溪"蹈佛氏之坑堑"，"直把良知作佛性看"。见黄宗羲：《明儒学案·师说》，《黄宗羲全集》第七册，页 16 - 17。
③ 黄宗羲，《浙中王门学案二·郎中王龙溪先生畿》，《明儒学案》卷十二，《黄宗羲全集》第七册，页 270。
④ 黄宗羲：《明儒学案》卷三十二《泰州学案》，《黄宗羲全集》第七册，页 821。

远，甚至在宣讲阳明良知教的言说方式上都吸取了禅门的宗风。另外，如果说龙溪尚只是在思想上吸纳禅学的话，海门则直接与当时的著名禅僧如紫柏真可（1543－1603）、憨山德清（1546－1623）、湛然圆澄（1561－1625）等人有所往来，与憨山德清更是所交非浅。在黄宗羲看来，海门是将阳明学引入禅学的关键人物，所谓"东浙宗风之盛，海门导其源"。① 显然，以海门作为阳明之后越中学脉的第二代传人，对于明清之际批判阳明学浙东学派"阳儒阴释"的强大声浪来说，无疑是授人以柄、首当其冲。因此，对黄宗羲而言，为了使阳明学在浙东的学脉避开当时思想界的锋芒，尽量淡化与禅学的干系，有必要在《明儒学案》中对阳明学在越中的实际传承加以改变。虽然王龙溪作为阳明传人的身份难以改变，但海门的学派归属则可以改弦更张。一旦海门不被视为浙中一脉的传人，浙中王学的禅学色调便相应淡化，浙东学派所遭受的攻击也会大大减弱。所谓"然龙溪之后，力量无过于龙溪者，又得江右为之救正，故不至十分决裂"。② 或许恰恰透露了黄宗羲为保浙中王学的声誉而斩断龙溪到海门的这一脉传承的隐微用意和目的。

那么，将海门排除在浙中王门之外后，为何又偏偏选择近溪作为海门的师承呢？这也并非偶然。黄宗羲认为近溪是最接近禅学的，所谓"近之深于禅者莫如近溪"。③ 而海门的关键问题既然也出在近禅上，所谓"周海门主张禅学"，④ 因此，将其归属于"深

① 黄宗羲：《外舅广西按察使六桐叶公改葬墓志铭》，《黄宗羲全集》第十册，页380。
② 黄宗羲：《明儒学案》卷三十二《泰州学案》，《黄宗羲全集》第七册，页821。
③ 黄宗羲：《复秦灯岩书》，《黄宗羲全集》第十册，页203。
④ 黄宗羲：《明儒学案发凡》，《黄宗羲全集》第七册，正文页5。

于禅者"的近溪门下，亦可谓顺理成章。此外，黄宗羲虚构海门从游近溪时近溪示以《法苑珠林》的故事，或许也无非是要强调近溪、海门思想中的禅学色彩。

进一步而言，如果说海门是一位与禅宗纠缠不清的典型，将海门排除于浙中王门之外，虽然可以使浙东学派尽可能减少非议，但只要海门属于阳明学的正传，便依然无法避免阳明学在整体上受到攻击。只有海门不属于阳明的正传，才能达到从整体上维护阳明学的目标。而《明儒学案》中《泰州学案》的设置，便是黄宗羲有意区别阳明正传与别派，以便使阳明学尽可能减少与禅学干系这样一种考虑的产物。这一点，可以通过《泰州学案》本身所蕴含的问题以及《止修学案》所反映的问题两方面得以说明。

由《明儒学案》的基本结构可见，黄宗羲显然将泰州学派视为阳明的别派而非正传。王艮同样是亲炙阳明，但其开创的学派却没有被黄宗羲列入王门，而是在《浙中王门学案》、《江右王门学案》、《南中王门学案》、《楚中王门学案》、《北方王门学案》以及《粤闽王门学案》这些被冠以"王门"的"学案"之外另立一《泰州学案》。就"浙中"、"江右"、"南中"、"楚中"、"北方"、"粤闽"这六个王门正传学派而言，其主要代表人物大都来自该地区，如浙中王门的主要代表人物均来自于浙江中部，江右王门则来自江西一带等等。但《泰州学案》的情况却并非如此。其中，除了王艮（1511－1587，字宗顺，号东崖）传后所附樵夫朱恕、陶匠韩贞和田夫夏廷美之外，正式作有学案的共十八人。可是在这十八人中，只有王艮、王襞、王栋（1503－1581，字隆吉，号一庵）和林春（1498－1541，字子仁，号东城）四位是泰州人士，其余人物则分别来自浙江、江苏、江西、广东、湖北、四川、安徽。这显然与以地域为划分人物学派归属的标准不符。并且，不仅地域混杂，整个泰州学派内部的思想也颇不一致。耿定向便既非泰州人士，也没有泰州的直接传承。其思想虽因其弟耿定理（1534－1577，字子庸，号楚倥）的缘故受到王艮及其传人的影响，但亦自有其特点。前文提到海门未将耿定向列入《圣学宗传》，一方面说明了海门对耿氏排斥龙溪的不满，同时也反映了两人在思想上的差异。而在《泰州学案》卷首所列的邓豁渠（1498－1578前后，初名鹤，号太湖）、方与时（字湛一）这两个人，前者虽曾一度受学于赵贞吉（1508－1576，字孟静，号大洲），但不久即弃家出游并落发为僧，最终潦倒死于他乡；[①] 后者则于王学毫无授受，实乃一方术之士，[②] 二人简直难以归入儒者之列。关于泰州学派内部的多元与不相协调，我们后文再论。至少由此已可见，在六个"王门学案"之外别立一《泰州学案》，可以认为是黄宗羲在《明儒学案》中的一项特别设计，既是为了划分阳明学正传与别派，又可以使阳明学尽可能免受当时思想界批评其杂禅的强势攻击。既然泰州学派并非阳明正传，那么泰州学派所导致的问题，便无须要求阳明学的正脉为其负责。

---

① 有关邓豁渠其人的研究，参见荒木见悟：《邓豁渠的出现及其背景》，《中国哲学》第19辑，页1－21。邓氏所著《南询录》，现藏日本内阁文库，亦见《中国哲学》，第19辑，页377－414，由荒木见悟加序号，黄宣民标点。
② 黄宗羲在《明儒学案》中对方与时的介绍，当本自耿定向。参见耿定向，《耿天台先生文集》卷十六《里中三异传》。所谓三异包括何心隐、邓豁渠和方与时。耿定向与方与时比邻而居，对其事知之颇详。

与《泰州学案》情形相似的还有《止修学案》。所不同者，《止修学案》仅列李材（1519－1595，字孟诚，号见罗）一人而已。李材虽学于邹守益（1491－1562，号东廓）门下，却也像泰州一样不被视为王门正传而别立一案。但问题是，李材并未形成自己的学派，黄宗羲为何要单独给他专立一案呢？并且，整部《明儒学案》中，以一人单独列一学案者，除了李材之外，只有王阳明、刘蕺山两人。众所周知，《明儒学案》以阳明中心，以蕺山为殿军，李材有什么地方可堪与阳明、蕺山相比肩而足以专立一案呢？或者以为，这大概与刘宗周对李材的格外推崇有关，所谓："文成而后，李先生又自出手眼，谆谆以'止修'二字压倒'良知'，亦自谓考孔、曾，俟后圣，抗颜师席，率天下而从之，与文成同。"① 但黄宗羲对李材的评价却并不高，② 所谓："其实先生之学，以'止'为存养，'修'为省察，不过换一名目，与宋儒大段无异，反多一张惶尔。"③ 并引述许孚远与高攀龙（1562－1626，

① 黄宗羲：《师说·李见罗材》，《明儒学案》卷首，《黄宗羲全集》第七册，页21。
② 在《明儒学案》中黄宗羲对许多人物的评价与其师刘宗周皆不相同。譬如，刘宗周认为陈献章近禅，黄宗羲则认为"有明之学，至白沙始入精微"，并将其与阳明一同视为明代儒学的两位大师。刘宗周推崇王艮贬抑龙溪，认为王艮"言虽超旷"，而"不离师门宗旨"，龙溪则"认良知为佛性"，终成"玩弄光景"；黄宗羲却认为龙溪虽出入释老，但却"亲承阳明末命"，对阳明之教"疏河导源"而"多所发明"。王艮作为泰州学派的始作俑者，则直接下开了狂荡的不良之风。因而龙溪仍属王门，王艮则别为泰州。许多学者均认为黄宗羲虽尊崇其师刘宗周，将《师说》冠于《明儒学案》卷首，但并非以刘宗周之见为判准。如陈荣捷先生云："窃以谓其尊师则可，谓其据师说以著学案则不可。"参见陈荣捷，《论明儒学案之师说》，《幼狮月刊》，四十八卷，第一期，页6－8。当然，黄宗羲在《泰州学案》卷首却又泰州、龙溪并举，指出阳明之学"因泰州、龙溪而渐失其传"，泰州、龙溪"跻阳明而为禅"。在这肯定与批评之间，或许正可见黄宗羲为维护浙中阳明学脉的颇费周折。
③ 黄宗羲：《明儒学案》卷三十二《止修学案》，《黄宗羲全集》第七册，页780。

初字云从，后改存之，号景逸）对李材的批评，认为许、高"两公所论，皆深中其病"。当然，就纯粹的可能性来说，黄宗羲在对李材评价不高的情况下仍然可以尊重师说而专为李材专立一案，但事实上，《止修学案》之作为一个单独的学案，是颇为可疑的。就《明儒学案》的基本体例而言，每一学案前均有一案前序言，旨在对该学派的渊源、特点以及得失等予以概括和评价，唯独《止修学案》例外。在目前通行的《明儒学案》各种版本中，①《止修学案》前大多有这样一个案前序言，所谓：

> 见罗从学于邹东廓，固亦王门以下一人也，而到立宗旨，不得不别为一案。今讲止修之学者，兴起未艾，其以救良知之弊，则亦王门之孝子也。②

但是，这段话是道光元年（1821）会稽莫晋（字宝斋）、莫阶（字芝庭）在校刻时补入的。莫刻本基本上是以康熙三十二年（1693）故城贾氏紫筠斋刻本为底本，而贾本与乾隆四年（1739）慈溪二老阁主人郑性根据黄宗羲手稿所刻的《明儒学案》却相差颇大。前者所据底本是经贾氏整理过的传钞本，后者所据则是黄

---

① 目前通行的《明儒学案》有北京中华书局版、台湾华世出版社版、台湾河洛出版社版、世界书局版以及杭州浙江古籍出版社《黄宗羲全集》版。除北京中华书局版、《黄宗羲全集》版外，其余各版均是以莫晋刊本为底本。《黄宗羲全集》版以郑氏二老阁原刻本为底本，但却为求体例一致，而根据莫晋刊本补上了《止修学案》的案前序言，遂使其原貌隐而不彰。北京中华书局版《止修学案》保留了郑氏二老阁本无案前序言的原貌，但点校失误之处颇多，参见朱鸿林：《明儒学案点校释误》（台北：中研院历史语言研究所，1991）。

② 黄宗羲：《明儒学案》卷三十二《止修学案》，《黄宗羲全集》第七册，页778。

宗羲的原稿。① 因此郑性说"故城贾氏一刻，杂以臆见，失黄子著书本意"。② 在郑刻本中，《止修学案》前却并无上引这样一段案前序言。③ 这似乎很难说是黄宗羲的一时疏忽。假如与王门有直接渊源但却不被作为王门正传的别派只有庞杂的《泰州学案》一支，势必使在王门之外别立泰州的合法性难免受到怀疑，并很容易显示出黄宗羲试图将对阳明学的批评尽可能转移给泰州学派的这一用心。《止修学案》之被作为另一个王门正传之外的别派而与《泰州学案》并列，或许正是黄宗羲为了避免出现这种后果的另一个安排。在黄宗羲原稿中，《止修学案》之前本无序言，也许正说明黄宗羲最初并没有打算将李材别立为一个单独的学案。

由以上的考察可见，通过在王门之外别立《泰州学案》，以示王门正统与异端之别，并以《止修学案》的设立使这种正统与异端之别的合法性免遭质疑，然后再将浙中"主张禅学"的龙溪传人海门作为近溪弟子归入泰州学派，于是便既可尽量减轻家乡浙东学派遭受杂禅的非议与批判，又能从整体上维护阳明学的儒学

---

① 见山井涌：《〈明儒学案〉考辨》，《黄宗羲论——国际黄宗羲学术讨论会文集》（杭州：浙江古籍出版社，1987），页 473－488。
② 郑性，《明儒学案序》，《明儒学案》（北京：中华书局，1985）。
③ 有关《明儒学案》各种版本的具体情况，参见吴光：《黄宗羲遗著考》之四《明儒学案考》中"版本汇录及刊行过程"部分，《黄宗羲全集》第八册，页 1007－1016。《四库全书》编修时之所以不取二老阁郑氏刻本，而选取了故城贾氏刻本，极有可能是因为贾本批评阳明学的色彩与官方的意识形态接近。此由贾本前贾润的序言可知，所谓"明初诸儒，如方正学（方孝孺）、曹月川（曹端，1376－1434）、薛敬轩（薛瑄，1389－1464）、吴康斋（吴与弼，1391－1469），其学一本濂洛关闽，未尝独辟门户。至白沙、阳明而专求心学，重内转外，其说虽足以救朱学末流之弊，但万历间禅学盛行，亦有二公潜起其端。"

本色。这或许便是黄宗羲在当时思想界强势批判王学的声浪之下，因应形势而护持阳明学的苦心孤诣与通盘考虑。

六

由于黄宗羲将周海门划归《泰州学案》背离学术思想史的实际，因此与黄宗羲同时的史家并非皆以黄氏之说为准。在黄宗羲开启的清代浙东学派中，于史学方面成就最为卓越的是黄宗羲的弟子万斯同（1638－1702，字季野，号石园）。万氏于康熙十二年前便著有史表体《儒林宗派》，与黄宗羲的《明儒学案》、黄宗羲、黄百家、全祖望合编的《宋元学案》以及董允瑫（1627－1679，在中）的《尊道集》并称清初浙东学派四大学术史著作。① 万氏治史首重"事信"，② 而他在《儒林宗派》卷十五《王氏学派》中便根据学术思想史的实际传承列出了王畿（龙溪）→周汝登（海门）→陶望龄、陶奭龄、刘塙这样一条谱系，将李材归入了邹守益的授受表，而耿定向、耿定理、焦竑等被黄宗羲归入《泰州学案》的这批人，则未被视作王门而归入了卷十六的《诸儒博考》。③ 当然，这或许由于万氏是书之作，早于黄宗羲《明儒学案》，尚未受黄宗羲的影响之故，但万氏之所以如此编排，自属信而有征，于理有据。另外，在《明史·儒林传》中，海门的传是附在龙溪而非近溪之后的。这种编排

① 《尊道集》已佚，然其《序》尚存《四明儒林董氏宗谱》中。
② 参见钱大昕：《万先生斯同传》，《潜研堂文集》卷三十八。
③ 万斯同：《儒林宗派》卷十五（台北：广文书局，1971），页365，页356，页391—392。

方式同时也表明了修明史者认为海门是龙溪门下的看法。事实上，万斯同正是修明史的灵魂人物，而将海门附于龙溪之后以明其师承，很可能便是万斯同的影响所致。① 有趣的是，万氏是在黄宗羲力拒清廷再三邀请的情况下，应黄宗羲的要求代其参与明史修撰一事的。而黄宗羲之所以要万斯同参修国史，并非有违于自己不与清廷合作的初衷和民族气节，而恰恰是希望通过自己得意门生万斯同的参与，达到保证历史客观性并辨别贤奸的目的。② 这也说明，尽管黄宗羲在海门的学派归属上出于维护浙东阳明学声誉的考虑而扭曲了学术思想史的真相，但历史的客观性对黄宗羲而言，毕竟是一条基本的原则。海门学派归属的问题并不能够取消黄宗羲作为学术思想史大家的地位。

除了海门的学派归属问题以及与之相关的泰州学派的问题，随着研究的深入，我们或许还可以发现其它一些需要辨正的地方，但就整体来说，作为一部反映明代儒学基本面貌的断代学术思想史，《明儒学案》的贡献与地位尚无其它著作可以取代。或许也惟其如此，后来的史家与研究者在论及明代儒学时大多以黄宗羲之说为据，如此辗转相传，善者故不必言，但像海门学派归属这样的不实之处，也自然随之将错就错，积非成是。如《四库全书总目提要》，便沿袭了黄宗羲所建构的失真的泰州

---

① 关于万斯同在明史馆的作用，可参考方祖猷：《万斯同在明史馆的作用》，《清初浙东学派论丛》（台北：万卷楼图书有限公司，1996），页289—305。

② 万斯同以布衣参赞修史事，不受禄，不纳俸。故黄宗羲于万斯同北上时赠其《大事纪》与《三史钞》并赋诗《送万季野北上》，其中有"四方声价归明水，一代贤奸托布衣"句（《黄梨洲诗集》，北京：中华书局，1955，页107）。对于万斯同参与修史事，黄宗羲有谓"一代是非，能定自吾辈之手，勿使溷乱。白衣从事，亦所以报故国也。"（黄嗣艾，《万石园先生》，《南雷学案》卷七）。

谱系，所谓"王守仁传王艮，艮传徐樾，樾传颜钧，钧传罗汝芳，汝芳传杨起元及汝登。"[1] 以《四库全书总目提要》之权威，其影响自然可想而知。加之日月推移，文献累积，距最初的原始文献所隔公案、转手益多，若不直探本源，委实真相难觅。再如近世的《重编明儒学案》，该书便以黄宗羲之说为据，在卷二十五《泰州学案一》中直接列出了王艮→徐樾→颜钧（山农）→罗汝芳→周汝登→陶望龄、刘塙这样一条线索，[2] 在卷二十八《泰州学案四》中列罗汝芳、杨起元、周汝登、陶望龄、刘塙，以之为近溪所开之学脉。[3] 正由于此，近人与今人以海门为近溪弟子、属泰州学派者，比比皆是。在这个意义上，黄宗羲能够盖过其它反映学术思想史真相的诸说，从而塑造了人们对历史的认识，可以说达成了他的目标。

但是，我们应当明白，黄宗羲扭曲海门的学派归属本身并非其目地，维护浙东阳明学的声誉，尽可能弱化流入于禅的非议才是其意图。这在当时思想界的氛围下，就黄宗羲的立场而言或许有其针对性，可是世易时移，当禅的忌讳已经解除，问题的重点是客观的学术思想研究，而不再是考虑如何为阳明学辩护时，我们便应当反省黄宗羲的目标在已经失去其时效性的情况下所产生的非预期后果。

黄宗羲虚构海门与近溪的师承关系，扭曲其学派归属，至少产

---

① 《四库全书总目提要》卷六十二，《史部》，《传记类存目四》，《圣学宗传》十八卷条下（北京：中华书局，1995），页558中。

② 李心庄：《重编明儒学案》（上、下）（台北：国立编译馆出版，正中书局印行，1979），下册页271。

③ 同上书。

生了两方面的问题。首先，它割断了阳明学在浙江地区王阳明→王龙溪→周海门→陶望龄、陶奭龄这样一条实际的发展脉络。我们前面已经指出，对于浙江地区王学的传承，黄宗羲的说法是"龙溪之后，力量无过于龙溪者"①，但据时人对海门的评价，如邹元标所谓："龙溪见地，非不了义者所能究竟。继元后龙溪而出者也，双目炯炯，横冲直撞。所至令人胆落心惊，亦能使人神怡情旷。东越之学，从今益显益光者，非继元氏乎?"② 以及陶望龄所谓："海门子少闻道龙溪之门，晚而有诣焉。自信力，故尊其师说也益坚；其契也亲，故词不饰而甚辨。四方从游者皆曰：先生，今龙溪也。其门人墦辈，其答赠之词刻之。读者又曰：龙溪子之文，何以异诸?"③ 则显然不同于黄宗羲的讲法，而认为海门为龙溪之后阳明之学的又一有力传播者。因此，阳明学在浙江地区这样的一条脉络，实有其自身发展的理路，颇值得我们深入研究。并且，阳明学内部所蕴含的诸多问题，尤其是儒学与禅学在互动与融合中所展现的新的思想内容，都可以透过对这一思想发展脉络的发掘与探讨而得到很好的说明。但由于黄宗羲将海门归入泰州学派，这一脉络便隐而不彰。给人的感觉是浙江地区阳明学一传至龙溪之后便后继无人，没有进一步的开展。似乎只有到了蕺山，阳明学才在浙江地区又有了新的进境。但正如黄宗羲自己所

---

① 黄宗羲：《明儒学案》卷三十二《泰州学案》，《黄宗羲全集》第七册，页821。
② 邹元标：《东越证学录序》，《愿学集》卷四，王云五主编：《四库全书珍本五集》，页44。亦见周汝登：《东越证学录》卷首，《四库存目丛书》，集165，页411下－412上。
③ 陶望龄：《海门文集序》，《歇庵集》（一）卷三，页357。亦见周汝登，《东越证学录》卷首，《四库存目丛书》，集165，页408下－409上。

说，蕺山对阳明是"始而疑，中而信，终而辨难不遗余力"。① 最终已自成一个系统，充其量算是广义的阳明学，很难视为王学自身的开展。因此，如果从阳明→龙溪→蕺山这样的顺序来考察明代浙江地区的儒学，我们便只能看到从阳明思想系统到蕺山义理结构的转换，而无法掌握阳明系统自身动态发展（王阳明→王龙溪→周海门→陶望龄、陶奭龄）所体现出的复杂结构，尤其无法深入了解阳明思想系统在明中后期不断融摄释老的过程，以及在这一过程中儒学自身思想内容的丰富与拓展。事实上，许多研究者在接触思想材料时，都或多或少感觉到了海门于龙溪思想之间难以回避的连续性。但都因为黄宗羲将海门作为近溪弟子归入《泰州学案》的缘故，在研究过程中终不免窒碍难通。这正说明本文开头所提出的问题并非无的放矢，黄宗羲对海门学派归属的扭曲，恰恰构成了我们如今研究的预设性或前理解的结构性限制。

　　另外，对于将泰州学派列于王门之外而视之为王学别派，我们当然不能说黄宗羲仅仅是为了要使海门在王门之外有一容身之处。他当然可以依自己的理据做出这样的分判，将泰州学派视为王学的"别子为宗"。但问题不在于可否将泰州视为别派，而在于依黄宗羲的这种划分，泰州学派还能否被做为一个具有相对独立性的学派。正如我们前文已经指出的，泰州学案中的人物大部分并非泰州人士，而是分属不同的地区。那么，在这种无法以地域作为区分不同学派标准的情形下，要构成一个学派，便只有具有基本

---

① 黄宗羲：《子刘子行状》，《黄宗羲全集》第一册，页253。

一致的精神方向了。然而，这一条件对于泰州学派也显然并不具备。如果以王艮作为泰州学派开创者的话，其中的确有一条传承的线索，即王艮→徐樾（1552—？，字子直，号波石）→颜钧（1504－1596，字子和，号山农）→罗汝芳→杨起元。这是《明儒学案》以及《儒林宗派》等所共同认定的。这一脉中几个人的思想尽管未必尽同，但在强调所谓"良知之自然"这一点上则具有共同的基调。前已指出，黄宗羲之所以将此一脉别立于王门之外，很大程度上与他认为过于强调"良知之自然"容易导致"作用是性"而流入禅宗有关。可是，如果以这样的思想特征为标准，则被黄宗羲归入泰州的一些人物显然与之不符。《明儒学案》中《泰州学案》共分为五个部分：《泰州学案一》包括王艮、王襞、徐樾、王栋、林春；《泰州学案二》仅为赵贞吉（1508－1576，字孟静，号大洲）；《泰州学案三》包括罗近溪、杨起元；《泰州学案四》包括耿定向、耿定理、焦竑、潘士藻（1537－1600，字去华，号雪松）、方学渐（1540－1615，字达卿，别号本庵）、何祥（号克斋）、祝世禄（1540－1611，字延之，号无功）；《泰州学案五》则便是周海门、陶望龄、刘塙。此外，还有案前序言中简单介绍的何心隐（1571－1579，字夫山，原名梁汝元）、邓豁渠、方与时、程学颜（字二蒲，号后台）等人。近溪师事颜钧，自属王艮门下，赵贞吉虽是四川内江人，但若据黄宗羲所谓"先生（赵贞吉）之学，李贽谓其得之徐波石"，[①] 则亦属王艮一脉。因此，泰州学案之一、二、三均由王艮开出，确可以主张"良知之自然"

_____

① 黄宗羲：《明儒学案》卷三十三，《泰州学案二》（北京：中华书局，1985），页747。

来概括其基本特点，这一点并无问题。但泰州学案之四、五以及案前序言所列诸人，却无论如何难以一概用主张或强调"良知之自然"来笼罩。譬如方以智（1611－1671，字密之，号曼公）的曾祖父方学渐，言心虽本王阳明，论学却颇欲以朱子格物致知之说救正王学末流空虚之弊。① 对"无善无恶心之体"一说，方学渐也和东林高攀龙、顾宪成（1550－1621，字叔时，号泾阳）等人一样，最不能相契，认为是龙溪假托，非出阳明。其《心学宗》、《性善绎》便皆为此而发。② 因此，再将本不属于泰州的海门及陶望龄、刘塙等人杂入泰州，显然使泰州学派的构成更为驳杂，无形中使泰州学派作为一个相对独立学派的意义大为减弱。近世以降，在阳明后学的研究中，海内外学者对泰州学派着力较多，但往往多是就其整体而言，不免失之笼统。无法详尽其曲折的原因虽不一而足，但黄宗羲所立泰州学派本身的问题，不能不说是其中之一。

由于黄宗羲《明儒学案》在整体上的客观性，其影响所及，我们在不掌握第一手原始材料并仔细推敲的情况下，是难于发现周海门学派归属及其相关问题的。虽然在个别情况下，尤其在纯粹义理解析而不涉及学术思想史时，我们不否认一些研究者能够从思想本身的关联把握到海门与龙溪之间的连续性，从而相对摆

---

① 陈嘉猷序方学渐《东游记》云："先生与泾阳公之学皆问途于紫阳（朱子）。"见方学渐《东游记》序，《方氏遗书》本，页16。而方学渐自己的话则更能说明问题："《论语》首学习，全是功夫。不用功夫，安能识本心。近有一种人，只谈本体，不必功夫。一说功夫，即非不思不勉不学不虑。此邪说也。罗念庵说天下无现成良知，正欲矫此弊也。"见《东游记》卷一，《方氏遗书》本，页86。
② 参见高攀龙：《性善绎序》，《方氏遗书》本。

脱《明儒学案》学派划分的制约。但一旦涉及到学术思想史的基本面貌，需要以之为研究的背景和脉络，则海内外学者几乎又无不皆以黄宗羲的划分为根据，以海门为近溪之传人。即以精于文献材料著称的日本学者而言，就笔者目前所知，也只有荒木见悟先生对黄宗羲将海门作为近溪弟子而归于泰州一脉提出过质疑，并注意到了海门与龙溪之间的密切关系，可惜荒木先生未能于此深究，故尚未以黄宗羲之说为非。① 事实上，即便是纯粹的义理解析亦不能完全无视和脱离学术思想史的脉络。因此，黄宗羲将海门归入泰州学案，无疑委实构成了后人进行学术思想研究时的一种结构性限制，使得人们在无论研究浙中阳明学还是泰州学派时均受制于此。这一有悖思想史实际的问题若不加以澄清辨正，始终会妨碍学术思想研究的发展。

因此，本文的意义或在三个方面：第一，通过将海门的学派归属还归学术思想史的实际，不惟可使今后对海门个人的研究不再窒碍难通，而能够在一个前后相续、左右相关的恰当历史脉络中得到正解与定位，尤可使浙中阳明学由阳明到龙溪再到海门及其后学这样一条发展演变的线索得以恢复彰显，同时让研究者对泰州学派的性质能有进一步充分的认识。第二，通过揭示黄宗羲在《明儒学案》中人为扭曲海门学派归属的用意与目的，既可明黄宗羲之心迹与事之原委，又足见清初批评王学风气之烈，笼罩一世，连黄宗羲这样的豪杰之士亦概莫能外，不仅在义理之学上已启偏

---

① 见荒木见悟：《明代思想研究》，页 227－230。而其他如阳明学大家冈田武彦先生、精研中国思想史（尤其宋代以降）的沟口雄三先生等等，均不免承黄宗羲之说。参见冈田武彦，《王阳明与明末儒学》（东京：明德出版社，1971）；沟口雄三：《中国前近代思想的演变》（东京：东京大学出版会印行，1980）。二书皆已有中译本。

离宋明理学传统典范的端倪，① 在为学求道的风格与方法上也开始与心学一脉不以经史之学为尚的特征分道扬镳，终于成为由"文史"以"明道"的浙东学派的开山人物。"终结了一个时代，也下开了一个时代。"② 第三，通过澄清海门的学派归属以及检讨泰州学派的问题，提请明代儒学研究者在以《明儒学案》作为重要参考资料的同时，也要意识到《明儒学案》并不足以成为治明代儒家学术思想史最终的文献依据，全面深入地了解明代儒家学者的思想面貌，应当充分利用作者本人的全集、文录等第一手资料。③

　　本文首先澄清周海门的学派归属，进而检讨黄宗羲为何在《明儒学案》中对海门的学派归属进行了背离历史真相的处理。前一部分以实证为主，不无诠释；后一部分稍重诠释，亦不离实证。总而言之，则力求作到实证与诠释二法互施，相辅相成。诚如余英时先生所言："史者，知人论世之学也。……然亦未有不知人而真能论世者，更未有不知其心而真能知其人者。……论世必尚外

① 牟宗三先生因认为黄宗羲误解宋明儒的"天命流行之体"而不以之为宋明儒学之后继，见牟宗三：《黄宗羲对于"天命流行之体"之误解》，《心体与性体》第二册第四节附识（台北：正中书局，1996），页 117－135。刘述先先生则认为黄宗羲虽已不自觉地处在脱离宋明儒学典范之边缘，但大体仍能守住宋明儒学的基本纲维，可为宋明儒学之殿军。参见刘述先：《黄宗羲心学的定位》（台北：允晨文化实业股份有限公司，1986），页 91－123。至于明清之际儒学的典范转移，可参考郑宗义：《明清儒学转型探析——从刘蕺山到戴东原》（香港：中文大学出版，2000）。
② 刘述先：《黄宗羲心学的定位》，页 179。
③ 事实上，钱穆先生亦曾指出《明儒学案》不能作为治明代儒学的最终凭借。"余少年读黄梨洲《明儒学案》，爱其网罗详备，条理明晰，认为有明一代之学术史，无过此矣。中年以后，颇亦涉猎各家原集，乃时憾黄氏取舍之未当，并于每一家之学术渊源，及其独特精神之所在，指点未臻确切。乃复时参以门户之见，意气之争。""故其〔梨洲〕晚年所为学案，亦仅可为治明代儒学者之一必要参考书而止。"《读刘蕺山集》，《钱宾四先生全集》第 21 册，《中国学术思想史论丛》（七）（台北：联经出版公司，1993），页 351，页 365。

在客观，故实证之法为不可废；知人必重内在之主观，故诠释之法亦不可少。然此不过理论上之强为分别耳。以言思想史之实际研究，则实际（证）与诠释固不可须臾离也。"① 并且，"惟有实证与诠释参伍以求、交互为用，庶几有以知古人之言，而见古人之心耳。"②

至此，本文的目的可以说已经达到。只是，黄宗羲将海门作为近溪弟子归入泰州学案，归根结底可以说是出于禅的忌讳而有意为之，否则他不会为了尽可能维护浙中阳明学传承的声誉而违背自己学术思想史的客观性原则。然而，现在的问题是，象黄宗羲那样传统的儒者，往往囿于儒释之争的正统意识，不免将儒家与佛家视若水火，从而将任何对佛教思想的吸收均视为对儒家正统的悖逆。如今，学术思想的研究既已无须纠缠于正统意识下的儒释之辨，对于海门与禅学在思想内容上的关系究竟如何？以及该问题所存在的思想脉络，即在明中后期"三教合一"的背景下，儒释道各自的义理结构有何发展变化？其间的分际又如何厘清确定？我们便应当尽可能予以客观深入的分析与评价。不过，这将主要涉及到思想观念本身的解析工作，既与本文的研究进路有别，也非本文的篇幅所允许，应当在另一项专题研究中解决。当然，学术思想史的考察与思想观念本身的辨析（哲学以及哲学史研究），虽然在研究视域与方法学上各有其相对的独立性，但又不能够截然判为两途。事实上，就笔者而言，对周海门学派归属与

---

① 余英时：《方以智晚节考》，《增订版自序》（台北：允晨文化实业股份有限公司，1986），页 5 – 6。
② 余英时：《方以智晚节考》，《增订版自序》，页 5。

《明儒学案》相关问题的检讨，既有其学术思想史自身的意义，也正是下一步对海门以及明中后期相关阳明学者的思想进行哲学性考察的一项不可或缺的基础工作。

附识：

本文的问题意识，自 1996 年阅读《东越证学录》时已经萌生，2000 年访台时完成，2002 年发表于台湾的《清华学报》。当时完全不知道姜希辙《理学录》的存在。虽然本文的内外证据已经足以支持我的论断，但在我后来发现的《理学录》中，姜希辙对于周海门学派归属的划分与我的判断完全一致，还是令我不能不感到格外欣喜。值本书付梓之际，特此志感。

九、周海门与佛教
—— 历史与思想

一、引言

晚明浙东地区佛教尤其禅宗的兴盛，与阳明学的接引有莫大关系。当时曹洞宗高僧觉浪道盛（1592 – 1659）的弟子刘余谟就说："自姚江倡学以后，龙溪、海门诸公始不讳言佛。"[1] 王龙溪（1498 – 1583）虽然已经站在阳明学的立场主动融摄佛道二教，并被晚明士子视为"三教宗盟"，[2]但对于浙东地区佛教尤其禅宗的兴盛，并没有直接的推动。明末禅宗两大法系曹洞宗和临济宗在浙东地区的大振，与周汝登（1547 – 1629，字继元，号海门）及其门人陶望龄（1562 – 1609，字周望，号石篑）和陶奭龄（1571 – 1640，字君奭，又字公望，号石梁，又号小柴桑老）兄弟的接引相助有直接的关系。如黄宗羲（1610 – 1695）所谓："明初以来，宗风寥落。万历间，儒者讲席遍天下，释氏亦遂有紫

---

[1] 刘余谟：《传洞上正宗三十三世摄山栖霞觉浪大禅师塔铭并序》，《天界觉浪盛禅师语录》，《禅宗全书》（台北：文殊出版社，1987），卷十二，页321。

[2] 参见彭国翔：《良知学的展开——王龙溪与中晚明的阳明学》（台北：学生书局，2003，繁体字版；北京：三联书店，2005），第五章。

柏、憨山，因缘而起。至于密云、湛然，则周海门、陶石篑为之推波助澜，而儒释几如肉受串，处处同其意味矣。"[①] 由于当时海门是浙东地区士林的领袖，若论阳明学中接引和推动禅宗的关键和首选，非海门莫属。正是由于海门与禅佛教的关系如此之深，在黄宗羲眼中已是"几如肉受串，处处同其意味"，后来黄宗羲撰写《明儒学案》，为有明一代儒学"疏河导源"之时，为了要替阳明学与禅宗划清界限，竟然不顾学术思想史的实际，将作为龙溪弟子的周海门及其门下包括陶望龄、陶奭龄等人，整个划归泰州学派，使之不免成为王门异端。[②] 海门与禅佛教关系密切，似乎学界相关学者人尽皆知。然而，海门与佛教的关系究竟如何？以往的研究者虽或多或少有所触及，但无论是史实的考证，还是义理的分析，似乎都还未有全面的深究。王龙溪与佛教的关系，笔者曾有专门的研究，此处不赘。[③] 本文之作，就是希望对周海门与佛教的关系，进行较为完整和深入的专题考察，兼顾"事"与"理"两个方面。

本文包括三个部分。第一部分是史实的考证，力求在充分占有史料的基础上，全面细致地展现海门与佛教交涉的各种情况。包括与哪些僧人有过怎样的交往，曾经游历和住宿过哪些佛寺，如何帮助僧寺募缘，如何推动佛教典籍的流通，以及直接参与佛教书籍的编辑。第二部分是义理的分析，目的是在思想的层面厘清

---

① 黄宗羲：《张仁庵先生墓志铭》，《黄宗羲全集》（杭州：浙江古籍出版社，2005），第十册，页455。

② 关于黄宗羲将周海门一脉划入泰州学案以及整个泰州学案设置的问题，参见彭国翔：《周海门的学派归属与〈明儒学案〉相关问题之检讨》，《清华学报》（台湾），新31卷第3期，2002年9月，页339–374，现收入本书。

③ 参见彭国翔：《王畿与佛教》，《台大历史学报》（台北）第二十九期，2002年6月，页29–61。

海门与佛教关系。这一部分包括四个方面：一是海门如何看待佛教自身的一些观念及其阐发方式；二是海门如何运用佛教的方法和观念来阐发儒学；三是海门如何站在儒家的立场诠释佛教的一些观念；四是海门有关儒释之辨的主张。最后一部分探讨海门深入佛教的原因，在宏观的社会和思想背景之外，选择微观与个体的取径，专注于从海门自己特定的人生经历（如亲丧病痛）以及家族关系（如家族亲人）这两方面对他的影响。

二、史实的考证：海门与佛教的交涉

（一）僧众交往

在晚明的知名儒者中，海门大概算是与佛教人物交往最多的一位。晚明四大高僧中，除了藕益智旭（1599－1655）因年岁较晚，未尝与海门有过交往，其余三位佛门的龙象均与海门有过直接的往来。

四大师中云栖袾宏（1535－1615）是年岁最长的一位。万历三年乙亥（1575）冬，四十岁的云栖袾宏曾经在山阴境内的兴浦庵与时年七十八岁的王龙溪等人有过聚会夜话。会中云栖袾宏与王泗源曾就禅宗"察"与"观"这两个观念进行过论辩，王龙溪则为之评判折中。① 当时云栖袾宏尚在声誉渐起的阶段，但海门较云栖袾宏年少十二岁，故两人交往时，应当已是在云栖袾宏法席

① 兴浦庵夜话始末参见彭国翔：《良知学的展开——王龙溪与中晚明的阳明学》（北京：三联书店，2005），页239－243。

隆盛之后了。海门与云栖袾宏的往来，海门集中只有一处记载，但云栖袾宏的遗稿中有《答周海门少参》五条。且不论这五条文字是否即是海门所谓"校勘数语"的记录，两处文献合观，至少可证两人曾经相见并有论学。海门《与查、邵二山人》书中云：

> 生七月中旬起行至省，八月中旬抵广信蒲。拟查丈在此同舟，不意不偶。近来二丈行脚如何？生会莲池，校勘数语，遂见底里。笔不能写，何日一面述相证也。①

至于紫柏达观（1543－1603），海门集中有一篇《达观大师像赞》，其后附录的《纪事》一文中，较为详细地记录了他与达观的两次见面。

> 予晤师在癸巳金陵贺氏园中为驾部郎时。乃予请见，固有年矣。先与瞿比部洞观、傅太常大恒共介其徒。以往既到复却，几度策马空归，二君遂不复言求见，而予竟未已，至是晤焉。师须鬓不剪，顶着樵巾，体干丰伟，坐立如山。晦翁所谓其人皆魁岸雄杰者是。已相见，慈容满面，欢然如故。室中有数辈儒衣冠者，握笔沉思，肃如试举。余坐定，侍者设席予前，具笔伸纸。予问故。曰："请与诸子同作《楞严经》中某

---

① 《东越证学录》，《四库全书存目丛书》，集165，页609；台北：文海出版社，1970，页810－811。按：本文所引海门《东越证学录》文献，皆同时注明《四库全书存目丛书》和台湾文海出版社两种不同版本的页码。前者为四库本页码，后者为文海本页码。后文不另注。四库本影印北京清华大学藏万历刻本，文海本系影印万历三十三年刊本。二者当为同一版本，但文海本影印有缺漏。特此说明。

四句讲义，或偈亦可。"予唯然，受之不为异。随与大师论他义，一二转未竟，师辄呼侍者曰："周老先生面前纸笔撤过。"又论一二转，师曰："硬挣也，硬挣。"顷之，侍者持客刺来报，乃鸿胪觉斋徐公。一徒起曰："老师今日体倦，徐公见可俟他时。"某请辞之，便欲趋出。师曰："不可，到即请见。"徐公向与予求见师不得，每侦予所至，则尾之，故今刺得入，以予有人在门；刺得至师前，以予有人在室；其徒请命，以予在座。不然，师皆无由知矣。是日与徐公共午斋而散。明日，天始辨色，街鲜人行，予衙有叩门者，询之为师二徒。予出迓，言大师且来谒。少选，手持拄杖，阔步长趋，数徒拥掖而至，盘桓至暮始别。时从行有周叔宗、贺知忍，余名氏不能悉。从行者曰："大师从未谒人，以是施君，异数也。"予窃叹。是时胸中尚未尽稳，商量不得彻底；嗣后欲再证无缘，可恨！人言师奇怪，余睹具如此。凡初见作难，皆诸徒所为。予以目击徐公一节可推。虽然，即师何病？世界不宽、时人眼孔不大，竟莫容此老。或以其入都为病，而悲愿深远，殆不可测。予为钱子题赞词，更为叙相见始末，重唏嘘及此云。[1]

这两次见面是在万历二十一年癸巳（1593），[2] 当时海门任职南京驾部郎。第一次是海门前往拜访达观，第二次是次日达观率

① 《东越证学录》，页 649 - 650；页 969 - 973。
② 有关海门一生事件的时间考证，笔者曾撰《周海门先生年谱稿》，《中国儒学》（北京：商务印书馆，2009），第一辑，页 - 341 - 386。该文修订版现收入本书。本文所涉海门经历的时间，皆以《周海门先生年谱稿》的修订版为据，以下不一一注明。

徒回谒海门。从海门的记载可见，当时达观声名显赫，为徒众所拥，未便轻易会客；而会见儒家士子时，达观往往以佛教经义相试。但达观初见海门，谈吐之间显然为海门的识见所触动。所谓"周老先生前纸笔撤过"，说明达观认为海门已经超越了文字知解的阶段。而"从未谒人"的达观与海门一面之后，次日竟率徒众专程谒见海门，足见其对于海门的看重。当然，海门对于达观谈说名相以勘验人的做法，并不以为然。这一点，后文讨论海门如何看待佛教一些问题时，再予说明。而从海门"嗣后欲再证无缘"的话来看，这两次会面之后，似乎便从此与达观未尝再见。

在三大师中，与海门交往最为密切的是比其年长一岁的憨山德清（1546－1623）。憨山德清万历二十四年丙申（1596）抵曹溪、五羊，① 一时信众景从。海门万历二十五年丁酉（1597）移官广东，任职期间与憨山往来甚密。② 海门《书觉音卷》云：

---

① 见海门《刻起信论序》，《周海门先生文录》，《四库全书存目丛书》，集165，页320。

② 在海门的文集中，有三封给憨山德清的书信，一首与憨山德清送别的诗，还有一篇记载了两人在岭南见面的题记。而在憨山德清的《憨山老人自序年谱实录》下"（万历）二十四年丙申"及"二十六年戊戌"条，也有和海门交往的记录。二十四年丙申条下载："抵五羊。……，寓海珠寺。大参周海门公，率门生数十人过访。坐间，周公举'通乎昼夜之道而知'发问。众中有一称老道长者，答云：'人人知觉，日间应事时是如此知，夜间做梦时亦是此知，故曰通乎昼夜之道而知。'周公云：'大众也都是这等说，我心中未必然。'乃问予曰：'老禅师请见教。'予曰：'此语出何典？'公曰：'《易》之系辞。'公连念几句。予曰：'此圣人指示人，要悟不属生死的一着。'周公击节曰：'直是老禅师指示亲切。'众皆罔然，再问。周公曰：'死生者，昼夜之道也，通昼夜则不属昼夜耳。'一座叹服。"另，二十六年戊戌条下载："海门周公任粤臬时，问道往来。因摄南韶，属修《曹溪志》。粤士子向不知佛，适周公阐阳明之学，乃集诸子问道于予。"以上二引文见《憨山老人自序年谱实录》，《憨山大师梦游集》（台北：新文丰出版股份有限公司，1963），册四，页2942－2943、2945－2946。

万历丁酉，余量移岭表，十月始入境。顿辔五羊，而憨山上人者，先自雷阳至止。余公事之暇，辄过其方丈，焚香啜茶以坐。或三日、五日、七日一至，即风雨不辍也。①

海门任职广东时间并不长，大致有半年，由他在《与憨山上人》第二书中自谓"度岭而东，半载间诸愿尽酬"可知。②万历二十六年戊戌（1598）海门离开广东北上时，憨山德清亲自由五羊送海门至曹溪水口，海门则赋诗作别。其《憨山上人自五羊送予至曹溪水口赋别》诗云：

> 纵说情空尽，难禁此日心。身同龙窟远，话别虎溪深。
> 坐雨开莲卷，乘风过宝林。并携千里道，临发更沉吟。③

海门离开广东后，仍与憨山保持书信往来，其中很重要的一层原因，是憨山请海门为其《重修曹溪志》和《楞伽解》作序。此事海门在给憨山的两封书信中都有提到。《与憨山上人》第一书云：

> 别久渴仰，忽拜法音，兼领新刻，心目豁朗，喜可知已。迩知甘露时普，皈依不少，然最堪入室者何人？必得一二大法器，辗转化导，乃为快耳。杨少宰（按：杨起元）未晤，恐

---

① 《东越证学录》，页657；页1004。《憨山老人自序年谱实录》中也有相关的记载。
② 《东越证学录》，页610；页813。
③ 《东越证学录》，页686；页1119。

犹是未了之案。然既在一方，邂逅自有期，非比仆浪踪蓬迹，此生莫必也。仆乞休未允，踯躅间又有滇中之命，鸡足山中，非不一顾寻访，然而母老难违，恐终不能就道。早晚又复陈情，得蒙赐允，便自万幸。露地之牛，丰林茂草，足自适矣。《曹溪志》序，仆举管如山，不能就一字，容日另报。①

《答憨山清公》曰：

> 书役来，接前后手教四纸。甘露盈函，清凉无限。《楞伽解》尚需卒业，饱此法味。《志》序并《经》序，来谕肯肯索之，不知宝瓶之上更须此丸盖何为？顾尊命不可终负，容再图之。②

而从这两封信来看，海门离开广东以后，憨山德清至少有四封给海门的书信。其中的主要内容之一，就是向海门索序。憨山的《重修曹溪志》成书在万历二十七年己亥（1599）和二十八年庚子（1600）之间，而海门的序成，则在四年之后，即万历三十二年甲辰（1604）了。这几个时间点，海门自己在《重修曹溪志序》中交代得很清楚，所谓"余入岭表在万历丁酉，别清公（按：憨山德清）以戊戌，志成在己亥、庚子之间，而余序在甲辰云。"③

云栖袾宏、紫柏达观和憨山德清作为四大高僧中的三位，在晚

---

① 《东越证学录》，页 609–610；页 812–813。
② 《东越证学录》，页 622；页 862。
③ 《东越证学录》，页 552；页 582。

明佛教界的声望自然不在话下，但若论晚明禅宗在浙东地区的深入与广泛影响，则必须首推湛然圆澄（1561－1626）与密云圆悟（1566－1642）二人。而这两位禅宗大师进入浙东地区并逐渐广施教化，都得力于当时作为浙东地区士林领袖的海门之助。

海门集中《越中会语》和《剡中会语》分别有两处较为详细地记录了与湛然圆澄的论学对话，是海门与佛教在思想层面上的重要文献，后文会专门引用，作为义理分析的依据。这里需要引用文献以为证据的，是海门对湛然圆澄入浙施教所起的作用。在陈懿典撰写的《会稽云门湛然澄禅师塔铭》中，有这样的记载：

> 师（湛然）以平易简亮，倾重一时。嵊县汝登周公，初请师剡溪明心寺说法，翰林黄公、用先吴公、鲁唯张公，诸达官皆执弟子礼，请问法意。翰林望龄陶公、舜鼎王公、奭龄陶公、承业祁公，承事尤加敬切。①

而海门文集中有一篇《请湛然师临讲席启》，②恰好可以与陈懿典的铭文彼此印证。海门的启文未必定是明心寺说法的那一次，因为其中并无时间、地点和参与者的信息。但若非同一次，则更说明海门请湛然说法至少有两次。当然，这里的关键在于，由陈懿典的铭文可知，湛然至明心寺说法，参与者大都是"达官"和地方有名望的士绅。因为海门为当时浙东士林领袖，由海门邀请

---

① 该塔铭附于《湛然圆澄禅师语录》卷八之后，还有一篇塔铭为陶奭龄所撰。俱见《明版嘉兴大藏经》（台北：新文丰出版公司，1987），第 25 册，页 662。
② 《东越证学录》，页 652；页 983－984。

湛然说法，无疑会使湛然在浙东地区的声名得以迅速和广泛的传播。

至于密云圆悟在浙东的影响，更是得益于海门对他的肯定和引介。这一点，在密云圆悟自己的文献中有充分的反映：

> （万历）三十五年丁未（1607），师（密云）四十二岁。……乃截江过天台，访海门周居士。士以道学，人望隆一，世称门庭高俊者。师与之本色相见，脱略窠臼。士为之手舞足蹈，乃馆师别业，日夕质证，恨相见晚。……及师辞去，与师定出世之期。师以住山告之，士云："知命以上师，且道风遍界，安能深自密惜耶？"①

万历三十五年密云圆悟四十二岁时，海门已经六十一岁。而且，所谓"士以道学，人望隆一"，足见海门在当时浙东地区士林中的地位。刚刚出道的密云圆悟专程拜访海门，无论他自觉与否，对于他迅速进入浙东地区精英知识人的圈子，显然客观上可收极为有利之效。从这里的记载来看，显然，当时在密云圆悟与海门之间，是一个尚不太为人所知的晚进僧人谒见一位声名显赫的儒学宿儒的场景。所谓"师与之本色相见，脱略窠臼"，虽然意在表明密云圆悟并未像一般后进谒见前辈那样毕恭毕敬甚至谦卑唯诺，但恰好也从反面表明了两人之间所处位置的高低不同。"士为之手舞足蹈"的话，未免有夸张之处。但这里详细记载海门对密云圆

---

① 释道忞编：《天童密云禅师年谱》，《嘉兴藏》，第10册，页78。

悟的青睐有加，适足以表明对于密云来说，海门的肯定具有极为重要的意义。

由上可见，当时位居士林领袖的海门对于湛然圆澄和密云圆悟进入浙东地区宣教，所起的作用实在是至关重要。事实上，只有在湛然和密云这两位禅宗高僧进入之后，浙东地区的禅宗才获得了极大的发展，一时宗风大振。黄宗羲去海门不久，他所谓"东浙宗风之盛，海门导其源"，① 不过是如实的观察而已。

以上诸位僧人，都是晚明知名的高僧大德。除此之外，海门交往的僧人还有很多，如今不少已经生平难以详考。这些僧众，除了上文提及的五位高僧，仅在海门文集中，就有十几位。由海门的文字可知，海门与其都或多或少有过交往。比如，海门在《圆觉堂募缘题词》中明确交代与一位寂庵身禅师"为方外交有年"。②此外，海门亦曾与一位竹溪上人分别在檇李（今嘉兴）、武林（今杭州）和剡中（今嵊县）三处见过面。还有一位萍踪上人，海门文集中不仅提到与之有过聚会，更曾赋诗两首相赠。在这众多的僧人之中，大概只有一位碧渊上人，似乎与海门仅在长安有过一面之缘。下面，笔者就将这些僧人的法名及其在海门文集中出现的篇章对应列出，以见海门与僧人交往之众。这些僧人的生平事迹，限于篇幅，笔者不再一一详考。但在接下来考察海门与佛教交涉的其他方面，比如游历僧寺和帮助僧寺募缘时，会随文征引述及。

---

① 黄宗羲：《外舅广西按察使六桐叶公改葬墓志铭》，《黄宗羲全集》（杭州：浙江古籍出版社，1992），第十册，页391。
② 《东越证学录》，页653；页985。

幻也上人——《幻也上人募铸三十二观音化身疏册偈》①

春谷上人——《题春谷上人像》②

寂庵身禅师——《圆觉堂募缘题词》、《元日访寂庵》③

竹溪上人——《别竹溪上人语》④

觉音——《书觉音卷》⑤

愚上人——《题愚公募缘册》⑥

碧渊上人——《长安遇碧渊上人》⑦

易庵僧——《吊易庵僧并序》⑧

瀛虚上人——《同瀛虚上人及诸子游荷花平遇雨》⑨

身上人——《送身上人西归》、《身公别去寄怀》⑩

萍踪上人——《端阳前同僧萍踪集性甫中甫宅》、《赠萍
踪上人入关》二首⑪

普照上人——《濠河庵谒普照上人》⑫

盘石、邗洲——《二僧歌》⑬

① 《东越证学录》，页651；页979 - 980。
② 《东越证学录》，页651；页980。
③ 《东越证学录》，页652 - 653、708；页984 - 987、1207。
④ 《东越证学录》，页655 - 656；页996 - 998。
⑤ 《东越证学录》，页657 - 658；页1004。
⑥ 《东越证学录》，页658；页1005 - 1007。
⑦ 《东越证学录》，页687；页1121。
⑧ 《东越证学录》，页689；页1132。
⑨ 《东越证学录》，页695；页1154。
⑩ 《东越证学录》，页697，页705；页1162，页1194 - 1195。
⑪ 《东越证学录》，页705、707；页1193 - 1194、1201。
⑫ 《东越证学录》，页708；页1206 - 1207。
⑬ 《东越证学录》，页712；页1221 - 1222。陶奭龄《今是堂集》（明崇祯刻本）中有
四首诗都提到"邗洲上人"，与海门《二僧歌》中的邗洲或当为同一人。

普见上人——《请盘石、普见二上人住明心寺书》①

海印上人——《题建华顶塔募缘卷》②

上列诸僧虽与海门的交往疏密不同，但至少都有一面之缘。还有一位秀州的怀松禅师，法号蒲贤，是海门亲密友人查汝定、邵季躬的授戒师。海门文集中有一篇很长的《秀州兴善庵怀松禅师塔铭》，③ 对这位僧人的生平与功德有较为详细的描述。但从文中不能断定海门与其是否见过面，因为这篇塔铭是查汝定等人请海门撰写，所谓"又三年，而汝定、无逸、贯之等以塔铭来请"。④但无论如何，仅就以上所列，加上云栖袾宏、紫柏达观、憨山德清，特别是湛然圆澄和密云圆悟，海门交往的僧人，远远超过王龙溪。即便较之陶望龄、陶奭龄以及被黄宗羲称为"鸠合儒释"的管志道（1536－1608）这几位以"杂禅"闻名的晚明儒者，海门所交往的僧人之多，恐怕都是位居一线的。

海门与僧人交往之广之深，当时其门下已有所感，海门自己也极有自觉。请看以下《剡中会语》中的海门与其弟子之间的这段问答：

或问："先生与僧人往来，亦取善及陶渔之意否？"

先生曰："固是。然亦岂真陶渔已耶？韩、欧辟佛，而僧人往来不置，后与之化矣。伊川则上蔡言其参僧有得，遂反之

---

① 《东越证学录》，页652；页981－982。
② 《东越证学录》，页658－659；页1007－1009。
③ 《东越证学录》，页672－673；页1063－1068。
④ 《东越证学录》，页673；页1066。

偷其说来做己使，是为洛学。不喜佛者如此，其他可知。昔儒未有不交参者也。"

曰："如此则必高僧乃可，以下何与之游？"

曰："吾相与亦有数等。凡僧中有知最上一着，能直取承当者，闻名造请，相见投诚。次则坚持梵纲，矩律精严，良所敬畏，愿与相亲。又次探讨经论，识别相宗，博学第一，取资见闻。又次翱游山水，适意诗歌，遇与盘桓，稍添清兴。又次积募赀财，专造福业，不失本等，酌量应之。接礼僧人，大约数等，此外不入流品，莫堪比数矣。虽然，岂特僧人，我辈亦各有品。从前一一比对，且看何处着脚？自审自定，能不凛然？"①

第一段问答，关乎海门对儒释互动的看法，本文后面会有专门的讨论，此处不赘。第二段问答，则是海门自己概括与僧人交往的五种不同情况。从问者的话中，已经可见当时门人对海门交接僧人不以高僧为限，似已有不解。而海门的回答，则很清楚地表明了他的态度。每一种情形之下，海门所面对的僧人以及与之交往方式，都有所不同。第一种情形，当然对海门来说也是最高的一个层次，交往的僧人是"知最上一着，能直取承当者"，海门与其交往的方式是"闻名造请，相见投诚"。其次，僧人层次较第一种略低，所谓"坚持梵纲，矩律精严"，海门与之交往的方式则是"良所敬畏，愿与相亲"。再次，僧人是"探讨经论，识别相宗，

① 《东越证学录》，页 506－507；页 400－401。

博学第一"，海门与其交往的方式或者说目的是"取资见闻"。第四种情形，僧人属于"翱游山水，适意诗歌"一类，交往的效果只是"遇与盘桓，稍添清兴"。第五种情形，僧人只是"积募资财，专造福业，不失本等"，而海门对此类僧人就只能"酌量应之"了。

事实上，前文所述与海门有过交往的一应僧众，大致都可以在海门自己归纳的这五种情形中得到定位。几位高僧大德如云栖袾宏、紫柏达观、憨山德清、湛然圆澄和密云圆悟，自然属于第一种或第二种，至少是第三种。其余诸人以及下文将会提到的游历和募缘有关的那些僧人，或许大都分别属于第四、五种了。

（二）游历僧寺、助僧募缘、助刻佛经

除了与佛教人物有着广泛和深入的交往之外，海门与佛教的交涉还表现在他游历僧寺、助僧募缘以及助刻佛经这几个方面。

唐宋以降，儒者游历佛寺，渐成一风气甚至传统，明代尤甚。但明代也不乏辟佛甚严的儒者，如何塘（字粹夫，号柏斋，1474 – 1543）"入郡城见弥勒像，抗言请去之"。[①] 这样连佛像都不愿看见的儒者，自然很难想象会游历和住宿佛寺了。因此，游历佛寺在宋代以降固然不能孤立的作为儒者深入佛教的单方面证据，[②] 但经

---

① 《明儒学案》卷四十九《诸儒学案中三》，《黄宗羲全集》，第八册，页472。

② 日本学者久须本文雄曾经考察王阳明游历佛寺的次数、停留时间与佛寺所在地等数据，以之作为阳明与佛教交涉的证据，见久须本文雄：《王阳明の禅思想研究》（日进堂，1965），页113 – 133。陈荣捷先生则撰文指出此不足为据，所谓"日本学者遂以此种旅行为阳明好禅之实据，殊不知游山玩水乃我国文人之通习，并不足为参禅之证"。见陈荣捷：《王阳明与禅》（台北：学生书局，1984），页76。

常在佛寺流连忘返的儒者，至少说明对佛教并无恶感。而如果除此之外更有其他依据，比如上举与僧众的广泛和深入交往，则游历僧寺恐怕就不能简单归之于文人旅游文化一类了。其实，在与僧众交往的同时，海门游历僧寺的众多和频繁，正可以视为他与佛教深度交涉的一个反映。

海门文集中提到曾经游历的佛寺俯拾皆是。《东越证学录》卷十五和卷十六是海门诗文的汇集，仅其中提到的佛寺即有如下之多：

广福寺——《夜同八子宿青石桥广福庵》①

尊胜寺——《尊胜寺》②

万年寺——《同上人游万年寺》三首③

白云庵——《白云庵》二首④

石宕庵——《重过石宕庵》⑤

会墅庵——《会墅庵》、《重过会墅庵》⑥

国清寺——《国清寺先大夫曾读书其中凄然感赋》⑦

六止庵——《天台借宿六止庵张文学许山人俱以酒赠》⑧

能仁寺——《能仁寺遇老僧留供》⑨

---

① 《东越证学录》，页690；页1136
② 《东越证学录》，页690；页1136
③ 《东越证学录》，页688－689；页1128－1129
④ 《东越证学录》，页688；页1126－1127。
⑤ 《东越证学录》，页688；页1127
⑥ 《东越证学录》，页688、693；页1127、1145。
⑦ 《东越证学录》，页689；页1131。
⑧ 《东越证学录》，页693；页1146。
⑨ 《东越证学录》，页694；页1151。

明觉寺——《春归明觉寺楼》①

善兴寺——《华顶善兴寺遭回禄有双铃不毁》②

普安寺——《过普安寺观龙潭》③

湖下庵——《二月十九日湖下庵观二僧祝发》④

龙藏寺——《王会馆同诸子迁龙藏寺》、《龙藏寺同诸子
看断碑》⑤

濠河庵——《濠河庵谒普照上人》⑥

资福寺——《过资福寺》⑦

清隐寺——《宿清隐寺》⑧

诗集中还有一首《过法祥僧舍》：

老爱清幽不耐忙，布袍芒履到诸方。山僧一见频加礼，应
愧鸥机我未忘。⑨

此诗当为海门晚年所作。由诗名可知，是海门过访一位叫法祥
的僧人所在的寺庙而作。但该寺庙的名称，诗中并未交代。法祥
其人，前文考察海门交往的僧众时，也未列其人。这当然只能说

---

① 《东越证学录》，页 697；页 1162。
② 《东越证学录》，页 704；页 1191。
③ 《东越证学录》，页 705；页 1193。
④ 《东越证学录》，页 708；页 1205。
⑤ 《东越证学录》，页 708；页 1205 – 1206。
⑥ 《东越证学录》，页 708；页 1206 – 1207。
⑦ 《东越证学录》，页 710；页 1214。
⑧ 《东越证学录》，页 710；页 1215。
⑨ 《东越证学录》，页 710；页 1215。

明，无论是这里列举的寺庙，还是前面列举的僧人，都还只是海门经验中的部分。此外，对于已废的寺庙，海门也曾经到访并留下诗篇。例如，海门有一首《天姥山废寺》：

> 禅宫消欲尽，往事叹悠悠。寥落悲无主，孤危一上楼。
> 路从官阁改，水漫石田流。惟有千峰色，峨峨青未休。[①]

上列这些僧寺具体的所在，以及海门到访的具体时间，已难逐一考索。但就说明海门游历僧寺之众而言，已经足以为证。不过，这还只是诗文中提到的僧寺。如果将前文提到的那些与海门交往密切的僧众所在的寺庙包括在内，如憨山德清所在的南华寺、云栖袾宏所在的云栖寺，以及密云圆悟的天童寺等等，则海门曾经游历的佛寺绝不下数十处，且遍及各地。

对海门来说，游历佛寺自然是其与佛教亲近的反映，但其中也不乏"翱游山水，适意诗歌"的成分。而帮助僧人募缘，则直接表示对于佛教事业的支持。海门帮助僧人募款，大体有以下情况。

第一种情况，募缘筹款的目的是帮助供养一生献身佛教而居无定所的僧人，使之老有所归。如前文提到作为海门"方外交有年"的寂庵身禅师，早年四方游走，所谓"随方信足"。晚年定居圆觉堂，但该寺"庵宇低隘"，连居士为寂庵禅师修造的三尊佛像都无法容纳。海门作《圆觉堂募缘题词》，正是要募款扩建圆觉堂，使得佛像可以安顿，四方礼佛之士可以前来参拜，寂庵禅师的晚年

---

① 《东越证学录》，页 693；页 1146。

生活也就有所依赖了。对于此事，海门交代得很清楚：

> 寂庵身禅师者，戒律精严，修持勇猛。阐旨明宗，真僧门之龙象；匡徒领众，为末法之梯航。早岁参寻，随方信足。晚居圆觉堂，将终老焉。先有信心居士，为师塑佛像三尊。惟庵宇低隘，供礼未称。于是诸徒谋更新之。工力颇烦，欲求檀信乐助。而海门居士，与师为方外交有年，为之引言，以告十方。①

而海门劝说众人捐助的说辞，也是从佛教思想本身出发，不仅饶富禅意，而且很能动人。他紧接着上面的话说：

> 盖惟禅师，身似浮云，心无住着。其视兹堂何有？而诸徒之修，为十方修。十方皈依诸佛，即以自依；敬礼高僧，即以自礼。故兹堂是吾取宝之山，兹举是吾栽因之会。而一切捐舍，为自身舍。②

还有一位愚上人，也属于类似的情况。海门《题愚公募缘册》载：

> 愚上人者，始吾见其来往吴、楚、燕、齐间，若云中之雁，水上之萍，翱翔漂泊，无定所矣。已而会之金陵，人有劝

---

① 《东越证学录》，页 652－653；页 984－985。
② 《东越证学录》，页 653；页 985。

之买山而止者，乃就某寺之左偏而顿锡焉。故地有佛庵僧宇，岁深就圮，即慈容宝相，不免日炙风吹矣。而宰官居士，有为捐资而助其料理者。上人于是新其庵曰万法，奉金像居之。庵后构宇曰归一，以处僧徒而修净业。而其工巨，未可竟也。则又惟十方檀越是仰，为之册，以记其所已捐，而募其所未有者。过而乞言于余以引之。①

"若云中之雁，水上之萍"之类的话固然美丽，其实也是说这位僧人"漂泊无定所"。而海门的募款言辞同样以禅语出之，娓娓动人。所谓：

余何言哉？作苦海慈航、度一切众生者，佛；庄严宝相、为皈礼地者，庵；奉佛造庵、弘法普化者，僧；金钱米帛、随缘施舍者，十方众。然众实无所施僧，僧实未尝造庵，庵实非以礼佛，佛实不能度人。不能度人者，人自度也。非以礼佛者，心自礼也。未尝造庵者，法自显也。无所施僧者，因自植也。余何言？②

上引这两段劝人捐助的言辞，足见海门无论对于禅宗心法，还是其表达方式，都颇能得其三味。这一点，后文义理的部分再予以探讨，此处不赘。

第二种募缘的情况，是帮助僧人置办寺田。寺庙一般虽有信众

① 《东越证学录》，页658；页1006。
② 《东越证学录》，页658；页1006-1007。

的香火供奉，但同时往往也负有施舍甚至赈济之责。如无田产，仅凭香火，有时会难以为继。海门《募石梁斋僧寺田卷题词》便是他为帮助僧人募款置办田产而作。其说如下：

> 余读《东坡集》，见其善谈佛理，超诣处，直透最上一乘。而指示修持，则专重有为诸法。命释子持戒诵经，崇饰塔庙，以为正经。而信佛者，务须施舍拜礼，各随其愿。盖其形诸记颂书传中，往往不离是义。夫世谈无为宗旨者，若将屏除一切，无所事事，而苏公乃独此谆谆。盖无为元不碍有为。岂惟不碍，舍有为别无无为。此苏公之所以为悟入也。有石梁寺僧欲为其寺置田，以赡方上之来参礼者。盖思斋粮有限，而田之利益无穷。可谓实修释子之职事，而深得坡公之意者。将乞诸十方，而持卷问言于予。予惟愿十方善信，各味苏子之训，共植无量之因。乐施者益弘其愿，吝与者力去其悭。盖一念投诚，既是心田，而多生受报，亦是福田。即须起愿，莫负良缘。①

石梁寺的僧人欲置田产，是因为"斋粮有限，而田之利益无穷"。不过，虽然寺僧置田是为了"赡方上之来参礼者"，但置田毕竟与修建庙宇、供奉高僧不同，其动机有时难以确定。因此，这类募捐大概会比修建庙宇和供奉高僧相对不容易。但是，海门募缘的言辞，却把此"有为"之事说得恰合禅家"无为"宗旨。

---

① 《东越证学录》，页 654–655；页 991–993。

并且，他还搬出"善谈佛理"的苏东坡来相助，其言甚辨，实在不能不令信众折服。

第三种帮助募缘的情况，是为了修复已毁的佛教古迹。在《题建华顶塔募缘卷》中，海门记录了帮助海印上人募缘重新修建天台山华顶峰上的降魔塔一事：

> 天台山华顶峰，高一万八千丈。群山举目，无与宾者。即无塔，称卓绝矣。然昔智者大师曾于此建降魔塔，近废无存。至人遗迹，亦当追寻而兴复之者。夫山高费巨，塔不易成。当时大师，因显有神通，山魔海鬼，投石而就。今千余年来，塔废不兴，未闻有光大其事者。海印上人，结庐峰顶有年，一旦有兴塔之愿。或谓上人凭何神力，乃希此举？余独以为，聚心一处，则无事不办。上人专力此事，死生以之，以精诚感召八方檀信孚应，当必有布金之士，满足上人之愿者。上人运此神通，与智者等无差别。祗惟一念不退，是惟上人肩之耳。盖余与王鸿胪太初、冯太史具区同年同里，同以个事相契。上人走白下乞言于太初，而太初又令上人索余两人语。时具区已有所题，而余以量移岭表，未睹兹卷。今南迁已逾三年所，而上人遇我于南明。乃太初又作泉下客越岁矣。上人口述太初生前语，更出卷相示。余为之泫然，不忍出一语，而又不欲负其言。因挥泪书此，以勉上人，告八方善信，而谢太初于地下云。[1]

海门此文撰于万历二十九年辛丑（1601），文中首先追溯天台山华顶峰降魔塔的渊源，接着巧妙地将海印上人"专力此事，死生以之"的精诚一念，与当年天台智者大师的神通法力相比，以此号召八方的信众。而与海门共襄此事的友人王太初，在海门撰写此文时已作古逾年。海门文末回忆友人，"为之泫然，不忍出一语，而又不欲负其言"之辞，更令读者感动。

第四种情况，则是募缘兴建寺庙。此事在海门文集中有两例：一是兴建毗卢阁；一是兴建明心寺。兴建毗卢阁的缘起，海门在其《蒿坝建毗卢阁募缘题词》中讲得很清楚：

> 由邑城而东，水行八十里分二支：一支稍折而南，行十里为东关，截江而渡，达虞姚、宁波诸处，而礼舍利、上普陀之所必经；一支稍折而北，行十里为蒿坝，泝江而上，达嵊、新、台、温诸处，而礼石佛、上石梁，及游寒岩、雁荡诸胜者之所必经。东关有驿，江之东有丛林，而夹往者公私便焉。蒿坝无驿，无丛林庵舍，以故管宰无驻节之地，而方上僧徒欲寄一宿、乞杯水无从。盖公私之所交病也已。数年来，有发善愿者，借神宇后暂为接众，而地湫隘特甚，斋厨卧起、展足皆难。盖其慈悲虽切，而计划终非久远。今年之夏，会稽陶我明告我曰："蒿坝丛林之兴，其时节因缘至乎？有僧来自天台，堪任是事。而本坝信士，有凤具善根者，慨然起利众大愿。于是相基于神宇之后，而其屋店适予宗人业产。语之，欣然乐舍，因共谋即此建毗卢阁三间。以其中供佛，左处僧徒，而右待官庶。旁构车厨浴净之所，共为房该若干楹。然费亦不

赀，非得十方之赞助不可。僧将持簿募乞，而簿首不可无言，惟师引之。"予惟我明之言，可信也。①

兴建明心寺的缘由，海门在其《明心寺接众募缘疏》中也有说明：

> 明心寺当台、温孔道，四方僧众，凡瞻礼天台、华顶、石梁、国清、雁荡诸胜者，杖锡之所必经。上人新兴此寺，即谋募化斋粮，以待往来，使风雨早暮，皆得顿锡而少憩焉。夫当草创之初，肩此浩大之举，上人其真荷担有力之士哉！持簿问言于予。②

由海门的记载可见，两处佛寺的位置，都处在浙东通往佛教圣地以及风景名胜的交通要道。因此，在这样的地方兴建佛寺，除了接待前来瞻礼的四方僧众这一佛教丛林自身的意义之外，还有方便官员、百姓和商旅往来休歇和住宿的用途。

除了游历佛寺和助僧募缘之外，海门还以撰写题记、序言的方式，推动当时新刊佛教经典的流通。《东越证学录》中有一篇《题刻坛经》，表明海门曾经为新安吴养中和吴元仲兄弟二人刊刻的《坛经》撰写序文，助其流通。

> 新安吴生养中与其弟元仲，外营世务，内服禅修。因母善

---

① 《东越证学录》，页 653－654；页 987－989。
② 《东越证学录》，页 655；页 993－994。

病，发愿梓行《坛经》，为母延年资福。既成，问言于余。余观近世释子诵持、导师接引，并未有弘畅此经者，未知其尊且重耳。……又尝譬之儒门。诸佛，羲农尧舜也；卢公（国翔按：慧能俗姓卢），孔孟颜曾也。佛说，图书典谟；而《坛经》，《论》、《孟》、《学》、《庸》也。……吾见世有坏儒而求禅，有离心而取相，有谈宗乘而不识见己过，有据讲座而不悟转法华。不读《坛经》，乌知妙理？佛法陆沉，于兹为甚。说者谓五宗至今而绝，有由然矣。余欲持此经号召于学佛之徒，而吴生发愿，先获我心，乃其以孝起因，因亲锡类，兄弟怡怡，自相策发，更为善读《坛经》。是以不觉欢喜赞叹，而为之引言。①

此外，与憨山德清交往密切的岭南士子柯时复，② 曾经连同友人陈鸣阳刊刻禅宗重要经典《大乘起信论》。该书由柯时复亲手誊写，陈鸣阳捐资刊刻。刻成之后，海门也为之撰写序言，以广流通。海门所作《刻起信论序》，不见于通行十六卷本《东越证学录》，但收于《海门先生文录》卷九。现录其文如下：

岭南有卢公，盖佛教之邹鲁云。法坛如故，遗教常存。此邦人士，宜其熏习更笃，而至心善识，时时不乏。今万历丙申，有憨山上人者来止斯地。法筵初启，信士景从。明宗阐

---

① 《东越证学录》，页657；页1002－1004。
② 海门与柯时复亦有通信往来，且对其寄予厚望，所谓"望吾友曹溪、白沙之后作第三人"。见《东越证学录》卷十《答柯孝廉时复》，页623；页864－866。

旨，一雨普滋。随根大小，更自敷萌。于是柯生时复、陈生鸣
阳读《起信论》有契，更思广兹法施。柯生手自誊写，陈子
捐资付梓。梓成，以示周居士。居士曰："兹事人人具足，不
假外求。一切经论，言吾家中事耳。今有人久旅在外，而一旦
闻乡音、论乡事，自然触膈惊怀。二子津津于是，还家庶有日
矣。论造自马鸣，先曾祖而至单传之旨已备，实与《坛经》
相表里。《坛经》言四智八识，同体异名，一切扫除，归之无
物。而兹论言真言妄，言生灭不生灭等，种种名言，亦无实
义。盖佛唯一乘，二三之说，总归方便。悟一乃了，即吾儒有
之。言一贯、言无言，而又曰性、曰习、曰中、曰和、曰才
情、曰心意、曰知物，岂有多般？俱为善巧。《易》曰：'天
下一致而百虑，同归而殊途。'盖其旨哉。论名起信，起信
者，起正信也，泥之则邪。故吾更书此，以为读斯论者之前
茅云。"①

海门既然对《坛经》、《大乘起信论》这些禅宗经典极为推崇，
那么，他直接参与禅宗经典的编辑，也就不奇怪了。事实上，海
门确实曾编辑了慧能以下多位禅宗高僧的语录，名为《佛法正
轮》，②并在万历三十一年亲自撰写了《佛法正轮序》。③在这篇序

---

① 《周海门先生文录》，页320。
② 《佛法正轮》一书不易见，原书现藏哈佛大学燕京图书馆，可谓海外孤本。但现已
收入广西师范大学出版社和商务印书馆联合出版的《美国哈佛大学哈佛燕京图书馆
藏中文善本书汇刊》（北京：商务印书馆；桂林：广西师范大学出版社，2003）。
③ 通行本《佛法正轮序》中并未署何年。哈佛燕京图书馆藏《佛法正轮》卷首海门的
序文末则有"万历三十一年周汝登序"的明文。

文中，海门对于儒释之间的关系，全面阐释了自己的看法。这篇文献，我们在后文讨论思想的部分会加以引用。

此外，海门还曾在万历年间捐资助刻佛教的典籍。例如，日本内阁文库藏有万历十三年刊刻的《大惠普觉禅师语录》，其卷三十末有一篇记录刊刻捐资人情况的说明文字。该文首云："嵊县周汝登银十两。"其下小注曰："万历庚辰，汝登施银八两，贮周之琦处。众缘未集，因费去，加利二两。"篇末云："汝登等各施己财，共刊兹录。伏愿自利愿利他愿，各得圆成如来禅、祖师禅，一交打彻，成等正觉，度尽众生。万历乙酉季夏谨志。"①

当然，海门文集中还有一些邀请禅师讲学的文字，类似今日的邀请函，如《请盘石、普见二上人住明心寺书》、②《请湛然师临讲席启》，③ 都是海门与佛教交涉的见证。

总之，海门与佛教的交涉，表现为双方的互动。僧人无论是通过海门的引介在浙东地区广教，还是请求海门为种种募缘簿册撰写序文和引言，无疑都是由于海门在浙东地区的声望和影响。而海门主动与佛教人士的交往、对高僧大德的欣赏和肯定、帮助佛教经典的流通，更显然表明海门对佛教有浓厚的兴趣。事实上，在前引文献中，无论是已经出现的"居士"字样，还是海门对佛教思想、人物和经典的熟悉，已经表明海门涉入佛教之深。但是，在义理的层面，海门究竟对佛教的了解如何？在海门的思想中，佛教究竟扮演什么角色？作为阳明学传人而以"吾儒"自居的海

---

① 笔者 2006 年曾借赴会东京之便，得友人三泽三知夫之助，前往内阁文库查阅古籍。此即当时笔者的文字。
② 《东越证学录》，页 652；页 981 – 982。
③ 《东越证学录》，页 652；页 983 – 984。

门，对于儒释关系又持何种见解？这些问题，就不再是"事"而属于"理"的领域了。只有从海门的"历史世界"再进一步，深入到他的"思想世界"，才能把这些问题弄清楚。对"周海门与佛教"这一专题的研究，也才能较为完整。

三、义理的分析：海门与佛教的思想世界

海门的思想世界，当然首先是晚明阳明学整体脉络的一个部分。因此，海门思想中的相当内容，不必一定都与佛教有关。但是，正如笔者多年前就曾指出的："中晚明阳明学的发展过程，绝非一个儒家思想不与其他思想系统发生关涉的自我展开，除了与朱子学的互动这一线索之外，中晚明阳明学的许多方面与特征，是在当时三教融合的历史与思想脉络中生发出来的。换言之，儒学与佛道两家的深度融合，塑造了中晚明阳明学发展过程中一些特有的问题意识。"① 海门与佛教在义理方面的交织融汇，虽不足以尽其全，却显然构成海门思想世界的一个重要方面，尤其是"周海门与佛教"这一专题研究不可或缺的题中之义。

对于海门与佛教尤其禅宗交织而成的思想世界，以下的考察包括四个部分：第一，海门对佛教一些观念及其阐发方式的看法；第二，海门如何援引和运用佛教的方法和观念来诠释儒学；第三，海门如何站在儒家的立场诠释佛教的一些观念；第四，海门对于儒释之辨的主张。

---

① 参见彭国翔：《良知学的展开——王龙溪与中晚明的阳明学》，简体字版，页437。

（一）海门对佛教观念及其阐发方式的看法

前引文献中已经可见，海门对于佛教尤其禅宗的传统非常熟悉。因此，对于佛教的一些观念，海门会内在于佛教自身的脉络予以诠释。例如，对于"布施"，海门有如下的解释：

> 吾尝即圆觉三理而明布施之道有三种焉。上者，直悟圆觉之体本无亏欠、本自不迷，此不欠不迷者，无成无坏，无我无人，是故布金舍宅、割体亡身，以至低头拱手，撮土聚沙，不见一法。如是彻悟，则无受无施，无舍无不舍，其舍也不可思议。其次，则知圆觉之体虽人人无亏，止因执悭我人，遂成障隔，是故方便遣除，多方熏习，难割处割，难断处断，财帛既捐，悭吝随舍。故欲证圆觉，必从布施门入，自然乐舍。又其次，则笃信因果如形影不谬，见宝所而心希，睹三途而内怖。希则求遂，怖则求离，是故不得不舍。三种名殊，施舍归一，无非圆觉，皆佛弟子。①

这里，海门将布施分为三种，所谓"无舍无不舍"、由"难割处割，难断处断"而"自然乐舍"和"不得不舍"。三种虽然境界高低不同，但从"圆觉三理"的角度来说，又可以说是"三种名殊，施舍归一，无非圆觉，皆佛弟子"。

除了对于佛教义理的理解之外，对于阐发佛教思想的方法，海

---

① 《东越证学录》，页 653；页 985－986。

门也有自己的看法。他在《与周叔宗》这封信中说：

> 教言所示，达观谈说名相，姑假以勘验人，是或一法。然古人接人于眼睫动定，或片言半语下立见分明，未闻有以名相试之者。此事全不在学问，不在讲解也。近一禅者，自谓通宗，而又说渐、说顿、说圆，牵缠混滥，生窃叹之。人贵开眼耳，岂在分疏字脚？必欲了渐、顿、圆三义，譬如大日轮升天，从东过西是渐，一出便明是顿，光无不遍是圆。开眼一见便了，何用更言种种？彼不见日者，与语，徒增滑突。故大宗师只令人开眼，别不放半毫出路。近世阿师刀下不曾见血，只管牵绕解疏，埋没人家男女，使千生万劫不得出头，良可叹也。①

关于紫柏达观以佛教名相勘验学者之事，海门自己曾有亲身经历。前文考察海门与紫柏达观的交往时已经提到。由此可见，海门作此书时应当尚在与达观有过接触之前。而在海门记载与达观交往的《纪事》中，海门也同样流露出对这种方式的不以为然。不过，就海门自己的经历来看，达观并不是一律如此。他与海门交谈数语之后，"辄呼侍者曰：周老先生面前纸笔撤过"。说明当达观觉得对方已经达到一定层次时，就不再会以那种"勘验名相"的方式来沟通佛教义理了。当然，这里海门的重点并不在于批评达观的教法，而在于强调对禅宗义理的把握，其根本不在于名言的

---

① 《东越证学录》，页 606－607；页 800－801。

"讲解"、"分疏",而在于直下了悟其内在的精神,所谓"开眼"。否则,"牵绕解疏"的结果只能是南辕北辙。这一点,海门《禅客》诗说得好:

> 不知方便法,黄檗疗儿啼。切切方求悟,明明自作迷。
> 寻常一等事,委婉万般提。何事东遥望,长安只在西。①

晚明佛教书籍流通广泛,如前文所见,海门自己也积极推动佛经的刊刻流行。不过,对于当时佛教书籍的广泛刊刻流通,海门有自己的观察。他在《报安封部小范》中说:

> 承示《楞严注》之刻,知留心谛信,植果栽因,甚盛甚盛。但今经典不患不流通,患在玩亵;不患无注释,患不诵持。近来玩亵之弊不少,即注释者多是恶知恶觉,亵佛谤经。识法者惧恐,难令佛祖见也。来僧《楞严注》,弟尚未瞩目,不知其果于经旨如何。弟意且濡迟,俟吾丈证彻后勘破,此真为世间不可无之书,则梓以流传未晚。倘只似温陵、天水,亦且置之,而况或不逮二老,又安用是赘骈为也?②

由此可见,海门认为当时佛教面临的问题不在于佛教经典的不流通,而在于不能深加体究,把经典变成了玩弄的对象;不在于注释的缺乏,而在于真正诵持和践行的不足。所谓"今经典不患

---

① 《东越证学录》,页712;页1224。
② 《东越证学录》,页606;页797－798。

不流通，患在玩亵；不患无注释，患不诵持"。并且，对于李贽等人注解的佛教经典，海门显然是不以为然的。

（二）海门如何以佛教方法和观念诠释儒学

海门对佛教义理如此熟悉，很自然时常会借用佛教的观念和方法来诠释儒家的思想。前文所引海门几篇助僧募缘的文字中，已经可以看到海门的论说颇有禅宗的风格。如果说那是为了吸引佛教信众而采取佛教自己的论说方式，那么，海门平时在指点学者了解儒学的义理时，也会运用类似禅门公案的方法。这里，我们仅举《南都会语》中的一个故事为例：

> 孟公连洙以一银钟赠李楮山为旅中资斧。楮山璧归之，不受。孟公捶破其钟，再致之，曰："以示必用无却。"楮山受，而卒不忍毁，复拓而全之，以与诸生行酒。一日燕集，偶论未发之中。未竟，楮山以钟劝酒，问曰："这'钟'与那'中'，是同是异？"时解者纷纷，皆不契。以问于先生。先生曰："诸公需要有孟公手段，捶破了，我与他说。"曰："捶破，将何行酒？"先生曰："未发，难道无中？"①

这里海门所要阐明的是儒家"未发之中"的观念，但他所运用的阐释方法，显然受到禅宗公案和机锋的影响。当然，这一点在阳明学的传统中其来有自，并不罕见。如阳明即曾以类似方式阐明

———————

① 《东越证学录》，页436–437；页118–119。

"未发"与"已发"之间"体用一源、显微无间"的关系。《传习
录下》载：

> 或问未发已发。
>
> 先生（阳明）曰："只缘后儒将未发已发分说了，只得劈
> 头说个无未发已发，使人自思得之。若说有个未发已发在，听
> 者依旧落在后儒见解。若真见得无未发已发，说个有未发已
> 发，原不妨碍有个未发已发在。"
>
> 问曰："未发未尝不和，已发未尝不中。譬如钟声，未扣
> 不可谓无，既扣不可谓有。毕竟有个扣与不扣。何如？"
>
> 先生曰："未扣时原是惊天动地，既扣时也只是寂天
> 寞地。"①

对于海门以佛教观念来诠释儒家思想，我们选择海门文集中不
同来源的三例为证。在《武林会语》中，有一段学生与海门关于
"太极"的问答之词：

> 问："北溪陈氏谓太极如大块水银，恁地圆。散而为万万
> 小块，个个皆圆。合万万小块复为一大块，依旧又恁地圆。
> 何如？"
>
> 曰："吾不知太极何物，可以分而合，合而分如此。"
>
> 喻中卿问曰："周子言一物各具一太极，万物统体一太

---

① 王守仁撰、吴光等编校：《王阳明全集》（上海：上海古籍出版社，1992），页115。

极。其义云何？"

曰："一物各具一太极者，非分而与之之谓。如一室千灯，自有一灯之光，彼此不相假借，是为各具；万物统体一太极者，非还而合之之谓，如千灯虽异，共此一灯之光，彼此毫无间异，是为统体。"[1]

这里从头至尾都是在讨论儒家"太极"的观念，两个学生前后所举的陈淳和周敦颐，也都是儒家重要代表人物。但海门用"一灯"与"千灯"之间的关系来解释"物物一太极，统体一太极"这一命题，显然取自《华严一乘十玄门》中第六"遍融无碍门"、第七"摄入无碍门"和第八"交涉无碍门"和第九"相在无碍门"中"一灯"和"千灯"的比喻。[2]

在《与陶太史石匮及石梁文学》这封书信中，海门曾经解释过儒家"迁善改过"的思想。他说：

记观中曾论迁善改过。若明得人，正好用工。尊教所示，岂不谛当？但作止是病，而迁之改之，何以别于作止？古人立论种种不同，如懒安说牧牛，一回入草去，蓦鼻拽将回。大慧亦云："学道人制恶念，当如懒安牧牛。起时急着精彩，拽转头来。"张拙秀才则云："断除是病，趋向是邪。"拽转与断除，能隔多少？灵山会上，广额屠儿立地成佛，献珠女子弹指成正等觉。此外更有何事？而圭峰则云："真理即悟而顿圆，

---

① 《东越证学录》，页 453－454；页 188－189。
② 澄观述：《华严法界玄境》，收入《大藏经》（台北：新文丰出版公司，1987）。

妄情息之而渐尽。"则是屠儿女子当有未尽之妄情。牛头问四祖："于境起时,心如何对治?"四祖云："汝但随心自在,无复对治。"荐福云："顿明自性,与佛同俦。然有无始染习,故假渐修对治。"牛头、荐福俱宗门中人,一云无复对治,一云故须对治,将以何语为是?夫于前语一一明了,方自迁改不差。观中未尽究竟,乃再伸此问。①

　　此段文字中海门所举懒安、大慧、张拙、圭峰,牛头、荐福诸人,都是禅宗史上的人物。而海门对"迁善改过"的解释,完全是通过这些禅宗人物的故事。听者如果不熟悉禅宗史上这些人物的公案,是完全不能领会海门之意而只会徒增其乱的。海门如此解答"迁善改过",固然是他这封信的对象陶望龄、陶奭龄兄弟本身深于禅学,但海门自己对于禅宗历史和公案的稔熟于此也表露无遗。

　　海门以佛教观念来解释儒家思想,第三个例子是《南都会语》中的这段问答:

　　　何应咸又问:"子云:'吾道一以贯之。'又云:'朝闻道,夕死可矣。'是但得一,万事毕,更无等待,更无渐次矣。而又云:'十五志学,三十而立,四十而不惑,五十而知天命,六十而耳顺,七十而从心所欲不逾矩。'倘夫子以六十终也,尚从心不得耶?从心不得,如何能贯?如何死得?凡此微言,

---

① 《东越证学录》,页605-606;页795-797。

望为剖析。"

　　先生曰:"汝看大日轮升天,朝时初出,午时中天,夕时一日之照始圆。光之和猛,步之推移,不可云无渐次。此所以有'志学'至'从心'之分。然只这一个日轮,无第二个,岂非一贯?初出时光便完全,就使未到中天,欠缺什么?何不可死之有?然此都是解说,须自亲证。汝但回光自照,看每日穿衣吃饭,入孝出弟时这是什么。一耶?道耶?学耶?矩耶?若不是,应非别有;若是,又如何贯?如何闻?如何志?如何不逾?要求下落,不可只向圣人身上揣摩,空为语句文字所碍也。"①

　　海门此处所用的大日轮之喻,应当是出自黄檗希运(? - 855)的《传心法要》。在黄檗的原文中,大日轮之喻是要说明:佛与众生之心的本来空性不会受到"日升"与"日没"所产生的"明暗之境"的影响,不会在佛与众生之间产生"光明解脱"和"垢浊暗昧"的分别之相。②但是在海门的语脉中,大日轮之喻的含义却完全不同。大日轮一天之中"朝时"、"午时"和"夕时"分别对应"初出"、"中天"和"始圆",这种不同的时间阶段以及其产生的"光之和猛,步之推移",是"日轮"这一本体一日之

---

①　《东越证学录》,页 441 - 442;页 137 - 139。

②　黄檗的原文是:"如大日轮照四天下,日升之时,明遍天下,虚空不曾明;日没之时,暗遍天下,虚空不曾暗。明暗之境自相陵夺,虚空之性廓然不变。佛及众生心亦如此。若观佛作清净光明解脱之相,观众生作垢浊暗昧生死之相,作此解者,历河沙劫终不得菩提,为着相故。"见《黄檗山断际禅师传心法要》,《大藏经》,第 48 册,页 380.

间运行自然的"渐次"。这种由不可或缺的不同阶段构成的过程，在海门看来，正如孔子自我描述的从"十有五而志于学"到"七十而从心所欲，不逾矩"一样。但另一方面，海门又强调，虽然这一"渐次"的过程有"朝时"、"午时"和"夕时"这些不同的阶段，但日轮的光芒本身不会因不同的阶段而有本质上的差别。因此，对于问者"倘夫子以六十而终也，尚从心而不得耶？从心不得，如何能贯？如何死得？"的问题，海门回答说"然只这一个日轮，无第二个，岂非一贯？初出时光便完全，就使未到中天，欠缺什么？何不可死之有？"就是指出心性本体自身超越时空的圆满自足。并且，对于问者的问题，海门虽然以大日轮之喻作答，但他答语最后的归结，在强调此类问题需要"亲证"而不能只靠"解说"的同时，似乎又回到了儒家的立场，所谓"汝但回光自照，看每日穿衣吃饭，入孝出弟时这是什么。"更为关键的是，日轮之喻在黄檗的原文中意在强调心体不执着、无分别的"空性"，所谓"明暗之境自相陵夺，虚空空虚廓然不变。佛及众生心亦如此。"而在海门处所谓"无第二"、"不欠缺"，则重在突显心体自身的实在与恒常。这一差别，正是笔者多年前即曾指出的，至少对从王阳明到王龙溪再到周海门这一阳明学的重要谱系来说，良知心体具有二重性，即本质内容上的"有"和作用形式上的"无"。心体在作用形式的"无执不滞"不是佛教尤其禅宗的专属，而是儒释两家的"共法"，尽管良知学在这一面的充分展开无疑是受了禅佛教的巨大影响。但心体在本质内容上是"有"还是"无"，是以道德理性、情感和意志为其实在规定性，还是"本来无一物"，只是一个"空性"自身，则正是儒家与佛教在存有论上不容消解的根本差别所在。①

如此一来，我们不禁要问：海门以佛教的观念资源来诠释儒家的问题，是否就像黄宗羲等人所判断的那样，意味着海门的价值立场和自我认同已经"杂禅"甚至由"儒"而变为"禅"了呢？

（三）海门如何由儒家立场诠释佛教思想

事实上，海门在援引佛教观念诠释儒学的同时，也常常以儒家的观念诠释佛教的思想。对此，让我们也以海门文集不同时间和地点的三个问答为例来加以说明。

《越中会语》中有一段海门关于"鬼神"的问答：

> 问轮回之说。
>
> 先生曰："轮回，吾不能道。即如鬼神之说，汝信之乎？"
>
> 曰："信。"
>
> 先生曰："汝之信也，真知其情状而信之乎？抑亦闻言而信之乎？"
>
> 曰："情状则实未知，但观自古祀典之设，与夫经传之言，则知鬼神绝有，不可诬。是以不敢不信。"
>
> 先生曰："如此，则亦随人言转，非真信也。"
>
> 曰："真信如何？"
>
> 先生曰："知鬼神之情状，虽无前人之语，吾知其然，然

---

① 关于良知心体本质内容和作用形式上的"有无"二重性以及儒释之辨应当从何种分际上去了解，笔者已有深入的分析和讨论。参见彭国翔：《良知学的展开——王龙溪与中晚明的阳明学》，第二章第二节"良知之'无'与'有'"以及第七章第二节"有无之境"。

后为真信耳。"

曰:"神鬼之情状如何求知?"

先生曰:"《中庸》不云乎:'质诸鬼神而无疑,知天也。'《孟子》不云乎:'知其性则知天矣。'故知鬼神在知天,知天在知性。性,汝自具。汝不求知,而欲通幽明之说、死生之故于语言文字耳目闻见之间,其为迷昧益甚矣。故子须力求知性,知性则一切自能判,断不可泛泛然难明者求明、未信者称信也。"①

鬼神之说,自不必是专属佛教的问题。但问者由"轮回"发问,可见其问题意识是由佛教而来。因此,海门论鬼神,似乎也应当内在于佛教的脉络。但是,此处海门对鬼神的解释,无论援引的经典依据,如《中庸》、《孟子》,还是理解的方式,即由自我觉解("知性")而自然便会"知天"而"知鬼神"的思路,显然都是儒家的。当然,这里海门对"鬼神之情状"其实并非给予正面的解说,只是如现象学(phenomenology)所谓"放入括号"(einklammere)一般将其悬置起来(suspended)。但这种诠释鬼神的方式,正是孔子以来儒家一贯的策略。

第二个例子是"出家"的观念。《新安会语》中有这样一段问答:

有友问:"儒生有深信佛法出家者,如何?"

---

① 《东越证学录》,页479;页289 – 290。

先生曰："此等毋论儒道不许，即佛法未之许也。佛原说：'治生产业不相违背。宰官身、居士身、比丘身，各各随缘，不相混滥。'此如来之教也。《坛经》云：'若欲修行，在家亦得。'故其偈云：'恩则孝养父母，义则上下相怜。心平何劳持戒，行直何用修禅。'此祖师之教也。大慧言：'学道就从尘劳中打出，不须毁形易姓、弃妻子、灭宗祀，作名教中罪人。佛不教人如此。'此大善知识之教也。然则必欲出家，岂真知佛教者哉？凡一切做作，弃此就彼，俱是取舍心、奇特心。此心调伏消化不去，更说甚皈依佛法？凡此皆是初入门时导师所误，故师承不可不审慎之哉！"①

中国佛教唐宋之后有一入世的转向，其成果即是六祖慧能所开创的新禅宗。② 但出家毕竟是佛教的一项基本诉求，为佛教在存有论上终归是"缘起性空"的世界观所决定。③ 若无人出家，佛教亦不成其为佛教矣。客观而言，由于海门面对的是"儒生"因深信佛法而"必欲出家"的问题，海门这里只是指出"必欲出家"不

---

① 《东越证学录》，页449；页170–171。
② 禅宗的入世转向请参考余英时先生《中国近世宗教伦理与商人精神》论新禅宗的部分。见余英时：《儒家伦理与商人精神》（桂林：广西师范大学出版社，2004），页241–248。而对中国佛教尤其新禅宗的入世性格和"自力主义"，荒木见悟（Araki Kengo）先生也有深入的观察，见其《中国佛教基本性格的演变》一文，收入荒木见悟著、廖肇亨译：《明末清初的思想与佛教》（台北：联经出版公司，2006），页215–241。
③ 这种缘起性空的世界观在龙树《中论·观四谛品》第二十四的第十八颂中表达的最为清楚："众因缘生法，我说即是无。亦为是假名，亦是中道义。未曾有一法，不从因缘生。是故一切法，无不是空者。"见龙叔菩萨造、梵志青目释、鸠摩罗什译：《中论》，《大藏经》，第30册，卷4，页33。

仅不合儒家原则，连佛教教理也非真知，并不是一概否定出家。他引用佛祖所言"宰官身、居士身、比丘身，各各随缘，不相混淆"，即是要说明修行佛法其实可以不拘"在家"和"出家"的种种外在身份。若执着于出家一途，恰只陷于"弃此就彼"的"取舍心"和"奇特心"，无法获得自我的觉解。这一点，《越中会语》中海门对一位"念佛大类比丘行者"的话说得更明白：

> 先生语之曰："经云以居士宰官身得度者，即现身而为说法。此非我外有个佛来说法，只是自身自度，自法自说。吾辈既是宰官居士身，随还他一个宰官居士，即此便是说法，更不得别生取舍。夫学问无他，素位而已。生如是，死如是，贫贱如是，富贵如是。随缘自在便了。若必舍居士宰官而为比丘，舍现今而希来生，尽属妄见。"①

不过，海门这里对"出家"的态度，无疑显示出其儒家的价值取向，并不是禅宗入世倾向所能概括的。上引《新安会语》文中他所援引的佛教诸说，尤其是《坛经》和大慧宗杲的话，恐怕都是因其合于儒家伦理的特意选择。《新安会语》中还有一段文字，记载了海门面对"有持斋念佛不合于家人父兄之心者"的态度，更是将海门儒家的价值取向表露无遗。他说：

> 学术不外寻常，舍了家庭更无所谓学者。故吾儒以尧舜之

---

① 《东越证学录》，页485；页315–316。

道尽孝弟。六祖谓"心平何劳持戒，行直不用修禅。"可见所重有在，岂徒吃一口斋便足为究竟法耶？因吃斋素，使父兄家人尽成乖戾，是何佛法？此虽谓之尊佛法，实是背佛门也。可深思之。①

第三个例子是《剡中会语》中的以下这段问答：

> 思位问："佛说放光现瑞，谓何？"
> 先生曰："此是本有的。夫子温良恭俭让，尧光被四表、格于上下，都是放光处。"
> 思位曰："释迦明说百千亿万劫事，何孔子不言？"
> 先生曰："夫子言'百世可知'，'百世以俟圣人而不惑'，何尝不言？"
> 思位曰："夫子只言可知，若释氏则明言汝前劫是何人，今劫是何人，来劫复何人。此似不同。"
> 先生曰："始终不离当下。佛言千百亿劫，即言须臾事。汝但返照自身，适一念迷，便前劫是众生；今一念觉，便即今是佛；再迷，则来劫复是众生；常觉，则来劫常是佛。各各可言，不待佛也。"②

海门的回答，严格来说都不免牵强附会。佛说"放光现瑞"的涵义，佛教中本有自己的解释。以海门对佛教的了解，大概不

---

① 《东越证学录》，页487；页323－324。
② 《东越证学录》，页494－495；页352－353。

会不清楚。他本可以直接给出佛教方面的解释，但却显然将"放光现瑞"这种佛教中属于神通的现象赋予了儒家的诠释。显然，无论孔子的"温良恭俭让"还是尧的"光被四表、格于上下"，都只能说是一种道德人格的光辉，与神通无关。海门将儒家圣人道德人格的光辉比附为佛教的"放光现瑞"，并说这是"本有的"，自然是将"神通"从超自然的"神异"变成了世间"人人可学而至"的"平常"。《南都会语》记载，当有人问"佛氏有神通，吾儒独无神通，何也？"海门回答说：

> 目含万象，耳含万声，鼻含万臭，舌含万味，见前俱是神通。此人人所同者，何谓无神通？至于作用不同，则不可尽泥。如邵康节之先知，濂溪不做；大禹之神功，后稷不能。圣人之所以为圣，全不在此。①

这里海门一方面同样转化了神通在佛教中的含义，使之成为"人人所同者"；另一方面点出圣人之所以为圣人，不在于神通的有无。而佛教讲的前世、今世与后世的"千百亿劫"，原本也是儒家话语中没有的内容，思位所谓"夫子只言可知，若释氏则明言汝前劫是何人，今劫是何人，来劫复何人。此似不同。"说的很客气，孔子实未尝有这种观念。但海门以孔子"百世可知，百世以俟圣人而不惑"的话来附会，更以当下一念的"觉"与"迷"来涵摄过去、现在和未来，其实也是要消解佛教"三世"的观念，

---

① 《东越证学录》，页438；页123－124。

使学者专力于此时此地的修养和自觉，所谓"始终不离当下"，"但返照自身"。

前文指出，海门虽然常常以佛教观念诠释儒家思想，但其解说的归宿似乎未离儒家的宗旨。这样看来，他援引佛教的观念，似乎更多地是要将儒家的思想阐发得更为明白。尤其如果听众深染佛教的话，如此解说儒家义理的效果会更好。而通过以上海门直接站在儒学立场来诠释佛教思想的三例来看，海门儒家的价值取向和自我认同就更为鲜明了。

之前提到，湛然圆澄是当时浙东地区禅宗的两大高僧之一。他在浙东的宣教，颇得益于和海门的交往。他和海门之间，也有过深入的思想讨论。作为前辈，海门甚至常有指正湛然圆澄的言行。海门文集中《剡中会语》和《越中会语》分别有两段两人对话的记录，让我们引《剡中会语》中较为详细的一段为证：

甲辰（万历三十二年，1604）闰九月十一日，郡中诸子郑世德、全若可、刘冲倩、范孟兼、王世韬、刘特倩、周聚之、王世弘、沈虞卿、余罗卿、王世文辈，同刘玉笥先生入剡，湛然和尚亦相与俱，先生（海门）设宴，具有鱼肉。湛然曰："此味何来？皆从宰杀而致。诸公诚不宜食。儒教说远庖厨，庖厨之远，亦何救于宰杀，岂远之将为食地耶？"先生曰："湛然之言，真仁人之论。此心儒释皆同，只因在家出家，因缘不同，故食肉断腥，教法稍异。君子远庖厨，亦只不忍见、不忍闻，仁心自然，非为食肉之地也。吾且问禅师，释门食肉之戒，固为杀生，即如饮酒茹荤，皆非宰杀，而佛教与肉同戒，何也？"湛然曰："饮酒之戒，为有一等人饮酒乱性、废时失事者设，特遮罪耳，不比杀生，吾今未除。至若食荤，惹饿鬼跟随；佩香，则圣贤欢喜，故五辛不可不戒。"先生曰："饮酒食肉，较罪轻重则浅。况饮酒乱性，杀、盗、淫，皆从此生，可谓轻耶？谓饿鬼之随、圣贤之喜，系于荤香，抑又浅矣。明德惟馨，秽德惟臭；心邪是饿鬼，心正是圣贤，可求之于外乎？大抵人生嗜欲，根生于贪。圣贤立教，使人除贪心而已。贪心之除，随缘自尽。因缘在释，则守释之戒，不食肉、不饮酒、不茹荤，不可言孰重而孰轻、孰可犯而孰不可犯也。因缘在儒，则守儒之教，不近庖厨，不为酒困，斋必变食。不必舍儒而狥释，亦不必据释以病儒也。故戒者心戒，不求诸心而以罪福感应为言，小乘之见解，去至道远矣。"已而冲倩又与湛然论境缘、辨梦觉。湛然曰："梦不是境，与日间不同。"先生曰："湛然称禅师，于此二之，不必论矣。"遂散去。明日，湛然曰："梦即是觉，觉亦是梦，本无有二，只是人睡着不做梦时，此是真境界。人必造到这个境界方是，不然，以见闻觉知为自性，失之多矣。"先生曰："近时俗学，只认得昭昭灵灵，以为极则，而湛然提出最上一着，此湛然之超悟也。然谓有境界可到，又云如睡着不做梦时，是必槁木死灰而后可。于此殆更需翻身一下也。相宗家于八识之上更言第九识，此极是入微之谈，而六祖又言即识即智，换名不换体。古德言：'学道之人不识真，只为从前认识神。'而永嘉又云：'无明实性即佛性。'于此必须融通，所谓百尺竿头更有进步也。"湛然曰："百尺竿头进步后如何？"先生曰："竿头百尺。"湛然曰："见性无不周遍，即如人墙内见，墙外便不见，何也？"先生曰："见性非见非不见，莫被肉眼瞒。"湛然患有头痛之疾，问先生乞药。先生曰："头痛如何？"湛然曰："头一时痛来，需岑寂一回方可，不然，痛不可忍。"先生曰："此是佛祖教诲处，要汝岑寂，不可医他。"湛然曰："如此安得？时时痛。"先生曰："也强如时时不痛。"湛然颇近旷达，故先生规之如此云。①

既然海门与湛然相交如此之密，已经到了不拘言行的地步，那么，对于海门是怎样一个人？他的思想取向和价值认同如何？湛然的观察和判断必定相当可靠。在湛然的语录中，恰好有一条有关海门身份的问答：

问："周海门相会否？"
师曰："尝会。"
曰："他是道学耶？禅宗耶？"
师曰："道学。"
曰："恁么则不合也。"
师曰："在天而天，在人而人。"②

这里问者问海门是"道学"还是"禅宗"，自然表明当时不少人已经对海门儒释之间的身份难以辨认。但断言海门终究是"道学"

① 《东越证学录》，页 503 – 505；页 388 – 394。
② 湛然圆澄：《湛然圆澄禅师语录》卷之六《问答》，《禅宗全书》，页 632。

而非"禅宗"者不是别人，而恰恰是与海门交往密切并且本人是禅宗大德的湛然圆澄，海门"儒家"的身份，恐怕就毋庸置疑了。这与海门经常以"吾儒"自称，也刚好可以互相印证。

事实上，在晚明多元宗教融合的背景之下，对于往来各教之间的学者来说，一方面多元宗教参与（multiple religious participation）的经验固然使得儒释道等各教彼此之间变得疆界难明，甚至产生多元宗教认同（multiple religious identities）的问题；① 另一方面，深入其他的宗教传统甚至具备一定程度对于其他传统的接受和认同，反而也会对不同宗教传统之间深微的差异更为自觉。因此，那些对于自家传统深造自得，同时又对别的传统能够探骊得珠的学者，对于彼此之间真正身份认同的觉察，往往就会远比一般外在的判断要准确和深刻。像湛然圆澄对于海门的观察和判断，就是这样的例子。

（四）海门对儒释之辨的看法

正是由于在"事"和"理"两方面都深入佛教的同时，对儒家的自我意识有更为深刻的体认，所以海门和龙溪一样，不主张轻言儒释之辨。例如，他在《与刘冲倩》第六书中即明确表示：

> 儒释之辨，不诤为是。两者是非，不自今日矣，前人辨之已不知多少。驱辟异端，亦不自今日矣。前时斥逐亦不知几遍

---

① 关于"多元宗教参与"和"多元宗教认同"，分别参见 John Berthrong, "Syncretism Revised: Multiple Religious Participation," *Pacific Theological Review*, Vol. 25 – 26 （1992 –1993）, pp. 57 – 59; Robert Neville, *Boston Confucianism: A Portable Tradition in the Late Modern World*, Albany: State University of New York Press, 2000, pp. 206 – 209.

矣。有能真为自己性命者，究到精微去处，自然晓得同异。不然，浮游之徒，与言何益？但只照管自身，其余一切，付之东流可也。①

这里所谓"有能真为自己性命者，究到精微去处，自然晓得同异"一语，我相信必是海门自己的真实体会和现身说法。无论儒学还是佛教，乃至世界上任何各大精神性的传统（spiritual traditions），之所以能够长期以来各自拥有大批的信众，关键在于它们都能为世人提供一种安身立命之道，都能以各自不同的方式解决人们生命的价值和意义问题。只要是真正为了解决自我的意义和价值问题，所谓"自得"、"为己"，在哪一种精神性的传统中得到安顿，每个人都会各随机缘而各得其所、各正性命。但是，如果并没有探究自我生命意义和价值的真诚，任何精神性的传统，都可以成为与真实信仰无关的幌子和谈资。儒家历来注重"身心性命之学"和"口耳之学"之间的区分，就是对于"真伪之辨"的照察。海门强调"真为自己性命"、"但只照管自身"，就是重在指出：在儒释之间，不论选择哪一种作为自己的人生归宿，都必须是源于自我的真实体究。否则，纵使"舌绽莲花"、"口若悬河"，也不过是"浮游之徒"而已。海门曾见两位彼此素交且号称通禅的僧人因故互相交诟，作自儆诗五首，最后一首即警戒那种"虚见空谈"的伪学。所谓：

---

① 《东越证学录》，页 625；页 874 – 875。

袈裟说法为诸人，谁道袈裟不庇身。虚见空谈都是假，吾
侪于此用知真。①

也正因此，海门反对只从名言的角度分别儒释，主张凡可受用
者皆可吸收。《南都会语》中如下的这段问答，同样清楚地反映了
海门对于自求真实生命安顿的强调。

或问："象山、阳明之学杂禅是否？"

先生曰："子还体认见之？亦随声和之者？夫禅与儒，名
言耳。一碗饭在前，可以充饥，可以养生，只管吃便了。又要
问是和尚家煮的，百姓家煮的。"

或曰："是饭便吃，将无伤人而不觉乎？"

先生曰："伤人者只恐不是饭耳。若是饭，岂得伤人？尔欲
别其是饭非饭，须眼看口尝始得，不可悬度。二公之学，若是
弃君臣、离父子，一切与人不同，这便害人，不是饭矣。今二
公所举者，孝悌忠信；所扶者，伦理纲常。朝饔夕飧，家常无
改。试受用之，便自知味。何得随声妄度，只在门面上较量，
不思自己性命，求个实落安顿处，真为可悯可悲之甚也已。"②

正是由于注重真实生命的自我安顿，对于那种只是顺着世俗之
见批评佛教的辟佛之士，海门就不以为然了。上引文中海门所谓
"随声妄度"的话，已经透露了这一消息，《南都会语》中以下所

---

① 《东越证学录》，页709；页1210。
② 《东越证学录》，页437；页121–122。

说，则更为明显：

> 一友不喜闻佛。先生曰：辟佛须自有安身处，不可茫然随俗诋毁。如朱元晦辟佛，其自身如泰山乔岳，有个安顿处。不如今人，茫茫然随人口转也。然其所辟，亦皆二乘之学。游定夫所谓彼不自以为然者。世间若尽作二乘见解，亦不成世界。能知如此，辟佛者不可无。吾不敢不敬承之也。①

"茫然随俗诋毁"以及"茫茫然随人口转"，都是自身生命缺乏真实安顿的表现。而像朱熹（1130－1200）那样自身生命"有个安顿处"，对儒学深造自得，自然会"泰山乔岳"，不为流俗所转。而那些佛教自己都不以为然的"二乘见解"，却是当辟而"辟佛者不可无"的。事实上，对海门来说，任何一个传统中都有"二乘见解"。并且，如果不能真实地探究自家的身心性命，儒学的种种论说也同样只成伪饰。

海门在南都和许孚远的"九谛九解"之辩，专治中国哲学思想尤其宋明理学者多少都有所知。除此之外，当时海门与许孚远还有一段讨论儒释之辨的对话。其中，海门特别强调了所当辨者不在儒释之间，而更应当在于儒门自身中"真伪"之间的"异同"。② 他说：

---

① 《东越证学录》，页 437；页 119－120。
② 正统与异端之辨由儒释之间相对转到儒学内部的真伪之间，也是中晚明阳明学所展示的一个新的思想动向。关于这一点，笔者曾有专门的讨论，参见彭国翔《良知学的展开——王龙溪与中晚明的阳明学》第七章《中晚明的阳明学与三教融合》第四节《正统与异端》。

今日所辨，在儒门中之异同，如所谓"由仁义行"与"行仁义"。同一仁义，而真伪迥殊。不可不知。学术之辨，为此而已。①

"由仁义行"和"行仁义"出自《孟子·离娄下》，所谓"舜明于庶物，察于人伦，由仁义行，非行仁义也"。二者的差别在于：同样看起来是道德行为，前者是由内心仁义推动而发生的一种内在的自我要求。这种情况下，行为是仁义的结果。后者是符合被认为是仁义的外在规范。这种情况下，仁义是行为的结果。二者大致相当于康德所谓的"自律道德"和"他律道德"的区分。但某些情况下，如果"行仁义"者只是做出一些被社会习俗认为是道德的行为，其动机和目的都不符合道德原则，那么连"他律道德"也算不上。事实上，当"由仁义行"和"行仁义"在这里被海门认为是"真伪迥殊"时，"行仁义"显然只能是指"假仁假义"的伪饰行为了。海门强调"学术之辨，为此而已"，就像孔子、孟子对乡愿的痛恨一样，都在于意识到足以淆乱视听的"伪学"比"异学"危害更大。恰如清儒颜元（1635－1704）所谓"天下宁有异学，不可有假学。异学能乱正学而不能灭正学。有似是而非之学，乃灭之矣。"② 而对海门来说，抛开各自内部都有的"二乘见解"不论，佛教和儒学一样，也完全可以说是一种为人类

① 《东越证学录》，页441；页135。
② 见李塨纂、王源订：《颜习斋先生年谱》，收入颜元著、王星贤等点校：《颜元集》（北京：中华书局，1987），页783。

提供安身立命之道的思想和实践传统。正是由于深入到了这一传统内部，海门才能够在没有放弃儒家身份的前提下，对佛教表示了最大限度的欣赏。

海门的《佛法正轮序》是一篇讨论儒释之辨说理极其透彻、文字颇为优美的文章。对于究竟如何理解儒家和禅佛教之间的关系，海门的看法可以说在这篇文字中得到了淋漓尽致的表达：

> 儒与禅合乎？曰不可合也；儒与禅分乎？曰不可分也。何以明之？譬之水然。水有江有河，江不可为河，犹河不可为江。欲合为一，虽至神不能。此儒禅不可合也。江河殊矣，而湿性同，流行同，利济同，到海同，必歧为二，虽至愚不许。此儒禅不可分也。不可合者，因缘之应迹难齐；而不可分者，心性之根宗无二。了此无二之宗，何因缘之不可？顺彼难齐之遇，何心性之不存？而今之为儒禅者，盖滞于分合之迹矣。儒者执儒以病禅，曰：禅，异端也，足以乱正也。袭人口吻，辞而拒之。乃使忘言绝虑之旨、知生知死之微，皆推之于禅而不敢当之为儒。夫如是，则儒门洵粗浅淡薄矣。无惑乎有志者之逃禅。虽曰遵儒而实隘之，虽曰辟佛而实殴之。则今时为儒者之过也。禅者执禅而病儒，曰：儒，世法也，非以出世也。谓为别有，坏而取之。卒使日用饮食之常、经世宰物之事，皆推之于儒而不敢当之为禅。夫如是，则禅教洵不可以治家国天下矣。无惑乎崇儒者之力排。虽曰信佛而实谤之，虽曰崇佛而将祸之。则今时为禅者之过也。为儒者之过，非其不通禅也，不知孔子之儒也。孔子言朝闻夕死、无可无不可，如

《周易》、《太极》之旨，悟之则无疑，于禅可以不逃、可以不辟矣。为禅者之过，非其不通儒也，不知如来之禅也。如来言治生产业与实相不相违悖，如《维摩》、《华严》之旨，悟之则无碍于儒，可以用世、可以超世矣。孔子之旨，阐在濂洛以后诸儒；如来之旨，阐在曹溪以下诸师。嗟乎！人而有悟于此，则儒自儒，禅自禅，不见其分。儒即禅，禅即儒，不见其合。譬禹治水，行所无事，水由地中，人居平土，天下晏然，岂不快哉？①

对海门而言，江与河的比喻，是指具体时空中的存在类型和样态。儒和禅的不同，正如江与河一样，是具体时空中不同的存在。这种万事万物在具体时空中的差异，作为"百虑"和"殊途"，是无需也不能求其一致的，正所谓"因缘之应迹难齐"，所以海门说"欲合一，虽至神不能"。另一方面，虽然江与河在具体的时空中各自有其不同的存在方式，但二者的性质、功能和归宿却是相同的。性质都是"湿性"，功能都是"流行"、"利济"，归宿都是"到海"。就此而言，作为"一致"和"同归"，儒和禅之间的共性也是无从抹杀的，正所谓"心性之根宗无二"，所以海门又说"必歧为二，虽至愚不许"。如果能够明了儒与禅"不可分"、"不可合"各自所在的意义层面，那么，"理一"和"分殊"可以两不相妨而一体无间。海门所谓"了此无二之宗，何因缘之不可？顺彼难齐之遇，何心性之不存？"正是此意。如果不通"理一分

---

① 《东越证学录》，页550－551；页574－577。

殊"之旨，不能明了儒与禅之间分合的意义层面，那么，其弊就不免会使儒与禅都偏于一端而未能得其整全。对儒家来说，如果视禅为"异端"，"使忘言绝虑之旨、知生知死之微，皆推之于禅而不敢当之为儒"，儒家自然只有"粗浅淡薄"的一面；对佛教而言，如果视儒仅为"世法"，"使日用饮食之常、经世宰物之事，皆推之于儒而不敢当之为禅"，佛教则"不可以治家国天下"，所谓"佛法在世间，不离世间觉"，以及"行住坐卧，皆是禅定"、"担水砍柴，无非妙道"，就都无从谈起了。海门所谓的"儒者之过"和"禅者之过"，正是对儒家和禅宗仅得一面的结果。在他看来，前者是"不知孔子之儒"，后者是"不知如来之禅"。而要了解"孔子之旨"和"如来之旨"，对海门来说，必须分别到"濂洛以后诸儒"和"曹溪以下诸师"那里去探求。显然，对海门来说，宋明理学和禅宗各自代表了儒家和佛教的真精神。

笔者曾经指出，晚明阳明学发展出了一种"理一分殊"的多元主义宗教观。这种宗教观既肯定"百虑"，又信守"一致"；既肯定"殊途"，又信守"同归"。虽然认为具体时空中任何一种人类的精神传统都不能以根源性的"道"本身自居，只能是统一性的"道"的"殊相"，但由于同时并不否认宇宙间存在根源性和统一性的"道"，所以也不会流于相对主义。[1] 事实上，海门的《佛法正轮序》，正是这种"理一分殊"的多元主义宗教观的最佳见证和说明。笔者以往的论述并未引用海门这篇文献，这里也恰

---

① 彭国翔：《儒家"理一分殊"的多元主义宗教观——以阳明学者为例》，《儒家传统——宗教与人文主义之间》（北京：北京大学出版社，2007）第七章，页169－192。

好可以补充。

《佛法正轮序》作于万历三十一年癸卯（1603），海门时年五十七岁。而他对儒释之辨的这种态度，在其晚年的诗作中有同样的表达。《老吟示诸子》第四首云：

> 乾坤浩渺着微躯，荡荡纵横何所拘？谁把虚空加妄号，一称是佛一称儒？①

当然，海门之所以欣赏禅宗，或许正是由于在经历了"入世的转向"之后，禅宗作为中国化的佛教，已经与原始佛教极端出世和舍离的取向有所不同，而与宋明理学所充分彰显的那种"不离日用常行内，直造先天未画前"（王阳明《别诸生》诗）②的精神有异曲同工之处。无论如何，儒家的超越精神毕竟植根于人伦日用之中，所谓"即凡俗而神圣"。也正因此，海门的宗教情怀（religiosity）和精神气质（spirituality）终归是"内在的超越"。这一点，其同样是《老吟示诸子》的第三首诗有明确的流露：

> 常日开门对晓江，朋来满座酒盈缸。此中更有何为苦，还道西方是乐邦？③

---

① 《东越证学录》，页716；页1239–1240。
② 王守仁撰、吴光等编校：《王阳明全集》，页791。
③ 《东越证学录》，页716；页1239。

四、海门深入佛教的原因：个体生命经验的视角

以上，本文对海门与佛教的交涉从"事"和"理"两个方面进行了较为全面的考察。最后，则要对海门深入佛教的原因稍作探讨，以结束这篇关于周海门与佛教的专题研究。

中晚明的三教融合无疑构成海门深入佛教的宏观思想背景，对于中晚明的三教融合以及佛教与阳明学互动这一线索在阳明学中所激发的一些特有的问题意识，笔者也曾有过专门的研究。[①]不过，一个社会的整体思想氛围固然重要，因为它是塑造一个人思想形态的宏观背景因素，但除此之外，个体特有的一些经历，包括生命经验和家庭影响，或许对于一个人的思想世界和精神气质会产生更加直接的影响。也正是这些彼此不同的特殊经验，才会使得同一宏观思想背景下的社会成员，最终各自形成的思想世

[①] 参见彭国翔：《良知学的展开——王龙溪与中晚明的阳明学》，第七章《中晚明的阳明学与三教融合》。当然，若论晚明以至清初思想界的整体面貌，除了儒释道三教的交织互动之外，还有耶教（Christianity）和伊斯兰（Islam）的介入。关于耶教与儒家、佛教在当时的关系，以往学界已有不少的研究成果。如 Nicolas Standaert, *Yang Tingyun, Confucian and Christian in late Ming China: his life and thought.* Sinica Leidensia, 19. Leiden: Brill, 1988; Timothy Brook, *Praying for Power: Buddhism and the Formation of Gentry Society in Late - Ming China.* Cambridge: Council on East Asian Studies, Harvard University Press 1993. 最近关于伊斯兰和儒家的关系，也出现了一些重要的研究，如对王岱舆（约 1584 – 1670）《清真大学》的英译和研究，参见 Sachiko Murata, *Chinese Gleams of Sufi Light: Wang Tai - yu's Great Learning of the Pure and Real and Liu Chih's Displaying the Concealment of the Real Realm.* Albany: State University of New York Press, 2000；刘智（1655 – 1745）《天方性理》一书的英译和注释，参见 Sachiko Murata, William C. ChittickK and Tu Weiming, *The Sage Learning of Liu Zhi: Islamic Thought in Confucian Terms*, Harvard University Press, 2009.

界和精神面貌五光十色、千差万别。比如，同是阳明学者的王龙溪、王心斋和罗近溪等等，无不各有风采。因此，对于海门深入佛教的原因，在儒释交融这一宏观背景之外，我将着意于其个体生命的一些特殊经验。

就一个人的宗教情怀和精神气质而言，人生经历的一些特殊事件往往会产生重要的影响。海门深入佛教的一个重要原因，恐怕首先是其一生中屡遭亲丧之痛。

海门十四岁即丧父，如其在《先府君行状》中所谓"府君举三孤晚，而汝登在三孤中更晚。府君背三孤时，汝登年十四耳。"① 因此，海门对父亲留下的手书就格外珍惜，他在《恭题先君手书》中说："盖不肖十四岁而孤，面命时少，得此相对，便常如侍膝趋庭。"② 可见对父亲的怀念。

早年丧父固然会给幼小的心灵留下印痕，而白发人送黑发人，更是人生最为痛苦的经验。海门的子女中，不幸一子一女都先后离海门而去。万历二十年，是海门在南京与许孚远"九谛九解"之辩的那一年。也正是这年三月，海门季子小长（乳名）夭亡，海门时正值赴任途中。四月，海门作《瘞亡儿志》，葬之静海。海门《瘞亡儿志》云：

> 万历壬辰三月，余以京兆量移南发，行李戒道，乃季儿陡然病作。期以十有八日行，而儿以是日死。余夙遭亲变，伤感成疾，今不能复为儿恸悲。夫逡巡五日将就痊，余不忍父子割裂于日夕间，携枢以行，十日抵静海。余挥泪自语："儿骨可

① 《东越证学录》，页674；页1069。
② 《东越证学录》，页578；页688。

藏兹土矣。……是地，余先人宦辙所止，余昔嬉游于是者凡三年，所数过其地。视兹土犹吾土，视诸故人犹吾戚若族也，是可藏儿骨矣。……嗟乎！儿生五岁耳，已能学为句读。伏腊祭告，能随吾拜起。貌岐嶷，人谓当有成立，不意竟止是也。吾母爱吾儿笃，何以慰吾母？悲夫！儿自初生，余时视其服食不离，以故无一日病。一行作吏，出入鞅掌，常经时不同居。起始，余欲终老林间。倘卒遂此志，儿或不死。即死，岂令置骨于数千里外？余固有负儿者哉！儿三岁不言，能言，微类北语。今死且葬其在北土，岂夙缘固自有定耶？"①

亲生骨肉夭折，最为人情所不堪。由"儿自初生，余时视其服食不离"的话来看，足见海门对这个小儿子必定十分疼爱。昔日王戎（234－302）"情之所钟，正在我辈"的名言，正是其丧子之后的动情之语。②从这里所谓"余夙遘亲变，伤感成疾"，已经可见海门这次丧子之前，亲丧的遭遇已不止一次，他的健康也因伤感而受到了伤害。而海门说"今不能复为儿恸悲"，其实是在经受屡屡失去亲人之后伤痛至极的一句话。

然而，海门亲丧的经历并未结束。万历二十四年十月，海门之女敬姐又病逝了。在海门撰写的《哭亡女文》中，详细记载了此事。读之可以强烈感受到海门伤悼亡女的哀恸之情：

---

① 《东越证学录》，页671－672；页1060－1062。
② 《世说新语·伤逝》四载："王戎丧儿万子，山简往省之。王悲不自胜。简曰：'孩抱中物，何至于此？'王曰：'圣人忘情，最下不及情。情之所钟，正在我辈。'简服其言，更为之恸。"见刘义庆著、刘孝标注、余嘉锡笺疏、周祖谟等整理：《世说新语笺疏》（上海：上海古籍出版社，1993），页637。

万历二十四年十二月二十六日戊寅，女父以服官留滞陪京，遣女二弟孕衷、孕淳归，以牲醴告吾女敬姐之灵。盖自八月二十八日家童来报，云尔于七月初旬乃遘一疾，其症为痢，继之小产，身乃益瘁。如是月余，奄奄床席，日进粥糜，无几而辗转不能自力。予闻之魂飞，欲身视，其何由克！急遣再问，则传粥食渐加，渐有起色。余获闻之，忧以稍释。后时讯问，则皆传以为且愈且起。余益用慰，曾不为意。未几何，而人以书至，开缄视之，吾女以十月十六日逝矣。呜呼痛哉！①

这段文字详细记录了其女病故的前前后后，本身就是一种情感的宣示。而"予闻之魂飞"，更可见海门对爱女的关切。至于最后"呜呼痛哉！"呼号，就直接是其心中痛楚的宣泄了。

除了至亲之外，海门一生中还亲历了不少门生和友人的离世。如门人王世韬、陶望龄和友人张阳和、杨复所等等。②仅以王世韬为例，即可略见一斑。王世韬是王龙溪的嫡孙，更是海门颇为称许的弟子，从学海门有十年之久。万历三十一年王世韬北上时，海门曾为其题写两段扇头。王世韬辞世不知何年，但必在万历三十二年之后。因为当年海门与王世韬等若干弟子还曾与湛然圆澄在剡中有过聚会。无论如何，观海门所撰《哭王世韬》诗两首，

① 《东越证学录》，页682；页1102–1103。
② 《东越证学录》卷十四有《祭石匮陶太史文》一篇、卷十五有《哭阳和太史》诗一首、卷十六有《哭杨复所》诗一首和《哭王世韬》两首。

既可感受到海门的伤痛，也可以看到海门对于无常之感的直接
表达：

> 豁达生来具大根，曾经十载侍吾门。伤亡共学真良友，哭
> 丧先师尔嫡孙。
> 何事久羁京国住，空怜近寄手书存。满怀遗恨无人识，谁
> 与召回万里魂。
>
> 为伤范子泪犹凝，今日何缘又恸君。眼底忽看相继逝，个
> 中能更几为群？
> 情关肝膈嗟何及，道阻妻儿哭不闻。命也如何宜自慰，无
> 常曾与备云云。①

其中"为伤范子泪犹凝，今日何缘又恸君"一句，可知王世韬逝
去之前不久，海门刚刚才为一位范姓友生的亡故感伤。而"眼底
忽看相继逝"一句，更为海门一生屡遭亲丧友逝的生死别离之境
提供了当事人口述的亲证。

死亡的问题，在整个有明一代逐渐成为儒家士人自觉的重要问
题意识之一。明代儒家尤其阳明学者对这一问题有深入的思考，
这与佛教的影响以及险恶的政治环境使他们常遭濒死之境有关。②

---

① 《东越证学录》，页 717；页 1242 – 1243。
② 对这一问题的考察，参见 Peng Guoxiang, "Death as Ultimate Concern in the Neo – Confucian Tradition: Wang Yangming's Followers as an Example," in Philip J. Ivanhoe and Amy Olberding edit. , *Mortality in Traditional Chinese Thought*. State University of New York Press, 2011, pp. 271 – 295.

而除了这两个原因之外，亲人死亡带来的生命无常之感，恐怕也是不容忽视的一个重要因素。事实上，屡遭丧亲之痛，对生命无常的真切与深刻体会，正是一些僧人遁入佛门的直接诱因，虽高僧大德，亦不能免。例如，晚明四大师之首的云栖袾宏，早岁亦和普通士子一样，应试科举。但他从二十七岁至三十一岁期间，连遭丧父、失儿、亡妻、丧母的打击。正是在这一情况下，袾宏深感人命无常，生死事大，遂决意出家。①

除了屡屡面对至亲、门生和友人的死亡这一个体生命的直接经验之外，家族成员的影响对于海门深入佛教也是一个非常重要的因素。晚近地方史和宗族研究注重家族关系对于个体思想与实践的塑造作用，如果不矫枉过正的话，对于以往思想史宏观叙述的模式确有补偏救弊之助。家族成员对海门深入佛教所产生的影响，亦可视为一例。据海门自己交代，他对佛教并非一开始就能接受。而他从不能接受到深入其中，除了上述的个人经历之外，与其堂兄周梦秀有很大的关系。

关于周梦秀其人，《嵊县志》卷十三《人物志·乡贤》载：

> 周梦秀，字继实，震之子。为邑诸生，自少以道学名。潜心笃行，瞻视不苟。已而读竺典，有悟，屏绝世味，恶衣粝食，晏如也。性好施，囊钱不蓄。有所入，辄分给亲友之贫乏者。时例廪生限年起贡，次当及梦秀，义不敢承，以让友。事

---

① 关于云栖袾宏的生平，参见 Chun‐fang Yu, *The Renew of Buddhism in China: Chu‐hung and the Late Ming Synthesis.* New York: Columbia University Press, 1981；荒木见悟，《云栖袾宏の研究》，东京：大藏出版株式会社，1985。

父孝，父亦贤智其子。复宅为寺，梦秀实成焉。生平志行超卓，时以天下苍生为念。日练习世故，采取人物，习博士家言，与海内作者称雁行。嘉兴陆光祖谓为三绝：学绝、行绝、贫绝也。年四十六卒。乡人贤之，请祀于学官。太守宛陵萧良幹题其墓曰"高士"。①

由此可知，周梦秀至少也是一位往来于儒释之间的人物。但其究竟归宗为何，需要研究其著作之后才能判断。②

至于周梦秀对海门深入佛教所起的作用，海门在回忆周梦秀其人以及与之交往的《题继实兄书后》这篇文字中有清楚的说明：

继实兄生有至禀，少自不群。十五六岁时，瑞泉叔率拜龙溪师。故其向学特早，操励严谨，所至目不一邪视。亲朋虽极昵狎，无一谑语。不肖幼时，对之竦然慕焉。乃兄亦谓我直肠，才弱冠，即进而与友。乙丑，结文社，相砥砺。后兄出游茗霄间，岁十九在外，然意未尝不恳恳如面也。癸酉，余举于乡，而兄下第，百凡酬应，皆兄料理。兄信内典甚深，绝欲断腥，远货利，囊中不蓄一钱。行益孤高而名日起。余亲之敬之，而见不能合。丁丑，余举进士，兄移书教我，而余亦未之领略。己卯，余使真州，来访。时余有所醒发，机话乃投，相

<hr>

① 严思忠修、蔡以瑺纂：《（同治）嵊县志》，收入《中国方志丛书·华中地方·浙江省》（台北：成文出版社，1974），号188，页1209–1210。
② 2004年，蒙荒木见悟先生告知，周梦秀有《知儒编》四卷，现藏日本内阁文库，惜尚未得见。后来知道台北"国家图书馆"藏有崇祯九年（1636）刊本的《知儒编》。惟两本异同如何，尚未便对照。

视各不觉一笑。庚辰，余使芜湖，兄亦至。值余大病垂死，兄昼夜省视不息。病中谈证，一切莫逆。辛巳，余宅忧家食，而兄不常在舍。壬午，兄读书邑城。六月来归，与谈数日，疾作。又数日，逝矣。余哭之不欲生。呜呼！若斯人者，无论天伦中难遇，即世不再见。且以告吾相与之情若此，其何能忘？采其手书表揭之，而时展对，以志吾思。①

海门一生思想变化的几个重要关头，在这篇文字中有明确的标识。这是其文献价值的所在。家族成员之间，相交自然也有疏密深浅之别。由这篇文字可见，周梦秀与海门可谓感情极其深厚。并且，海门对佛教的态度转变，直接与周梦秀有关。根据海门此文所述，海门初次拜谒王龙溪时，周梦秀一道随同前往。嘉靖四十四年乙丑（1565），海门年仅十九岁，曾与周梦秀等人共结文社，互相砥砺。万历元年癸酉（1573）海门二十七岁乡试中举那一年，周梦秀已经"信内典甚深"，甚至严格持戒，所谓"绝欲断腥，远货利，囊中不蓄一钱。"但海门当时对佛教还远未接受，所谓"余亲之敬之而见不能合。"至于当时"不能合"之"见"，显然是指对佛教的态度。而海门对佛教的不以为然，直到万历五年丁丑（1577）海门中进士那年，应该还没有多大改变。否则海门不会说"余举进士，兄移书教我，而余亦未之领略"。"未之领略"的内容和对象，只能是佛教的思想与实践。不过，这种情况到万历七年己卯（1579）发生了改变。这一年海门出使真州，周梦秀来访。

---

① 《东越证学录》，页579－580；页692－694。

这时海门对佛教的认识显然与往不同，与周梦秀已经从当初的"见不能合"、"未之领略"变成了"机语乃投，相视各不觉一笑。"而次年，即万历八年庚辰（1580），海门对佛学更有所取，与周梦秀的谈证已经到了"一切莫逆"的境地。海门捐银十两赞助刊刻《大惠普觉禅师语录》，正是在此年。此外，这一年海门"大病垂死"，周梦秀则"昼夜省视不怠"。在这种与死亡照面的终极境况（ultimate situation）之下，海门对素以究心生死为第一要务的佛教思想也定会有进一步的体会。而深信内典的周梦秀在这种情况一边悉心照料，一边自然会以佛法开导。两相夹持，海门与周梦秀最终"一切莫逆"，恐怕就是水到渠成了。由此可见，在海门与佛教的关系从不能接受到深入其中这一过程中，周梦秀发挥了极其重要的作用。①

当然，即便从海门与周梦秀的关系来看，我们也并不能说海门深入佛教完全是由于周梦秀的影响这一"外因"。因为海门万历七年开始于佛教有所取时，显然有自我意识的反省和转化为基础，所谓"余有所醒发"。此外，海门与周梦秀"一切莫逆"，也并不意味着海门最终与佛教"一切莫逆"。这一点，由前文讨论海门与

① 对海门深入佛教发生影响者，自然不会只有周梦秀一人。此外如袁黄（生卒不详，初名表，字坤仪，号了凡），和海门也有交往。海门万历二十九年腊月曾为袁黄作《立命文序》（文见《东越证学录》，页 548 – 549；页 567 – 570），详见本书所收《周海门先生年谱稿》"万历二十九年辛丑（1601）五十五岁"条下。但本文不论袁黄，原因有二：其一，海门自己虽然是功过格的实践者，且袁黄的功过格影响极大，但功过格的思想及其实践并非始自袁黄，而且更关键的是，较之佛教，道教与功过格的思想及其实践关系更大；其二，本文自始已经限定了探讨海门深入佛教原因的范围，即在宏观的社会和思想背景之外，选择微观与个体的取径，专注于从海门自己特定的人生经历（如亲丧病痛）以及家族关系（如家族亲人）这两方面对他的影响。如此，类似袁黄之人，自不当在本文讨论的范围之内。

佛教在思想方面的关系部分，已然可见。而即便周梦秀本人，恐怕也未必是一位完全弃儒归佛之人。且不论其早年即"以道学名"，从其"生平志行超卓，时以天下苍生为念"以及"日练习世故，采取人物，习博士家言"的践行来看，周梦秀大概也是一位亦儒亦释的人物。只不过在儒释之间，与海门或许各有归趋方面的侧重而已。

总而言之，海门深入佛教，非自始而然，而是经历了一个过程，甚至在中年以后。对此，他自己曾在其《题友人书札》中有所叙述，所谓：

> 余一生全得友乐，全得友力。少时习举，八九为群。肝胆相对，形骸尽忘。宁可终岁不问田园，而必欲常时相聚书舍；宁可半载不近房室，而不可一日不见友朋。中年慕道，则有道友。孚合谈证，趣味尤为不浅。花时、月时、风雨时，必得道友谈道斯慰；愁时、苦时、病时、寂寞时、昏聩时、过娱时、沉溺时，一得道友谈道乃开。后遇宗门之友，更自奇特。或以微言相挑，或以峻语相逼。一日问予如何是心，予以训语相答。喝之曰："奴才话。"数日又问，予不敢答，止曰："尚未明白。"又喝之曰："为人不识自心，狗亦不直。"时大众中面为发赤而心时清凉，无可奈何而意实欢喜。归来终夜不寐，参求不得，心苦彷徨。而次日下床，又唯恐其会之不早集，语之不加厉也。余得友之乐如此。①

---

① 《东越证学录》，页581；页697–699。

而由上文的考察可见，就微观个体的层面来看，在海门逐渐进入且深入佛教的过程当中，亲人的亡故和族人的接引无疑是两个重要的原因。

十、周海门先生年谱稿

周汝登像，取自绍兴印刷局1918年印张岱《越中三不朽图赞》

周汝登，字继元，号海门。浙之嵊县人。上世汝南人，宋南渡时迁居武林（杭州）。有周天祥者，始迁至剡（嵊县）。七传至海门之父双溪先生。海门生母黄氏有子三人，季子即海门。海门有子女各二人，长子孕衷，次子孕淳。

明刻十六卷本《东越证学录》卷十四《先府君行状》曰："执事府君讳某，字居正，学者称双溪先生。上世汝南人，扈宋南渡，徙武林。讳天祥者，始迁剡，仕元临海学官。再传讳承祖，仕提举。承祖孙讳用彰，布衣，积善。邑侯临其丧，题曰：一生仁义，千载吉昌。用彰子讳泽荣。泽荣子讳克温，治家循礼，喜施予。克温子讳岑，以长厚闻。岑子讳河，性慈祥，多隐德，称友松公，是为先大夫。娶于史氏，有淑行，生五子。……府君生以弘治丙辰六月十九日，卒以嘉靖庚申七月十一日，享年六十有五。娶丁氏，封太安人。府君年四十时，娶吾生母黄氏。……吾生母举三子，长汝强，庠生，援例授南京内库使，娶尹氏。次汝思，邑椽，娶金氏。幼即汝登，娶王氏。一女适邢东全。孙男六：绍龙，娶袁氏。汝强出。九芳，聘吴氏；九华，聘章氏；九万，聘章氏。汝思出。孕衷，聘知州王公大栋女；孕淳，聘邢氏。汝登出。六孙女，长适知县喻公思化子安性，庠生。汝强出。次适张存义；次适裘绍燧，庠生；次适吕子得。汝思出。次许聘新昌吕承云，庠生；次许聘袁祖复，庠生。汝登出。曾孙有本，聘王氏；有奎，绍龙出。"

《嵊县志》卷十三《人物志·乡贤》曰："周谟，字居正，用彰之后。事父母至孝，性端方，步履言笑皆有常度。读书手不释卷，体究极精，义利之界斩然。嘉靖间贡授静海训导。伤亲勿逮养，设位祀之，晨昏进膳。遇讳日则凄然流涕。待诸生严而有体。为讲授经史，迭迭不倦。厘正乡饮昏丧等仪，以化其俗。学者仰之如山斗。致仕归，诸生挥泪别。子汝登，历工部尚书。赠如其官，祀乡贤。"

嘉靖二十六年丁未（1547）一岁

刘宗周《祭周海门先生文》谓海门卒于崇祯二年（1629），此当无误。姜亮夫《历代人物年里碑传综表》谓海门生于嘉靖二十六年，卒于崇祯二年，年八十三。但在"备考"注中则说"《嵊县志》又谓卒年七十三"。然查《嵊县志》，并无谓海门卒年七十三之说，而明谓海门卒年八十三。若海门年寿可定，则卒年既定，生年亦可定矣。故本年谱将海门生年系于此。

嘉靖二十七年戊申（1548）二岁

嘉靖二十八年己酉（1549）三岁

嘉靖二十九年庚戌（1550）四岁

嘉靖三十年辛亥（1551）五岁

嘉靖三十一年壬子（1552）六岁

嘉靖三十二年癸丑（1553）七岁

嘉靖三十三年甲寅（1554）八岁

是年，海门之父周谟授静海县学训导，北上途中贻儿书，教以修己务学。

　　明刻十六卷本《东越证学录》卷十四《先府君行状》曰："癸丑，年五十七，循资贡礼部。明年，授静海县学训导。……北上，途贻儿书，示之修己务学。谓举业虽非圣学，而于此专一，便是收放心。心收业精，而圣学亦不外此。"

嘉靖三十四年乙卯（1555）九岁

是年，海门之父贡举上天官，拜职同选，刻《同选录》。

　　明刻十六卷本《东越证学录》卷九《恭题先君同选录》曰："先君乙卯贡上天官，拜职同选，刻录如故事。先君袭藏其录，以贻不肖辈，命之曰：后有能宦游四方，所至按录而稽之，用情加礼，无如路人。尽在我而已，不必问彼也。"

嘉靖三十五年丙辰（1556）十岁

嘉靖三十六年丁巳（1557）十一岁

嘉靖三十七年戊午（1558）十二岁

嘉靖三十八年己未（1559）十三岁

是年，海门随父居静海时，与胡崇谦友，而海门之父亦在是年春以礼致仕。

　　明刻十六卷本《东越证学录》卷十五《醉题静海故人屋壁·序》曰："己未，余侍先君静海官署，与胡丈崇谦友。后十五年，偕计过之。今以谒补，再过，又十五年矣。容颜俱已非昔。"

　　明刻十六卷本《东越证学录》卷十四《先府君行状》曰："己未春，以礼致仕，士子追送，涕泣以别。"

嘉靖三十九年庚申（1560）十四岁

是年七月，海门丧父。

　　明刻十六卷本《东越证学录》卷九《恭题先君手书》曰："盖不肖十四岁而孤，面命时少，得此相对，便常如侍膝趋庭。"

　　明刻十六卷本《东越证学录》卷十四《先府君行状》曰："府君举三孤晚，而汝登在三孤中更晚。府君背三孤时，汝登年十四耳。……府君生以弘治丙辰六月十九日，卒以嘉靖庚申七月十一日。"

嘉靖四十年辛酉（1561）十五岁

嘉靖四十一年壬戌（1562）十六岁

嘉靖四十二年癸亥（1563）十七岁

嘉靖四十三年甲子（1564）十八岁

是年，海门为诸生。

　　《嵊县志》卷十四《人物志·乡贤》载"周汝登"条："十八为诸生。"

嘉靖四十四年乙丑（1565）十九岁

是年，海门与从兄周继实等人共结文社，互相砥砺。

　　明刻十六卷本《东越证学录》卷九《题继实兄书后》曰："继实兄生有至禀，少自不群。十五六岁时瑞泉叔率拜龙溪师。故其向学特早，操砺严谨，所至目不一斜视。亲朋虽极呢狎，无一谑语。

　　《嵊县志》卷十三《人物志·乡贤》载："周梦秀，字继实，震之子。为邑诸生，自少以道学名。潜心笃行，瞻视不苟。已而读竺典，有悟，屏绝世味，恶衣粝食，晏如也。性好施，囊钱不蓄。有所入，辄分给亲友之贫乏者。时例庠生限年起贡，次当及梦秀，义不敢当，以让师友。事父孝，父亦贤智其子。复宅为寺，梦秀实成焉。生平志行超卓，时以天下苍生为念。日练习世故，采取人物，习博士家言，与海内作者称雁行。嘉兴陆光祖谓为三绝：学绝、行绝、贫绝也。年四十六卒。乡人贤之，请祀于学宫。太守宛陵萧良榦题其墓曰：高士。"又周梦秀有《知儒编》四卷，今藏日本内阁文库和台北"国家图书馆"。

嘉靖四十五年丙寅（1566）二十岁

隆庆元年丁卯（1567）二十一岁

是年，海门与七位友人共结八士会，录功过格，行迁善改过工夫。录功过格之纸张可供二十二年之支用。

《东越证学录》卷九《题重修八士会录》曰："八士会，昉自丁卯，故有录，以记功过。每月次掌岁，无虚日。录久纸尽，今复更置其款，约宜损益进退者，稍删定，称重修云。……旧录凡四十一张，张十行，支二十有二年。"

隆庆二年戊辰（1568）二十二岁

隆庆三年己巳（1569）二十三岁

隆庆四年庚午（1570）二十四岁

是年，王龙溪应剡中邑令之请入剡讲学，海门与袁铭吾等前往拜谒，始游龙溪门下。

明刻十六卷本《东越证学录》卷五《剡中会语》曰："予少年不知学，隆庆庚午，邑令君请先生入剡，率诸生旅拜，不肖与焉。"

明刻十六卷本《东越证学录》卷八《铭吾袁君六十寿序》曰："忆在庚午之年，相与共游龙溪子之门。当时不肖尚未足领略其微言。近稍有所窥，始能笃信。"

王畿（1498－1583），字汝中，号龙溪。浙之山阴人。王阳明高弟子。阳明之后于大江南北讲学不辍，年八十仍不废出游，为中晚明阳明学的核心人物。有《龙溪会语》六卷、《王龙溪先生全集》二十、二十二卷本。

按：海门从游龙溪门下，有多种文献可证。然黄宗羲于《明儒学案》中虽亦谓海门曾从游龙溪，却将海门视为近溪弟子，列于泰州学案。所谓"先生有从兄周梦秀，闻道于龙溪，先生因之，遂知向学。已见近溪，七日无所启请，偶问'如何是择善固执？'近溪曰'择了这善而固执之者也。'从此便有悟入。近溪尝以《法苑珠林》示先生，先生览一二页，欲有所言，近溪止之，令且看去。先生涑然若鞭背。故先生供近溪像，节日必祭，事之终身。"海门与近溪的这段经历以及海门"供近溪像，节日必祭"之事，不知梨洲何所本。不过即使梨洲不无所本，亦决不足以藉之无视大量其他的文献材料而将海门作为近溪弟子而归入泰州一脉。无论就师承、地域亦或自我认同而言，海门均当列于浙中王门。笔者所作〈周海门的学派归属与《明儒学案》相关问题之检讨〉（收入本书）于此以及"泰州学案"所收一应人物的问题有详细的考辨。

隆庆五年辛未（1571）二十五岁

隆庆六年壬申（1572）二十六岁

万历元年癸酉（1573）二十七岁

是年，海门中举于乡，科考二等，乡试第三十一名。而其兄周继实下第。彼时周继实深信佛学，而海门见解则未能与之相合。

明刻十六卷本《东越证学录》卷九《题继实兄书后》曰："癸酉，余举于乡，而兄下第，百凡酬应，皆兄料理。兄信内典甚深，绝欲断腥远货利，囊中不蓄一钱。行益孤高而名日起。余亲之敬之而见不能合。"

明刻十六卷本《东越证学录》卷十四《嫡母丁太安人行状》

曰："癸酉，汝登举于乡。"

《万历元年癸酉浙江乡试录》载海门中乡试第三十一名，科目为《诗》。

《四书宗旨·上〈论〉》曰："癸酉，予应科考，……宗师将'信祷于心'直一笔，抑置第二。"

《四书宗旨·上〈论〉》曰："癸酉乡试题：'林放问礼之本，子曰大哉问。'予束语云：'一时之问，足定万世行礼之准；一言之微，实契百王制礼之精。'主司赏之。"

万历二年甲戌（1574）二十八岁

万历三年乙亥（1575）二十九岁

万历四年丙子（1576）三十岁

是年中秋，海门北上应试，亲朋为之饯行。海门北上途中曾经静海，当地士子怀念海门之父。

明刻十六卷本《东越证学录》卷六《不隔丝毫卷序》曰："盖余忆丙子岁，亦以中秋日北发。时亲朋饯我溪浒，有语者曰：'子兹行，其取巍科、跻华要，以耀闾里。'再语者曰：'子且树奇节、光汉青，为世伟男子。'末更语之者曰：'前所勖子未尽，有贤圣学术，在志求道大达，吾将以是观子焉。'"

明刻十六卷本《东越证学录》卷十四《先府君行状》曰："汝登丙子过静海，士子思之，有泣下者。"

万历五年丁丑（1577）三十一岁

是年，海门嫡母丁太安人寿届八十，而海门举进士二甲二十八名，视政比部。其兄周继实曾移书晓以佛学，海门意见仍未与之相合。

明刻十六卷本《东越证学录》卷十《乞休书》曰："臣由万历五年进士，初授部郎，浮沉中外，历转今职二十余年。"

明刻十六卷本《东越证学录》卷九《题继实兄书后》曰："丁丑，余举进士，兄移书教我，而余亦未之领略。"

《明清历科进士题名碑录》载海门举进士二甲二十八名。

万历六年戊寅（1578）三十二岁

是年，刘宗周生。

刘宗周（1578－1645），字起东，号念台，晚更号克念子。浙之山阴人。万历辛丑（1601）进士，历官礼部主事、太仆少卿、吏部左侍郎。为官几起几落，清正有操守。明亡时绝食而亡。门人私谥正义，清赐谥忠介。有《刘子全书》四十卷。现有标点本《刘宗周全集》。

万历七年己卯（1579）三十三岁

是年，海门出使真州，其兄周继实来访，其间袁黄亦来会。海门于佛学有所接纳和吸取，两人颇有影响。

明刻十六卷本《东越证学录》卷九《题继实兄书后》曰："己卯，余使真州，（继实兄）来访，时余有所醒发，机语乃投，相视各不觉一笑。"

明刻十六卷本《东越证学录》卷七《立命文序》曰："余蚤年不知是事，有从兄剡山（周梦秀）者，乃苦行头陀，与我谈不能入。一日，会袁公（黄）于真州，一夜之语，而我心豁然，始知世间有此正经一大事皈依。"

是年，张居正颁令，禁讲学、毁书院。

万历八年庚辰（1580）三十四岁

是年，海门榷税芜湖，不忍苛民，后以缺额谪两淮盐运判官。使芜湖期间大病垂死，得其兄周继实悉心照料。彼时海门对佛学更有所取，与继实之谈证已由初不相合到一切莫逆。

《钦定大清一统志》卷二百二十七载："周汝登，字继元，嵊人。万历进士，授南京工部主事。榷税芜湖关时，当道增税额，汝登不忍苛民，以缺额谪两淮盐运判官。建学延师，场民向化。"

明刻十六卷本《东越证学录》卷九《题继实兄书后》曰："庚辰，余便芜湖，兄（周继实）亦至。值余大病垂死，兄昼夜省视不怠，病中谈证，一切莫逆。"

六月，海门伯兄周汝强于六月亡故。十二月，海门嫡母丁太安人亦卒。

明刻十六卷本《东越证学录》卷十四《嫡母丁太安人行状》曰："庚辰，汝登视榷芜关，而吾伯兄汝强六月殒京师。太安人闻之伤甚。明年，汝登当考绩，未及期而太安人讣至，乃正月五日，实卒于岁前十二月二十七日矣。"

明刻十六卷本《东越证学录》卷十四《祭伯兄文》曰："万历庚辰六月四日，季弟汝登闻兄丧，于芜湖官邸为位，哭之三日。"

是年，海门曾捐银十两，赞助刊刻《大慧普觉禅师语录》。

日本内阁文库藏万历十三年刊《大慧普觉禅师语录》卷三十末有一篇记录了刊刻捐助人情况的说明文字。该文首云："嵊县周汝登银十两"。其下小注曰："万历庚辰，汝登施银八两，贮周之琦处。众缘未集，因费去，加利二两。"篇末云："汝登等各施己财，共刊兹录。伏愿自利愿利他，愿各得圆成如来禅、祖师禅，一交打彻，成等正觉，度尽众生。万历乙酉季夏谨志。"

万历九年辛巳（1581）三十五岁

是年，海门还归乡里，拟侍母终老。

明刻十六卷本《东越证学录》卷十五《三发剡溪引》曰："登有母老矣，而孱躯且善病。自辛巳归庐，便拟承颜终老。"

万历十年壬午（1582）三十六岁

是年，海门兄周继实卒。

明刻十六卷本《东越证学录》卷九《题继实兄书后》曰："壬午，兄（周继实）读书郡城，六月来归，与谈数日，疾作，又数日，逝矣。"

万历十一年癸未（1583）三十七岁

是年末，海门作《敕赠文林郎湖广道监察御史苍崖龙公墓志铭》。

明刻二十卷本《东越证学录》卷十四《敕赠文林郎湖广道监察御史苍崖龙公墓志铭》曰："永宁苍崖龙公，以万历癸未十二月有六日卒。……于是侍御公子情稍舒。……走白下，乞太史焦先生为之传，而以志铭属于予。"

是年，王龙溪卒。

万历十二年甲申（1584）三十八岁

是年，海门由乡起，抵京口再引归，居越五年。

明刻十六卷本《东越证学录》卷十五《三发剡溪引》曰："登有母老矣，而羸躯且善病，自辛巳归庐，便拟承颜终老。甲申强起，抵京口引归。"

是年，孙奇逢生。

孙奇逢（1584－1675），字启泰，一字钟元。容城人。万历举人，与左光斗、魏大中、周顺昌以气节相尚。光斗等被珰祸，奇逢倾身相救。明末避乱于易州五公山，晚移居苏门之夏峰，学者称夏峰先生。自明及清，前后十一征不起。有《四书近旨》、《读易大旨》、《经书近旨》、《圣学录》、《两大案录》、《甲申大难录》、《岁寒居自养》、《乙丙记事》、《理学宗传》。

万历十三年乙酉（1585）三十九岁

是年秋，海门从兄梦秀继子应鼎卒，海门为之作《高士儿应鼎瘗志铭》（文见明刻十六卷本《东越证学录》卷十四《高士儿应鼎瘗志铭》）。

十月，海门为友人袁榜（字仲魁，号丹泉）庆六十寿。十一月十四日，袁榜因病而卒，海门又为之作《隐君袁丹泉墓志铭》。

明刻十六卷本《东越证学录》卷十四《隐君袁丹泉墓志铭》曰："万历乙酉十一月十四日，隐君袁丹泉以病卒。丹泉故居剡城市，暮年徙于乡。丹泉慕道而力学，余与之游。丹泉生嘉靖丙戌六月二十有三日，今年当甲子一周。礼六十，始称寿。余以十月至其所称寿觞，且为言赠之。居无何，讣传，丹泉死矣。其侄子德、子齐、子仪来请铭。余所握，为君书寿言，管尚无恙，而即以兹管书君铭，其可哀也哉！"

《嵊县志》卷十四《人物志·儒林》载："袁榜，字仲魁，居西隅。少习博士业，不得志，弃去。年四十余始发奋为学。事山阴王龙溪，潜心性理。择可而语，一跬步皆有绳度。尝开义学，教后进，王教谕天和折节遇之。晚徙居山水间，自称丹泉子。有《丹泉诗稿》。"

是年，黄道周生。

黄道周（1585－1646），字幼玄，又字细遵，号石斋，漳浦人。天启二年进士，崇祯时历官右中允、少詹事。福王时官礼部尚书。南都覆，唐王以为武英殿大学士。率师至婺源，遇清军，兵败不屈死。谥忠烈。有《易象正》、《三易洞玑》、《洪范明义》、《孝经集传》、《续离骚》、《石斋集》、《骈枝别集》、《大涤函书》。

万历十四年丙戌（1586）四十岁

是年冬除夕前，海门与弟梦科、侄玄龄等游剡溪，有《游剡溪记前》。

明刻十六卷本《东越证学录》卷十一《游剡溪记前》曰："丙戌冬季，望后十日，周子与弟梦科、侄玄龄步出郊门，临流而视曰：'兹剡溪也，我辈生长，是可一日负耶？'时有虚舟泊渥下，微风自南来，遂买舟携酒，乘风而北。"

万历十五年丁亥（1587）四十一岁

是年正月初一，海门继续与友人五六人泛舟剡溪，相与问答，颇显机锋。

明刻十六卷本《东越证学录》卷十一《游剡溪记后》曰："丁亥元日，周子将出游，以阴翳不果。夜大雨如注，翌日复霁，可游而不可陆也。周子复与其友五六者，泛于剡之上流。时溪水青浅，中流如镜，挂席数里反，而容于石桥之下。座有善笛者三弄，酒数行。周子起而观流，则两岸者若拓，而开桥可俯视之矣。直望一碧万顷，汤汤洋洋，不可以际向。登舟时所睹沙洲土渚，尽失其处。以问舟子，舟子曰：'畴昔之夜，四山雨水乍集，故累涨乃尔，顾消亦可立矣。'周子曰：'嗟乎！是何消涨倏忽至此哉？余因以思昔之出游，去此两日，乃岁新旧异令矣。余与诸君，齿加长异数矣，则何以异是水之倏忽涨消哉？夫涨消可以识桑海，新旧可以见古今，齿长可以度生死，疏忽可以睹千百年。愚者见于著，智者烛于微，则何可以不乐？'或者曰：'岁之新旧，汝自名也；齿之长少，汝自忆也；水之消涨，汝自见也。不名、不忆、不见者，无新旧、无长少、无涨消，如此则亦无桑海、无古今、无生死、无疏忽千年。乌乎乐，乌乎不乐？'周子大叹，复与诸君饮酒数十行，泛舟澎湃之湍。诸君曰：'水石噌肱，声何壮耶？'周子曰：'寂然。'有云拂树而过，周子曰：'闻耶？'诸君笑，周子亦笑曰：'子乌知声之非寂，而寂之非声也已。'复放舟石壁下，周子曰：'水者止乎？石者流乎？'诸君笑，周子亦笑曰：'子乌知流之非止，而止之非流也。'于是诸君有目周子醉者，谓言非情也。周子曰：'子又乌知醉之非醒，而醒之非醉？非之非是，而是之非非耶？子休矣。'于是周子起而歌"

是年，海门集资创办鹿山书院。

《嵊县志》卷五《学校志·书院》"鹿山书院"条载："万历十五年积赀创建，以待邑之凡有志于学者。"

是年，王襞卒。

王襞（1511－1587），字宗顺，号东崖，泰州人。王艮之子。王艮开讲淮南，王襞相之。艮没，遂继父讲席，往来各郡。有《王东崖先生遗集》。

万历十六年戊子（1588）四十二岁

是年五月，海门修《嵊县志》稿具，八月刊行。（文见明刻十二卷本《周海门先生文录》卷七《记志事》。明刻十六卷本《东越证学录》卷十一《纪剡志事》）。

《嵊县志》卷二十三《经籍志·史类》载："《嵊县志》十卷，内阁书目，万历戊子周汝登撰。"

是年，张元忭卒，海门作《哭阳和太史》二首。

明刻十六卷本《东越证学录》卷十五《哭阳和太史》其一："遥天落落晓星疏，一望乾坤恨有余。绝学肩抛千古担，交情泪尽人行书。观畴客在春云暗，怀水歌残夜月壶。惆怅故人长已矣，吁嗟吾道竟何如。"其二："地下修文事亦疑，人间寥落岂胜悲。墓门早向生前启，玄草何须死后知。刿上不逢重泛雪，《槎间》空咏旧题诗。白杨萧风坟前道，欲挂青萍向那枝。——太史造有生墓，著有《槎间集》"

张元忭（1538－1588），字子荩，别号阳和，浙江山阴人。从学王龙溪。隆庆五年辛未（1571）进士第一。历任编修、南京祭酒、礼部右侍郎。赠礼部侍郎，谥文节。有《绍兴府志》、《云门志略》、《翰林诸书选粹》、《不二斋文选》、《槎间集》。

按：王锡爵《明奉直大夫左春坊左谕德兼翰林院侍读阳和张公墓志铭》曰："太仆公作《山阴县志》，未成，君（张元忭）绪成之。已又创《绍兴府志》、《会稽县志》、《义严衮钺》，足称一方信史。他所著有《云门志略》、《槎间漫笔》行于世。"

是年。罗近溪卒。

万历十七年己丑（1589）四十三岁

是年，查铎卒。

查铎（1516－1589），字子警，号毅斋，泾县人。王龙溪弟子。刻《龙溪会语》六卷。嘉靖四十四年（1565）进士。隆庆时为刑科给事中，忤大学士高拱，出为山西参议。万历初官广西副使，移疾归，缮水西书院，兴起一方。有《毅斋查先生阐道集》十卷。

万历十八年庚寅（1590）四十四岁

是年，海门以盐运司分理泰州事至王艮故里，拜祭并修缮心斋祠，创办泰东书院，与心斋嗣孙王之垣游，并识王之垣之子王调元。

明刻十六卷本《东越证学录》卷九《题一脉关情卷》曰："予昔在庚寅，谪官海上，获履心斋王先生故里，展拜祠下，因与其嗣孙之垣游。之垣有子即调元，时甫垂髫耳。"

《王心斋先生遗集》卷四《王心斋先生年谱·谱余》载："（万历）十八年庚寅七月，盐运司分理泰州事嵊郡周公海门汝登修舍祠。"

王之垣，原名士蒙，字得师，号印心。王艮之长孙。师仲父王襞。著有《印心行概》、《性鉴题摘》，今佚。子王元鼎，字调元，一字去赝，后改字天真，号禹卿，师罗近溪弟子陈履祥，亦曾请益于海门。

道光《东台县志》卷十二《学校》载："在县治西门内。明万历十八年分运周公汝登特建。"

按：《东越证学录》卷十三有《建社学文移》一篇，包括八条社学教规。其文所述，正为海门泰州盐场建学事。

万历十九年辛卯（1591）四十五岁

是年，海门任顺天府通判。

明刻十六卷本《东越证学录》卷七《剡源遗草序》曰："旧年余判京兆，……今年又并舫南行。"

万历《顺天府志》卷四录载："周汝登，浙江嵊县人，万历十九年任，升南京吏部主事。"

是年，海门岳父王橚卒。

《剡溪王氏宗谱》有海门撰《祭外父王后山翁文》。王后山即海门岳父王橚，字悦卿，号后山。生于正德庚午六月十五日，卒于万历辛卯二月十一日，寿八十有二。子：嘉文、嘉敬；二女：长适宋琏；次即周侍郎配也。

据《剡溪王氏宗谱·世系图》，海门岳父王橚与王三台（字思位）祖父王檣系兄弟关系。王三台为汝登门徒，两者关系密切，来往书信见海门文集及王氏宗谱等。

万历二十年壬辰（1592）四十六岁

是年三月，海门季子小长（乳名）夭亡，海门时正值赴任途中。四月，海门作《瘗亡儿志》，葬之静海。

明刻十六卷本《东越证学录》卷十四《瘗亡儿志》曰："万历壬辰三月，余以京兆量移南发，行李戒道，乃季儿陡然病作。期以十有八日行，而儿以是日死。余夙遘亲变，伤感成疾，今不能复为儿恸悲。夫逡巡五日将就，余不忍父子割裂于日夕间，携枢以行，十日抵静海。余挥泪自语：'儿骨可藏兹土矣。'……儿生戊子八月二十五日，乳名小长，殁日为壬辰四月五日。"

夏，海门与邹元标论学留都。

明刻十六卷本《东越证学录》卷六《邹子讲义序》曰："余盖忆壬辰之夏，与邹子论学留都，间出直指一语，时听之藐然，不以为当。已而反之自心，密证深求，稍有觉省，然后信前语为不欺。别去五年，近始再会于铁佛庵中，蒲团对坐，觌体共呈，惟有相视而叹。"

是年，海门在南都与许孚远有"九谛""九解"之辩。许孚远以"九谛"质疑当年天泉证道中"无善无恶"之说，而海门则以"九解"回应，对"无善无恶"的理论内涵进行了进一步的阐释与澄清。"九谛""九解"之辨是晚明"无善无恶"之辨的重要事件，为围绕"无善无恶"思想所展开的讨论提供了重要的思想材料。

明刻《周海门先生文录》卷一《九解引》曰："宦南都者，旧有讲学之会，而至万历二十年前后，一时会聚犹胜。不肖时得随诸公之后，盘桓印证。一日偶举天泉证道一篇，重宣奇密，而座上许敬庵公未之首肯，明日出九谛以示，不肖僭为九解复之。先生于不肖为先达，言宜顺受，而师门之旨不可不明，且学问亦不嫌于明辨，故敢冒昧如是。其或当或否，俟知者判焉。"因《明儒学案》中收录了"九谛""九解"的完整内容，故本年谱稿不具引。

许孚远（1535–1604），字孟中（《明儒学案》作孟仲，此据《明史》），号敬庵，德清人。嘉靖四十一年（1562）进士。历官工部主事、建昌知府、广西副使、右通正、南大理寺卿、南京兵部右侍郎。平倭寇有战功。出湛若水弟子唐枢门下，然笃信良知之学，为刘宗周师。有《敬和堂集》八卷。

按：明刻十六卷本《东越证学录》九谛九解前引以第三人称写就，且加以简化，未如此处海门自己所写文字明确。故引明刻十二卷本《周海门先生文录》为证。由此亦可见十二卷本刊刻应较十六卷本为早。黄宗羲《明儒学案》所引是根据十六卷本《东越证学录》。

万历二十一年癸巳（1593）四十七岁

是年，海门于金陵为驾部郎时，晤紫柏达观。

明刻十六卷本《东越证学录》卷十三《达观大师像赞》附《纪事》曰："予晤师在癸巳金陵贺氏园中为驾部郎时。乃予请见，固有年矣。先与瞿比部洞观、傅太常大恒共介其徒。以往既到复却，几度策马空归，二君遂不复言求见，而予竟未已，至是晤焉。师须鬓不剪，顶着樵巾，体干丰伟，坐立如山。晦翁所谓其人皆魁岸雄杰者是。已相见，慈容满面，欢然如故。室中有数辈儒衣冠者，握笔沉思，肃如试举。余坐定，侍者设席予前，具笔伸纸。予问故。曰：请与诸子同作《楞严经》中某四句讲义，或偈亦可。予唯然，受之不为异。随与大师论他义，一二转未竟，师辄呼侍者曰：'周老先生面前纸笔撤过。'又论一二转，师曰：'硬挣也，硬挣。'顷之，侍者持客刺来报，乃鸿胪觉斋徐公。一徒起曰：'老师今日体倦，徐公见可俟他时。'某请辞之，便欲趋出。师曰：'不可，到即请见。'徐公向与予求见师不得，每侦予所至，则尾之，故今刺得入，以予有人在门；刺得至师前，以予有人在室；其徒请命，以予在座。不然，师皆无由知矣。是如与徐公共午斋而散。明日，天始变色，街鲜人行，予旃有叩门者，询之为师二徒。予出迓，言大师且来谒。少选，手持拄杖，阔步长趋，数徒拥掖而至，盘桓至暮始别。时从行有周叔宗、贺知忍，余名氏不能悉。从行者曰：大师从未谒人，以是施君，异数也。予窃叹。是时胸中尚未尽稳，商量不得彻底。嗣后欲再证无缘，可恨！人言师奇怪，余睹具如此。凡初见作难，皆诸徒所为。予以目击徐公一节可推。虽然，即师何病？世界不宽、时人眼孔不大，竟莫容此老。或以其入都为病，而悲愿深远，殆不可测。予为钱子题赞词，更为叙相见始末，重唏嘘及此云。"

紫柏真可（1543－1603），俗姓沈，名真可，字达观，晚号紫柏，吴江人。晚明四大师之一。有《紫柏尊者全集》。

按：海门虽曾晤达观，但对达观谈说名相以勘验人的做法并不以为然。明刻十六卷本《东越证学录》卷十《与周叔宗》曰："教言所示，达观谈说名相，姑假以勘验人，是或一法。然古人接人于眼睫动定，或片言半语下立见分明，未闻有以名相试之者。此事全不在学问，不在讲解也。近一禅者，自谓通宗，而又说渐、说顿、说圆，牵缠混滥，生窃叹之。人贵开眼耳，岂在分疏字脚？必欲了渐顿圆三义，譬如大日轮升天，从东过西是渐，一出便明是顿，光无不遍是圆。开眼一见便了，何用更言种种？彼不见日者，与语，徒增滑突。故大宗师只令人开眼，别不放半毫出路。近世阿师刀下不曾见血，只管牵绕解疏，埋没人家男女，使千生万劫不得出头，良可叹也。"

万历二十二年甲午（1594）四十八岁

万历二十三年乙未（1595）四十九岁

是年十月三日，陶望龄上剡溪谒海门。此当为望龄初谒海门。

陶奭龄《先兄周望先生行略》（见陆梦龙选《歇庵先生集选》）曰："三日，上剡溪谒海门周子。嗣是，咨请扣击，往来靡闻。然每自指膺曰：'吾此中终未稳在！'一日读方山《新论》（案：指李通玄《新华严经论》。该当时《华严》、永明延寿《宗镜录》和《大慧宗杲语录》乃流行于士大夫中三书。），手足忭舞，趋语奭龄曰：'吾从前真自生退却矣！'"

彭绍升《居士传》载："三日，上剡溪谒周海门，参叩甚力。"

陶望龄（1562－1609），字周望，号石篑，会稽人。万历十七年乙丑（1589）会试第一、廷试第三，授编修，再迁谕德，告归。起国子祭酒，以母老，固辞不拜。母丧，以毁卒。谥文简。有《解庄》、《水天阁集》、《歇庵集》等。

万历二十四年丙申（1596）五十岁

是年十月六日，海门之女敬姐病逝，海门伤痛不已，十月二十六日，谴二子归告其灵，并作《哭亡女文》。

明刻十六卷本《东越证学录》卷十四《哭亡女文》曰："万历二十四年十二月二十六日戊寅，女父以服官留滞陪京，谴女二弟孕衷、孕淳归，以牲醴告吾女敬姐之灵。盖自八月二十日家童来报，云尔于七月初旬乃遘一疾，其症为痢，继之小产，身乃益瘁。如是月余，奄奄床席，日进粥糜，无几而辗转不能自力。予闻之魂飞，欲身视其何由。克急谴再问，则传粥食渐加，渐有起色。

余获闻之，忧以稍释。后时讯问，则皆传以为且愈且起。余益用慰，曾不用意。未几何，而人以书至，开缄视之，吾女以十月十六日逝矣。呜呼！痛哉！"

是年，杨起元之母郭太夫人寿七十一，海门为之作《杨母郭太夫人寿序》。

明刻十六卷本《东越证学录》卷八《杨母郭太夫人寿序》曰："越明岁，为今丙申，太夫人年进而七十又一。八月某日，其设悦之期，公（杨复所）友生僚属济济，登堂致贺，而各征有寿言。惟公门墙士文生、孔生辈，则介于文堂黎先生，而过周子，请以言。谓登与公同年举进士，于太夫人义称犹子，而且时从公论学，知公深也。登于是作而语曰：'太夫人内德渊源，其奉姑氏、相司训公，种种微音，见于诸名公所论，次悉矣，则何能更赞一词？惟诸君从公受学，亦知太夫人所以寿、而公所以寿其亲者乎？'"

是年秋，海门为杨起元《四书并稿》（又名《书义传》等）作序。

中山大学图书馆藏清光绪刻本杨起元《杨文懿公书义传稿》，卷首有海门序文，末署"丙申秋日，海门周汝登书"。明刻十六卷本《东越证学录》卷九《题杨太史四书并稿》即该序文，内容较简。

万历二十五年丁酉（1597）五十一岁

是年，海门移官广东，于白下会邵季躬，临别赠其会语三条。至韶关曹溪时，瞻礼禅宗六祖惠能真身。十月任职广东境内期间，与憨山德清多有往来，并有与杨起元书述在粤间事。

明刻十六卷本《东越证学录》卷九《题邵季躬扇头》曰："岁在丁酉，余会宛陵邵季躬于白下。已而相携过舍，日谈此事不置。将别，书会语三条赠之，要皆道理语耳。"

明刻十六卷本《东越证学录》卷十三《书觉音卷》曰："万历丁酉，余量移岭表，十月始入境。顿辔五羊，而憨山上人者，先自雷阳至止。余公事之暇，辄过其方丈，焚香啜茶以坐。或三日五日七日一至，即风雨不辍也。"

明刻十六卷本《东越证学录》卷十《答杨太史复所》曰："弟自去冬度岭过韶阳，首谒曹溪。秀灵翕抱，真天为之造者。以一滴水流演五宗，浸润千余年未艾，洵乎不偶也。已入省，拜濂溪、白沙、阳明三先生祠。……出五羊，问海珠，盖即初祖登涯处。岭南真佛国哉！宋觉范、大慧皆窜处此地，而今憨公亦以戍来。宿世愿存，因缘已到。"

按：此书未明言作于何时，由内容推之当在是年。

憨山德清（1546－1623），俗姓蔡，全椒人。十九岁礼栖霞云谷大师，受戒。二十六岁至京师，参遍融、笑岩二老。三十八岁遁迹东海牢山，建海印寺，施教十三年。五十岁谪戍岭南，入曹溪。有《憨山老人梦游集》、《憨山老人自序年谱实录》。

万历二十六年戊戌（1598）五十二岁

是年，海门离开广东北上，憨山德清自五羊送至曹溪水口，海门作诗赋别。途中，海门上书乞休，时任广东按察司佥事，然未获准。其间，憨山德清来书四封，海门有《与憨山上人》书。南还途中，海门升任云南布政使司左参议，并获憨山德清所赠《曹溪志》，又有《与憨山上人书》、《答憨山清公》及《答柯孝廉时复》书。道出滁阳时，海门有《与祝掌科石林》书。

明刻十六卷本《东越证学录》卷十五《憨山上人自五羊送予至曹溪水口赋别》曰："纵说情空尽，难禁此日心。身同龙窟远，话别虎溪深。坐雨开莲卷，乘风过宝林。并携千里道，临发更沉吟。"

明刻十六卷本《东越证学录》卷十《乞休疏》曰："广东按察司佥事臣周汝登，为身病沉危、母年衰耄、力穷情迫，恳乞俯容休罢事。"

按：《乞休疏》下属"万历戊戌岁"。

《憨山老人年谱自序实录》万历二十六年戊戌条下载："海门周公任粤杲盐道时，问道往来。因摄南韶，属修《曹溪志》。粤士子向不知佛，适周公阐阳明之学，及集诸子问道于予。"

明刻十六卷本《东越证学录》卷十《再上乞休疏》曰："云南布政使司左参议臣周汝登，为情苦病深、新命难趋，冒死重号，恳乞悯容休罢事。臣原任广东按察司佥事，斋捧毕役，具疏乞休，未蒙怜允。南还在途，又蒙点升今职。"

明刻十六卷本《东越证学录》卷十《与憨山上人》曰："生初拜命东粤，遂无行意。既思曹溪、江门，此生不可不一寻问。上人在彼，亦不可蹉过。是以欣然就道。度岭而东，半载间诸愿尽酬。胜景奇观，玄谈妙味，填满胸臆，复与儿曹共之，此区区游宦一遭，于地方无补，而自身占尽便宜多矣。此外其敢更无厌耶？别来谁堪入室？世缘不索莫否？生近乞休，专以母老难离，流行坎止，仆亦不自知也。"

明刻十六卷本《东越证学录》卷十《与憨山上人书》曰："别久渴仰，忽拜法音，兼领新刻，心目豁朗，喜可知已。迩知甘露时普，皈依不少，然最堪入室者何人？必得一二大法器，辗转化导，乃为快耳。杨少宰（按：杨起元）未晤，恐犹是未了之案。然既在一方，邂逅自有期，非比仆浪踪蓬迹，此生莫必也。仆乞休未允，踯躅间又有滇中之命，鸡足山中，非不一顾寻访，然而母老难违，恐终不能就道。早晚又复陈情，得蒙允赐，便自万幸。露地之牛，丰林茂草，足自适矣。《曹溪志》序，仆举管如山，不能就一字，容日另报。"

明刻十六卷本《东越证学录》卷十《答憨山清公》曰："书役来，接前后手教四纸。甘露盈函，清凉无限。《楞伽解》尚需卒业，饱此法味。《志》序并《经》序，来谕肯肯索之，不知宝瓶之上更须此丸盖何为？顾尊命不可终负，容再图之。生滇中之行尚在踯躅，事势所值，只得虚徐俟之，未敢悻悻耳。老母眠食如常，但精神终觉消减。二儿近已皆冠辰下，亦将次第毕婚。了此冠婚，余事听其自了。区区何能忘却自己？为儿女子扰扰劳生耶？杨太史序文已佳，何云尚未惬意？盖因大笔在后，特郑重之耳。柯子（按：柯时复）种种吐露，已知大有证入，但入微一着，禅师需再用激发之。刘季德已膺贡，可喜。得渠书，谓将过访。秋尽尚未望见紫气，不知其能不食兹言否。石箦公于此事甚切，不似近时学佛以名者，亦云过会禅师，时时念之。乃弟石梁，信力亦深，可称苏氏弟兄。仆近挟此二难，一开叹口。不然，死猫头从何面前呈示哉？梅檀如来度岭，时节已至，禅师亦当相随木佛而行。

影子在前，形不远矣。望之！庆之！"

明刻十六卷本《东越证学录》卷十《答柯孝廉时复》曰："一别，久不知动定，时从憨公处问讯。书役来，接手札，甚慰！札中自陈，谓近惟息机摄念，以此消彼，炽然足见勇猛。但恐息之、摄之、消之，如石压草，根株不除，终无了期。说个息机，息亦是机；说个摄念，摄亦是念；以此消彼，皆对治法耳，非究竟之旨。若要究竟，须将机与念所从来处，一一识破。破后方知亦无来亦无处、亦无此亦无彼，亦无机亦无念，何息何摄何消之有？亦何不息不摄不消之有？到此方是实功，吾友参之。前望吾友曹溪、白沙之后作第三人，乃足下承当未甚慷慨，岂犹疑彼二公者不易为耶？不知作第三人犹是方便语，吾友力量，当下便可作圣作祖，于二公无有也，吾友信之？时事足慨，真可堕泪。但欲为斯世斯民造福，亦须这些子打破。不然，做事终属无力。如醉汉负担，济得甚事？惟时时无忘是嘱。"

明刻十六卷本《东越证学录》卷十《与祝掌科石林》曰："别来工夫何似？庄诵《环碧》、《小言》，言言刺骨，定知默默地受用不少。就此更掀翻一下，其肯信之否？不肖日来毫无伎俩可呈，止善病耳。去秋度岭，汤药不离；今夏赍捧北行，亦自困惫，力匮难前。兼之母老在舍，已经乞休，旧谊难忘，道出滁阳，勒此问讯。"

祝世禄（1540－1611），字延之，号无功。鄱阳人。耿定向弟子。万历二十三年乙未进士，选南科给事中。有《环碧斋稿》、《祝子小言》，当即为海门此信中所谓《环碧》、《小言》。

是年，海门撰《汤山一柏公暨德配虞宜人墓志铭》。末署："万历二十六年岁次戊戌季冬之吉，赐进士第云南布政使司参政古剡门生周汝登顿首拜撰"。按：汤山公即朱一柏，明中宪大夫，讳一柏，字应贞，安徽宁国县人。隆庆五年曾任嵊县令，治嵊有伟绩。其人在民国《嵊县志》卷九《职官志·职官》、卷十《职官志·人物传》有载。

万历二十七年己亥（1599）五十三岁

是年初，海门再次上书乞休，获允还剡。

明刻十六卷本《东越证学录》卷十《再上乞休疏》下属"万历己亥岁"。

是年春二月，陶望龄访海门于剡，泛舟曹娥江。海门出示其父双溪先生遗训，陶望龄作《题周双溪先生遗训卷》。

《歇庵集》卷十四《题周双溪先生遗训卷》曰："万历己亥春二月，望龄访海门先生于剡，相与泛舟曹娥江，出示此卷。"

是年秋，海门居越。九月十一日，海门连同陶望龄等数十人会聚阳明祠，祭告阳明。海门作《告阳明夫子文》，定为月会之期。

明刻十六卷本《东越证学录》卷四《越中会语》曰："己亥秋，先生同石箦陶公（陶望龄）及郡友数十人，共祭告阳明之祠，定为月会之期，务相与发明其遗教。"

明刻十六卷本《东越证学录》卷十四《告阳明夫子文》曰："万历己亥九日丁未朔十一日，后学周汝登等，敢昭告于阳明夫子之灵。越有夫子,即鲁有仲尼。徐、王、钱先生及门于前,如回如伋请事,足发以启后人。登等居幸同里,世未百年,私淑有资,愿学良切。敬连同志凡数十人,月会夫子之堂,用体夫子之教。"

是年,杨起元卒,海门作《哭杨复所》,而此前海门曾有《答杨太史复所》,讲述任职岭南期间与憨山德清的交往以及粤地佛教之盛。

明刻十六卷本《东越证学录》卷十六《哭杨复所》曰:"乍闻消息不胜悲,白首论交更有谁。宝剑莫投心挂树,瑶琴不鼓泪盈丝。难忘密语香焚处,恍睹慈颜月上时。寂寞玄经空自草,生前能有几人知。"

明刻十六卷本《东越证学录》卷十《答杨太史复所》曰:"别又一载,缅想游从之乐,怀注不可言。《训行录》庄诵踊跃,仰见圣王名世,先后辉映是昭代一大著述,可庆!弟自去冬度岭过韶阳,首谒曹溪,秀灵翕抱,真天为之造者。以一滴水流演五宗,浸润千余年未艾,洵乎不偶也。已入省,拜濂溪、白沙、阳明三先生祠,乃士类彬彬,多兴起于学。闻丈过化与鼎石公鼓舞之效不浅。弟愧不能敷畅而嗣续之,然多士谬推,亦不敢过逊避也。出五羊,问海珠,盖即初祖登涯处。岭南真佛国哉!宋觉范、大慧,皆窜处兹地,而今憨公亦以戍来。宿世愿存,因缘已到。前翰教嘱其开示诸人,使宗风大阐,今来就之者亦不少。见尊翰,彼更毅然。料此一番,定不虚走也。大作省间翻行,固不肖广传之意,或者亦翁加惠之心乎?并以闻之"

杨起元(1547-1599),字贞复,号复所,归善人。罗近溪弟子。万历五年海门同榜进士，选庶吉士。累官吏部左侍郎。天启初追谥文懿。有《证学编》、《诸经品节》、《杨复所先生家藏文集》）。

万历二十八年庚子（1600）五十四岁

是年八月，海门之儿辈及门人若干赴省应试，门人彭智甫、刘特倩意外中试，海门作诗为贺。时梁昌孺北上，海门及同志十余人于杭州西湖为之饯行，众人各赋诗歌，集为一卷，海门为之作序，名为《不隔丝毫卷序》。彭智甫、刘特倩北上临行时，海门又作《别二子序》赠之。

明刻十六卷本《东越证学录》卷四《越中会语》曰："先生曰：庚子之秋，予视儿辈应试赴省时，彭智甫、刘特倩俱不与，科举就试遗才，不录；又试大考，不录，绝无入场之望矣。日过予寓，宴谈赋诗为乐。已复泛舟湖上，遨游未归舍。适宗主以场中席舍有余，访求名士，而智甫、特倩与焉。时八月初八日矣。明日遂得入院。揭晓，二子中士。"

明刻十六卷本《东越证学录》卷十五《庚子八月二十七夜彭智甫、张允及、钱仲将、刘特倩、吴孟刚及衷、淳二儿共集西陵客馆晓闻彭刘之报志喜》诗曰："客馆论心夜未央，晓闻双捷喜如狂。人情久已占吾辈，天意先今眷尔行。肯为浮名惊乍起，悬知绝学此初昌。阳明灵爽应含笑，为荐祠前一柱香。"

明刻十六卷本《东越证学录》卷六《不隔丝毫卷序》曰："万历庚子八月之望，昌孺梁子偕计吏上春官，明日入武林。时周子及同志十余辈，崇肴载酒，相与饯之西湖，而各申以诗歌，类为卷帙，余叨一日之长，得弁言于首以助焉。"

明刻十六卷本《东越证学录》卷六《别二子序》曰："今年秋，彭子智甫、刘子特倩，联捷于乡，而后来者骎骎有气，于是人人知此事（指修习圣贤之学）与一切事原不相违背，而闻风者向往勃然，盖庶几厌群望而慰父兄之心。助发道因，机缘逾畅，真大可为吾道一大愉快也。"

是年，海门曾为新安太学生郑于荣之母吴太孺人作《郑母吴太孺人八十寿序》。

明刻十六卷本《东越证学录》卷八《郑母吴太孺人八十寿序》曰："万历己亥，新安太学生郑于荣氏有母吴太孺人，年届八十。腊月二十有七，其设悦之辰。越岁，而于荣遣力东走会稽凡千里，征言于予。余与于荣交二十余年矣，则言其何辞？"

万历二十九年辛丑（1601）五十五岁

是年二月，海门与诸士有剡中之会。会中海门论良知并赋诗六首以解。

明刻十六卷本《东越证学录》卷五《剡中会语》曰："辛丑二月，会于惠安僧寺。赵学训论良知未足尽学，须从不睹不闻上着力。先生谓诸士曰：'赵师之言，或以救弊，恐人不知良知，而以情识为知，故指示个不睹不闻，使知认良知不错。若真谓良知不足以尽，而更求之不睹不闻，则是不虑之知尚有睹闻在，离良知之外，又有个不睹不闻。为病不小，大须善会。'"

明刻十六卷本《东越证学录》卷十六有《会中司训赵公谓良

知未足尽道，于不睹不闻之体未明，当下稍为商之》诗六首。其一曰："不闻不睹未生前，此个工夫用亦难。要识工夫何处用，无过喜怒哀乐间。"其二曰："不睹不闻是真诠，消息其中不可言。求个不闻并不睹，相违早已隔天渊。"其三曰："圣门真诀几人传？无载无声说妙玄。说得妙玄成底用，人情之外别无天。"其四曰："寻常日用更何求？意见才剩便是仇。但自息心全体现，莫于头上更安头。"其五曰："本来无物自完全，不识完全补缀难。已是身居京国内，何应更自觅长安？"其六曰："特揭良知启众迷，良知莫道不通微。通微只识无知妙，此个无知无不知。"

中秋，海门与诸友弟子五十余人夜会天泉桥。海门回忆嘉靖丁亥岁先三年甲申，阳明亦于门人、弟子夜宴并有"铿然舍瑟春风里，点也虽狂得我情"之诗，海门亦赋诗一首。

明刻十六卷本《东越证学录》卷四《越中会语》曰："辛丑中秋之夜昏时，微云稍翳，已而云净月朗，诸友迎先生（海门）凡五十余人，宴于碧霞池之天泉桥。"

明刻十六卷本《东越证学录》卷十五《中秋大会天泉桥》诗曰："天泉桥上集群英，风拂罗衣鼓瑟声。证道百年人未散，赓歌千古月常明。同逢令节应非偶，一扫浮云若有情。不到此中谙此兴，男儿几已负平生。"

十月，海门为友人袁铭吾祝寿，有《铭吾袁君六十寿序》。

明刻十六卷本《东越证学录》卷八《铭吾袁君六十寿序》曰："万历辛丑十月某日，铭吾袁君介六十之寿，谢一切戚里贺弗受，独友人若干辈得升堂而致贺焉。我友缔结数十余年久矣。今所旅进，皆昔相与总角之交；今所履堂，即昔共习句读之所。"

腊月，海门为袁黄（了凡）之《立命》作《立命文序》。

明刻十六卷本《东越证学录》卷七《立命文序》曰："万历辛丑腊月，雪深，客有持文一首过余者，乃樜里了凡黄公所自述生平行善，因之超越数量，得增寿胤，揭之家庭，以训阙子者。客曰：'是宜梓行否耶？'余曰：'兹文于人大有利益，宜亟行。'客曰：'子谈无善无恶宗旨，奚取兹言？果尽上一乘语耶？'余曰：'无善者，无执善之心，善则非虚。'"

袁黄（1533－1606），字坤仪，原名表，后改名黄。初以学海为号，后遇云谷禅师，破宿命论，更号了凡。吴江人。万历十四年（1586）进士，知宝坻县，有善政，擢兵部主事。黄博学尚奇，凡河洛、象纬、律吕、水利、戍政，以及勾股、堪舆、星命之学，莫不究涉。有《两行斋集》、《历法新书》、《皇都水利》、《评注八代文宗》、《群书备考》等。倡导实行功过格，在晚明影响甚大。

是年，海门曾为张宏甫之母应太宜人作《张母应太宜人寿序》。为喻中卿、喻和卿之母丁太安人祝寿，作《喻母丁太安人寿序》，并曾作《秀州兴善庵怀松禅师塔铭》。

明刻十六卷本《东越证学录》卷八《张母应太宜人寿序》曰："今年辛丑七月六日，宏甫张子有母应太宜人届五十之寿，诸人推余致，则余何以为宜人寿？"

明刻十六卷本《东越证学录》卷八《喻母丁太安人寿序》曰：

"万历辛丑，喻母丁太安人寿届五十。端月二十有三日，当初度之期。太安人为邦伯石台公配，而公先见背。有二子中卿、和卿。中卿成进士，方为洪都司理。和卿补邑弟子员。寿之日，和卿捧觞舞彩膝前，而中卿致脆甘、列章服，使其弟代献为寿。……周子汝登会同志之徒十余辈，亦以是日肃容旅进。周子早荷石台公与可，极相友善。而中卿妻余兄子，且于余有肝膈之好。和卿过信投诚，谬崇师礼。周子与其父子兄弟间，分谊为何如哉？"

明刻十六卷本《东越证学录》卷十四《秀州兴善庵怀松禅师塔铭》曰："师之师承，其所投祝发为大渊，其所从入室为大安，其相与同参交证则为月心、遍融、天然诸善识。……师（怀松禅师）之系，出江西星子钱氏，法名满贤。师之生，以嘉靖甲午；师之没，以万历戊戌。寿六十五，为僧四十五年，来何来而去何去耶？盖既没，而颜面如生，函之以龛，而将崇以塔。又三年，而汝定（查汝定）、无逸、贯之等以塔铭来请。谓师住世时，因缘未偶，不得宜弘大化而没，当记其所履，勒之坚珉，照耀来嗣。使末法邪因执着放荡者，因师表义，皆得知归，以师为眼目，而借铭词为光明。既重师恩，而亦怀众冥。"

按：查汝定、邵季躬于怀松禅师处以优婆塞受法，而查、邵二人则与海门交往密切。海门于《秀州兴善庵怀松禅师塔铭》中未明言此铭作于何年，但据铭文，怀松禅师卒于万历戊戌，又三年查汝定等人请铭于海门，可推知海门此铭文当作于是年。

《嵊县志》卷十四《人物志·乡贤》曰："喻安性，字中卿，号养初，思化之子。伟丰姿，饶胆略。为弟子时，即以天下为己任。万历戊戌成进士，授南昌推官，平凡无冤。朝议欲采金江右，安性绘地图，力陈不可。上为之动色，乃撤。其使轶满，以卓异擢礼部主事。迁吏科给事中，首劾司礼监成敬乱政扰法，关系宗社生灵。神宗置诸法，群党构孽，遂左迁罗定州判。时倭据香山，埲视猖獗。台使者欲发兵剿。安性单骑往，喻以利害，倭慑服遁去，不折一矢而数百年之积患顿消，人服其胆识。推边才，补昌平副使，按察密云。满旦索赏，蹂躏内地。安性曰：'是藐我也，不可以惠行。'率将尤世禄等整兵而行，遂望风纳款。序功升顺天巡抚。顺永灾侵，请帑币十万以赈，并奏免赋役加派。中贵程登擅催牧地租，徐贵擅驻天津采鲜，并为民患。安性劾罢之。又疏参监陵刘尚忠等七人藐视台使，哗漫无礼。奉旨鞫治，阉人渐知敛迹。升辽东巡抚，为奸党魏忠贤所惮。又恶不投一刺，矫诏夺爵。崇祯改元，忠贤败，荐升兵部尚书兼右副都御史，总制蓟辽。练士卒，防要害，竭蹶供职。而辽抚王应豸御兵无法，遂以缺饷鼓噪。安性至，乃贴然解散。后以朝议苛求解职归。安性秉持介节，在朝不比权奸，居乡不干郡县，中外畏而敬之。虽家食十余年，语及边事即起舞，闻边报未尝不唏嘘泣下乜。常建议改常丰秋折，乡里祠祀之。年八十一卒。著有《易参》、《养初文集》。"

《嵊县志》卷十六《人物志·义行》曰："喻安情，字和卿，思化次子，贡生，师事海门。崇尚俭约，处贵介，淡然布素也。兄安性，任蓟辽总制，安情偕之行，边将持金为寿，屏不受。居恒绝足公庭。所著有《自修篇》。"

是年，海门为天台山海印上人重修华顶峰降魔塔事作《题建华顶塔募缘卷》。

明刻十六卷本《东越证学录》卷十三《题建华顶塔募缘卷》曰："天台山华顶峰，高一万八千丈，群山举无以宾者，即无塔，称卓绝矣。然昔智者大师曾于此建降魔塔，近废无存。至人遗迹，亦当追寻而兴复之者。……今千余年来，塔废不兴，未闻有广大其事者。海印上人结庐峰顶有年，一旦有兴塔之愿。……盖余与王鸿庐太初、冯太史具区同年同里，同以个事相契。上人走白下乞言于太初，而太初又令上人索余两人语。时具区已有所题，而余以量移岭表，未睹兹卷。今南还已逾三年所，而上人遇我于南明，乃太初又作泉下客越岁矣。上人口述太初生前语，更出卷相示，余为之泫然，不忍出一语，而又不欲负其言，因挥泪书此，以勉上人，告八方善信，而谢太初于地下云。"

按：海门量移岭表事在万历二十五年，据上引文所谓"今南还已逾三年所"，故将作《题建华顶塔募缘卷》事系于是年。

是年，海门在嵊县建"宗传书院"及与之相邻的"海门书院"。

《嵊县志》卷五《学校志·书院》"宗传书院"条载："在鹿山书院前，万历二十九年周汝登建。凡十五间。又构海云庵于左，称海门书院。门人余懋孳令山阴，颜曰'宗传'。会稽陶望龄额曰'事斯'。"

万历三十年壬寅（1602）五十六岁

是年九月，海门与同志聚会霞源书院、南山书院及开化寺。九月十一日，海门发惟心之旨。

明刻十六卷本《东越证学录》卷二《新安会语》曰："壬寅九

月十一日，会于婺之霞源书院。诸生请教，先生曰：'学问之道，不必他求，各各在当人之心。千圣相传，只传此心而已。'"

九月十二日，海门继续论学，强调学须验之身心。

明刻十六卷本《东越证学录》卷二《新安会语》曰："昨说惟心之旨，已无第二义。各各便须从此信入，方有商量。若只要敷陈义理，讲解经书，当下身心受用不来，有何实益？晦翁云：'不会杀人者，载名器数车无用；会杀人者，只持寸铁便足。'所以区区论学，决不许多言，决不许等待。即今听得，便自体察。如轮刀上阵，生死立判，不容眨眼。"

九月十九日，霞源书院会解，海门于途次有虚实之论。

明刻十六卷本《东越证学录》卷二《新安会语》曰："有言心宜虚者；有言心宜实者；有言真虚便是实、真实便是虚、虚实不二者。先生（海门）曰：'后两言甚好，然亦只是言语耳。吾试问汝，如人腹中饥饿，分明如虚，如何说得实？吃饭下肚，分明是实，如何说得虚？于此理会个虚实不二看。'众不能答，请问。先生曰：'义理解亦不难。人饥是实饥，实饥方受得食，假饥决不能受，此便虚即是实。吃下饭去，若实有物，便成痞积，毕竟不觉有物，一切求食之心尽忘，此便实即是虚。然此亦讲解，再须体验。'"

九月二十一日，会于岩镇之南山道院。

明刻十六卷本《东越证学录》卷二《新安会语》曰："二十一

日，会于岩镇之南山道院。有金某言学宜宗孔子，不当言二氏。先生曰：'吾人服儒服，行儒行，自然诵法孔子。只是孔子精蕴处，需自体究，不可徒循口耳。'金子又言本体原自完全，只为习气障蔽。先生问曰：'习气从何来？'金子曰：'从劫前来。'先生曰：'如何是劫？'曰：'父母未生前。'曰：'此两语儒门中未有，汝何得又窃二氏语耶？况父母未生前，如何得有习气？'又论明善。先生曰：'如何是善？'"曰："说不得。"先生曰："岂真说不得？试说看。"金曰：'人要常立此志，认得个主宰处。有此主宰，然后视听言动俱此应去，方谓之善。'因问先生如何言善。先生曰：'吾所言善，于汝又别。只心虚无一物，便是善。'金曰：'无舵之舟，可乎？'先生曰：'夫子勿意必固我，岂亦无舵耶？许敬庵公有云：心如太虚，一物不容，而实有所以为天下之大本者在，而命之曰中。汝与许公意同否？'金曰：'又略差些。'先生曰：'请言其差处。'金曰：'说不得。'先生曰：'终是鹘突。'"

九月二十四日，会于歙之开化寺，海门强调心地工夫要落实于家庭之中。

明刻十六卷本《东越证学录》卷二《新安会语》曰："二十四日会于歙之开化寺。诸友请教。先生曰：'昨在婺源，也只讲得一心之法，各于心上用功。心功又要朴实头在家庭内做，不必务高慕远。个人试看，若父母前心低不下，更说甚降心；兄弟间心舍不得，更说甚轻利；以至待奴仆处心忍不住，更说甚忍性。家庭中不踏实，外面粉饰，一切是假。若从家庭中做得时，外面自不需言。能如此用功，只要不放过，则举足驻足，无非道场；治生理务，皆为真诀。父兄妻子，即成师友；奴仆下人，俱吾砥砺。绵密做去，必然欲罢不能。此是入圣正路，不然，一切空谈虚见，与道绝不相关。纵有闻见，徒增意识，且长傲慢，成个医不得之病，终身耽搁，可惜也。'"

是年，海门曾于新安会汪鼎甫。

　　明刻十六卷本《东越证学录》卷九《书汪鼎甫卷》曰："新安汪鼎甫，忠信诚确，实载道之器。余壬寅会于其乡。"

是年，海门友人王应昌之父王尚德（字惟本，号五峰）卒，海门为作《封奉直大夫、定番知州五峰王公墓志铭》（文见明刻十六卷本《东越证学录》卷十四《封奉直大夫定番知州五峰王公墓志铭》）。

　　《嵊县志》卷十四《人物志·乡贤》曰："王尚德，字惟本，诞之子。读书洞名理，居恒以做人难自励。善体先志，抚弟妹最笃。金庭观、右军祠，旧有祀田，为有力者勒充兵饷。命子应昌别置田四十亩还观中。其他建毓秀亭，砌陈公岭，筑水口堤，凡可利民，无不举行，以子应昌贵，封奉直大夫、定番州知州。年七十六卒。著有诗文及《做人难词》。"

万历三十一年癸卯（1603）五十七岁

是年春，王世韬北上，海门题扇头两段赠之。

　　明刻十六卷本《东越证学录》卷四《越中会语》曰："癸卯春，王世韬北上，先生书扇头二段与之。曰：'道理只是平常，此为好奇作怪人言耳。若实欲负荷此事，非有超人之识、过人之行、人趋我不趋、人取我不取一种高洁品格，恐终难与言道。孔子云不可雕、不可朽、未足与议，皆是谓也。故我辈切不可以平常二字自骗自过。'／'人未知学问之事，未负学问之名，而悠悠然、泄泄然，无责之、叹之者。既知之，既名之矣，而犹然悠悠泄泄，若此者，非特人耻之，自亦可耻；非特人恨之，自亦可恨。思量至是，岂不赧然？岂不汗然？可复泄泄、悠悠已耶？'"

是年，海门为张元忭《张阳和先生不二斋文选》作序。

　　《张阳和先生不二斋文选》卷首海门所作序末署"万历癸卯午月之望同郡侍教生周汝登顿首拜撰"

是年，海门有《佛法正轮序》。

　　按：明刻十六卷本《东越证学录》卷七有《佛法正轮序》，然未署何年。哈佛燕京图书馆藏《佛法正轮》前海门序则署为"万历三十一年周汝登序"。

万历三十二年甲辰（1604）五十八岁

是年春二月，海门作《心斋王先生全集序》。

　　明万历甲辰耿定力刊本《重镌心斋王先生全集》卷首海门《心斋王先生全集序》如下："心斋王先生，其东海之圣人矣乎！何以知之？陆子曰：'千百世之前，千百世之后，与夫东西南北海有圣人出焉，此心此理同也。'故圣则无弗同，同则无弗圣矣。先生自信与伏羲、神农、黄帝、尧、舜、禹、汤、文、武、周公、孔子同此心同此理，断断乎其不惑也。岂不既圣矣乎？或者曰：'此心此理，人无不同；人人同，岂人人圣乎？'曰：'人人本同，人人本圣，知而信者谁？信则同，不信则异，圣凡之分也。千金之子，舍而负贩，不信已富也；信之，则千金握中矣。侯王之子，弃而胥徒，不信已贵也；信之，则侯王刻下矣。'或者又曰：'言信，则修为已乎？'曰：'不为乌信，不信乌为。千金之子而欲自信，则必稽基业所自、宝藏所存；侯王之子而欲自信，则必遡统系所承、符券所在。此为以求信，非漫信也。信自千金，则常守此富，有自然之料理；信自侯王，则常守此贵，有难忘之制节。此信而后为，非盲为也。不然而有漫信者，基业统系不知来，宝藏不入眼，符券不在手，则千金妄度，侯王妄号而已矣。不然而有盲为者，业负贩，则曰吾积累以致裕焉，尽其积累，终身负贩之雄而止已；事胥徒，曰吾操励以阶进焉，极其操励，终身胥徒之良而止已。嗟乎！此圣学俗学之所以分也。'圣学不明，凡几百年，而阳明先生作。继有先生，又有龙溪先生，共将此心此理昭揭示人。一时三王，可谓千古奇遇。吾观先生初过阙里，便奋然太息。正德六年间，居仁三月半，此何等信入乎？力行孝弟，体验经书，行住语默，俱在觉中，此何等修为乎？如先生者，真以一窭子而立享千金，以一匹夫而坐位侯王，宴然当之，毫不惊怖。阳明子曰：'此真为圣人者也。'真为，则真圣矣，又何疑哉？三王之书，流行于世，皆世间一日不可无者。越中二王先生之书多，而先生之语寡。真方疗疾，一味与众味同效；真金示人，一镒与百镒同精。固不必以多寡论也。不肖尝过先生之里，拜先生之墓，而修先生之祠，今十五年矣。先生之孙之垣重刻先生之语，而命子元鼎千里走乞不肖序其首。以不肖于先兰仰止特深，不肖固愿为之言，而且喜先生之有后也。敬斋沐书此。嗟乎！人而不欲希圣则已，苟有志乎伏羲、神农、黄帝、尧、舜、禹、汤、文、武、周公、孔子之为圣，舍先生之言无由入。先生之言与越中二先生之言，一而已矣，千圣一而已矣。万历甲辰春二月，东越后学周汝登继元撰。"

是年三月，海门题词于泰州王心斋乐学堂。

《王心斋先生遗集》卷四《王心斋先生年谱·谱余》载："二十二年甲辰春三月，云南尚宝司卿周公海门汝登题联于乐学堂前。"海门题词为："取友隆师，大家都为何事？须密密绵绵，向隐微处参求。闲忙不昧，自然有时。透彻口（缺字）尽心知性，这个不是空谈，务真真切切，在应感上磨练。心境一如，到此乃是承当。"

按：此处所引"二十二年"当为"三十二年"之误。盖甲辰为万历三十二年，且观《年谱》顺序可知此处当为三十二年。

是年九月，刘玉笥及湛然圆澄在郡中诸子陪同下入剡，海门设宴款待，席间海门与湛然围绕食肉是否应当以及相关的理论问题有一场问答，颇可见出海门与湛然儒释之间不同的基本立场以及海门超越儒释疆界的倾向。

明刻十六卷本《东越证学录》卷五《剡中会语》曰："甲辰闰九月十一日，郡中诸子郑世德、全若可、刘冲倩、范孟兼、王世韬、刘特倩、周聚之、王世弘、沈虞卿、余罗卿、王世文辈，同刘玉笥先生入剡，湛然和尚亦相与俱，先生（海门）设燕，具有鱼肉。湛然曰：'此味何来，皆从宰杀而致。诸公诚不宜食。儒教说远庖厨，庖厨之远，亦何救于宰杀，岂远之将为食地耶？'先生曰：'湛然之言，真仁人之论。此心儒释皆同，只因在家出家，因缘不同，故食肉断腥，教法稍异。君子远庖厨，亦只不忍见、不忍闻，仁心自然，非为食肉之地也。吾且问禅师，释门食肉之戒，固为杀生，即如饮酒茹荤，皆非宰杀，而佛教与肉同戒，何也？'湛然曰：'饮酒之戒，为有一等人饮酒乱性、废时失事者设，特遮罪耳，不比杀生，吾今未除。至若食荤，惹饿鬼跟随；佩香，则圣贤欢喜，故五辛不可不戒。'先生曰：'饮酒食肉，较罪轻重则浅。况饮酒乱性，杀、盗、淫，皆从此生，可谓轻耶？谓饿鬼之随、圣贤之喜，系于荤香，抑又浅矣。明德惟馨，秽德惟臭；心邪是饿鬼，心正是圣贤，可求之于外乎？大抵人生嗜欲，根生于贪。圣贤立教，使人除贪心而已。贪心之除，随缘自尽。因缘在释，则守释之戒，不食肉、不饮酒、不茹荤，不可言孰重而孰轻、孰可犯而孰不可犯也。因缘在儒，则守儒之教，不近庖厨，不为酒困，斋必变食。不必舍儒而狥释，亦不必据释以病儒也。故戒者心戒，不求诸心而以罪福感应为言，小乘之见解，去至道远矣。'已而冲倩又与湛然论境缘、辨梦觉。湛然曰：'梦不是境，与日间不同。'先生曰：'湛然称禅师，于此二之，不必论矣。'遂散去。明日，湛然曰：'梦即是觉，觉亦是梦，本无有二，只是人睡着不做梦时，此是真境界。人必造到这个境界方是，不然，以见闻知觉为自性，失之多矣。'先生曰：'近时俗学，只认得昭昭灵灵，以为极则，而湛然提出最上一着，此湛然之超悟也。然谓有境界可到，又云如睡着不做梦时，是必槁木死灰而后可。于此殆更需翻身一下也。相宗家于八识之上更言第九识，此极是入微之谈，而六祖又言即识即智，换名不换体。古德言：'学道之人不识真，只为从前认识神。'而永嘉又云：'无明实性即佛性。'于此必须融通，所谓百尺竿头更有进步也。'湛然曰：'百尺竿头进步后如何?'先生曰：'竿头百尺。'湛然曰：'见性无不周遍，即如人墙内见，墙外便不见，何也?'先生曰：'见性非见非不见，莫被肉眼瞒。'湛然患有头痛之疾，问先生乞药。先生曰：'头痛如何?'湛然曰：'头一时痛来，需岑寂一回方可，不然，痛不可忍。'先生曰：'此是佛祖教诲处，要汝岑寂，不可医他。'湛然曰：'如此安得，时时痛。'先生曰：'也强如时时不痛。'湛然颇近旷达，故先生规之如此云。"

湛然圆澄（1561－1625），号散木道人，会稽人。剃染于妙峰福登（1540－1612）会下。受具于云栖袾宏（1535－1615）会下。参拜慈舟方念（？－1594），会得洞上之宗旨，为晚明禅宗高僧之一。与海门、陶望龄、陶奭龄等交情甚笃。著有《云门湛然语录》八卷、《禅宗或问》一卷。

是年，海门弟子余舜仲举进士，补山阴令。海门闻之色喜。

明刻十六卷本《东越证学录》卷七《文成祠讲学图序赠山阴令余君入觐》曰："岁甲辰，舜仲余君举进士，例当外补。时予郡山阴缺令，郡人士在都门者，咸私祝，愿得余君。已而果然，欢呼特甚。余在剡闻之，亦用色喜。"

是年，邵季躬再访海门，流连两日，临别出示七年前海门之赠语。

海门作《题邵季躬扇头》。

明刻十六卷本《东越证学录》卷九《题邵季躬扇头》曰:"岁在丁酉,余会宛陵邵季躬于白下,已而相携过舍,日谈此事不置。将别,书会语三条赠之,要皆道理语耳。别去七年,今始再会,颜面须发,两皆非故。"

是年,王世韬获苏东坡手书,海门为之作《题东坡手笔》。

明刻十六卷本《东越证学录》卷九《题东坡手笔》曰:"东坡手书四十二字,世韬王生得之予邑华堂故家,特示予,请为跋语其尾。按字后称元祐四年,是年岁在己巳,迄今万历甲辰,阅八甲子有奇,凡五百一十六年矣。墨迹犹新,手泽依然。"

是年,海门作《重修曹溪志序》。

明刻十六卷本《东越证学录》卷七《重修曹溪志序》曰:"余入岭表在万历丁巳,别清公(按:憨山德清)以戊戌,志成在己亥、庚子之间,而余序在甲辰云。"

万历三十三年乙巳(1605)五十九岁

是年正月,陶望龄再访海门于剡,有海上之游。前此己亥陶望龄有《题周双溪先生遗训卷》,为人代刻,此次更为望龄亲笔。

《歇庵集》卷十四《题周双溪先生遗训卷》曰:"岁甲辰,予复以告还。明年正月,再从先生游,遂涉海,谒补(疑当为"普")陀大士,游益奇矣。既返明洲,复睹此迹(按:即万历己亥所作《题周双溪先生遗训卷》),读旧题如昨梦,俯仰已七换岁钥矣。扁舟孤簏，远涉海外，是卷如天球赤刀，为周大宝者，相随棒中，将无有悻海神出而争之耶？盖先生之不忘先训，笃于追远如此。己亥书，谢山人开美所代。予字虽奇丑，然于先生命，不宜伪应，遂请更之，并缀此语。"

是年正月，邹元标为海门明刻十六卷本《东越证学录》作序。

明刻十六卷本《东越证学录》卷首邹元标序末署"万历乙巳春正月吉水年弟邹元标顿首拜撰"。

十月，海门《圣学宗传》书成。

陶望龄《歇庵集》卷三《圣学宗传序》曰："今以功利之俗学，架训诂之肤词，而欲阐纬圣真，弥纶大道，不亦远乎？是以四蔽未祛，一尊奚定？此海门周子《圣学宗传》所由作也。……是编成于万历乙巳冬十月，杀青寿梓，王子世韬舅弟实有其费，功亦伟云。"

是年，海门曾至滁州，拜谒当地九贤祠，作《九贤祠记》。

明刻二十卷本《东越证学录》卷十一《九贤祠记》曰："万历乙巳，本寺卿林公，径复祀四贤，而增唐韦苏州，称五贤，详具叶相国记中。余入滁，礼谒祠下。"

是年，心斋曾孙王元鼎入嵊请海门为《重刻心斋王先生语录》作序，海门除作《重刻心斋王先生语录序》外，另有《题一脉关情卷》赠于王元鼎。

明刻十六卷本《东越证学录》卷九《题一脉关情卷》曰："予昔在庚寅，谪官海上，获履心斋王先生故里，展拜祠下，因与其嗣孙之垣游。之垣有子即调元，时甫垂髫耳。已余倦游还里，去其时一十五年，而印心令调元访余于林间。"

明刻十六卷本《东越证学录》卷七《重刻心斋王先生语录序》曰："不肖尝过先生（心斋）之里，拜先生之墓，而修先生之祠。今十五年矣，先生之孙之垣重刻先生之语，而命子元鼎千里走乞不肖序其首。以不肖于先生仰止特深，不肖固愿为之言，而且喜先生之有后也。"

按：万历庚寅为万历十八年，十五年后即万历三十三年。

万历三十四年丙午（1606）六十岁

是年，海门六十初度时与二儿及诸子夜饮于三瑞潭草庵，并赋诗一首。

明刻十六卷本《东越证学录》卷十六《丙午六十初度同诸子及二儿夜饮，草庵中有述》诗曰："才逢好景性难孤，云自沙青酒漫呼。野店隔林沽芋粟，竹房临水映菇蒲。无穷今古刚斯夜，不禁江山恣我徒。六十年来双眼眊，犹怜看月未模糊。"

是年六月，朝廷起海门为湖广参议。海门不赴。

《明神宗实录》卷四二二载："万历三十四是年六月，起原云南参议周汝登为湖广参议。"

是年冬，新安汪乘甫负笈入剡，问学于海门。盘桓旬日而别。

明刻十六卷本《东越证学录》卷五《剡中会语》曰："新安汪乘甫，有志此学久矣。丙午冬，负笈入剡。先生询其见信之由。乘甫曰：'某向事参求甚苦，一日悟未下手事事物物莫非自己，因以是义吐露大会中，而莫予肯者。壬寅，读吾师语录，一切归自，不觉爽然。向往五载，始得就业焉。'"

万历三十五年丁未（1607）六十一岁

是年仲春，新安章上之率程尔知等三徒入剡访海门，相处十阅月而返。

明刻十六卷本《东越证学录》卷十三《题程生小像序》曰："丁未仲春，新安上之章子率其三徒入剡，与予久处。三子皆弱冠离家，不惮千余里之远，是世所难，然初为举业计耳。与论惟心之旨，乃各有契。程生尔知，感触尤深。每论入微，双泪迸流，根器猛利。余喜，为诗助之。"

按：程尔知次年即亡故。

秋，海门于静虚池馆逢六十一初度，赋诗为志。

明刻十六卷本《东越证学录》卷十六《静虚池馆逢初度》诗曰："六十一年老病夫，秋深此日是悬弧。亭前一树芭蕉色，便与衰容作影图。"

是年，时年四十二岁的密云圆悟来访海门。海门对圆悟的认可，成为圆悟进入浙东儒学精英人士圈子的重要原因。

《密云禅师语录》附《天童密云禅师年谱》载："万历三十五

年丁未，师（密云）四十二岁，……乃截江过天台，访周海门居士。士以道学，人望隆一，也称门庭高峻者。师与之本色相见，脱略窠臼。士为手舞足蹈，乃馆师别业，日夕质证，恨相见晚。……及师辞去，与师订出世之期。师以住山告之。士云：'知命以上师，且道风遍界，安能深自密惜耶?'"

万历三十六年戊申（1608）六十二岁

是年春仲，海门于天真祠祀阳明，并与甘紫亭等人相聚论学，作《赠紫亭甘公讲学天真》。

明刻十六卷本《东越证学录》卷七《天真讲学图序赠紫亭甘公再记》曰："戊申春仲次丁之期，予祇祀阳明夫子于天真祠下，因得追随紫亭甘公。相与论学，多士翕从，桥门云拥。已而公辟讲所，申盟约，颁行郡邑，两浙道运弥昌。"

明刻十六卷本《东越证学录》卷十六《赠紫亭甘公讲学天真》诗曰："黑白熙融桃李滋，平明出廓礼贤祠。文旌披拂春风远，歌鼓留连暮雨迟。拥座尽承真旨诀，环城争睹古威仪。百年教铎逢时振，何幸迂疏得共随。"

甘士价（？－1609），号紫亭，江西信丰人。万历五年进士。历官监察御史，累迁浙江巡抚。

秋仲，吴叔任入剡访海门，相与论格物之学。

明刻十六卷本《东越证学录》卷五《剡中会语》曰："吴叔任留都相与，别十二年矣。戊申秋仲入剡，盘桓数日，问近来格物之说奚定。"

十月，陈植槐（字茂德，号养源）卒，海门作《养源陈公墓志铭》（文见明刻十六卷本《东越证学录》卷十四）。

万历三十七年己酉（1609）六十三岁

是年仲春，海门再赴天真。时甘紫亭应召北上执政，海门作《天真讲学图序赠紫亭甘公》，表达了海门寄予甘紫亭得君行道的愿望。

明刻十六卷本《东越证学录》卷七《天真讲学图序赠紫亭甘公》曰："盖即学即政，自昔未有判为两事者。降及后世，兹风始湮。师有专门，相多无术。虽有宋真儒辈起，而时位所拘，事功亦未有与著述并著者。盖自政学分离，而大道使不得为公。千余年来，无有善治。圣人之所为忧，其虑远矣。惟兹昭代，乃有阳明，直接千圣之宗，复燃长夜之炬，挺身号召，到处朋从。当秉钺临戎，而由讲廷大启。指挥军令，与弟子答门齐宣。窃谓自孔子以来，未有盛于阳明，是岂阿语哉？迄今百有余年，复见我紫亭甘公。公默体性真，密修至行。抚循全浙，惠洽风清。延儒倡道，一切步武阳明。……虽然，阳明更有未了之案，留俟我公者。阳明寄居闲外，未获一日立朝。相业未彰，人用为恨。公且内招，指日掌宪。持铨居正，本赞丝纶，则阳明未有之遇也。……世之忧国忧民者不乏，而忧学之不讲于朝署之间，鲜不谓迂，非公无能辨此者。率帝臣王佐之典刑，守泥山之家法，以毕阳明未竟之用，为千古一快！"

明刻十六卷本《东越证学录》卷七《天真讲学图序赠紫亭甘

公·再纪》曰:"戊申春仲次丁之期,予祗祀阳明夫子于天真祠下,因得追随紫亭甘公。相与论学,多士翕丛,桥门云拥。已而公辟讲所,申盟约,颁行郡邑,两浙道运弥昌。……明年仲春,予复赴兹期,公时有内召之命。思盛事不可无述,而更有所远期公者。作天真讲学图,并为序言,将以贻公。而公方寝疾,逡巡俟之,谓且起,不十日而讣报矣。伤哉!念兹图序空存,将谁赏之?而谁期之?又孰从贻之乎?"

中秋,海门赋诗《己酉中秋独酌》。

明刻十六卷本《东越证学录》卷十六《己酉中秋独酌》诗曰:"独看圆月上高楼,便自淋漓泛一瓯。好景不私年少客,清光还照老人头。吁吟信口谁拘律,酬劝非朋自莫休。莫怪夜深频久坐,此生知更几中秋。"

冬,海门作《王门宗旨序》。

《王门宗旨》卷首序后署:"万历己酉冬吉同郡后学周汝登顿首撰。"

按:《王门宗旨》十四卷为海门编辑,陶望龄校定。国内有万历余懋孳刻本。卷一至卷七为《王阳明先生语录钞》,卷八为《王心斋先生语录钞》,卷九为《徐曰仁先生语录钞》,卷十为《钱绪山先生语录钞》,卷十一为《龙溪王先生语录钞》,然缺十二至十四卷。日本内阁文库藏《王门宗旨》则有卷十二至十四。十四卷后附有薛侃《云门录》一卷和董澐《从吾道人语录》一卷。

是年，海门为门人钱伯济祖母胡太孺人作墓志铭（文见明刻十六卷本《东越证学录》卷十四《外山钱公及配胡太孺人墓志铭》）。

万历三十八年庚戌（1610）六十四岁

是年，朝廷升海门为湖广右参政兼佥事，海门未赴任。

《明神宗实录》卷四百六十七"万历三十八年二月"条下载："升……湖广左参议周汝登为湖广右参政兼佥事。"

是年，黄宗羲生。

黄宗羲（1610－1695），字太冲，号南雷，学者称梨洲先生。父黄尊素为东林领袖，为魏忠贤所害。师事刘宗周，有《宋元学案》、《明儒学案》、《南雷文定》等著作。

万历三十九年辛亥（1611）六十五岁

是年，海门为门人吴孟刚、吴仲举之父吴绍南作《寿绍南吴先生七十序》。

明刻二十卷本《东越证学录》卷八《寿绍南吴先生七十序》曰："万历辛亥，先生（吴绍南）年且七十。当览揆之辰，中甫（丁中甫，吴绍南之婿）过而乞予言。予谓如先生者，方可谓岁月不虚，方可以寿，方可以颂。然言不在多也。为之语曰：'剡有绍南先生者，六十而志于学，六十余而悟，七十而得大自在。由此耄耄期颐，年无疆，进亦无疆。'是为先生之寿章。"

《嵊县志》卷十四《人物志·儒林》曰："吴伯化，字绍南，成童补邑弟子。笃孝行，博洽经传，志生人之学。与汝登为老友，深相参证，力求精进。一日病中闻鹊噪，豁然省悟，觉与天地万物皆吾一体。曰：'吾向读五经四子及性理诸书，以为皆圣贤之言、圣贤之心，而今始言言即我心也。'舞蹈不能已。汝登赠以诗曰：'乾坤顿觉无非外，尧舜方知实可为。'又曰：'始知吃饭穿衣处，一笑鸣鸦噪鹊时。'盖指此也。接引后进，必令反求诸心。易简直接，故信从者众。卒年九十二。子钰、铉，潜心性命之旨，人谓有洛水父子风。"

是年夏，海门由楚归，途闻弟子吴国超卒。数月后作《吊国超文》。

　　明刻二十卷本《东越证学录》卷十六《吊国超文》曰："万历辛亥之夏，予自楚归，途闻国超之讣，且惊且痛，恨不能临其棺。至舍，病阻数月，乃能以瓣香尺帛，为文奠之。

　　《嵊县志》卷十四《人物志·儒林》曰："吴振尹，字国超。居棠溪里。幼失怙恃，惧忝所生。读朱子四等人书，慨然以圣贤自期。立《治心篇书要》，以闲邪存诚，复还心体。初谒海门，与语不服。及反复辨证，始心折，执弟子礼。尝憬然有省。海门以陈剩夫、王心斋拟之。卒年三十八。时同志学者有吴钰、丁美祖，皆早夭。钰字孟刚，邑廪生，殚心理学，不分志于功名。美祖字中甫，两登乙榜，博涉经史。每有所疑，必书版以待质，故闻道最早。海门尝叹曰：'予一生全赖朋友。弱年为会者八士，八士外更有四人，今尽沦亡。入仕后同参五六辈，皆殁。然此犹年相若者。至晚年从游，若吴国超、吴孟刚、丁中甫，皆少年得力之徒，亦相继夭，念之心折。'"

是年，海门作《寿王母马安人七十序》。

《东越证学录》卷八《寿王母马安人七十序》载"周汝登贺弟子嵊人王三台母马氏七十寿"。王三台，民国《嵊县志》卷十四《儒林》有传。《剡溪王氏宗谱》卷八《寿序》亦载此文，后署"万历三十九年九月，赐进士出身户部侍郎眷侍教生周汝登顿首拜撰"。

是年，陆世仪生。

陆世仪（1611－1672），字道威，号桴亭，太仓人。以未能往刘宗周蕺山书院听讲为憾。明亡后曾在东林讲学，后讲学毗陵。清廷屡征不就。学宗朱子，与陆陇其、张杨园齐名。有《思辨录》二十二卷、《论学酬答》四卷、《儒宗理要》六十卷、《性善图说》一卷。

万历四十年壬子（1612）六十六岁

是年四月，朝廷升海门为南京尚宝司卿。海门未赴。

《明神宗实录》卷四九四"万历四十年四月"条下载："甲戌，升湖广布政司参议周汝登为南京尚宝司卿。"

万历四十一年癸丑（1613）六十七岁

是年，顾炎武生。

顾炎武（1613－1682），字宁人，号亭林，昆山人。明亡，尊母命终身不仕。与黄宗羲、王夫之等俱为明末清初大儒。有《日知录》三十二卷（《补遗》四卷）、《天下郡国利病书》一百二十卷、《肇域志》一百卷、《音学五书》三十八卷、《五经异同》三卷、《左传杜解补正》五卷、《九经误字》一卷、《石经考》一卷、《金石文字记》六卷、《经世编》十二卷、《下学指南》六卷、《文集》六卷、《诗集》五卷、《历代帝王宅京记》十卷、《昌平山水记》十卷。大都收入《亭林遗书》。

万历四十二年甲寅（1614）六十八岁

是年五月，海门于南都创建阳明祠，作《阳明先生南都祠志引言》，并会讲阳明之学。门人祁承业记为《或问十条》。

　　海门《阳明先生祠志》卷首署"万历岁在甲寅署应天府事南京尚宝司卿前南京吏兵工三部尚书郎越剡周汝登撰"。

　　海门《阳明先生祠志》卷首曰："维万历四十二年岁次甲寅五月壬子朔越二十二日癸酉，同乡后学周汝登等敢昭告于阳明王夫子。"

　　明刻十六卷本《东越证学录》卷五《或问十条》曰："甲寅之岁，先生创建阳明祠于南都。既成，而会讲，相与论辩阳明之学。先生（海门）为之剖析殆尽。"

是年夏，海门曾赠匾于泰州东淘精舍心斋祠，题曰："东海圣人"。

　　《王心斋先生遗集》卷四《王心斋先生年谱·谱余》载："（万历）四十二年甲寅夏，尚宝司卿周公海门赠匾云'东海圣人'。"

万历四十三年乙卯（1615）六十九岁

是年孟春，海门为门人喻安性所撰《易参》作序。

　　明刻《易参》卷首周汝登序署曰："万历乙卯孟春穀旦周汝登书。"该序亦收入明刻二十卷本《东越证学录》卷七。

万历四十四年丙辰（1616）七十岁

是年二月，朝廷升海门为南京太仆寺少卿。

　　《明神宗实录》卷五百四十二"万历四十四年二月"条下载："升南京尚宝司卿周汝登为南京太仆寺少卿。"

是年仲夏，海门为邹元标《语义合编》题序。

　　邹元标《南皋邹先生会语合编·讲义合编》卷首周汝登序署题："万历丙辰夏仲之吉，刻城年弟周汝登撰。"

是年，海门七十寿庆，邹元标作《寿海门周公七十序》。

　　邹元标《邹子愿学集》卷四《寿海门周公七十序》曰："'维天之命，于穆不已。'此天命之性也，生生不息者也。文王缉熙敬止，《诗》咏之曰：'於乎不显，文王之德之纯。'释之者曰：'纯则无二无级，不已则无间断先后。无二无杂，即惟精惟一之旨；无间断，即允执厥中之谓。'然此俱非人力可致也。天之付我者，本自至纯，本自不已，在人不觉耳。人妄以己意穿凿其间，愈驰愈远，尧舜周孔双船不续，于是天不忍斯道之晦而不明也，则挺生诸大人以觉之。宋时诸贤如濂溪周子、明道程子、象山陆子，我明有白沙陈子，至阳明王子而大宏。学亦浸昌浸明，莫盛于西江，尤莫盛于吾吉。自王公没后，绍兴赖龙溪王子衍其传，然海内疑信者过半。龙溪氏殁，吾尝以失传为忧，乃天复挺生吾友嵊周子继元。周子于仕，在时诎时伸之间，视龙溪遇则过之；于学则于年俱进，视龙溪不敢开口向人道者，又过之。周子盖非特有功龙溪，实有功新建；不但有功新建，斯道果有正鹄，且有功斯世。周子年七十矣，先是奉上命晋太仆少卿，例得引年，周子宜必有疏。余谓今都三事者，皆八十余三朝耄旧，周子即疏不得请，宜尊君命，于礼为恭。祁太守□□（承业？），公门人也，率诸同门为祝，属予祝辞。余思一别公，计二十年，未得促膝问君心得。然吾辈向道者，视年华迟速，则惕然惧；知道者，则视百年为昼夜浮云、往来太虚，何能为公祝？惟是昔文成一为南鸿胪卿，一为滁少卿，皆以学与诸人士提倡，至今余响流布人间。公尝一为南尚宝，焦翰撰（按：焦竑）致书曰：'周符卿在留都，如李光弼临军中，旌旗改色。'其鼓铸人如此。今复之滁州，曾记文成在滁语门人曰：'余近遭谤，实觉前者皆乡愿意思。今自入滁，实无乡愿意思在，所至得谤。'阳明先是多以为善去恶一语接引人，至无善无恶一语，透彻殆尽。今南中辟无善无恶一语不遗余力。余尝不量螳臂，拒之曰：'一到家语，一发轫语。此两途也。'今公之所以引人者，将如何为计？还复有乡愿意思在否？今去龙溪之年尚远，天不忍使斯世斯道之懵无所属也。寿公一人，乃所以寿千万人。俾人知天命本自不已，日跻于纯，吾知公之寿无涯矣。《诗》曰：'乐只君子，万寿无期。'请以是歌于醉翁丰乐间，君得无南望曰：'吾友尔瞻，远在青螺白鹭间，未知予等之乐只也。'"

万历四十五年丁巳（1617）七十一岁

是年五月，海门作《刘母王太孺人行状》。

明刻二十卷本《东越证学录》卷十五《刘母王太孺人行状》曰："万历岁在丁巳，夏五月某日，玉笥公原配刘母王太孺人卒于义兴官邸。孤仲永基亲视合殓，而孟堉季垹，自舍奔丧，躬抚就木。于是相与躃踊悲号，扶榇还里，逾时卜地举丧，将乞铭于当代名公，以状属予。"

是年，海门为申时行入祀乡贤祠撰写《申文定公祀乡贤祠记》。

民国《吴县志》卷五："申文定公祀乡贤祠记"条下书："周汝登撰，傅汝循书，章懋总镌。按碑立于赐葬之二年，文定为万历四十四年葬也。在府学。"

万历四十六年戊午（1618）七十二岁

是年五月二十四日，海门弟子祁承业收到海门滁州来信及《滁阳王文成公祠志》、《金刚经解》及《太上感应篇》等书。

祁承业《澹生堂集》卷十三《记》"戊午五月二十四日"条载："得海门周师书，并寄《滁阳王文成公祠志》，及《金刚经解》与《太上感应篇》，书中诲余以学在自得。"

万历四十七年己未（1619）七十三岁

是年仲春，海门为邹元标《愿学集》题序。

《愿学集》卷首周序署曰："万历己未春仲之吉，东越年弟周汝登顿首拜撰。"

是年端午，王龙溪门人丁宾等刊刻《龙溪王先生全集》，海门作《刻王龙溪先生集序》。

万历四十七年丁宾刻本《龙溪王先生全集》卷首有海门所撰序。文末云："万历己未端阳日，门人剡溪周汝登顿首拜撰。"

是年，王夫之生。

王夫之（1619－1682），字而农，号姜斋，学者称船山先生。明末清初大儒，著述甚丰，现俱收入岳麓书社出版之《船山全书》。

万历四十八年庚申（1620）七十四岁

天启元年辛酉（1621）七十五岁

是年十月，海门撰《西浦公同王太安人墓志铭》。

乙丑重修《剡东魏氏宗谱》第二卷末署"时大明天启元年岁在辛酉仲冬之吉，赐进士第奉议大夫南京尚宝司卿眷生周汝登顿首拜撰。"

按：西浦公，讳子元，字惟仁，别号西浦，宋代文节公魏杞廿二世孙；王太安人，嵊县金庭华堂王谨之女，晋王羲之后裔。按墓志记载，魏子元第四子魏秉政、孙魏观光（魏子元长子秉恭之子）俱从海门游，故海门为之作墓志铭。海门与华堂王氏交往见《周海门先生文录》卷六《华堂建土塍纪言》。魏观光之名见《周海门先生文录》卷九《佛法正轮引》前校梓门人名录，可与《西浦公同王太安人墓志铭》之记载相印证。

是年十一月，海门由太仆寺少卿升南京光禄寺卿。

《明熹宗实录》卷十一"天启元年十一月"条下载："升太仆寺少卿周汝登为南京光禄寺卿。"

天启二年壬戌（1622）七十六岁

是年五月，海门上疏辞官，未获熹宗应允。

《明熹宗实录》卷十七"天启二年五月"条下载："南京光禄寺卿周汝登疏辞，新命不许。"

天启三年癸亥（1623）七十七岁

是年，海门撰《宿亭王公偕配马安人墓志铭》。

光绪六年修《剡溪王氏宗谱》卷八《宿亭王公偕配马安人墓志铭》文末署"天启三年癸亥冬十一月之吉，赐进士出身大中大夫资治少尹光禄寺正卿周汝登撰"。

按：宿亭王公，王三台之父。马安人，王三台母。

天启四年甲子（1624）七十八岁

是年正月，海门由南京太仆寺卿迁通政使。

《国榷》卷八十六《正月辛巳》条曰："南京太仆寺卿周汝登为通政使。"

《明熹宗实录》卷三十八"天启四年甲子春正月"条下载："（改）南京太仆寺卿周汝登为通政使。"

天启五年乙丑（1625）七十九岁

是年三月，海门再次上疏乞休，得旨着加户部右侍郎衔致仕。

《明熹宗实录》卷五十二"天启五年三月"条下载："原任南京光禄寺卿，今起升通政使司通政使周汝登再疏乞休，得旨着加户部右侍郎衔致仕。"

是年，海门为《金庭王氏族谱》作序。

《金庭王氏族谱旧序》末署"天启五年岁在乙丑重阳日，赐进士出身正议大夫资治尹户部左侍郎前通政使司通政使周汝登撰。"

天启六年丙寅（1626）八十岁

天启七年丁卯（1627）八十一岁

崇祯元年戊辰（1628）八十二岁

是年，刘宗周《皇明道统录》书成。

事见姚名达《刘宗周年谱》"崇祯元年"条。刘宗周作《皇明道统录》，当有针对海门《圣学宗传》之意。

崇祯二年己巳（1629）八十三岁

是年，海门应幻有禅师法孙王式朝之乞，抱病口述《幻有禅师塔铭》，由其侄周九宾记录。

《宜兴县志》（嘉庆）卷九《古迹志·碑刻》"澄光寺碑"载："幻有禅师塔铭，崇祯二年周汝登撰，文震孟楷书。"

《龙池幻有禅师语录》卷十二海门《塔铭》曰："时予卧病，未能握笔，爰口为授，命侄九宾书之稿。"署题曰："赐进士出身通议大夫资治尹户部侍郎致仕周汝登撰。"

是年春，海门编定《四书宗旨》，此后即卒。

《嵊县志》卷十三《人物志·乡贤》载"（海门）年八十三，诏起工部尚书，未任卒。"

《四书宗旨》卷首海门门人郑重耀《四书宗旨纪事》曰："自甲子岁后日侍吾师，谆谆提耳，随以平日所阐四子微宗指示。（郑重耀）曰：'吾师惓惓接引后学，著解发宋儒所未发。盖梓是编，即举子业引入圣域不更捷乎？'师曰：'此予夙愿，第遗漏尚多，还需一缉理耳。'今年春，师乃纂补、裁定首书一袟，于浃月间竣事，题曰：《四书宗旨》。真完璧也，即绝笔也。呜呼！吾师秘密全呈，重开圣贤生面，读者会通其妙，一洗臭腐陈诠，则旨外明宗，更言前取则矣。爰付梓行。崇祯己巳孟冬日门人郑重耀拜识。"

按：邵念鲁《思复堂文集》卷一谓海门"崇祯九年卒"，有误。姜亮夫《历代人物年里碑传综表》亦以海门卒于崇祯二年己巳。然备注曰《嵊县志》"又谓卒年七十三"，则恐未核《嵊县志》原本之误。刘宗周《祭周海门先生文》亦以海门卒年为崇祯二年己巳。

崇祯三年庚午（1630）

崇祯四年辛未（1631）

崇祯五年壬申（1632）

崇祯六年癸酉（1633）

崇祯七年甲戌（1634）

崇祯八年乙亥（1635）

崇祯九年丙子（1636）

是年十一月，海门葬于嵊，祁彪佳、陶奭龄前往理丧事。

《嵊县志》卷十八《人物志·寓贤》载"（祁彪佳）尝入嵊理周汝登丧事"。

祁彪佳《林居适笔》载："（十一月）二十日，周海门先生举葬，出自北门。"

海门生平，史料未有详载，且张廷玉《明史》、王鸿绪《明史稿》及徐乾学《明史》中有关海门之传记文皆大略相同，盖辗转相抄所为。惟《嵊县志》卷十三《人物志·乡贤》中记载较详，所谓："周汝登，字继元。谟之子。读书过目不忘。年十四而孤。十八为诸生。二十四师山阴王龙溪。示以文成之学，辄领悟。万历丁丑第进士，授工部屯田主事。督税芜湖，税额旧岁二万，内部议增倍之。汝登不忍横征，以缺额谪两淮运。时商民皆健讼，不习礼。为讲乡约，刻《四礼图说》训之。统辖十场，场建一学。捐俸置田，以充社师费。又于东场建总学，月会十场之士，而身自提撕，习俗丕变。升南京兵部车驾司主事，转验封司郎中。南都讲会拈《天泉证道》一篇相发明。许敬庵言'无善无恶不可为宗'，作九谛以难之。汝登为九解以伸其说。弟子日进，执贽者千余人。升广东按察佥事，疏乞终养，不允。升云南参议，再疏陈情，得旨归里。与会稽陶石篑及郡士会于阳明祠，曰：'阳明遗教句在具在，正当以身发明，从家庭间竭力，必以孝弟忠信为根基，勿为声色货利所沾染。习心浮气消融务尽，改过知非丝毫莫纵。察之隐微，见之行事，使人知致良知之教原如是也。'升南京尚宝司卿，署京兆篆。升户部右侍郎致仕。汝登为政以教化为先，不事刑罚，故所至有慈祥清白名。通籍五十年，林居三十年，不蓄财，不治第，不营产。年八十三，诏起工部尚书，未任卒。学者称海门先生。拟谥文昭，赐祭葬入例。著《东越证学录》、《圣学宗传》、《圣行宗系》、《四书宗旨》、《程门微旨》、《王门宗旨》、《助道微机》、《杨邵诗微》、《语录》、《或问》各一卷，并修《嵊邑志》。①

---

① 中山大学博士生王格在阅读了本书繁体字版的《周海门先生年谱稿》之后，曾作《周海门先生年谱稿补正》，收入其 2014 年 5 月提交答辩的博士论文"溯求正统：周汝登于万历王学"之中，作为"附录"，见其论文页 202 – 210。其中合理可取之处，已借此次新版修订之便，采纳到本书的《周海门先生年谱稿》之中。

十一、黄宗羲佚著《理学录》考论

一、引言

黄宗羲（梨洲，1610－1695）一生著述宏富，其《明儒学案》及其子黄百家（1643－1709）和全祖望（谢山，1705－1755）等人续成的《宋元学案》，可以说是其所有著作中对于中国学术思想史研究的最大贡献。这两部著作，早已是研究宋、元、明学术思想史的必备资料书和参考。不过，在分别撰写两部《学案》之前，梨洲其实还有一部《理学录》。李文胤（字邺嗣，以字行，别号杲堂，1622－1680）是梨洲的亲密友人，因对梨洲高度敬仰，以门人自居。① 其《杲堂诗续钞》卷五《丁未除夕四首》第一首云：

> 蕺山遗旨未曾倾，只藉梨洲道益明。旧学喜犹传后起，老夫添得事先生。鄞峰气接句余近，甬水潮回灵绪清。嘲叹人间

---

① 梨洲对李邺嗣以亲密友人相待，由其所撰《李杲堂先生墓志铭》及《寿李杲堂五十序》可知。二文分别见《黄宗羲全集》（杭州：浙江古籍出版社，2005），第十册，页410－412、页675－677。但李邺嗣本人则自居梨洲弟子之列，下引《丁未除夕四首》第一首中所谓"老夫添得事先生"即可见。按：本文所用《宋元学案》、《明儒学案》，分别为浙江古籍出版社2005版《黄宗羲全集》的第3－6册和7－8册，下引不另注。

俱不问，杜门亲许一编成。

就在这首诗后，李邺嗣有一小注："姚江黄先生方辑《理学录》"。① 这里的丁未是康熙六年（1667），是时距《明儒学案》与《宋元学案》的正式撰写尚有多年。② 因此，诗中所谓梨洲不问世事、闭门著书而"亲许"欲成的"一编"，无疑是指小注中提到的《理学录》。而在梨洲的另一位挚友徐秉义（字彦和，号果亭，1633－1711）所撰《培林堂书目》子部中，亦载有"《黄宗羲理学录》一册"。③ 由此可见，康熙六年李邺嗣提到梨洲当时"方辑"的《理学录》，后来确如梨洲所"亲许"而成编。

由《理学录》之名，可见该书应当是一部有关宋、元、明儒家学术思想史或至少是理学史的辑录。那么，这部书和梨洲后来

---

① 李邺嗣：《杲堂诗文集》，《两浙作家文丛》（杭州：浙江古籍出版社，1988），页305。

② 关于《明儒学案》的成书时间，学界迄今尚无最后定论。如陈祖武曾认为《明儒学案》的完稿在康熙二十三、四年间（1684－1685），参见其《清初学术思辨录》（北京：中国社会科学出版社，1992），页114－123；亦见其《中国学案史》（上海：东方出版中心，2008），页104－110。吴光后来认为当在康熙十七年至十八年之间（1678－1679），参见其《明儒学案考》中"成书年代"的部分，《黄宗羲全集》，第8册，页1004－1007。但无论如何，据梨洲自己在其《明儒学案序》所谓"书成于丙辰之后"一语，《明儒学案》成书必在康熙十五年（1676）之后则是无疑的。至于梨洲原稿《宋元学案》（时称《宋元儒学案》）的正式编撰，始于梨洲晚年。据谢山《梨洲先生神道碑文》，所谓"（梨洲）晚年于《明儒学案》外，又辑《宋儒学案》、《元儒学案》，以志七百年儒苑门户。于《明文案》外，又辑《续宋文鉴》、《元文抄》，以补吕、苏二家之阙，尚未成编而卒。"见黄炳垕：《黄宗羲年谱》（北京：中华书局，1993），页95。至于"晚年"具体是在何年？谢山没有交代。据吴光考证，不会早于康熙二十五年（1686）。见吴光：《〈宋元学案〉成书经过、编纂人员与版本存佚考》，《杭州师范学院学报》，2008年1月，第1期，页8－9。

③ 见徐秉义：《培林堂书目》，《中国著名藏书家书目汇刊》（北京：商务印书馆，2005），明清卷，第19册，页123。按：该书影印1915年铅印二徐书目刻本。

的两部《学案》是什么关系？对于宋、元、明儒学思想史的研究来说，《理学录》又具有怎样的价值和意义？这自然会成为研究者措意的课题。但是，这部在《明儒学案》和《宋元学案》之前的《理学录》究竟是怎样一部书，迄今为止学界却一直毫无所知。因为它早已石沉大海，被认定属于梨洲的一部"佚著"了。[①] 所幸的是，笔者于 2003 年在搜寻和阅读古籍的过程中，偶然发现了这部佚失已久的《理学录》。[②] 下文即是笔者对《理学录》初步的考论。笔者的研究分为以下几个部分：首先，考察《理学录》的内容和体例；其次，检讨《理学录》与《宋元学案》、《明儒学案》的关系；最后，指出《理学录》一书的价值和意义。

二、《理学录》的内容和体例

笔者所发现的这部《理学录》，扉页上署"理学录"，下注"黄宗羲先生手稿本"。第二页有"南雷先生未刻手稿理学录"的题签，下注为"余姚王绍兰署　民二〇、十、八"，即 1931 年 10 月 8 日。其后括号内还有一句"梨洲遗著三十八种以外绝传秘籍"，估计也应当是该页题名的王绍兰所署。[③]（图 1）该书正文自第十一页始存，已无目录可见。最后一页列明儒洪垣的《洪觉山绪言》（存目）、洪垣小传、

---

① 吴光在其《黄宗羲著作汇考》一书中，即将《理学录》作为梨洲的佚著之一。参见吴光：《黄宗羲著作汇考》（台北：学生书局，1990），页249、页268。亦见其《黄宗羲著作存佚总表》，载《黄宗羲全集》，第12册，页271。
② 该书现藏中国社会科学院文学所图书馆。
③ 另外有一位与其同名的清代学者王绍兰，字畹馨，号南陔，晚自号思惟居士，生于1760年，卒于1835年，世居浙江萧山西河里，是一位著述颇丰的经史学者。但这里的余姚人氏王绍兰1931年尚在世，因此与前者显然不可能是同一人。

钱薇与潘子嘉的小传，但潘子嘉小传未完而该书已毕。（图2）

（图1）

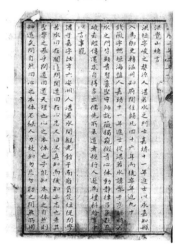

（图2）

加之该书中间有缺页。因此，这部《理学录》可以说是一部残稿。
此外，该书完全不含阳明学派的内容。这有两种可能：其一、是原有阳明学派的部分在甘泉学派之后整个缺漏；其二、是梨洲在尚未辑录阳明学派时，已准备正式着手辑录《明儒学案》，故《理学录》未及阳明学派而辍。如果是第二种可能，那么，现存的这部《理学录》同时也是一部未竟稿。但徐秉义《培林堂书目》既已载入"《黄宗羲理学录》"一册，似又不当为一部未竟稿。不过，无论是残缺还是未竟，抑或兼而有之，从该书现存一百九十二页的正文之中，我们仍然可以看到，这部《理学录》正是关于宋、元、明三朝儒家学术思想史的一部辑录。

该书共包括十六个学派，分别为：

1. 濂溪学派

2. 康节学派

3. 河南学派

4. 关中学派

5. 浙学派

6. 道南学派（残）

7. 湖南学派（残）

8. 金华学派（残）

9. 辅氏学派（残）

10. 江右学派（残）

11. 北方学派

12. 明初学派（残）

13. 河东学派

14. 崇仁学派

15. 白沙学派

16. 甘泉学派

其中，宋代理学部分有七个学派，即第1至第7；元代理学部分有四个学派，即第8、9、10、11；明代理学部分则有五个学派，即第12至第16。

在这十六个学派当中，有六个学派记录残缺，分别为《道南学派》、《湖南学派》、《金华学派》、《辅氏学派》、《江右学派》和《明初学派》。《道南学派》有开首，但中间有缺页，且最后缺页未完；《湖南学派》有开首，中间无缺页，但也是最后缺页未完；《金华学派》开始即缺页，没有开头，但由梨洲于《辅氏学派》之前总评"金华之学"的案语，可知《金华学派》的存在及其部分内容。《辅氏学派》最后缺页未完，紧随其后的为《江右学派》，也是开篇残缺。《明初学派》开篇为方孝孺，但其小传未竟，其下已缺页而另起《河东学派》。总之，《理学录》虽然前十页已缺，但《濂溪学派》仍较完整，其余的十个学派，也都有完整的记录。下面，我们就分别来看在这十六个学派中都具体包括了哪些人物。

《濂溪学派》以周敦颐开首，其后梨洲注明"周子门人"，其下共录程颢、程颐和张载三人。

《康节学派》以邵雍开首，亦仅录邵雍一人。

《河南学派》开篇注明为"程氏门人"，共录二程弟子五十二人。包括：1. 杨时；2. 尹焞；3. 谢良佐；4. 游酢；5. 吕大钧；6. 吕大临；7. 侯仲良；8. 吕希哲；9. 范祖禹；10. 杨国宝；11. 朱光庭；12. 刘狥；13. 李吁；14. 吕大忠；15. 苏昞；16. 刘安节；17. 张绎；18. 马伸；19. 王苹；20. 谯定；21. 袁溉；22. 王岩叟；23. 刘立之；24. 林大节；25. 张闳中；26. 冯理；27. 鲍若雨；28. 周孚先；29. 唐棣；30. 谢天申；31. 陈经正；32. 李处遯；33. 孟厚；34. 范文甫；35. 畅中伯；36. 畅大隐；37. 郭忠孝；38. 李朴；39. 周行己；40. 邢恕；41. 刘安上；42. 吴给；43. 许景衡；44. 范冲；45. 贾易；46. 杨迪；47. 邹柄；48. 刘立之；49. 时紫芝；50. 潘旻；51. 赵彦道；52. 林志宁。其中，吕大钧、吕大忠和苏昞三人注明"别见"或"已见""横渠门人"，在《河南学派》的部分只列其名。因此，《河南学派》实际包括二程弟子共四十九人。不过，在这四十九人中，时紫芝、赵彦道和林志宁同样仅列其名，而潘旻也只是记其"字子文"而已。

《关中学派》开篇注明为"横渠门人"，共录横渠弟子四人，包括吕大忠、吕大钧、吕大临和苏昞。但注明吕大临"见二程学派"（国翔按：即《河南学派》），所以实际只有三人。

《浙学派》开篇为袁溉（图3），由于注明"程氏门人已见"并在《河南学派》中已有交代，此处仅列其名。其后共录袁溉弟子薛季宣及其所传几代门人共五十一人。包括：1. 薛季宣；2. 陈传良；3. 蔡幼学；4. 曹叔远；5. 吕大亨；6. 章用中；7. 陈端己；8. 陈说；9. 林渊叔；10. 沈昌；11. 洪霖；12. 朱黼；13. 胡时；14. 周行己；15. 郑伯熊；16. 吴表臣；17. 叶适；18. 周南；19. 孙之宏；20. 林居安；21. 赵汝铎；22. 王植；23. 丁希亮；24. 腾戒；25. 孟猷；26. 孟导；27. 厉详；28. 邵持正；29. 陈昂；30. 赵汝说；31. 陈耆卿；32. 吴子良；33. 舒岳祥；34. 陈亮；35. 喻偘；36. 喻南强；37. 陈颐；38. 钱廓；39. 郎景明；40. 方坦；41. 陈桧；42. 金潚；43. 凌坚；44. 何大猷；45. 刘范；46. 胡括；47. 章椿；48. 徐硕；49. 刘渊；50. 孙贯；51. 吴思斋。其中，周行己注明"已见程子门人"，仅列其名。因此，《浙学派》实际包括五十人。在这五十人之中，梨洲注明：薛季宣为袁溉门人，陈傅良为薛季宣门人。从蔡幼学到胡时这十一人为陈傅良门人。郑伯熊和吴表臣为周行己门人。叶适为郑伯熊门人。周南以下至陈耆卿十四人为叶适门人。吴子良为陈耆卿门人。舒岳祥和陈亮为吴子良门人。至于喻偘以下至吴思斋十七人，则为陈亮门人。

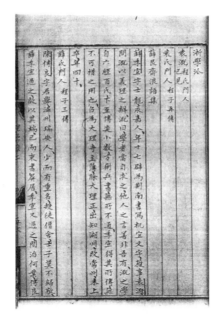

（图 3）

《道南学派》以杨时开篇，由于同样已注明"程子门人"并在《河南学派》有所交代，此处亦仅列其名。其后包括杨时弟子及其所传几代门下共二十一人，包括：1. 罗从彦；2. 萧颛；3. 廖刚；4. 胡瑾；5. 徐俯；6. 陈渊；7. 李郁；8. 喻樗；9. 高闶；10. 卢奎；11. 王庭秀；12. 宋之才；13. 王师愈；14. 邹柄；15. 郑柴；16. 林宗卿；17. 黄锾；18. 廖衎；19. 李侗；20. 朱松；21. 罗博文。其中，从罗从彦到廖衎这十八人是杨时的一传弟子；李侗、朱松为罗从彦门人，是杨时再传，梨洲亦注明为"程子三传"；罗博文为李侗弟子，梨洲则注明为"延平门人"和"程子四传"。

《湖南学派》首列胡安国、朱震和曾恬三人作为"谢氏门人"，即谢显道（上蔡）门人。其后共录九人，包括：1. 胡寅；2. 胡宏；3. 曾几；4. 范如珪；5. 曾渐；6. 张栻；7. 赵师孟；8. 胡寔（《学案》作"胡实"）；9. 吴翌。九人之中，梨洲注明胡寅、胡宏、曾几和曾渐四人为"胡氏门人"，即胡安国门人；张栻、赵师孟、胡寔和吴翌四人为"五峰门人"，即胡宏门人。吴翌部分录其《澄斋问答》语录三条，第三条尚未结束即缺页。因此，《理学录》的《湖南学派》至吴翌应该尚未结束，但除现有的十二人之外还包括哪些人物，已无从考证。

吴翌的部分未完，但下页人物已经是吴师道。据今本《宋元学案》，吴师道已属《北山四先生学案》。而据王梓材在今本《宋元学案》卷八十二《北山四先生学案》开首全祖望案语之后所附的案语，所谓"是卷梨洲本称金华学案，谢山序录始称北山四先生学案"，[1] 吴师道在梨洲原本《宋元儒学案》中应当是在《金华学案》之中的。而《理学录》中吴师道以下至郑涛一共八

---

① 《黄宗羲全集》，第 6 册，页 214。

人，皆在今本《宋元学案》的北山四先生学案之中。此外，在《理学录》郑涛之后，有一段梨洲总评"金华之学"的"案语"。由此可以推知，《理学录》中从吴师道至郑涛的这一部分，当为《金华学派》的人物。这里由今本《宋元学案》反推《理学录》的内容，其实已经预设了《理学录》与《宋元学案》之间的渊源关系。这一点，后文会有专门的考察，此处暂且不论。但吴师道之前并无《金华学派》的开篇，加上《湖南学派》吴翌的内容未完，可知中间必有缺页。如今这一部分残缺的《金华学派》共有八人，包括：1. 吴师道；2. 周润祖；3. 泰不华；4. 吴履；5. 唐以仁；6. 唐元嘉；7. 戴良；8. 郑涛。其中。梨洲注明周润祖和泰不华两人为"周氏门人"，吴履、唐以仁和唐元嘉为"闻人氏门人"，戴良和郑涛为"柳氏门人"。由此可知，《金华学派》除了这里收录的八人之外，至少还应有"周氏"、"闻人氏"和"柳氏"这三位。既然这里金华学派的八人俱在今本《宋元学案》的《北山四先生学案》之中，那么，由今本《宋元学案》的《北山四先生学案》反推，这里所谓"周氏"、"闻人氏"和"柳氏"三位，分别当为"周敬孙"、"闻人诜"和"柳贯"。但由于《理学录》缺页，这里只是推证。当然，根据本文后面对《理学录》和《宋元学案》之间关系的考证，这一推证应当是成立的。

《金华学派》之后为《辅氏学派》，开篇为辅广，梨洲注明"朱子门人"已见。由此可推知《理学录》中当有一《朱子学派》，但由于缺页，其内容已完全不可见。辅广之后是魏了翁，再后分别为辅氏门人两人，包括韩翼甫和熊禾；魏氏门人四人，包括吴泳、游似、牟子才和程掌，总计八人。程掌以下应当还有，但因缺页，已不可知。

《辅氏学派》缺页之后，紧接着不间断的人物有十二位，包括：1. 范奕；2. 吴锡畴；3. 元明善；4. 虞集；5. 鲍恂；6. 蓝光；7. 赵宏毅；8. 揭傒斯；9. 赵孟頫；10. 陈旅；11. 王守诚；12. 苏天爵。苏天爵之后有一句梨洲的案语，再之后则为北方学派。因此，该组十二人当属于一个学派。至于这个学派的名称，由于紧随该组之后的《北方学派》也列了苏天爵之名，并在其下注明"见江右学派"，由此可以推知《北方学派》之前这一组十二人所属学派的名称当为《江右学派》。当然，由于前面残缺，《理学录》中的《江右学派》还包括哪些人物，如今也已不得而知。不过，在《江右学派》的最后部分，梨洲有一案语评论吴澄。虽然由于缺页而未见吴澄之名，但由此可见，吴澄必在此十二人之前而为江右学派之重要一员。于是《理学录》中《江右学派》至少有十三人。

《北方学派》开篇是赵复。其下共录其门人及再传共十四人，包括：1. 姚枢；2. 窦默；3. 许衡；4. 刘因；5. 姚燧；6. 耶律有尚；7. 吕域；8. 刘宣；9. 王遵礼；10. 杜肃；11. 郝庸；12. 李道恒；13. 安熙；14. 苏天爵。其中，姚枢、窦默、许衡和刘因四位是赵复的门人。姚燧、耶律有尚、吕域、刘宣和王遵礼五位是许衡的门人，为赵复再传。杜肃①、郝庸、李道恒三位是刘因的门人，也算是赵复再传。安熙是刘因的再传，为赵复三传。苏天爵

---

① 《宋元学案》作"杜萧"，注明"补"。但内容一样。见《黄宗羲全集》，第6册，页564。

则是刘因的三传，为赵复的四传。其中，苏天爵注明"见江右学派"，仅列其名。因此，《北方学派》实际包括十四人。

《明初学派》前已说明，开篇为方孝孺，但其小传一页尚未结束，其下已缺页而继之者为《河东学派》了。

《河东学派》开篇是薛瑄。其下共录其门人和再传共十七人，包括：1. 阎禹锡；2. 白良辅；3. 李昶；4. 乔缙；5. 张鼎；6. 王英；7. 王复；8. 周蕙；9. 薛敬之；10. 李锦；11. 王爵；12. 吕柟；13. 李仝；14. 刘玑；15. 吕潜；16. 张节；17. 李挺。其中，第1至第7是薛瑄一传门人。周蕙是李昶门人，为薛瑄再传。薛敬之、李锦和王爵是周蕙门人，为薛瑄三传。吕柟是薛敬之门人，为薛瑄四传。李仝和刘玑是李锦门人，为薛瑄四传。吕潜、张节和李挺是吕柟门人，为薛瑄五传。总计《河东学派》一共十八人。

《崇仁学派》开篇是吴与弼。其下共录其门人及再传共十七人，包括：1. 胡居仁；2. 娄谅；3. 胡九韶；4. 谢复；5. 郑伉；6. 杨杰、7. 周文（按：杨杰、周文二人合传）；8. 陈献章；9. 余祐；10. 魏校；11. 桂萼；12. 夏尚朴；13. 潘润；14. 张元桢；15. 王应电；16. 周士淹；17. 归有光。其中，胡居仁、娄谅、胡九韶、谢复、郑伉、杨杰、周文和陈献章八人为吴与弼门人。余祐、魏校和桂萼为胡居仁门人，是吴与弼的再传。夏尚朴和潘润为娄谅门人，也是吴与弼的再传。张元桢为杨杰的门人，也是吴与弼再传。王应电、周士淹和归有光是魏校的门人，为吴与弼三传。这样《崇仁学派》总计也是十八人。

《白沙学派》开篇是陈献章。其后录庄昶和罗伦两人。二人并非白沙门人，但梨洲在二人之后的案语中交代了将二人列入白沙学派的原因。所谓：

> 定山、一峰虽不在白沙弟子之列，而其推崇白沙，一如弟
> 子也。定山得白沙之玄远，一峰得白沙之真实，皆非标榜门户
> 者所能及耳。

这句话今本《明儒学案》未见，是《理学录》保存的重要史料。
此类文献《理学录》不少，详考见后文。在庄昶和罗伦两人之后，
共录白沙门人及其再传十六人，包括：1. 湛若水；2. 贺钦；3. 张
诩；4. 邹智；5. 李承箕；6. 林光；7. 陈茂烈；8. 李孔修；9. 何
廷矩；10. 谢祐；①11. 区越；12. 林体英；13. 丁积；14. 姜麟；
15. 方重杰；16. 钟晓。其中，从湛若水到姜麟是白沙门人，方重
杰和钟晓则为白沙再传。湛若水注明"别见"，仅列名于此。详细
的内容见其后的《甘泉学派》。如此，《白沙学派》总计十八人。

《甘泉学派》以湛若水开篇，以下共录甘泉门人六人，包括：
1. 吕怀；2. 蒋信；3. 何迁；4. 洪垣；5. 钱薇；6. 潘子嘉。潘子
嘉的部分下缺未完，整个《理学录》至此而止。

以上，是笔者所见梨洲佚著《理学录》的基本内容，十六个
学派共录宋、元、明儒者两百四十二人。下面，让我们再来看看
该书的体例。

在《理学录》中，梨洲对于各个人物的处理，基本上分为三
个部分：首先，列出该人物相关著作的名称；其次，再以小传的

---

① 《明儒学案》中作"谢祐"，见《黄宗羲全集》，第7册，页115。

方式介绍该人物的生平；最后，加以案语，对该人物的学术思想或生平事迹加以评论。① 例如，《关中学派》的吕大钧在《理学录》中的部分，就包含这三个方面的内容：

1. 《吕氏乡约》（存目）

2. （小传）吕大钧，字和叔。嘉祐二年进士，授秦州司理，监延州折博务，改知三原县。移巴西、侯官、泾阳，以父老，皆不赴。丁艰，服除，以道未明，学未优，不复有仕进意。久之，大臣荐为王官教授，寻监凤翔船务。元丰五年，疾革，内外洒扫，冥然若思。客至问安，交语未终而殁。大钧为人刚质，尝言："始学，行其所知而已。道德性命之际，躬行久则自至焉。"张载倡道于关中，寂寥无和者。大钧于载为同年生，心悦而好之，遂执弟子礼，于是学者靡然知所趋向。载之教，以礼为先，大钧条为《乡约》，关中风俗为之一变。程颐言："范育相见多窒碍，盖有先定之意。大钧据理，合窒碍而不然者，只是他至诚笃信也。"

3. （梨洲案语）子厚谓秦俗之化，亦先自和叔有力焉。学者高谈性命，而推行不去，终是此中有亏缺处也。若和叔者，庶几力行之士欤？（图4）

这里，梨洲只是列出《吕氏乡约》的名称，并不选录其中的

---

① 只是《理学录》中梨洲的案语并未如后来《宋元学案》中前面注明"宗羲案"三字，因为《宋元学案》中并非只有梨洲的案语，还有其子百家等人的，故须注明。但《理学录》中有六条案语在后来的《宋元学案》中变成了"百家谨案"。这一点，后文会有专门的讨论。

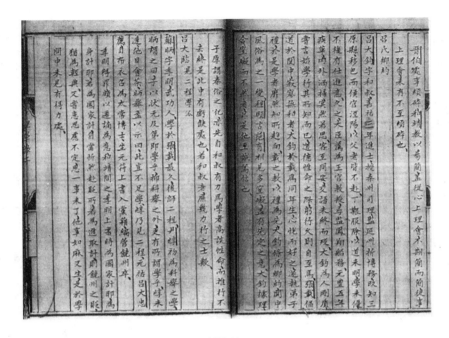

（图4）

内容。这种对于相关文献只存目而不选录的方式，在《理学录》
中是最为普遍的。

当然，也有例外的情况。在整部《理学录》中，有五个人是
有著作选录的。第一，是周敦颐。《濂溪学派》中选录濂溪《通
书》语录三十六条，包括："诚下第二"、"诚几德第三"、"圣第
四"、"慎动第五"、"道第六"、"师第七"、"幸第八"、"思第
九"、"志学第十"、"顺化第十一"、"治第十二"、"礼乐第十三"、
"务实第十四"、"爱敬第十五"、"动静第十六"、"乐上第十七"、
"乐中第十八"、"乐下第十九"、"圣学第二十"、"公明第二十
一"、"理性命第二十二"、"颜子第二十三"、"师友上第二十四"、
"师友下第二十五"、"过第二十六"、"势第二十七"、"文辞第二

十八"、"圣蕴第二十九"、"精蕴第三十"、"乾损益动第三十一"、"家人睽复无妄第三十二"、"富贵第三十三"、"陋第三十四"、"拟议第三十五"、"孔子下第三十九"、"蒙艮第四十"。由于"拟议第三十五"和"孔子下第三十九"之间第十九页二残缺，据今本《宋元学案》，中间应当还有"刑第三十六"、"公第三十七"和"孔子上第三十八"。第二，是游酢。《理学录》收录了其语录三条。第三，是吕大临。《理学录》收录了其《克己铭》、《未发问答》以及语录七条。第四，是侯仲良。《理学录》收录了其语录七条。第五，是吕希哲。《理学录》收录其《吕氏杂志》语录六条。

将《理学录》所录这五人的材料与今本《宋元学案》中相应的选录对照，我们发现有几种不同的情况。《理学录·濂溪学派》中《通书》语录的部分与今本《宋元学案》中对应的部分完全符合。吕大临的《克己铭》、《未发问答》和七条语录也与今本《宋元学案》中对应的内容吻合。吕希哲《吕氏杂志》中的六条语录也俱见今本《宋元学案》，只是其中两条一条被入《附录》，另一条被移入《泰山学案》。至于游酢的三条语录和侯仲良的七条语录，则不见于今本《宋元学案》。这里所透露的《理学录》与《宋元学案》之间的关系，正是本文后面所要探讨的内容。

不过，这种包括"文献存目"、"小传"和"案语"三个部分的标准体例，也并不适用于《理学录》中的所有人。事实上，除了上述文献选录方面的五个例外之外，包括"文献存目"的人物甚至是少数。大量人物并没有"文献存目"，只有"小传"和"案语"。譬如像二程、张载、邵雍、杨时、胡安国、刘因、薛瑄、吴与弼、陈献章、湛若水等人，即是如此。包括"文献存目"者，整部《理学录》中只有二十二人，分别是：1. 吕大钧（《吕氏乡约》）、2. 薛季宣（《薛艮斋浪语集》）、3. 叶适（《叶水心习学记言》）、4. 陈亮（《陈同甫论汉唐书》）、5. 李侗（《延平答问》）、6. 胡寅（《崇正辨》）、7. 胡宏（《胡子知言》、《知言疑义》）、8. 张栻（《南轩问答》）、9. 胡寔（《胡广仲问答》）、10. 吴翌（《澄斋问答》）、11. 魏了翁（《魏鹤山师友杂言》）、12. 许衡（《许鲁斋遗书》）、13. 吕柟（《吕泾野语录》）、14. 胡居仁（《胡敬斋居业录》）、15. 魏校（《魏庄渠体仁说》）、16. 夏尚朴（《夏东岩语录》）、17. 贺钦（《贺医闾言行录》）、18. 张诩（《张东所文集》）、19. 吕怀（《吕巾石文集》）、20. 蒋信（《蒋道林文集》）、21. 何迁（《何吉阳文集》）、22. 洪垣（《洪觉山绪言》）。由此可见，有"文献存目"者固然都是较为重要的人物，但也不能以有无"文献存目"作为判断是否重要人物的标准。此外，还有很多一般的人物只有"小传"，并无"案语"。其中不少"小传"部分只有短短一句话或几个字，甚至仅录名而已。如《浙学派》的郎景明、胡括、章椿，所谓小传都是只记"永康人"三个字。而《河南学派》的时紫芝、赵彦道、林志宁，即仅列其名。

无论是从内容还是从体例来看，我们都可以看到，《理学录》与后来的《宋元学案》和《明儒学案》有一脉相承之处。就内容而言，《理学录》的人物虽然远不如两部《学案》之多，但其所记录者，几乎都是两部《学案》中的人物。就体例而言，《宋元学案》对于每一个人物的处理也基本都是三个部分：首先是人物的小传，其次是人物著作的选录，最后附有梨洲及其后继者的案语评论（偶尔也有文献选录中间对一些选录文字加案语的）。所不同者有两点，一是在《理学录》中，梨洲是先列人物著作的选目，然后是人物小传和梨洲自己的案语评论。这是三部分顺序的不同。二是《理学录》中的人物小传只记生平事迹，没有评论。而《明儒学案》小传部分则往往先记生平事迹，然后是梨洲的评论。等于是将《理学录》中的案语部分放到了小传之中。于是，《明儒学案》也不再像《宋元学案》那样在选录的文献之后还有评论性的案语，而实际上只有人物小传和文献选录这两个部分。这是今本《明儒学案》与《宋元学案》在体例上的不同，这里顺带指出。此外，整部《理学录》的小传部分在叙述时，对所有人物都一律称名。两部《学案》在人物小传部分对人物的称呼，则一律称其字号或先生，不直接称名。这一点，是《理学录》与两部《学案》在称呼人物用语上几乎无一例外的差别。

在此，我们已经接触到了《理学录》与两部《学案》之间的同异关系。那么，作为同样是记录宋、元、明三朝儒学人物的学术思想史著作，这部失传已久的《理学录》和今本《宋元学案》和《明儒学案》这两部相关研究者案头必备的著作之间，究竟是怎样的关系？正是我们接下来要重点考察的问题。

三、《理学录》与《学案》之间的关系

对比《理学录》与两部《学案》，首先，我们立刻会发现其中有不少完全相同或几乎完全相同的文字。并且，在人物的"语录"、"小传"以及梨洲的"案语"这三个部分，这些文字广泛存在。

"语录"部分，前已指出，《理学录》所选周敦颐《通书》语

录三十六条（加缺页部分三条则为三十九条）全同今本《宋元学案》中所选《通书》语录的对应部分。此外，梨洲在《湖南学派》的吴翌部分选录了其《澄斋问答》中的三条语录。核之今本《宋元学案》卷四十二《五峰学案》中所录吴翌《澄斋问答》的三条语录，二者完全相同。只不过《理学录》中吴翌的第三条语录至"但顺其理"句以下即缺页而已。

梨洲所作"案语"的部分，《理学录》与《学案》更有不少相同的文字。譬如，在《理学录》程颢小传之后，有一段"案语"：

> 明道之学，以识仁为主，浑然太和元气之流行，其披拂于人也，亦无所不入，庶乎"所过者化"矣！故其语言流转如弹丸，说"诚敬存之"便说"不须防检，不须穷索"，说"执事须敬"便说"不可矜持太过"，惟恐稍有留滞，则与天不相似。此即孟子说"勿忘"，随以"勿助长"救之，同一扫迹法也。鸢飞鱼跃，千载旦暮。朱子谓："明道说话浑沦，然太高，学者难看。"又谓："程门高弟，如谢上蔡、游定夫、杨龟山，下稍皆入禅学去。必是程先生当初说得高了，他们只晡见上一截，少下面着实工夫，故流弊至此。"此所谓程先生者，单指明道而言。其实不然。引而不发，以俟能者。若必鱼筌兔迹，以俟学人，则匠、羿有时而改变绳墨彀率矣。朱子得力于伊川，故于明道之学，未必尽其传也。

核之今本《宋元学案》卷十三《明道学案》上，其中明道《识仁篇》之后有一段梨洲的案语，注明"宗羲案"，① 文字与此一字不异。同样的情况，还见于程颐、杨时、谢良佐、李侗、朱松和曾几。

除了各个人物之外，对于某一学派的评论，《理学录》中的一些案语也有与今本《宋元学案》完全相同者。例如，《理学录》中论永嘉之学的"案语"如下：

> 永嘉之学，教人就事上理会，步步着实，言之必使可行，足以开物成务。盖亦鉴一种闭眉合眼、懵懂精神、自附道学者，于古今事物之变，不知为何等也。夫岂不是自然而驯至其道，以计较臆度之私，蔽其大中至正之则，进厉害而退是非，与刑名之学，殊途而同归矣。此在心术轻重，不过一铢，芒乎其难辨也。

较之今本《宋元学案》卷五十二《艮斋学案》薛季宣《艮斋浪语集》之后的"宗羲案"部分，② 两段案语文字也是一字不异。这种情况，还包括梨洲论水心之学（叶适一脉）和止斋之学（陈传良至陈亮一脉）。因文字全同，此处不赘引。③

"小传"的部分，也有一些是《理学录》与《学案》文字一字不异的。如《理学录》中《浙学派》的陈说，《湖南学派》的范如珪，《金华学派》的吴师道、吴履和郑涛，《辅氏学派》的韩

---

① 《黄宗羲全集》，第 3 册，页 659。
② 《黄宗羲全集》，第 5 册，页 56 – 57。
③ 梨洲论水心之学和止斋之学的案语分别见《黄宗羲全集》，第 5 册，页 172、页 225。

翼甫,《江右学派》的鲍恂、蓝光、揭傒斯、赵孟頫和陈旅,以及《北方学派》的耶律有尚、刘宣、郝庸和李道恒。

除了完全相同的文字之外,对比《理学录》和今本《学案》的"小传"和"案语"部分,笔者发现还有大量几乎完全一样的文字。对此,我们不妨多举几个例子来加以说明。为节省篇幅,这里只引《理学录》中的文字,《学案》中与之对应部分的不同文字,于括号内下划线标出。

先看"小传"。《理学录》中《道南学派》李侗的小传如下:

> 李侗,字愿中,南剑州(《学案》无"州"字)人。年二十四,闻郡人罗从彦(《学案》作"罗仲素")传河洛之学于龟山(《学案》无"于龟山"三字),遂往学焉。从彦(《学案》作"仲素")不为世所知,侗(《学案》作"先生")冥心独契。于是退而屏居,谢绝世故余四十年,(此处《学案》多出"箪瓢屡空"四字),怡然有以自适也。其始学也,默坐澄心,以验夫喜怒哀乐未发之前气象为何如。久之,而知天下之大本真在乎是也。既得其本,则凡出于此(《学案》作"是")者,虽品节万殊,曲折万变,莫不该摄洞贯,以次融洽(《学案》作"释融"),各有条理,如川流脉络之不可乱。大而天地之所以高厚,细而品汇之所以化育,以至经训之微言,日用之小物,折(《学案》作"玩")之于此,无一不得其衷焉。由是操存益固,涵养益熟,泛应曲酬,发必中节,其事亲从兄,有人所难能者。隆兴元年十月,汪玉山应辰守闽,币书迎先生,至之日,坐语而卒,年七十一。

除了《学案》在"谢绝世故余四十年"之后多出"箪瓢屡空"四字之外，双方文字只有几个字的差别。① 其中"折之于此"，更较《学案》"玩之于此"为佳。至于人称用法《理学录》称名而《学案》称字或尊称先生，则是通例。这一点前文已经提到，后文不赘。

《湖南学派》开宗胡安国小传如下：

> 胡安国，字康侯，建之崇安人。绍圣四年进士（<u>《学案》此处有"第三人"</u>），除荆南教授。入为太学博士。提举湖南学事，以所举遗逸王绘、邓璋为范纯仁之客，蔡京恶之，除名。大观四年复官。宣和初，提举江东路学事，寻致仕。末年，侍臣交荐，落致仕（<u>《学案》无"落致仕"三字</u>），（<u>《学案》此处有"起"字</u>）除尚书员外郎，至起居郎。召对，除中书舍人。为耿南仲所忌，出知通州。高宗召为给事中，论故相朱胜非，遂落职奉祠，休于衡岳之下。著《春秋传》进览，除宝文阁直学士。绍兴八年四月十三日卒，年六十五，谥文定。安国（<u>先生</u>）自少时已有出尘之趣，登科后同年宴集，饮酒过量，是后终身不复醉。尝好弈棋，母吴氏责之曰："得一第，德业竟止是弈邪？"后不复弈。为学官，京师同僚劝之买妾，事既集，慨然叹曰："吾亲待养千里之外，曾是以（<u>《学案》作"以是"</u>）为急乎！"遽寝其议。行部过衡岳，欲一登览，已戒行矣，俄而思曰："非职事所在也。"即止。罢

---

① 《学案》中李侗小传见《黄宗羲全集》，第4册，页569。

官荆南，僚旧饯行于渚宫，呼乐戏以待，而交代杨时（龟山），具朝膳，鲑菜萧然，引觞徐酌，置《语》、《孟》案间，清坐讲论，不觉日晷之暮也。壬子赴阙，过上饶，有从臣家居者设宴，用音乐，安国（先生）蹙然曰："二帝蒙尘，岂吾徒为乐之日？敢辞！"转徙流寓，遂至空乏。然"贫"之一字，口所不道，亦复（《学案》无"复"字）手所不书。尝戒子弟曰："对人言贫者，其意将何求？"朱震被召，问出处之宜，安国（先生）曰："世间惟讲学论政，则当切切询究。至于行己大致，去就语默之几，如人饮食，其饥饱寒温，必自斟酌，不可决之于人，亦非人所能决也。某出处，自崇宁以来，皆内断之（《学案》无"之"字）于心。虽定夫、显道诸丈人行，皆不以此谋之也。"壮年尝观释氏书，后遂屏绝，尝答曾几书曰："穷理尽性，乃圣门事业。物物而察，知之始也；一以贯之，知之至也。来书以五典四端每事扩充，亦未免物物致察，非一以贯之之要，是欲不举足而登泰山也。四端固有，非外铄；五典天叙，不可违。充四端，惇五典，则性成而伦尽矣。释氏虽有了心之说，然其未了者，为其不先穷理，反以为障，而于用处不复究竟也。故其说流遁，莫可致诘，接物应事（《学案》作"接事应物"），颠倒差谬，不堪点检。圣门之学，则以致知为始，穷理为要。知至理得，不迷本心，如日方中，万象皆见，则不疑所行，而内外合也。故自修身至于家、国、天下，无所处而不当矣。来书又谓：'充良知良能而至于尽，与宗门要妙两不相妨，何必舍彼而取此。'夫良知良能，爱亲敬长之本心也。儒者则扩而充之，达于天下，释氏则以为前尘，为妄想，批根拔本而殄灭之，正相反也，而以为不相妨，何哉？"（《学案》其后有"著有《春秋传》、《资治通鉴举要补遗》及《文集》若干卷。三子：寅、宏、宁。从子宪。"）

除个别字眼外，内容与《学案》几乎完全相同，只是《学案》最后又补充交代了其著作和子嗣。[1]

《辅氏学派》中魏了翁小传如下：

> 魏了翁，字华父，邛州蒲江人。庆元五年登进士第，授签书剑南西川节度判官。召为国子正。以校书郎出知嘉定府。在蜀十七年，而后入进兵部郎中。累官至权工部侍郎。降三官，靖州居住。史弥远死，以权礼部尚书还朝。（《学案》此处多"入对，首乞明君子小人之辨，次论故相十失犹存，又及修身、齐家"一句）六阅月，以端明殿学士、同签枢密院事，督视京湖军马。寻复召还，遂知绍兴府安抚使而出。嘉熙元年卒，赠太师，谥文靖。

对比今本《学案》，此处只是少了"入对，首乞明君子小人之辨，次论故相十失犹存，又及修身、齐家"一句，其余则完全一致。[2]

至于《江右学派》的元明善和虞集，《理学录》和《学案》更是几乎一模一样。《理学录》元明善小传如下：

---

① 《学案》中胡安国小传见《黄宗羲全集》，第4册，页449－451。
② 《学案》中魏了翁小传见《黄宗羲全集》，第6册，页124。

元明善，字复初，大名（《学案》无"大名"两字）清河
人。读书过目辄记，诸经皆有师法。时虞集以治经名世，明善
言集所治者，惟朱子所定者耳，殊为未广。官至翰林学士、参
议中书省事。至治二年卒于位，赠河南行省左丞，追封清河郡
公，谥文敏。初，明善为江西省椽，吴澄（吴草庐）讲于郡
学，明善问以《易》、《诗》、《书》、《春秋》奥义，叹曰：
"与吴先生言，如探渊海。"遂执弟子礼终其身。

这里，只是于元明善的籍贯少了"大名"两字，其余除人称称名
这一通例外，文字全同。① 虞集的小传为：

虞集，字伯生，蜀人，侨居（"寓"）崇仁，官至奎章阁
侍书学士。至正八年卒，年七十七。集（先生）文章为一代
所宗，而其学术源委（"原委"），则自父汲与草庐为友，集
（先生）以契家子从之游，故得其传云。

其中"源"与"原"通假，如此则只有"居"与"寓"一字
之别。②
再看"案语"。《理学录》中梨洲评张载的案语如下：

横渠气魄甚大，加之（《学案》无"之"）以精苦之工，

---

① 《学案》中元明善小传见《黄宗羲全集》，第6册，页614。
② 《学案》中虞集小传见《黄宗羲全集》，第6册，页615。

故其成就不同。伊川谓其多迫切而少宽舒，考亭谓其高处太高、僻处太僻。此在横渠已自知之。尝言"吾十五年学个'恭而安'不成"，所谓宽舒气象，即安也。然"恭而安"自学不得，正以迫切之久而后能有之。若先从安处学起，则荡而无可持守，早已入漆园篱落矣。<u>即伊川初年，亦自伤于迫切，晚始抵于宽舒。其不敢即趋宽舒一路者，为学之次第，自宜然也。</u>（国翔按：划线部分《学案》无）

除最后"即伊川初年，亦自伤于迫切，晚始抵于宽舒。其不敢即趋宽舒一路者，为学之次第，自宜然也"这一句《学案》没有之外，文字基本全同。①

《理学录·湖南学派》梨洲评胡安国案语曰：

> 文定（<u>先生</u>）为荆门教授，龟山代之，因此识龟山，因龟山方识游、谢，不及识伊川。自荆门入为国子博士，出来便为湖北提学。是时上蔡宰本路一邑，文定却从龟山求书见上蔡。上蔡既受书，文定入境，邑人皆讶知县不接监司。文定先修后进礼见之。文定之学，后来得于上蔡者为多，<u>所以重上蔡，而不甚满于游、杨。</u>（国翔按：此句今本《学案》无）盖文定气魄甚大，不容易收拾。朱子云："上蔡英发，故胡文定喜之。想见与游、杨说话时闷闷也。"

---

① 《学案》中梨洲评横渠案语见《黄宗羲全集》，第 3 册，页 929－930。

较之《学案》，除人称用法外，其中仅多"所以重上蔡，而不甚满于游、杨"一句，其余全同。① 当然，这里多出的一句具有相当的学术思想史意义，反映出《理学录》一书的价值所在。不过，这将是后文所要讨论的问题，此处暂且不赘。

同样是《湖南学派》的曾恬和胡寅，《理学录》与《学案》中梨洲的案语也几乎完全一致。② 梨洲论曾恬案语云：

> 恬为人朴实，非小人也，而是非颠倒若此（《学案》作"而有此委蛇"），由熙、丰以来，《新经》、《字说》之类，坏人心术。非识见过人者，不能破其篱落耳。

论胡寅案语云：

> 吴必大问《崇正辨》如何？朱子曰："亦好。"必大曰："今释氏亦谓所辨者，皆其门中自不以为然。"曰："吾儒守三纲五常，若有人道不是，亦可谓吾儒自不以为然否？"又问："此书只论其迹？"曰："亦好（《学案》作"论其迹亦好"）。伊川云（言）'不若只于迹上断'，毕竟其迹是从那里出来，明仲说得明白。"某按：致堂所辨一部书中，大概言其作伪，虽有然者，毕竟已堕亿逆一边，不若就其所言件件皆真，愈见其非理耳（《学案》无"耳"字）。然此皆晋、宋间其徒报应

---

① 《学案》中梨洲评胡安国案语见《黄宗羲全集》，第 4 册，页 451。
② 《学案》中梨洲评曾恬和胡寅案语分别见《黄宗羲全集》，第 4 册，页 182 – 183，第 4 册，页 660 – 661。

变化之论，后来愈出愈巧，皆吾儒者以其说增益之。牛毛茧丝，辨之所以益难也。

类似的例子还有不少，这里不再一一例举。

在"小传"的部分，在上述完全相同以及几乎完全相同这两类文字之外，还有一些文字虽然有所差别，但意思基本一致。这一类的文字，需要征引双方文字，对比可见。

《理学录·河东学派》张鼎小传如下：

> 张鼎，字大器，咸宁人。授学于薛瑄之门，登成化二年进士第。授刑部主事，迁员外郎。出知太原府，九载考绩，晋山西参政，仍署府事。又四载，始迁河南按察使。弘治改元，擢右佥都御史，巡抚保定等府。晋户部右侍郎而归，八年卒。瑄之文集，其所辑也。

《明儒学案》卷七《河东学案上》张鼎的小传则是这样的：

> 张鼎，字大器，陕之咸宁人。成化丙戌进士，授刑部主事，迁员外郎。出知太原府，晋山西参政，仍署府事。转河南按察使。弘治改元，擢右佥都御史，巡抚保定等府，入为户部右侍郎。乙卯卒于家，年六十五。先生少从父之任蒲州，得及薛文清之门。终身恪守师说，不敢少有逾越。文清殁后，其

《文集》散漫不传，先生搜辑较正，凡数年，始得成书。①

《理学录·崇仁学派》郑伉小传如下：

> 郑伉，字孔明，常山人。年三十余，始见吴与弼于崇仁。与弼曰："此间工夫非朝夕可得，恐误子远来。"伉曰："此心放逸已久，求先生复之耳，敢欲速乎？"因受小学，日验于身心，徐得闻四子、六籍之要。久之，于道若有见焉，乃归。筑室于龙池之上，取诸儒议论，一切折衷于朱子，自号敬斋。

而《明儒学案》卷二《崇仁学案二》郑伉的小传是这样的：

> 郑伉，字孔明，常山之象湖人。不屑志于科举，往见康斋。康斋曰："此间工夫，非朝夕可得，恐误子远来。"对曰："此心放逸已久，求先生复之耳。敢欲速乎？"因受小学，日验于身心。久之，若有见焉，始归而读书。一切折衷于朱子，痛恶佛、老，曰："其在外者已非，又何待读其书而后辨其谬哉！"枫山、东白皆与之上下其议论，亦一时之人杰也。②

《理学录·甘泉学派》湛若水小传如下：

> 湛若水，字符明，广东增城人。举弘治壬子乡试，遂从陈

---

① 《黄宗羲全集》，第7册，页137。
② 《黄宗羲全集》，第7册，页39。

献章游。以随处体认天理质诸献章。献章曰："此子参前倚横之学也。"登乙丑进士第，选为庶吉士，擢编修。与王守仁、吕柟讲学京师，学者称甘泉先生。久之，以母丧归。开礼舍于僧寺，来学者必先斋戒三日，习礼而后听讲。讲必端坐观心，不轻与言。嘉靖初入朝，升侍读。历国子祭酒、礼部侍郎、南京吏礼兵三部尚书，致仕。三十九年卒，年九十五。

而《明儒学案》卷三十七《甘泉学案一》湛若水小传则是这样的：

湛若水，字符明，号甘泉，广东增城人。从学于白沙，不赴计偕，后以母命入南雍。祭酒章枫山试睟面盎背论，奇之。登弘治乙丑进士第。初，杨文忠、张东白在闱中，得先生卷，曰："此非白沙之徒，不能为也。"拆名果然。选庶吉士，擢编修。时阳明在吏部讲学，先生与吕仲木和之。久之，使安南册封国王。正德丁亥，奉母丧归，庐墓三年。卜西樵为讲舍，士子来学者先令习礼，然后听讲，兴起者甚众。嘉靖初，入朝，升侍读，寻升南京祭酒，礼部侍郎，历南京礼、吏、兵三部尚书，致仕。平生足迹所至，必建书院以祀白沙。从游者殆遍天下。年登九十，犹为南岳之游。将过江右，邹东廓戒其同志曰："甘泉先生来，吾辈当献老而不乞言，毋有所轻论辩也。"庚申四月丁巳卒，年九十五。（国翔按：《明儒学案》生平事迹之后还有评语，此处不录）

以上所举张鼎、郑伉和湛若水三例，其小传在《理学录》与

《学案》中的文字有一定差异，但仍然可以说是大同小异，尤其是所叙述的基本意思一致。这一点，仍然可以反映出《理学录》与《学案》的相同之处。

总之，对比《理学录》和今本《学案》，从语录、小传和案语三个方面来看，无论是完全相同的文字、几乎完全相同的文字，还是表述有一定差别但意思一致的文字，我们只能得出一个结论，那就是：今本两部《学案》均源出《理学录》，后者是前者的准备工作；或者说，《理学录》反映了梨洲正式撰写《明儒学案》和《宋元学案》之前对于宋、元、明三朝儒家学术思想史最初的构思。

四、《理学录》的价值与意义

当然，就内容和体例而言，尤其是从其中绝大部分儒家学者的著作只有存目而无选录这一点来看，《理学录》还只是一部草稿。在正式开始撰写《明儒学案》和《宋元学案》以后，至少在梨洲自己的心目中，或许《理学录》已无流传的必要。但是，除了那些相同或颇为相近的文字之外，这部《理学录》中还保留了不少两部《学案》中没有的文字，记录了一些两部《学案》中没有收录的人物，对个别人物的师承与学派归属也有与《学案》不同的地方。如果说《理学录》与《学案》的相同之处足以使我们得出上一节最后的结论，那么，其间的差异，无疑更是《理学录》一书的价值与意义所在。

首先，让我们考察一下《理学录》中今本《学案》没有的内容。这些内容可分为三类：其一，是一些学者的语录；其二，是梨洲评论一些人物以及学派的案语；其三，是一些《学案》没有记录的人物。还有一则附于周敦颐之后的"遗事"，考证《宋史》载侯仲良（师圣）访周敦颐一事的失误：

> 《宋史》载侯师圣学于程颐，未悟，访敦颐。敦颐曰："吾老矣，说不可不详。"对榻夜谈，越三日乃还。颐惊异之，曰："非从周茂叔来耶？"按濂溪卒于熙宁六年，而师圣于靖康、建炎间尚在。其题上蔡手贴云："显道与予为同门友，然视予为后生。"则其年辈不与濂溪相接明矣。

这一段文字也是今本《宋元学案》未见的，但因整个《理学录》中只有一则"遗事"，不能作为考察的一类，故先予说明，以下不及。

前文已经提到，《理学录》中选录学者的文献很少，大都只是存目而已。但是，在仅有的选录了文献的五位学者之中，游酢的三条语录、侯仲良《侯子雅言》中的七条语录以及吕大临《未发问答》的最后一段，都不见于今本《学案》（图5、6）。

需要说明的是，《理学录》中所有今本《学案》未录的文字，包括语录、梨洲评论人物或学派的案语以及若干人物及其小传，还有前面提到的那一则"遗事"，笔者已全部辑出，附于文后。因此，游酢的三条语录、侯仲良的七条语录以及吕大临《未发问答》的最后一段，读者请参见本文最后的佚文辑录，这里就不一一条列了。

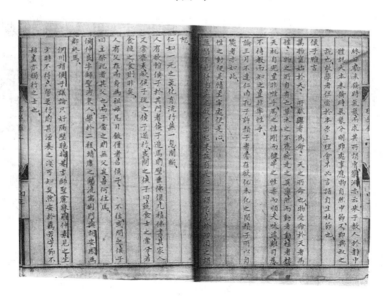

（图 5）

（图 6）

《理学录》中更多今本《学案》不见的文字，是梨洲在人物小传之后评论该人物或该人物所属整个学派的"案语"。这些案语所及的人物和学派包括：

康节学派：邵雍

河南学派：游酢、吕大临、侯仲良、范祖禹、杨国宝、朱光庭、刘狗、李吁、刘安节、张绎、马伸、王苹、谯定、袁溉

关中学派：吕大忠、吕大钧

道南学派：杨时

湖南学派：朱震

江右学派：吴澄

河东学派：薛瑄

崇仁学派：吴与弼、胡居仁、谢复、魏校、夏尚朴、娄谅、张元桢

白沙学派：陈献章、庄昶、罗伦

甘泉学派：湛若水、吕怀

除了对上述这些人物的评论之外，有时梨洲还对某一学派的某一组人整体下一案语。如对河南学派程氏门人的"王岩叟、刘立之、林大节、张闳中、冯理、鲍若雨、周孚先、唐棣、谢天申、陈经正、李处遯、孟厚、范文甫、畅中伯、畅大隐、郭忠孝、李朴、周行己、邢恕"这一组人物，梨洲有一个总的案语：

右二十二人（国翔按：实际只有十九人），《伊洛渊源录》所载。无记述文字者，忠义如郭忠孝，奸邪如邢恕，不妨并列。来者不拒，去者不追，顾人之自处何如耳。大冶之内，无分乎金银铜铁也。

同样，在河南学派程氏门人下列举"刘安上、吴给、许景衡、范冲、贾易"五人之后，梨洲又有一个总的案语：

右五人者，李心传《道命录》载其为程氏门人，而刘安上、贾易人品皆在下中。

至于河南学派程氏门人"杨迪、邹柄、刘立之、时紫芝、潘昺、赵彦道、林志宁"这几个人，梨洲的案语所谓：

右六人见《二程全书》，赵彦道见《朱子语类》，林志宁见《龟山集》。当时程张从学之士甚盛，不能网罗无失，亦故记其可见者。

则只能算是说明而非评论了。

在这些案语中，除了上述这些简短的说明之外，大量的是梨洲对于人物或学派的评论。这些保存在《理学录》中而今本《学案》不见的评论，都是珍贵的史料，颇具学术思想史研究的价值和意义。譬如，在整个江右学派之后，梨洲有如下一段案语论及吴澄：

自考亭而下，深通经术者，未有过于草庐者也。彼北溪、双峰之徒，嗤黜为尘土耳。然平怀论之，草庐终不能及金华一派者，何也？金华一段刚毅之气，振拔污险，此考亭相传之血路也。草庐学问未免流行坎止，廉隅尽化，其去俗也不远。此尚同之病也。虽然，有元一代人物，其光明俊伟者，尽在是矣。何可及哉！何可及哉！

这一段文字中，梨洲比较了他对于吴澄（草庐）、陈淳（北溪）、饶鲁（双峰）以及金华学派的看法。显然，梨洲这里认为吴澄之学过于陈淳和饶鲁，但不及金华学派有"刚毅之气"而能"振拔污险"，所以梨洲批评吴澄之学不免于"流行坎止，廉隅尽化"，以至于"去俗也不远"，并且指出这是"尚同之病"。但是最后，梨洲仍然对于吴澄所代表的元儒进行了充分的肯定，正所谓"有元一代人物，其光明俊伟者，尽在是矣。何可及哉！何可及哉！"此类文字，至少反映了康熙初年梨洲撰写《理学录》时对于宋、元、明儒家学术思想史的看法，对于我们今天无论是了解宋、元、明的学术思想史，还是梨洲本人的学术思想史观，都是可贵的文献。

　　再譬如，《理学录》吴与弼小传之后有这样的一段案语：

　　　先师言："明之从祀，不当遗康斋。"而世之议康斋者，至今犹未解也。然即其所议，而康斋之人品愈不可掩。尹直《琐缀录》云："康斋以弟不检，乃自褫冠，蓬首褒衣束裙，杂稠人中，跪讼于府庭。府守阅状，见其名，始遇以礼。未几，又讼于布、按二司。张元桢作书切责之，谓：'当上告素王，正名讨罪，岂容先生久窃虚名，为名教中之罪人。'"自此录流传，无不以康斋讼弟有玷名行。即为之解者，亦曰："其弟盗卖祀田，康斋以祖宗为重，不得不然。"又云："元桢始疑康斋，后亦释然。"某按杨时乔《传易考》，始知大有不然者。时乔曰："府守张某，弼拒不见，张恃京贵有忌弼者，欲坏其节行，每加慢侮，蹴人讼之，无应者。最后以严法胁人冒其弟名讼之。牒入，即遣隶名捕。门人胡居仁等议以官服往，弼不从，以民服随隶至庭。张守仍侮慢之，方以礼遣。弼无愠色，亦心知非弟意，兄弟相好如初。海内皆知张守无状，卒败官而去。其本末如此，则所谓京贵忌弼者，即尹直之流也。盖康斋胸中尽忘荣辱，未尝自以为官，自以为道学。而张元桢为翰林争体统，为道学争门面，以康斋囚服公庭，倒却体统门面，故疾之如仇雠，岂知瓮外之有天乎？于此益见康斋之大也。"

梨洲这段评论也是不见于今本《明儒学案》的。不过，今本《明儒学案》于人物生平事迹之后，往往有一段梨洲的评价之词，二者共同构成该人物的小传，这是《明儒学案》在体例上不同于《宋元学案》的一个地方。而就在《明儒学案》吴与弼小传的最后一段，有如下一段文字：

又谓与弟讼田，襦冠蓬首，短衣束裙，跪讼府庭。张廷祥有"上告素王，正名讨罪，岂容久窃虚名"之书。刘先生言：

"予于本朝，极服康斋先生。其弟不简，私鬻祭田，先生讼之，遂囚服以质，绝无矫饰之意，非名誉心净尽，曷克至此！"然考之杨端洁《传易考》：先生自辞官谕归，绝不言官，以民服力田。抚守张瑄（番禺人）因先生拒而不见，瑄知京贵有忌先生者（尹直之流），欲坏其节行，令人讼之。久之无应者，瑄以严法令他人代弟讼之，牒入，即遣隶牒拘之。门人胡居仁等劝以官服往，先生服民服，从拘者至庭。瑄加慢侮，方以礼遣。先生无愠色，亦心谅非弟意，相好如初。瑄以此得内贵心。张廷祥元祯始亦信之，后乃释然。此为实录也。①

初看之下，这段文字与上述梨洲案语有类似之处，都是意在澄清事实，为吴与弼辩解。但是细较二文，无论是事实还是说理，显然《理学录》中的文字都比《学案》这段话更为详细和有力。

除了今本《学案》中完全没有的案语，《理学录》中还有个别案语虽然与今本《学案》的案语几乎完全相同，但这一类案语中仍有一些句子是《理学录》案语所有而《学案》案语所无的。而在这有无之间，正有可深究者在。譬如，《理学录》胡安国小传后梨洲案语如下：

文定为荆门教授，龟山代之，因此识龟山。因龟山方识游、谢，不及识伊川。自荆门入为国子博士，出来便为湖北提学。是时上蔡宰本路一邑，文定却从龟山求书见上蔡。上蔡既

---

① 《黄宗羲全集》，第7册，页5-6。

受书，文定入境，邑人皆讶知县不接监司。文定先修后进礼见之。文定之学，后来得于上蔡者为多，<u>所以重上蔡，而不甚满于游、杨。</u>（国翔按：此句今本《学案》无）盖文定气魄甚大，不容易收拾。朱子云："上蔡英发，故胡文定喜之。想见与游、杨说话时冏冏也。"

此段梨洲案语今本《宋元学案》亦载，但其中"所以重上蔡，而不甚满于游、杨"一句则不知何故不见了。而在紧随其后的"祖望谨案"中，谢山则力辨胡安国非上蔡门人。并且，在《武夷学案》一开始，谢山就同样以案语的方式指出：

> 文定从谢、杨、游三先生以求学统，而其言曰："三先生义兼师友，然吾之自得于遗书者为多。"然则后儒因朱子之言，竟以文定列谢氏门下者，误矣，今沟而出之。

当然，胡安国在严格意义上是否谢显道的门人，这是一个问题。但在谢显道、杨时和游酢三人之间，胡安国是否有轻重之别，所尤重者是哪一个，则是另外一个问题。《理学录》中原有而后来《学案》所无的梨洲那句话显然强调了胡安国在谢、游、杨三人之间更为推崇上蔡，而对游、杨二人甚至有所不满。但是今本《学案》的梨洲案语中缺了"所以重上蔡，而不甚满于游、杨"这句话（笔者猜测大概是谢山有意删去），并且在紧随梨洲案语之后的案语中，谢山引胡安国自称"吾与游、杨、谢三公，皆义兼师友"，① 如此显然抹去了梨洲所欲强调的重点，而意在强调游、杨、谢三人对于胡安国之学具有同等的意义。《理学录》原有而今本《学案》所无的这一句话，恰恰反映出了梨洲与谢山的不同。这一点，仅凭今本《学案》中的梨洲案语，是看不出来的。

　　还有个别《学案》中梨洲的案语其实有脱漏，比较《理学录》中对应的部分即可见。例如，《宋元学案》评金华学派的案语如下：

　　　　金华之学，自白云一辈而下，多流而为文人。夫文与道不相离，文显而道薄矣。虽然，道之不亡也，犹幸有斯。②

而《理学录》中的案语则是这样的：

　　　　金华之学，自白云一辈而下，多流而为文人。夫文与道不相离，文显而道薄矣。虽然，道之不亡也，犹幸有斯文之在也。

两相对照，③ 差别仅在最后一句。《学案》中最后一句"犹幸有斯"初看似无问题，但对比《理学录》最后一句"犹幸有斯文之在也"，显然后者文意更为准确完整，可见《学案》最后一句当为

————————

① 《黄宗羲全集》，第4册，页452。
② 《黄宗羲全集》，第6册，页298。
③ 这两个案语的作者在《理学录》和《学案》中分作梨洲和百家，并非梨洲一人。这一问题笔者下文会有说明。

未完脱漏所致。这一文字上的细微之处，没有《理学录》的文字以资校勘，是难以发现的。

当然，通常的情况下是"后出转精"，《理学录》中的一些问题，在后来的《学案》中得到了改正。两相对照，即可发现。例如，《理学录·浙学派》陈亮门下列有刘范和刘渊两人。刘范的小传仅"金华人，太学诸生"一句，刘渊的小传更是只有"金华人"一句。但是，在《宋元学案》中，便只有刘范而没有刘渊了。《学案》中刘范的小传是这样的：

> 刘范，金华人，太学诸生，原名渊（云濠案：龙川志先生父和卿墓云："金华刘范，十年前名渊，尝与二三子从予学。"）有声三舍间，同甫称其顷刻不辍于学。"

可见，刘范原名刘渊，并非两人。梨洲撰《理学录》时的失察，《宋元学案》中改正了过来。上引文中冯云濠（号五桥，1807－1855）的案语，进一步指出了改正旧误的根据在于陈亮给刘范父亲和卿所作的墓志。至于改正者是梨洲本人还是续成《宋元学案》的诸人，则难以断定了。不过，也有一些失误从《理学录》一直延续到了《宋元学案》。元儒熊禾（1247－1312）师事辅广一事，即是一例。[①]

---

① 此事《理学录》与《宋元学案》二书均承袭旧说。王梓材在今本《宋元学案》熊禾小传中夹注的案语里已经提出质疑，参见《黄宗羲全集》，第5册，页484。朱鸿林先生则对熊禾的师承问题予以了较为全面的澄清。参见朱鸿林《元儒熊禾的学术思想问题及其从祀孔庙议案》一文中《熊禾的师承问题》一节，载氏著：《中国近世儒学实质的思辨与习学》（北京：北京大学出版社，2005），页38－42。

梨洲后来亲撰《明儒学案》和《宋元儒学案》，其中网罗的儒学人物远较《理学录》为多。但是，在《理学录》中，却仍有一些人物不见于今本《明儒学案》和《宋元学案》。这些人物及其所属的学派如下：

浙学派：厉详

道南学派：卢奎、郑荣

金华学派：唐元嘉

河东学派：白良辅、乔绪、王英、王复、王爵、李仑、刘玑

崇仁学派：杨杰、周文、桂萼、王应电、周士淹、归有光

白沙学派：区越、林体英、丁积、姜麟、方重杰、钟晓

甘泉学派：钱薇、潘子嘉

这些人物基本都有明确的师承渊源。譬如，《理学录》谓：厉详"不远数百里从学于叶适"；卢奎"其学多得于龟山"；郑荣"始学于刘彝。元丰间，又从杨时游"；王英、王复"皆瑄（薛瑄）之门人也"；杨杰和周文"与娄谅同时问学于崇仁"；王应电"从魏校受经"；区越"少游献章之门"；林体英"学于白沙两月"；丁积"以戊戌进士出宰新会，即师事陈献章"；姜麟"以使事如贵州，还取道白沙，师事陈献章"；钱薇"从湛若水讲学于京师"。其中，王爵、杨杰和周文三人虽然在今本《学案》中并未单列，但是都有附带提到。王爵在周蕙小传中曾被附带提及，所谓"门人最著者，渭南薛敬之，秦州王爵。敬之自有传。爵字锡之，以

操存为学，仕至保安州判。"① 杨杰和周文曾经在吴与弼的小传提及，所谓"先生（吴与弼）谓娄谅确实，杨杰淳雅，周文勇迈。"②

至于这些人物为何后来没有被收入《学案》，原因恐不一而足，很难一概而论。不过，有些人物的变动情况，或许可以一窥梨洲对待其人态度的变化。例如，在《理学录》中，作为胡居仁弟子，桂萼和其他吴与弼的门人与再传分别并列于《崇仁学派》。梨洲所撰小传是这样写的：

> 桂萼，字子实，饶州安仁人。自幼从兄华闻胡居仁之绪论，其学以收敛身心为主，以孝悌忠信为实践，以经纶康济为事业。百家无不究心，期于致用。登正德辛未进士第，历知丹徒、武康、成安，擢南刑部主事，以议大礼受上知。时称为张（国翔按：张璁）、桂。累官吏部尚书兼武英殿大学士，致仕。谥文襄。

但是，在后来同样是梨洲亲撰的《明儒学案》中，却没有将桂萼作为胡居仁门人并为其单独作一小传。桂萼的名字只是在卷十三《浙中王门学案三》中《知府季彭山先生本》、《尚书黄久庵先生绾》的小传以及卷二十二《江右王门学案七》中《宪使胡庐山先生直》的小传中附带提及。并且，提及桂萼之名都与两件事情有

---

① 《黄宗羲全集》，第7册，页144。
② 《黄宗羲全集》，第7册，页3。

关。一是大礼议;① 二是阳明从祀一事。② 在这两件事中,桂萼都是中心人物,因而是不能不提到他的。由于大礼议中的态度和主张,桂萼受到明世宗的信任和提拔,由此青云直上。但对于王阳明,桂萼则始终不满并加以訾议。阳明身后遭夺爵,即为桂萼等人上奏所致。尤其是在阳明从祀孔庙一事上,桂萼是最主要的反对者之一。也正是由于其反对,阳明从祀从倡议到实现,长达十余年之久。至万历十二年正式入祀学宫,阳明已经逝世超过半个世纪。在这个意义上,可以说桂萼是王阳明及其学说扩展影响力的最大障碍。梨洲自己认同阳明,其《明儒学案》以阳明学为中心更是明白无疑。因此,他在《理学录》中以桂萼为胡居仁门人并单独为其列传,且有所称道,所谓"其学以收敛身心为主,以孝悌忠信为实践,以经纶康济为事业",但后来在《明儒学案》中却不再为桂萼单独列传,这一差别,或许正是由于桂萼诋毁阳明而与梨洲的价值认同相悖,最终导致了梨洲对于桂萼其人前后不同的处理方式。

其次,让我们考察一下梨洲在《理学录》和《学案》中对于同一人物师承与学派归属的不同表述。对于某些人物的师承和学派归属问题,《理学录》和今本《学案》有不一致之处。其间的差

---

① 关于世宗朝"大礼议"一事最近较为详尽的研究,可参考胡吉勋:《"大礼议与明廷人事变局"》(北京:社会科学文献出版社,2007)。

② 朱鸿林(Chu Hung - lam)先生对于阳明从祀及其争议一事有持续和细致的研究。较早的论文有:"The Debate Over Recognition of Wang Yang - ming", *Harvard Journal of Asiatic Studies* 48. 1 (1988), pp. 47 - 70;《阳明从祀典礼的争议和挫折》,《中国文化研究所学报》新 5 期(1996),页 167 - 181。后来由于新史料的利用和辩证,作者又纠正以前的说法,对阳明从祀一事进行了更为深入与合理的研究,参见其《王阳明从祀孔庙的史料问题》,《史学集林》2008 年 11 月第 6 期,页 35 - 44。

异，可以让我们看到梨洲对有关问题看法的前后变化。譬如，在《明儒学案》中，张元桢被列入卷四十五《诸儒学案上三》，对于其师承和学术渊源，梨洲既没有在小传中提及，也没有特别的案语说明。① 但是，在《理学录》中，不仅张元桢被归于《崇仁学派》，并且，梨洲还专门有案语说明了其中的原委。在张元桢的小传中，梨洲有这样一句话：

> （元桢）幼以神童奉召赴阙，至新州，主父执杨杰家，杰教之为文。

而这一句话在《明儒学案》张元桢的小传中是没有的。在评论张元桢的案语中，梨洲进一步指出：

> 言东白者，第谓与陈选、罗伦、陈献章、胡居仁相切磨于道，而学于杨杰无闻也。惟杨止庵载之。止庵与杨杰俱信州人，必故老传闻，不诬也。岂杰早世，又东白甚誉康斋，故无人追溯之耶？

这一段梨洲的案语也是《明儒学案》没有的。这里，梨洲特意针对张元桢从学杨杰之事不为世人所知这一情况，指出其事杨时乔（止庵）曾经有所记载，并认为杨时乔与杨杰都是江西信州人（今江西上饶），所以其事"必故老传闻，不诬也"。从吴与弼到杨杰

---

① 《明儒学案》中张元桢的小传见《黄宗羲全集》，第 8 册，页 379–380。

再到张元桢这一线索之所以世人"无闻"，梨洲推测是由于杨杰早逝以及张元桢曾经批评过吴与弼所致。吴与弼民服与弟讼田一事及其所受批评的前后始末，前文所引《理学录》吴与弼之后梨洲案语中已有详细的说明，此处不赘。并且，该事也不是这里所要讨论的重点。此处的重点在于，上引梨洲这一段案语让我们看到，在有关张元桢师承与学派归属的问题上，从撰写《理学录》的康熙六年左右到《明儒学案》成书的康熙十五年之后这大概差不多十年之间，梨洲的判断发生了变化。事实上，张元桢与杨杰的关系，或仅于元桢旅途中曾从杨杰学文这一经历，双方未必有严格意义上的师承关系，如此张元桢不以吴与弼的再传弟子自居，并一度有訾议吴与弼之举，就不难理解了。梨洲《理学录》中的追溯，以杨时乔与杨杰为同乡因而断言其事"故老传闻，不诬也"，本来带有推测的性质，并无坚强的证据，后来《明儒学案》放弃此说，不再将张元桢列入吴与弼一脉，显然更为慎重。但无论如何，《理学录》中对张元桢的编排方式以及案语中对张元桢与杨杰关系的追溯，毕竟反映了梨洲当时的看法。因此，如果没有《理学录》中的记载，我们就无法看到梨洲对这一学术史公案看法的前后变化。这一点，是《理学录》之价值与意义所在的又一个方面。

还有一个例子也可以说明梨洲看法的先后差异。蒋信在《明儒学案》中被列入卷二十八的《楚中王门学案》，显然是将其作为王阳明的门下。但是在《理学录》中，蒋信却是被列入《甘泉学派》的。细按《理学录》和《明儒学案》对应文字表述的细微差异，我们就可以体会到梨洲在蒋信学派归属问题上认知和判断上的变化。《理学录》蒋信小传如下：

　　蒋信，字卿实，号道林，楚之常德人。嘉靖十一年进士，授户部主事。以兵部员外郎佥四川按察司事，转贵州提学副使，闲住而归。信初与同郡冀元亨论学，信曰："释氏只悟得一空，即根尘无安脚处。吾辈体认天理，若见得时，则私意自退听矣。"一日论《大学》，信曰："知止当是识仁体。"元亨跃然而起曰："如此，则定静安虑即是以诚敬存之。"王守仁谪龙场，信由元亨以见之。守仁语元亨曰："如卿实便可作颜子矣。"信尝养疾道林寺，默坐澄心，不亲枕席者久之。忽香津满颊，一片虚白，炯炯见前，冷然有省，而沈疴脱体。尝谓平生学问，多自贫中得之。及见湛若水，呈所见处。若水叹曰："楚中有是人耶？"若水以"学者须先识仁论"试诸生，信所作独契其旨。海内之士问业若水之门者，多以属之于信。三十八年卒，年七十七。学者称之曰正学先生。

而《明儒学案》中有关蒋信师承的部分则是这样表述的：

　　先生初无所师授，与冀闇斋考索于书本之间。先生谓："《大学》知止，当是识仁体。"闇斋跃然曰："如此则定静安虑，即是以诚敬存之。"阳明在龙场，见先生之诗而称之，<u>先生遂与闇斋师事焉</u>（国翔按：此句话《理学录》中无）。已应贡入京师，师事甘泉。及甘泉在南雍，及其门者甚众，则令先生分教之。先生弃官归，甘泉游南岳，先生从之弥月。后四年入广东，省甘泉。又八年甘泉再游南岳，先生又从之。是故先生之学，得于甘泉者为多也。

两段文字中，都提到蒋信先见阳明，再见甘泉。作为历史事实，这一点大概不容争议。但是，对于蒋信与阳明和甘泉之间的关系，这两段文字显然会令人得出不同的印象。《理学录》虽然也指出蒋信拜见阳明的事实，甚至引阳明"如卿实便可作颜子矣"的话来称赞蒋信，但完全没有任何文字可以显示蒋信与阳明之间有师承关系。而在《学案》的小传中，到"阳明在龙场，见先生之诗而称之"这一句，还可以与《理学录》中的记载彼此印证，但紧随其后所谓"先生遂与闿斋师事焉"，却是新增入之笔，在《理学录》中完全找不到任何痕迹。而恰恰是这句话，明白无疑地说明了蒋信与阳明之间的"师承关系"。至于蒋信和甘泉之间的关系，两段文字都提到蒋信"师事"甘泉而且可以说是"高第弟子"，这应当是不容抹杀的事实。两段文字后半部分，即一致说明了这一事实（尽管《理学录》中"独契其旨"一句似乎更意在突出蒋信与甘泉的关系）。既然如此，只有蒋信在师事甘泉之前和阳明已经有了明确的师承关系，把蒋信划入王门而非甘泉门下，才有其合法性。这样看来，《学案》中新增入的"先生遂与闿斋师事焉"这句话，就具有了无比的重要性。因为正是这句话，表明了蒋信在师事甘泉之前，已经先与阳明确立了师承关系。这样一来，把蒋信划入王门而非甘泉门下，便非无据而是合情合理了。当然，研究者可以考证此事的始末，以确定蒋信在入甘泉门下之前究竟是否与阳明建立了师生关系，但这是另一个问题。这里指出《理学录》与《学案》对于蒋信学派归属的不同划分以及各自文字表述上的细微差异，意在说明《理学录》中新的史料对于了解梨洲思想发展变化的价值与意义。显然，如果没有《理学录》上引文字以为对照，梨洲在该问题上前后的变化是无从掌握的。

最后，还有一个问题值得研究。在《理学录》的案语之中，有六条也见于今本《学案》，分别评论吕希哲、苏昞、吴师道和魏了翁这四个人物以及评论元代儒学和金华学派。在这六条案语中，论吴师道、元代儒学和金华学派的三条，《理学录》与《学案》完全相同。① 论魏了翁一条如下：

> 《宋史》言鹤山筑室白鹤山下，以所闻于辅广、李燔者开门授徒，士争负笈从之，由是蜀人尽知义理之学，于是《嘉兴志·辅汉卿传》遂谓鹤山是汉卿之门人。某（国翔按：《学案》作"然"）考《鹤山集》，言："开禧中，余始识汉卿于都城。汉卿从朱文公最久，尽得公平生言语文字，每过余，相与熟复诵味，辄移晷弗去。余既补外，汉卿悉举以相畀。"又言："亡友辅汉卿端方而沈硕，文公深所许与。"乃知友而非师也。故以汉卿、鹤山并次，见源流之所自云。（国翔按：最后一句《学案》无）

《理学录》中这段文字与《学案》的差别，笔者已在括号中标明，

---

① 三条评语分别见《黄宗羲全集》，第六册，页254；页555－556；页298。按：《学案》中评金华派案语最后一句有脱漏，可依《理学录》补正。此点前文已及，此处不赘。

可见只是稍有出入，几乎完全一致。评论吕希哲、和苏昞的两条分别与《学案》比较如下。《理学录》评吕希哲云：

> 吕氏家教近石氏，故谨厚性成，又能网罗天下之贤豪长者以为师友。耳濡目染，一洗膏粱之秽浊。晚更从高僧游，尽究其道，斟酌浅深而融通之。而曰："然后知佛之道与吾圣人合。"是于师门之旨，未有所得也。

《学案》作：

> 吕氏家教近石氏，故谨厚性成，又能网罗天下之贤豪长者以为师友。耳濡目染，一洗膏粱之秽浊。惜其晚年更从高僧游，尽究其道，斟酌浅深而融通之。而曰："佛氏之道，与吾圣人吻合。"夫圣人以尽伦理为道，种种相背，不啻冰炭，是先生与师门之旨，不无差谬也。①

《理学录》评苏昞案语如下：

> 季明得罪，颇以迁谪为意。和靖问之："季明上书时为国家计耶？为身计耶？若为国家计，自当忻然赴贬所；若为进取计，则饶州之贬，犹为轻典。"又尝患思虑不定，思一事未了，它事如麻又生，是于学问中未见有得力处也。

---

① 《黄宗羲全集》，第 4 册，页 149。

《学案》作：

> 先生得罪遭贬，行过洛，馆和靖所，颇以迁谪为意。和靖曰："当季明上书时，为国家计邪？为身计邪？若为国家计，当欣然赴饶。若为进取计，则饶州之贬，犹为轻典。"先生涣然冰释。孙钟元先生曰："季明能成彦明于始，彦明能成季明于终。朋友之益大矣哉！"①

两相对照，其实差别也不大。但这里的问题在于，在《学案》中，所有这六条案语均作"百家谨案"而非"宗羲案"。而除此之外，那些《理学录》中与《学案》完全一致的案语，在《学案》中皆作"宗羲案"。那么，为什么这六条案语没有和其他一样在后来的《学案》中同样被冠以"宗羲案"，而是变成了"百家谨案"呢？

研究者皆认为今本《宋元学案》源自梨洲的《宋元儒学案》，即所谓"黄氏原本"。这个本子由梨洲创例发凡，由其子黄百家具体负责编辑，门人杨开沅、顾諟、张采共同参与。其中既有梨洲案语，也有百家案语。今本《宋元学案》中梨洲和百家各有案语，即由此而来。但是，《理学录》中的案语，却不可能是百家所为，也不可能有部分是百家所作。因为康熙六年梨洲编辑《理学录》时，百家还只有二十五岁。况且，正如后来父子共同编辑《宋元儒学案》时那样，若父子二人各有案语，

---

① 《黄宗羲全集》，第 4 册，页 384。

其中必当注明是何人所案。所以，《理学录》中的所有案语，皆当为梨洲亲撰。上述《理学录》中六条梨洲案语在今本《宋元学案》被误作"百家谨案"，应当是《宋元学案》辗转成书的复杂与漫长所致。

今本《明儒学案》中已无单独评论人物的"案语"，梨洲的评论已经与人物的生平事迹一道构成人物的小传。这是《明儒学案》在体例上与《宋元学案》的一个显著区别。此外，《明儒学案》是梨洲亲撰，与《理学录》对照，有关明代儒家学术思想史的一些问题，梨洲自己表述的差异与变化显而易见。[①] 与此不同，今本《宋元学案》则是经后来谢山等人在梨洲、百家原稿《宋元儒学案》的基础上增补和改编而成。[②] 但由于梨洲原稿《宋元儒学案》如今也在亡佚之列，[③] 从梨洲原稿即所谓"黄氏原本"到今本《宋元学案》之间的曲折流变，一直是一个研究

---

① 《明儒学案》也有不同的版本，其间也有一定的差异，只不过其成书的过程远不如《宋元学案》复杂。关于《明儒学案》的不同版本问题，参见吴光：《明儒学案考》中"版本汇录及刊行过程"以及"主要刻本异同之比较"的部分，《黄宗羲学案》，第8册，页1007–1016；钟彩钧：《黄宗羲〈明儒学案〉的异本问题》，《中国文哲研究通讯》，第18卷，第2期，2008年6月，页111–121。

② 吴光认为该书由梨洲、百家始编于康熙二十五年（1686），至道光十七年（1837）年最后定稿。参见吴光：《〈宋元学案〉成书经过、编纂人员与版本存佚考》，《杭州师范学院学报》，2008年1月，第1期，页7–10。即便如此，今本《宋元学案》成书也经历了一个半世纪。当然，从如今发现的《理学录》来看，梨洲整理宋、元、明三朝儒家学术思想史的想法和实践应该更早，至少在康熙六年（1667）已经开始了。

③ 王汎森先生告知，中研院史语所傅斯年图书馆有一套《宋儒学案》。经查证，该版本乃道光年间刻本，亦非梨洲原稿，仍是经谢山修订增补之后的刊本，甚至冯云濠亦参与其事，如该书卷首所谓"后学全祖望续修，慈溪后学冯云濠录"，可见颇为晚出。不过，该本的意义在于似乎可以显示：《宋元儒学案》在梨洲原稿之后未必是单线的流传。关于这一点，参见张艺曦：《史语所藏〈宋儒学案〉在清中叶的编纂与流传》，《中研院史语所集刊》，第八十本。

者试图澄清而又"文献不足征"的课题。既然起点的内容无从确定，考察今本《宋元学案》的形成过程，也就困难重重，很多问题只能语焉不详了。

作为《明儒学案》和《宋元儒学案》最初的构思或者说准备，《理学录》的发现固然仍不能明确梨洲原稿《宋元儒学案》的内容，因为今本《宋元学案》一百卷中标出属于"黄氏原本"的学案，已有六十一个，[1] 内容大大超过《理学录》中宋元的部分。在这个意义上，梨洲原稿《宋元儒学案》对《理学录》中的宋元部分来说已有相当扩展。但是，在《理学录》和梨洲原稿《宋元儒学案》之间，仍然保持了一定的连续性。今本《宋元学案》中有多处王梓材的案语，指出谢山修订后的今本《学案》与"黄氏原本"的不同。这些不同，恰好大都在《理学录》中得到了印证。例如，《学案》中《鲁斋学案》开首王梓材有这样一段案语：

> 梓材案：是卷学案，梨洲本称《北方学案》，谢山定序录，改称《鲁斋学案》，而以江汉先之，尝于《高平学案》取例焉。[2]

而在《理学录》中，许衡恰恰就是被放在《北方学派》的。再譬

---

[1] 其中有八个学案又分为上下，分别为：《百源学案》（卷九、十）、《濂溪学案》（卷十一、十二）、《明道学案》（卷十三、十四）、《伊川学案》（卷十五、十六）、《横渠学案》（卷十七、十八）、《晦翁学案》（卷四十八、四十九）、《水心学案》（卷五十四、五十五）以及《沧洲诸儒学案》（卷六十九、七十）。

[2] 《黄宗羲全集》第 6 册，页 524。

如,《学案》卷二十三《荥阳学案·吕氏杂志》中选录了吕希哲的四条语录,其后王梓材案语云:

> 梨洲所录杂志六条,今移为附录一条,移入《泰山学案》一条。①

而《理学录》中选录的《吕氏杂志》六条,前四条与《学案》所录《吕氏杂志》四条完全一致,而后两条,正是被移走的两条。如此一来,在梨洲原稿《宋元儒学案》不见的情况下,《理学录》与梨洲原稿之间的一致性,颇有助于辨别出梨洲原来的想法以及那些原本应当属于梨洲的材料。上述六条误作"百家谨案"的梨洲按语,就至少可以让研究者意识到,今本《宋元学案》中有些百家的案语实际上是梨洲的。如果《理学录》没有残缺的话,这一类案语或许还不止六条。而是否掌握这些第一手的材料,会直接影响我们对于梨洲在相关学术思想史问题上的判断。

五、结语

以上,笔者考察了《理学录》的内容和体例,并比较了该书与今本《宋元学案》和《明儒学案》之间的同异关系,进而指出了《理学录》一书的价值和意义。对于其内容和体例,这里不再

---

① 《黄宗羲全集》第 4 册,页 146。

重复。对于《理学录》与今本两部《学案》的不同之处，包括：1.《理学录》所载而不见于《学案》的学者语录十一条；2.《理学录》所载而不见于《学案》的梨洲评论人物和学派的案语三十七条；3.《理学录》收入而《学案》未载的人物及其小传二十三则；4.《理学录》中梨洲案语在今本《宋元学案》中误作百家案语的六条；以及5.《理学录》中所载而不见于《宋元学案》的有关周敦颐的遗事一则，本文已经进行了较为详细的考察，也专门辑出列于文末，以便研究者之用。

不过，除了以上"考"的部分，对于比较《理学录》与今本《学案》同异所得出的一些看法，包括对于《理学录》一书价值与意义的看法，即"论"的部分，虽然前面的行文中已经论证指出，但笔者希望在结语的部分再概括其要点，以期使之更为显豁。

总之，《理学录》与今本两部《学案》中完全相同或几乎完全相同的那些文字，足以显示出《理学录》应当是梨洲整理宋、元、明三朝儒家学术思想史的最初构想，今本两部《学案》可以说均源出《理学录》。或者说，作为两部《学案》的准备工作，《理学录》反映了梨洲正式撰写《明儒学案》和《宋元学案》之前对于宋、元、明三朝儒家学术思想史的基本看法。而《理学录》与今本《学案》的种种不同以及彼此之间的关系，可以让我们认识到以下几点：其一，《理学录》中那些今本《学案》不见的文字，尤其是梨洲的那些案语，对于研究宋、元、明的儒家学术思想史，特别是研究梨洲本人的学术思想史观，提供了最新的文献材料；其二、对于今本《宋元学案》的成书过程与谢山修补的意义来说，

《理学录》的发现，可以让我们获得更为全面的了解。一方面，如果不拘泥于名称的话，从《理学录》中宋元的部分，到梨洲原稿《宋元儒学案》，再到今本《宋元学案》，这才应该是今本《宋元学案》成书的完整过程。另一方面，谢山修订和增补《宋元学案》，固然淡化了道统意识，反映了宋元儒学的多样与丰富。[①] 但就学派的设置与编排以及人物的学派归属而言，从《理学录》到《宋元学案》中"黄氏原本"部分的变化，表明梨洲的理学正统意识其实已经有所淡化。谢山修订增补的意义，较之梨洲而言与其说是另起炉灶，不如说是既有方向的有力推进和突破。其三，也是最重要的一点，《理学录》的发现，说明梨洲梳理宋、元、明三朝儒家学术思想史的工作，至少在康熙六年时已经付诸实施。在这一长达二十八年的过程中，梨洲对宋、元、明儒家学术思想史的看法，并非一成不变。对于一些人物和学派，他在《理学录》与《学案》中的处理方式与评价并不相同。甚至个别人物（如桂萼）是否适于作为儒家人物，梨洲在《理学录》和《学案》中都有不同的取舍。如此一来，《理学录》的存在，既可以让我们了解梨洲在康熙初年对宋、元、明儒家学术思想史的看法，又可以让我们掌握从《理学录》到《学案》之间梨洲相关看法的变化。这种变化之中，既有客观认知的改变，或许也有主观叙述策略的蓄意调整。

---

① 参见何俊：《宋元儒学的重建与清初思想史观——以〈宋元学案〉全氏补本为中心的考察》，《中国史研究》，2006 年第 2 期，页 131–145。

佚文辑录：

一、学者语录：《理学录》所载而不见于《学案》者

游酢语录

1. 气之所值，有全有偏，有邪有正，有粹有驳，有厚有薄，然后有上智下愚中人之不同也。犹之大块噫气，其名为风。风之所出，无异气也，而呼者吸者叫者号者，其淆若是不全，以其所托者，物物殊形尔。因其淆之不同，而谓有异风，可乎？

2. 血气之刚，能得几时？①

3. 孟子之论尚友也，以一乡之善士为未足，而求之一国；以一国之善士为未足，而求之天下；以天下之善士为未足，而求之古人。无友不如己者，尚友之道也。求得贤者尚而友之，则闻其所不闻，见其所不见，而德日起矣。此仲尼所以期子夏之日进也。

侯子雅言

1. 万物资始于天，天所赋予者为命。命，天之所命也。物受命于天者为性。性，物之所自有也。草木之不齐，飞走之异禀，然而动者动，植者植，天机自完，岂非性乎？马之性刚而健，牛之性柔而顺。犬吠盗，鸡司晨。不

---

① 按：此条后来补入王梓材和冯云濠编辑的《宋元学案补遗》卷二六，见《儒藏》（成都：四川大学出版社，2005），史部第20册，《历代学案》第7册，页373。

待教而知之，岂非率性乎？

2. 论三月不违仁，曰：孔子许颜子者，常在欲化未化之间。颜子所以自处者亦如此。

3. 性之动便是情，主宰处便是心。

4. 无恕不见得忠，无忠做不出恕来。诚有是心之谓忠，见于功用之谓恕。

5. 仁如一元之气，化育流行，无一息间断。①

6. 人有欲馆侯子于其门者。侯子造焉，则壁垂佛像，几积佛书，其家人又常斋素。欲侯子从之，侯子遂行。或问之。侯子曰："蔬食士之常分，若食彼之食，则非矣。"

7. 人有父在而身为祖母忌日饭僧者，招侯子，侯子不往。或问之。侯子曰："主祭祀者，其父也。而子当之，则无父矣。吾何往焉？"

吕大临《未发问答》

吕氏曰：人莫不知义理之当，无过不及之谓中，然未及所以中也。喜怒哀乐未发之前，及求吾心，果何为乎？回也，其庶乎屡空。惟空，然后见乎中，而空非中也。喜怒哀乐之未发，无私意小智扰乎其间，乃所谓空。由空然后见乎中，实则不见也。

二、梨洲案语：《理学录》所载而《学案》不见者

（一）康节学派

1. 案语论邵雍

康节谓学不至于乐，不可谓之学。此康节一生精神得力处也。后心斋

---

① 按：此条后来补入王梓材和冯云濠编辑的《宋元学案补遗》卷三十，见《儒藏》（成都：四川大学出版社，2005），史部第20册，《历代学案》第7册，页439。

《学乐歌》，颇得传此意。然康节工夫积久，进出一个乐来。心斋大段见其端倪，便从此做起，多却一番伎俩，不似康节之广大自然也。康节反似为数学所拣，而康节数学，《观物外篇》发明大指，今载之《性理》中者，注者既不能得其说，而所存千百亿兆之数目，或脱或讹，遂至芜不可理。盖此学得其传者有张行成、祝泌、廖应淮，今寥寥无为继者。某尝有所师受，别著成书，兹不具载。

（二）河南学派

2. 案语论游酢

定夫与与叔、上蔡、龟山在程门号四先生，而五峰之言曰："圣门工夫，要处只在个敬字。定夫所以卒为程门之罪人者，以其不仁不敬也。"《朱子语类》载之，不以为非，何也？然朱子又云："游杨诸公，皆才高又博洽，略去二程参较所疑，及病败处，各能自去求。虽其说有疏略处，然皆通明。"则五峰之言不足信明矣。然晚年出入于释氏，其于师门之旨，不能无渗漏。此所以不解与人言也。

3. 案语论吕大临

朱子于程门中最取与叔，以为高于诸公，大段有筋骨，天假之年，必理会得到。至其求中之说，则深非之。及为延平行状，谓其危坐终日验未发时气象，而求其所谓中。蔡渊亦云："朱子教人于静中体认大本未发时气象分明，即处事应物自然中节，又即与叔之说也。"故学者但当于本源上理会，不必言语自生枝节也。

4. 案语论侯仲良

伊川谓侯子议论只好隔壁听（国翔按：此句《学案》侯仲良小传后附录曾以尹和靖语转述），晦庵言师圣粗疏。罗仲素见之，坐少时不得，只管要行，则其涵养之浅可知矣。然安于羁苦，守节不移，盖亦独行之士也。

5. 案语论范祖禹

元祐中，客见伊川几案无他书，惟《唐鉴》一部。云："三代以后无此议论。"朱子云："范淳夫论治道处精善。到说义理，却有未精。"然苏轼之滑稽，敢施于伊川，而不敢闻于祖禹。岂人各有相制欤？

6. 案语论杨国宝

朱子言应之无他叙述，独伊川有祭文。而吕氏诸书记其言行之一二。然详祭文，亦伊川交游耳，非门人之列也。某（国翔按：此处梨洲自称）按伊川祭朱光庭文云："不幸七八年之间，同志共学之人，相继而逝。"而以应之与刘质夫、李端伯、吕与叔并列，则似是门人也。应之事迹寂寥，而张商英所谓五鬼者，乃指欧阳棐、毕仲游、杨国宝、邵鯱及伊川。其在当时，非聊尔人可知矣。

7. 案语论朱光庭

朱子言公掞文字有尺幅，是见得明也。愚按：苏轼策问，有令欲师仁祖之忠厚，而患百官有司不举其职，或至于偷；法神考之励精，而恐监司守令不识其意，流入于刻。光庭为左司谏，即奏学士院考试不识大体。谓仁祖神考不足师法，乞正其罪，以戒人臣之不忠者。此等举动，与孔文仲寔在百步五十步之间，洛蜀相持，使小人收渔人之利，只是见不明也。

8. 案语论刘狗

狗以《春秋》鸣于一时，同门无不推之。伊川亦谓："狗作《春秋传》，自不需某费工夫。"即至书出，则又不可，孰谓解经为易事哉？

9. 案语论刘狗、李吁

二程得刘狗、李吁，而门人益进。故《宋史》门人列传，以二人为首。然无他文字可以考见。伊川称刘质夫久于其事，自小来便在此。李端伯相聚虽不久，未见他操履，然才识颖悟，自是不能已也，惜皆死于元汗之初，未见其究竟耳。

10. 案语论刘安节

许景衡志安节墓，言邹浩得罪，安节追路，劳勉之，几得危祸。而朱子言道乡赴贬所，到某州，元承为守。舟子云："若载邹正言，不敢取一钱。"元承挞之。何相背之若是耶？注引《晁氏客语》为证。某（梨洲）按《客语》乃刘安上事，朱子记忆之误也。上蔡言安节未有进处，只为无根，指庭前荼蘼比之。此花有根，则一年长盛一年。谓安节无所进则可，必不至玷辱名教，不如一舟子也。

11. 案语论张绎

绎有《恩堂记》云："世间事有当思者，有不当思者。利害生死，不当思也。如见某物而思终始之，此当思也。此即沟壑丧元之意。"绎在程门最后进，年仅三十八九，而勇于进取，卒能自见。

12. 案语论马伸

伸晨兴必整衣冠端坐，读《中庸》一过，然后出视事。尝曰："吾志在行道，若以富贵为心，则为富贵所累；以妻子为念，则妻子所累。是道不可行也。"（国翔按：此前一段，《学案》入小传）卒之节烈炳然，其学问之功，为不诬矣。吾师言东汉节义一变至于道，于马伸而益信。

13. 案语论王苹

龟山言：同门后来成就，莫逾吾信伯。而林父轩乃言信伯得之于龟山，则信伯在程门而卒业于龟山者。和靖有与信伯书云："承教《论语》二事，今已改正，或更有未按处，无惜贬谕。朋友切磨之道，废而不讲，正赖吾信伯也。"盖能考订遗书，有功于师门者也。

14. 案语论谯定

此伊川之学别出为一脉也。易家有蜀才者，蜀人范长生也。年数百岁，谯定大略似之。

15. 案语论袁溉

此亦伊川别出一脉也。溉传薛季宣，直下遂流而为功利。朱子之所谓浙学也。《宋史》溉误为滋，而薛翁卖香（国翔按：《学案》小传中故事），亦误为卖酱。读季宣《艮斋集》，始得而正之。溉有文武才用，人多传其异，非学术所关，故不载。

16. 案语记程氏门人若干（包括：王岩叟、刘立之、林大节、张闳中、冯理、鲍若雨、周孚先、唐棣、谢天申、陈经正、李处遯、孟厚、范文甫、畅中伯、畅大隐、郭忠孝、李朴、周行己、邢恕）之后，梨洲有一总的案语：

右二十二人，《伊洛渊源录》所载。无记述文字者，忠义如郭忠孝，奸邪如邢恕，不妨并列。来者不拒，去者不追，顾人之自处何如耳。大冶之内，无分乎金银铜铁也。

17. 案语论刘安上、吴给、许景衡、范冲、贾易

右五人者，李心传《道命录》载其为程氏门人，而刘安上、贾易人品皆在下中。

18. 案语记杨迪、邹柄、刘立之、时紫芝（国翔按：仅列名字）、潘旻、赵彦道、林志宁

右六人见《二程全书》，赵彦道见《朱子语类》，林志宁见《龟山集》。当时程张从学之士甚盛，不能网罗无失，亦故记其可见者。

（三）关中学派

19. 案语论吕大中

晋伯处事烦碎，和靖教以易简。盖从心上理会，不期简而简；从事上理会，未有不至烦碎也。

20. 案语论吕大钧

子厚谓秦俗之化，亦先自和叔有力焉（国翔按：此句《学案》吕大钧小传后附录"百家谨案"中有）。学者高谈性命，而推行不去，终是此中有亏缺处也。若和叔者，庶几力行之士欤？

（四）道南学派

21. 案语论龟山一派

龟山三传得朱子而其道益光，乃豫章在即门中，最无气焰，而传道卒赖之。先师有云："学脉甚微，不在气魄上承当。"岂不信乎？然亦多湮没而无闻者。闻不闻，君子不以为意，而尚论者所不敢忽。林艾轩与杨次山书云："龟山先生有一徒弟在永嘉，不知其存否。"今一在三衢，即徐承叟。某旧识之。前日过三衢，已八十余。从前不应举，是在当时已多不识，况至于后世乎？今姑存其可考见者，奉化章大定、衢州柴禹声、柴禹功，其问答中有周孚光，字伯忱。如郑季常、范济美、李似祖、曹令德，名字皆不可知矣。（国翔按：《学案》中为："宗羲案：林艾轩与次山书云：龟山先生有一徒弟在永嘉，不知其存否。今考之，当是宋之才也。是在当时已多不识，况至于后世乎？他如范济美、李似祖、曹令德，名皆不可知矣。"）

（五）湖南学派

22. 案语

震有《汉上易解》，云："陈抟以先天图传种放，放传穆修，修传李之才，之才传邵雍。放又以《河图》《洛书》传李溉，溉传许坚，坚传范谔昌，谔昌传刘牧修；又以太极图传周敦颐，敦颐传程颢、程颐。是时张载讲学于二程、邵雍之间，故雍著《皇极经世书》。牧陈天地五十有五之数，敦颐作《通书》，程颐著《易传》，载造《太和》、《三两》篇。某今以《易传》为宗，和以雍、载之论。"（国翔按：此段朱震自述部分见于《学案》朱震小传）震之源流如此，而朱子不取之。云："朱子发解《易》，如百衲袄，以此进读，教人主如何晓？便晓得，更如何用？"又言："其卦变即变到三爻而止，于卦解多有不通处。"然朱子自为卦变，则图与说相背，又无以胜《汉上》也。

（六）江右学派

23. 案语论吴澄

自考亭而下，深通经术者，未有过于草庐者也。彼北溪、双峰之徒，嘤嚅为尘土耳。然平怀论之，草庐终不能及金华一派者，何也？金华一段刚毅之气，振拔污险，此考亭相传之血路也。草庐学问未免流行坎止，廉隅尽化，其去俗也不远。此尚同之病也。虽然，有元一代人物，其光明俊伟者，尽在是矣。何可及哉！何可及哉！

（七）河东学派

24. 案语

世之为訾说者，于明从祀四子，白沙则议其禅，敬斋则议其狭，阳明则议其霸，于河东则无遗议焉。而先师程尝有歉于河东之出处。景泰之易储也，文清无一言。然三年五月，文清时在南京大理，犹之可也。于谦之杀，按《文清遗事》，天顺元年正月，内法司拟于谦、王文等危在社稷，凌迟处死。一日，同列皆衣紫。先生问之，同列曰："不知耶？欲刑某等耳。"先生曰："此事人（国翔按：下缺）"

（八）崇仁学派

25. 案语论吴与弼

先师言："明之从祀，不当遗康斋。"而世之议康斋者，至今犹未解也。然即其所议，而康斋之人品愈不可揜。尹直《琐缀录》云："康斋以弟不检，乃自褫冠，蓬首褰衣束裙，杂稠人中，跪讼于府庭。府守阅状，见其名，始遇以礼。未几，又讼于布、按二司。张元桢作书切责之，谓：'当上告素王，正名讨罪，岂容先生久窃虚名，为名教中之罪人。'"自此录流传，无不以康斋讼弟有玷名行。即为之解者，亦曰："其弟盗卖祀田，康斋以祖宗为重，不得不然。"又云："元桢始疑康斋，后亦释然。"某按杨时乔《传易考》，始知大有不然者。时乔曰："府守张某，弼拒不见，张恃京贵有忌弼者，欲坏其节行，每加慢侮，蹴人讼之，无应者。最后以严法胁人冒其弟名讼之。牒入，即遣隶名捕。门人胡居仁等议以官服往，弼不从，以民服随隶至庭。张守仍侮慢之，方以礼遣。弼无愠色，亦心知非弟意，兄弟相好如初。海内皆知张守无状，卒败官而去。其本末如此，则所谓京贵忌弼者，即尹直之流也。盖康斋胸中尽忘荣辱，未尝自以为官，自以为道学。而张元桢为翰林争体统，为道学争门面，以康斋囚服公庭，倒却体统门面，故疾之如仇雠，岂知瓮外之有天乎？于此益见康斋之大也。"

26. 案语论胡居仁

敬斋于一时人物，多所议论。见章枫山，则不契而别。言庄定山只一豪旷，此风既成，为害不细。同门若陈白沙、娄一斋，俱有贬辞。盖其为学，死守"涵养需用敬，进学在致知"二语，故以为操存涵养是静中工夫，思索省察是动上工夫。动静二端，时节界限分明。工夫所施，各有所当。而见工夫一贯者，便以为禅学。焦澹园评之："胡生直一强项村学究耳。"然其持守严毅，不事口耳，故斋斋之正脉也。

27. 案语论谢复

西山言："白沙晚年所得，专主于静，似有戾乎先师之说。盖其所与游者，定山、太虚诸人。日积月累，与之俱化。故其形于篇什者，多空寂长生之术，而君子有不屑焉。"即是言，可以观西山之所得矣。盖康斋之学，敬义夹持，诚明两进。敬斋、一斋、西山，皆守其说，而白沙在师门别出一派，故同门往往訾之为异耳。

28. 案语论魏校

庄渠之学，得之余干胡敬斋。大要以主静为功，葆合冲和，蓄极而发。尝谓"上天之载，无声无臭，惟潜龙为近之"。而与同时讲道者论终不合。其弟子归震川大声疾呼，鸣其不平，然亦终莫能应也。

29. 案语论夏尚朴与娄谅、胡居仁的关系

娄一斋之书不传，观《东岩文集》，则可以知一斋之宗旨与敬斋不甚相出入也。而《居业录》指摘一斋有搬柴运米之说，不知何故。自一斋以宁庶人受累，而传东岩者，且冒以敬斋之门人矣，可叹也。

30. 案语论娄谅一脉

一斋弟子甚盛，张东白志一斋墓云："先生所造就名士，已达如韶州蒋钦、四川布政使郑龄；未达如蔡登辈，皆其表。然又有广信夏一之与潘润并称，可以见其大概矣。"

31. 案语论张元桢

言东白者，第谓与陈选、罗伦、陈献章、胡居仁相切磨于道，而学于杨杰无闻也，惟杨止庵载之。止庵与杨杰俱信州人，必故老传闻，不诬也。岂杰早世，又东白甚訾康斋，故无人追溯之耶？

32. 案语论魏校

庄渠宗旨，以静为天根，动为天机。故养之于静，察之于动，歧动静而两之。此用静致知之嫡传也，乃无有言其出于敬斋者。非震川所述，后世亦迷其源流矣。

（九）白沙学派

33. 案语论陈献章

自宋南渡来，以穷理居敬为二门。穷理者，役心于载籍；居敬者，以心操心，以念见念。失之者，故无论矣；得之者，亦终苦其难一也。白沙舍繁求约，舍难求易，而学以自然为宗，以忘己为大，无欲为治。其用力以勿忘勿助之间，纤毫人力不着为天则。盖虽学于康斋，而于康斋之学，别出一宗者也。

34. 案语论庄昶、罗伦两人

定山、一峰虽不在白沙弟子之列，而其推崇白沙，一如弟子也。定山得

白沙之玄远，一峰得白沙之真实，皆非标榜门户者所能及耳。

35. 案语论白沙门下

及白沙之门者甚众，如易德元、陈秉常其人，皆重内而轻外，己大而物小。盖白沙教人，常令学者看"与点"一章。章枫山曰："朱子谓专理会此章，恐入于禅。"白沙曰："彼一时也，此一时也。朱子时人多流于异学，故以此言救人。今人溺于利禄深矣，必知此意，然后有进步处。"（国翔按：此段话《学案》录于《夏东岩文集》）故其门人能兴起如此。呜呼！世之陷溺于利欲者，其以禅学目白沙宜矣。

（十）甘泉学派

36. 案语论湛若水

甘泉以随处体认天理为宗，即白沙之自然也。自然处为天理，稍着意即失之矣。故白沙语之曰："人与天地同体。四时行，百物生。若滞在一处，安能为造化之主？善学者，常令此心在无物处，便运得转耳。"又曰："自然之乐，乃真乐也。宇宙间复有何事？"观甘泉年九十而有南岳之游，邹东廓令诸人献老而不乞言，斯甘泉之入人者深矣。

37. 案语论吕怀

巾石宗旨，以变化气质为主，其工夫趋于平实，亦以救一时悬空测度之弊。在白沙一派，尤为得力者也。

三、理学人物：《理学录》列入而《学案》未收者

（一）浙学派

1. 厉详

厉详，东阳人。不远数百里从学于叶适。岁时不归，同席畏其志笃。

（二）道南学派

2. 卢奎

卢奎，邵武人。正和初进士，仕至江西运判。尝作《毋我论》，为众所推，号卢毋我。其学多得于龟山。

3. 郑茟

郑茟，字克恭，泰宁人。熙宁进士。始学于刘彝。元丰间，又从杨时游。终宣城令。

（二）金华学派

4. 唐元嘉

唐元嘉，字显德，兰溪人。登进士第，授仁和县丞，升江浙行省掾。至正末，从丞相答剌罕节制金陵，兵败死之。宋濂状梦吉，言吴履、唐元嘉从公为甚久。

（三）河东学派

5. 白良辅

白良辅，洛阳人。或问禹锡、良辅于薛瑄，薛瑄曰："洛阳似此两人也难得，但恐后来立脚不定。"（国翔按：此句话《学案》入于阎禹锡小传）

6. 乔缙

乔缙，字廷仪，洛阳人。薛瑄见而奇之，授以《毛诗》、《太极》、《西铭》诸书。登成化八年进士第，授工部主事，改兵部，迁员外郎。出为四川布政司参议，乞归。

7. 王英、王复

王英、王复，皆瑄之门人也。瑄之殁，皆有哀词。

8. 王爵

王爵，字锡之，秦州人。潜心力学，从游周蕙，而讲操存之学。弘治初为国子监生，仕为保安州判官。非义不取，恶衣恶食，探如也。

9. 李仑

李仑，字世瞻，临潼人。登成化五年进士第。调屯留知县，升户部主事，积员外郎郎中。出守庐州府，升河南左参政，转山东右参政，未上而卒。

10. 刘玑

刘玑，字用齐，咸宁人。成化十七年进士，授曲沃知县，入为户部主事。历知端州、九江、衡州三府。擢太仆寺少卿、太常寺卿，户部左侍郎、尚书致仕。《关学编·李锦传》言出其门者如李参政仑、刘尚书玑、于知州宽、董员外养民及举人张子渭、李盛，渐被尤深。

（四）崇仁学派

11. 杨杰、周文

杨杰、周文，皆信州人，与娄谅同时问学于崇仁。吴与弼以谅确实、杰纯雅、文勇迈（国翔按：此句《学案》崇仁学案中康斋小传中提及），皆为任道之器。而谅、文晚成，杰早世。张元桢以神童赴阙，主于杰家，杰教之为文。元桢赠之诗云："我到饶阳独羡君，天之星斗首之麟。有时一举登庸去，五色云中拜圣人。"（国翔按：《学案》中未为两人单独列传，仅在吴与弼小传中提到两人之名）

12. 桂萼

桂萼，字子实，饶州安仁人。自幼从兄华闻胡居仁之绪论，其学以收敛身心为主，以孝悌忠信为实践，以经纶康济为事业。百家无不究心，期于致用。登正德辛未进士第，历知丹徒、武康、成安，擢南刑部主事，以议大礼受上知。时称为张、桂（国翔按：张璁、桂萼）。累官吏部尚书兼武英殿大学士，致仕。谥文襄。

13. 王应电

王应电，字昭明，昆山人。从魏校受经，慨然以圣人之道为可学，三代之治为可行。笃好《周礼》，谓"近儒之言《周礼》者，是诸人之《周礼》也，岂周公之《周礼》哉?"以所著撰，质之罗洪先。洪先少许可。又颇留意于静，处薄不省。久之，与应电习，乃稍稍读其书，异之。于是陈昌稽首以师礼事焉。已而卒。

14. 周士淹

周士淹，字孺亨，太仓人。父广，南京刑部右侍郎。魏校讲道星溪，士淹从之游。嘉靖十六年举于乡，试礼部不第而卒。是时天下皆为新建之学，而校之学所传不广。荆溪唐顺之始事校，后复向王氏。惟士淹称其师道，终不变。校之遗书，士淹雠定之力为多。

15. 归有光

归有光，字熙甫，昆山人。人称震川先生。为文好司马迁，得其神气。登嘉靖四十四年进士第，年六十矣。授长兴知县，传顺德通判，着南京太仆寺丞，留侍文渊阁掌制，勒修《世宗实录》。有光自言少为庄渠家婿，获闻绪言，晚年属望之尤笃。

（五）白沙学派

16. 区越

区越，新会人，登进士第。正德元年，知嘉善，有惠政。擢户部主事。少游献章之门。

17. 林体英

林体英，莆田人，举乡试。学于白沙两月。其归也，献章有诗送之。

18. 丁积

丁积，字彦诚，以戊戌进士出宰新会，即师事陈献章。积教民间行四礼，毁淫祠，政行邑理。在邑六年而卒。献章率士民祀之。

19. 姜麟

姜麟，字仁夫，兰溪人。弘治二年进士，以使事如贵州，还取道白沙，师事陈献章。出语人曰："吾阅人多矣，如先生者，耳目口鼻，人也；所以视听言动，非人也。"京师人问之，必曰："活孟子、活孟子。"

白沙再传

20. 方重杰

方重杰，字思兴，南海人。幼割股愈母疾。正德己卯举于乡，受业张诩，卓然心性之学。病革，令其子讲"疏食饮水"章，歌《归去来兮辞》，自作挽文而去。

21. 钟晓

钟晓，字景旸，顺德人。邹智之谪石城也，晓师焉。以举人分教梧州，督学重其学行，檄主桂林书院。九载，迁国子监学正、南京监察御史，谪判沔阳。历知归州、同知瑞州，知思恩府致仕。居官三十余年，贫约过于寒生。

（六）甘泉学派

22. 钱薇

钱薇，字懋垣，海盐人。嘉靖十一年进士，从湛若水讲学于京师。时若水之门皆显贵贤豪，坚守师说。薇独窥微旨，心体动静，律吕气数，直破去经传，还求自得，多出儒先所谓道者。授行人，选为礼科给事中，以言事罢。

23. 潘子嘉

潘子嘉，字汝亨，六安州人。湛若水开观光馆于南雍，负笈往从问学。若水曰："在闻道。"问闻道，曰："在心志。"又曰："必真知而后知立志也者，其圣学之基乎？"问道，曰："道，天理也，心之本体也。子能知本体之自然，则知道矣。"问自然，曰："心之本体不假人力，故知勿忘勿助之间，无所用（下缺，残稿至此完）"

四、学者遗事：《理学录》所载而不见于《学案》者

周敦颐遗事

《宋史》载侯师圣学于程颐，未悟，访敦颐。敦颐曰："吾老矣，说不可不详。"对榻夜谈，越三日乃还。颐惊异之，曰："非从周茂叔来耶？"按濂溪卒于熙宁六年，而师圣于靖康建炎间尚在。其题上蔡手帖云："显道与予为同门友，然视予为后生。"则其年辈不与濂溪相接明矣。

五、案语错置：《理学录》中梨洲语而《学案》中作百家语者①

1. 评吕希哲

吕氏家教近石氏，故谨厚性成，又能网罗天下之贤豪长者以为师友。耳濡目染，一洗膏粱之秽浊。晚更从高僧游，尽究其道，斟酌浅深而融通之。而曰："然后知佛之道与吾圣人合。"是于师门之旨，未有所得也。

2. 评苏昞

季明得罪，颇以迁谪为意。和靖问之："季明上书时为国家计耶？为身计耶？若为国家计，自当忻然赴贬所；若为进取计，则饶州之贬，犹为轻典。"又尝患思虑不定，思一事未了，它事如麻又生，是于学问中未见有得力处也。

3. 评吴师道

白云高第弟子虽众，皆隐约自修，非岩栖谷汲，则浮沉庠序州邑耳。如子长、正传，文采皆足以动众，为一世所指名者，则又在师友之间，非贴贴函丈之下者也。然白云非得子长、正传，其道又未必光显如是耳。

---

① 按：此六条不属佚文，但也一并辑录于此。

4. 评金华学派

金华之学，自白云一辈而下，多流而为文人。夫文与道不相离，文显而道薄矣。虽然，道之不亡也，犹幸有斯文之在也。

5. 评魏了翁

《宋史》言鹤山筑室白鹤山下，以所闻于辅广、李燔者，开门授徒，氏争负笈从之，由是蜀人尽知义理之学，于是《嘉兴志·辅汉卿传》遂谓鹤山是汉卿之门人。某（《学案》作"然"）考《鹤山集》，言："开禧中，余始识汉卿于都城，汉卿从朱文公最久，尽得公平生言语文字，每过余，相与熟复诵味，辄移晷弗去。余既补外，汉卿悉举以相畀。"又言："亡友辅汉卿端方而沈硕，文公深所许与。"乃知友而非师也。故以汉卿、鹤山并次，见源流之所自云。

6. 评元代儒学

有元之学者，鲁斋、静修、草庐三人耳。草庐后至，鲁斋、静修，盖元之所藉以立国者也。二子之中，鲁斋之功甚大。数十年彬彬号称名卿材大夫者，皆其门人，于是国人始知有圣贤之学。静修享年不永，所及不远，然是时虞邵庵之论曰："文正殁，后之随声附影者，谓修辞申义为玩物，而苟且于文章；谓辨疑答问为躐等，而故困其师长。谓无所猷为为涵养德性，谓深中厚貌为变化气质。外以聋瞀天下之耳目，内以蛊晦学者之心思，虽其流弊使然，亦是鲁斋所见只是粗迹，故一世靡然而从之也。若静修者，天分尽高，居然曾点气象，故未可以功效轻优劣也。"

十二、姜希辙及其《理学录》考论

一、引言

笔者曾撰《黄宗羲佚著〈理学录〉考论》，考察了黄宗羲的《理学录》这部被认为已经佚失了的著作。[①] 有趣的是，在研究黄宗羲《理学录》的过程中，笔者意外地发现还有一部同样名为《理学录》的著作。[②] 这部著作的作者姜希辙，正是黄宗羲最为亲密的友人之一。姜希辙以往基本上并未进入明清学术思想史研究者的视野，而他的《理学录》更是无人知晓。就其被遗忘的命运而言，姜希辙及其所著《理学录》还不如黄宗羲的《理学录》。因为虽然以往的学者认为黄宗羲的《理学录》已佚，但毕竟注意到了其历史的存在。而姜希辙的《理学录》则根本无人提及，未免虽"存"犹"佚"。那么，同样名为《理学录》，姜希辙的这部著作与黄宗羲的《理学录》有什么关系？与黄宗羲的《明儒学案》和《宋元学案》又有什么关系？这部一直以来石沉大海的著作具有怎样的学术思想史意义？这些问题，笔者最初看到姜希辙的《理学录》时已经立刻浮上脑海。相关的研究者如果读过笔者关于黄宗羲《理学录》的文章，又知道姜希辙这部《理学录》的存在，想必同样会对这些问题产生兴趣。因此，在考察了黄宗羲的

[①] 参见彭国翔：《黄宗羲佚著〈理学录〉考论》，最初收入田浩（Hoyt Tillman）编：《文化与历史的追索——余英时教授八秩寿庆论文集》（台北：联经出版公司，2009），页185–243，现收入本书。

[②] 笔者所见的这部《理学录》，原本现藏杭州市浙江省图书馆。北京的国家图书馆有微缩胶片，是根据杭州浙江省图书馆的底本摄制的。

《理学录》之后，笔者要继续考察姜希辙的这部《理学录》。由于黄宗
羲的生平事迹与著作无需特别介绍，但研究者以往对于姜希辙的生平
事迹与撰述未多措意，所以在着重研究其《理学录》这部著作之前，
有必要对其生平事迹与撰述加以考察，其意亦在稍事发覆。

二、姜希辙生平事迹与撰述

关于姜希辙其人的生平事迹，笔者考证各种史料，分成三个部分
加以介绍。首先，是其生平简历。其次，是他一生的主要事迹。第三，
是他和黄宗羲的交往。最后一个部分更是了解姜希辙《理学录》的最
为直接的背景资料，因此要特别加以说明。

姜希辙，字二滨，别号定庵。① 浙江会稽人。② 祖先四代为官，高

---

① 关于姜希辙的传记，记载较详的有黄宗羲的《姜定庵先生小传》（现收入《黄宗羲全
集》，第十册，杭州：浙江古籍出版社，2005，页623－627），毛奇龄的《奉天府府丞前
礼科都给事中姜君希辙行状》（钱仪吉：《碑传集》，周骏富辑：《清代传记丛刊》，综录
类，台北：明文书局，1985，第4册54卷，页164－170）以及赵尔巽《清史稿》（民国
十七年清史馆本），《中国基本古籍库》（北京：爱如生数字化技术中心），《列传》六十
九。此外，嵇曾筠《（雍正）浙江通志》（清文渊阁四库全书本，《中国基本古籍库》）
卷一百六十九中也有关于姜希辙的一个简略的小传。《清史稿》和《浙江通志》中姜希
辙的小传中均仅谓其字二滨，未言其号定庵。但黄宗羲的《姜定庵先生小传》明言其
"字二滨，别号定庵"。黄宗羲是姜希辙的亲密友人（详后），其说当不误。阮元《两浙
輶轩録》（清嘉庆刻本，《中国基本古籍库》）卷二曾录姜希辙诗四首，诗后介绍姜希辙
时谓其"字二滨，号定庵"。法式善《清述秘闻》（嘉庆四年刻）卷十三以及钱维福
《清述秘闻补》（清光绪十四年刻本）中称姜希辙"字定庵"，有误。
② 毛奇龄《奉天府府丞前礼科都给事中姜希辙行状》、赵尔巽《清史稿》和钱维福《清
秘述闻补》均称姜希辙为会稽人，但嵇曾筠《（雍正）浙江通志》、法式善《清述秘闻》
以及《四库全书总目》（清乾隆武英殿刻本，《中国基本古籍库》卷三十一，《经部》三
十一）则称其为余姚人。黄宗羲《姜定庵先生小传》中称"姜氏为姚江世家"。阮元
《两浙輶轩録》卷二所录姜希辙诗之后的说明则较为审慎，称其里籍为"会稽人，一作
余姚人。"

祖姜子羔，曾任太仆寺卿。曾祖姜镜，曾任光禄寺卿。祖父姜逢元，曾任礼部尚书。父姜天枢，曾任工部郎中。姜希辙生年不详，明崇祯壬午年举人。[1] 清顺治初除温州教授。顺治五年，摄瑞安县知县。顺治九年，迁直隶元城知县。[2] 顺治十五年，授工科给事中。康熙元年，考满内升，回籍待缺。康熙九年，诣京师，复授户科都给事中。迁顺天府丞，遭父丧归。康熙十七年，授奉天府丞，乞养母归。康熙三十七年（1698），卒于家。

姜希辙任官期间颇有政绩。任直隶元城知县期间，他不但以善于断案而受到百姓的称道，所谓"善决狱，民称之"，更是解决了百姓生计与军需供应之间的冲突。[3] 顺治十年癸巳和十一年甲午京畿一带水灾，饥民流散，姜希辙妥善安置，救活了数以万计的流民，获得了朝廷的嘉奖。重臣魏裔介（1616 - 1686）在

---

[1] 毛奇龄《奉天府府丞前礼科都给事中姜君希辙行状》称其为"崇祯十五年，君以国子举北京乡试"。黄宗羲《姜定庵先生小传》、嵇曾筠《（雍正）浙江通志》、法式善《清述秘闻》以及钱维福《清述秘闻补》中均称其为"壬午举人"。赵尔巽《清史稿》则仅称其为"明崇祯间举人"。

[2] 这一点黄宗羲《姜定庵先生小传》、嵇曾筠《（雍正）浙江通志》卷一百六十九以及赵尔巽《清史稿》列传六十九都有记载。如《姜定庵先生小传》谓："癸巳、甲午，畿内水灾，饥民咸就食于畿南大名、顺德数郡。时逃人令严，居人皆闭户拒之，野庙村坊，亦不听其停止，遍野哀号。先生恻然，以邑中冢北等集，兵火之后，田土荒芜，下令但验其妇女之无双环，丁壮之非关东语音者，皆听留集，振之使其开垦，群情大悦。督抚上闻，上嘉其救荒通变，下其法于各郡，更生之民不啻数千万。"《（雍正）浙江通志》卷一百六十九载："邻郡饥，流民狷至。时逃人令严，无敢收者。希辙悉留之，令垦荒地，受雇得食，全活以万计。"《清史稿》列传六十九载："畿北饥，流民至者，日以万计。逃人令方严，民虑溷入为累，辄拒，不予食。希辙令察，非逃人，使垦县中荒田。田辟，饥民以活。"

[3] 黄宗羲《姜定庵先生小传》称："壬辰，授任元城。王师徇地元城，为养马之区。军需供应，头绪纷然。先生取定俄顷，事无留滞，兵民两得焉。"（《黄宗羲全集》，第十册，页624。标点略有更动）

上疏时，① 也以姜希辙为典范而称赞他"实心为国，循良恺悌"。② 顺治十五年任工科给事中时，姜希辙先后作《请禁蹓升疏》和《储材当有其渐疏》。③ 顺治十七年，又作《敬陈一德之箴疏》。④ 康熙九年任户科都给事中时，姜希辙曾经"具三疏请增科员，请令巡抚得辖兵，防地方窃发。请缓奏销之期，使催科不迫。"⑤ 康熙二十一年，福建总督姚启圣（1624－1683）重修三江闸时，姜希辙颇为关注，曾有文记其事。⑥ 总之，对于改善和稳定清初的政治与吏治，姜希辙曾经做出过重要的贡献。黄宗羲所谓"道不能达之事功，论其学则有，适于用则无。讲一身之行为则似是，救国家之急难则非也：岂真儒哉？凭虚而观当世，吾友定庵先生其庶几乎！"⑦ 正在于肯定姜希辙"救国家之急难"的事功。

除了投身国计民生之外，姜希辙还以帮助当时的文人学者

---

① 魏裔介，字石生，号贞庵，又号昆林，直隶柏乡（今河北省柏乡县）人，顺治三年进士，选庶吉士，历任工科给事中、吏科给事中、兵科都给事中、太常寺少卿、左副都御史、左都御史、太子太保、吏部尚书、保和殿大学士、太子太傅等职。谥文毅。著述甚丰，有《兼济堂文集》传世。其传记见《清史稿》列传四十九。

② 见魏裔介《兼济堂文集》（清文渊阁四库全书本，《中国基本古籍库》），卷一《流民死伤堪悯疏》。

③ 两疏分别见贺长龄编《清经世文编》（清光绪十二年思补楼重校本，《中国基本古籍库》）卷十九《吏政五》以及清佚名《皇清奏议》（民国景印本，《中国基本古籍库》）卷十一。姜希辙《储材当有其渐疏》的主要内容的用意，亦见官修《清文献统考》（清文渊阁四库全书本，《中国基本古籍库》），卷五十五《选举考》。

④ 见清佚名《皇清奏议》卷十五。

⑤ 见《清史稿》，《列传》六十九。

⑥ 文见（清）查祥：《两浙海塘通志》（清乾隆刻本，《中国基本古籍库》），卷十八。

⑦ 《黄宗羲全集》，第十册，页624。标点略有更动。

见称。这里我们不妨举三个例子。毛奇龄（1623－1716）早年
恃才傲物，议论尖刻，三十五岁时因得罪乡人，被控杀人，改
易姓名逃亡达十年。大约在康熙五年（1666），在姜希辙的帮
助下才回到浙东，与当世学者论学，受到推重，成为有清一代
著述最为丰富的经史大家。① 万斯同（1638－1702）是黄宗羲
的弟子，以布衣参修《明史》，是清初的史学大家。万斯同早
年读书期间，曾经有相当长一段时间居住在姜希辙家中，研读
明十五朝的实录，为其将来修明史奠定了不可或缺的基础。②
毛奇龄与万斯同都是学术大家，早年得到姜希辙帮助之事，故
籍记载多有。还有一个吴仪的例子，或许就不太为人所知了。
钱塘人吴仪（字璪符，生卒年不详）髫年即入太学，名满都
下。据称四部书一览即能成诵。姜希辙任职奉天府丞时，闻吴
仪之名，推重其才，将其延揽入幕。因此，吴仪的才华得以施
展，得到当时文学大家陈维崧（1625－1682）、王士禛
（1634－1711）等人的赏识。③

　　姜希辙不但能够"救国家之急难"并且济助人才，作为刘宗
周的弟子，他还为传播刘宗周的著作并推动浙东地区的讲学活动，
做出了巨大的贡献。也正是在这一点上，他和黄宗羲具有非常紧
密的关系。黄宗羲在《姜定庵先生小传》中指出：

① 关于毛奇龄生平，参见毛奇龄：《西河集》（文渊阁四库全书本，上海古籍出版
　社，1987），卷一百一《自为墓志铭》；赵尔巽：《清史稿》（北京：中华书局，
　1977），卷四八一《儒林·毛奇龄传》。
② 关于万斯同的生平事迹，参见陈训慈、方祖猷：《万斯同年谱》（香港：中文大
　学出版社，1991）；方祖猷：《万斯同评传》（南京：南京大学出版社，2006）。
③ 事见清初吴允嘉辑《武林耆旧续集》。民国李楁《（民国）杭州府志》（民国十
　一年本，《中国基本古籍库》）卷一百四十五亦曾引此事。

先生归为乡邦领袖，越中丧乱之后，人不说学。先生率二三老友读书谈道，重举证人社会，每遇三之日，先生入讲堂，释菜先师。士子之有志者，云委景从，始知场屋之外，大有事业。又开义学，使间阎无力读书者，皆与弦歌，风俗为之丕变。子刘子梦奠之后，及门之士多归忠节，海内遂无知其学者。先生于故牍理其绪言，刻之行世，使海内知子刘子之学，与阳明同而异、异而同也。①

这里所说姜希辙的贡献有三：一是重举证人社会；二是开义学；三是整理刊刻刘宗周的著作。证人书院原是刘宗周所创，1645 年刘宗周死难之后遂废。康熙六年（1667）九月，姜希辙倡议并与黄宗羲一道，重新恢复了证人书院讲会。② 并且，黄宗羲本人也参与了刘宗周著作的整理和刊刻。③ 对于姜希辙

---

① 《黄宗羲全集》，第十册，页 625–626。
② 黄宗羲在《董吴仲墓志铭》云："先师立证人书院，讲学于越中，至甲申而罢讲。后二十四年为丁未，余与姜定庵复讲会，修遗书，括磨斯世之耳目。"（《黄宗羲全集》第十册，页 466）在《寿张奠夫人八十序辛亥》亦载："子刘子讲学于证人书院，梦奠之后，虚其席者将三十年。丁未九月，余与姜定庵复为讲会。"（《黄宗羲全集》第十册，页 673）
③ 黄宗羲在《先师蕺山先生文集序》中则说："王颛庵先生视学两浙，以天下不得睹先师之大全为恨，捐俸刻之。东浙门人之在者，羲与董玚、姜希辙三人耳。"（《黄宗羲全集》，第十册，页 55）

在刘宗周门下的形象，阮元曾引时人语而以"志节"称之。①

除此之外，姜希辙和黄宗羲还有更为亲密的私人关系。姜希辙是黄宗羲之子黄百家的授业老师。黄百家曾长期居住在姜希辙家中就学，并和姜希辙之子姜垚（字汝臬，号尧章）一道读书。②康熙十六（1677）年姜希辙赴任盛京奉天府时，黄百家特意作《送定庵姜先生赴任盛京奉天府序》为其送行。③对于姜希辙和黄宗羲的亲密关系，黄宗羲本人有明确的记载。在为姜希辙母亲钱氏撰写的墓志铭中，黄宗羲称姜希辙为其"执友"，所谓"羲不佞，与京兆（国翔按：姜希辙）为执友，聆夫人之美最熟，京兆托为撰述，故不敢辞。"④在《姜定庵先生小传》中，黄宗羲更是将姜希辙视为自己晚年屈指可数的一位至交（另一位是徐秉义）。所谓：

---

① 阮元《两浙輶轩录》卷四论史在朋时谓："在朋以诗文为贽，漳浦器之，曰：今之杜牧之也。赋诗赠之。后在朋以志节见重乡里，论者谓：黄门之有在朋，犹蕺山之有姜希辙云。"时人对姜希辙、姜天枢父子（姜希辙为姜天枢次子）均无恶评，关于姜天枢其人，见黄宗羲所撰《紫环姜公墓表铭》（《黄宗羲全集》，第十册，页274－277）。其中追述姜氏家世，对姜天枢多有称赞。惟清人金堡《岭海焚余》卷上曾对姜希辙祖父姜逢元痛加斥责，视之为明末清初若干士大夫行为鄙劣的例证。其言曰："夫犬马犹知故主，匹夫匹妇尚矜名节，乃有累朝元老漏尽钟鸣，而独拜虏廷，深相结纳。如礼部尚书姜逢元者，援虏堉为同宗，受宴受币，持虏旗，张虏示，挟虏卒，以归绍兴。骄其邻里，且为其子姜天枢乞盐运使，孙姜希辙乞内院。于腥风膻雨中，极膏腴清华之秩，为堵闭垄断之谋，此而不诛，何以谢高皇帝？"
② 姜垚从学当时堪舆名家蒋大鸿，精通堪舆之学并工诗词，著有堪舆学著作《青囊奥语注》、《平砂玉尺辨伪歌》、《从师随笔》以及《柯亭词话》。
③ 杨小明：《黄百家年谱简编》，《宁波市委党校学报》，2007年第3期，页90。
④ 《工部郎中皇封礼科都给事中姜公夫人钱氏祔葬墓志铭》，《黄宗羲全集》，第十册，页463。

余少逢患难，流离失学，偲偲之力，不忘沈眉生、陆文虎二人。老而师友俱尽，往往忍饥诵经，其间可以缓急告者，唯徐果亭与先生二人。①

这一点，他在《致姜定庵乞砚》一诗开头也有同样的说明，所谓：

束发友天下，偲偲念沈陆。（自注：沈眉生、陆文虎）晚得交定庵，春风被枯木。定庵天下才，贱子烟霞束。②

这首诗与上引《姜定庵先生小传》中的话恰可以相互印证。第一句"束发友天下，偲偲念沈陆"，说的即是"余少逢患难，流离失学，偲偲之力，不忘沈眉生、陆文虎二人"。第三句"定庵天下才，贱子烟霞束"，说的是黄宗羲之子黄百家师事姜希辙一事。至于第二句"晚得交定庵，春风被枯木"，说的则正是所谓"老而师友俱尽，往往忍饥诵经，其间可以缓急告者，唯徐果亭与先生二人。"

姜希辙和黄宗羲于康熙六年重建证人书院讲会之时，黄宗羲正在撰写《理学录》。而从康熙六年到完成《明儒学案》之间的大约十年之间，也正是黄宗羲与姜希辙彼此论学最为频繁密切的时期。无论是这一时期黄宗羲撰写的《理学录》，还是后来不久完成的

① 《黄宗羲全集》，第十册，页627。
② 该诗原收于清康熙年间黄炳辑刊之《黄氏续录》卷四，今见《黄宗羲全集》，第十一册，《南雷诗补遗》，页363。

《明儒学案》，都不能没有姜希辙的影响。事实上，在改本《明儒学案序》中，黄宗羲已经透露出姜希辙与《明儒学案》的撰写有着密切的关系，所谓：

> 余于是分其宗旨，别其源流，与同门姜定庵、董无休撮其大要，以著于篇，听学者从而自择。①

董无休是董玚，字叔迪，无休是其号。和姜希辙一样，董玚也是与黄宗羲关系极为密切的一位同门友人。刘宗周的《刘子全书》就是董玚与黄宗羲、姜希辙一道编辑的。② 由于姜希辙的《理学录》以往一直默默无闻，没有进入研究者的视野。姜希辙究竟对于《明儒学案》产生了哪些可能的影响，既没有引起研究者足够的注意，更因为"文献不足征"而无从判断。如今，考察新发现的姜希辙《理学录》与黄宗羲的《理学录》之间的关系，尤其是姜希辙《理学录》与《明儒学案》之间的关系，作为推进学术研究的题中之义，正是本文下面所要从事的主要课题。

不过，在具体考察姜希辙《理学录》之前，我们还需对姜希辙的撰述略加说明。根据现有史料记载，姜希辙的著作有《两水

---

① 《黄宗羲全集》，第十册，页80。
② 董玚的生平传记见邵廷采：《思复堂文集碑传》（《明代传记丛刊》，台北：明文书局，1990），卷三《东池董无休先生传》。

亭余稿》一卷、①《左传统笺》三十五卷②以及前面提到的三篇奏疏。《两水亭余稿》是以姜希辙住处所在地一个亭子命名的一部诗集，③阮元《两浙輶轩录》（清嘉庆刻本）卷二曾从中选录四首。可惜《两水亭余稿》中没有与黄宗羲唱和的诗篇，只有一首《赠董无休》，④可为姜希辙与董玚之间关系之一证。《左传统笺》则是姜希辙研究《左传》的一部著作。此外，姜希辙曾经修《（余姚）姜氏世谱》十卷，该书按照十天干分为十集，甲集包括《历修谱序》、《例义》、《诰敕》等；乙集、丙集包括《章奏》、《本传》、《史传》、《家传》、《事迹》、《宗约》，内有魏裔介、黄宗羲、毛奇龄所撰传文；丁集包括《儒术志》、《致身志》、《女贞志》、《选举志》、《宦达志》、《恩荣志》、《墓志》、《碑记》、《像赞》等；戊至辛集包括《前编世系总录》、《前编世次》、《正谱世次》、《支派世次》；壬集包括《天水姜氏分支总录》、《咸汇分支总录》、《嵊县原谱世系》、《分谱各世系》、《徙居总略》；癸集包括《诗文》、《祭典》、《祀产》。内载明姜子羔《对阳公诗集》、姜逢元《宗伯公集选》、清姜天枢《紫环公晓堂

---

① 嵇曾筠《（雍正）浙江通志》卷二百五十一载是书为两卷，但笔者所见北京国家图书馆善本室藏《两水亭余稿》为一卷本，收入聂先纂辑的《名家诗抄》。
② 见官修《清通志》卷九十七《艺文略》；官修《清文献统考》卷二百十五《经籍考》；清永瑢：《四库全书总目》（清文渊阁四库全书本，《中国基本古籍库》），卷三十一《经部》三十一。
③ 施闰章《学余堂集》（清文渊阁四库全书本，《中国基本古籍库》）卷七有《姜定庵两水亭余稿序》。毛奇龄《西河集》卷三十四也有《两水亭余稿序》。黄宗羲父子在两水亭居住期间，黄百家多次聆听姜希辙与黄宗羲论学。今本《宋元学案》中姜希辙与黄宗羲论学以及姜希辙自己的语录多条，当为黄百家彼时所录。
④ 诗云："达人委巷中，天地以为寓。矫节迈前修，下里歌延露。予门对巷开，日久遘良晤。昕义穷源微，澹言解神悟。清风来池塘，朗月穿丛树。飞遁隐晬容，落落超群遇。"

诗集》及明屠隆等撰集序。①

　　黄宗羲在改本《明儒学案序》中指出，姜希辙与《明儒学案》的构思和撰写颇有渊源，所谓"与同门姜定庵、董无休撮其大要"，但究竟姜希辙与《明儒学案》有何关系，以往由于"文献不足征"，并无从知晓。只有姜希辙的《理学录》重见天日之后，方可通过与黄宗羲《明儒学案》的比较研究获得了解。这自然是本文所要从事的课题之一。不过，在进入主题之前，先要说明的是，姜希辙与黄宗羲两人的确有共同的著述，这也是他们之间密切关系的直接反映。孙殿起（1894－1958）编的《贩书偶记》中载有黄宗羲与姜希辙合撰的《历学假如》两卷，包括《公历假如》和《授时假如》各一卷。② 除此之外，姜希辙还和黄宗羲一道刊刻过刘宗周的若干著作，包括：《子刘子学言》三卷、③《圣学宗要》一卷、《学言》三卷、④《周易古文钞》四卷。⑤ 但是，在现有的各种史料和文献目录中，都没有提到姜希辙曾经撰有《理学录》这

---

① 该书为咸丰四年（1854）余姚敬胜堂刻本。康熙初姜希辙始修，乾隆时姜之珑续修，道光末姜懋运增修，至咸丰时姜联福再据历修旧谱校订续辑。该书现藏上海图书馆、奉化文管会。

② 此书北京图书馆藏有康熙二十二年癸亥（1683）西爽堂刻本。

③ 阮元《文选楼藏书记》（清越缦堂钞本）卷二载："《子刘子学言》三卷，明左都御史刘宗周著，山阴人刊本。是书首列《圣学宗要》、《学言》，多发挥慎独宗旨。其门人黄宗羲、姜希辙校刊。"（清越缦堂抄本，《中国基本古籍库》）

④ 《四库全书总目》卷九十三子部三载："《圣学宗要》一卷、《学言》三卷，浙江巡抚采进本，明刘宗周撰。宗周有《周易古文钞》，已著录。是编凡《圣学宗要》一卷，载周子《太极图说》、张子《东铭》、《西铭》、程子《识仁说》、《定性书》、朱子《中和说》，王守仁《良知问答》等篇，各为注释。盖本其友人刘去非《宋学宗源》一书而增益之，加以诠解，改为今名。《学言》三卷，则宗周讲学语录，其门人姜希辙所刻也。"张之洞《书目答问》（清光绪刻本，《中国基本古籍库》），《子部》载："《子刘子学言》三卷，明刘宗周。黄宗羲、姜希辙校刻本。"

⑤ 该书现藏上海师范大学图书馆。

样一部著作。这应该是该书迄今从未引起海内外学者注意的一个重要原因。下面，就让我们来具体考察姜希辙《理学录》与黄宗羲《理学录》之间的关系，尤其是姜希辙《理学录》和黄宗羲《明儒学案》之间的关系，在此基础上认识姜希辙《理学录》一书的价值和意义。

三、《理学录》的内容与体例

（一）内容：所含学派与人物

《理学录》开首是刘宗周的《阳明先生宗印录》，是对王阳明文献的选录。《阳明先生宗印录》之后是八个学派：第一、东林学派；第二、蕺山学派；第三、钱绪山学派；第四、龙溪学派；第五、邹氏学派；第六、刘氏学派；第七、白沙学派；第八、甘泉学派。显然，阳明学是姜希辙《理学录》的主体。

王阳明之外，八个学派共录 82 位人物，[①] 分别如下：

东林学派，共 11 人。开宗欧阳德。以下一传 6 人，包括：1. 李春芳；2. 万虞恺；3. 王宗沐；4. 何祥；5. 张㭶；6. 薛应旂。薛应旂以下再传 3 人（《理学录》中"薛氏门人"下注为"阳明三传"），包括：1. 顾宪成；2. 顾允成；3. 薛敷教。顾宪成以下三传（《理学录》中"顾氏门人"下注为"阳明四传"）1 人：高攀龙。

---

① 八个学派人数累计总数 82 人，但因湛若水在白沙学派和甘泉学派两见，故实际人数为 81 人。加上王阳明，整个《理学录》共录人物 82 人。

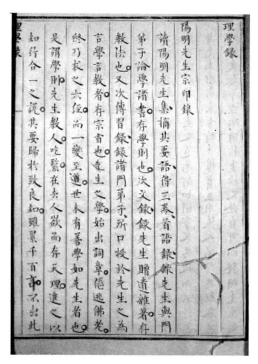

理學錄

戬山学派，共 5 人。开宗唐枢。以下一传 2 人，包括：1. 许孚远；2. 钱镇。许孚远以下再传 2 人，包括：1. 刘宗周；2. 冯从吾。

钱绪山学派，共 10 人。开宗钱德洪。以下一传 3 人，包括：1. 徐用检；2. 赵志皋；3. 萧彦。徐用检以下再传 6 人：1. 刘元卿；2. 罗大纮；3. 丁此吕；4. 章潢；5. 甘士价；6. 王图。

龙溪学派，共 11 人。开宗王畿。以下一传 8 人，包括：1. 周汝登；2. 萧良榦；3. 唐顺之；4. 程大宾；5. 查铎；6. 戚衮；7. 周怡；8. 张元忭。周汝登以下二传 2 人，包括：1. 陶望龄；2. 陶奭龄。

邹氏学派，共 5 人。开宗邹守益。以下一传 1 人：邹善。邹善再传 3 人，包括：1. 邹德涵；2. 邹德溥；3. 邹德泳。这一派完全是家学形式的传承。

刘氏学派，共 7 人。开宗 4 人，包括：1. 刘文敏；2. 刘邦采；3. 刘晓；4. 刘阳。刘文敏以下一传 3 人，包括：1. 王时槐；2. 陈嘉谟；3. 贺泾。

白沙学派，共 19 人。开宗 3 人，包括：1. 陈献章；2. 庄昶；3. 罗伦。陈献章以下再传 14 人，包括：1. 贺钦；2. 湛若水；3. 张诩；4. 邹智；5. 李承箕；6. 林光；7. 陈茂烈；8. 李孔修；9. 何廷矩；10. 谢祐；11. 区越；12. 林体英；13. 丁积；14. 姜麟。以下三传 2 人：1. 方重杰（张诩传人）；2. 钟晓（邹智传人）。

甘泉学派，共 14 人。开宗湛若水。以下一传 11 人，包括：1. 吕怀；2. 蒋信；3. 何迁；4. 洪垣；5. 潘子嘉；6. 方瓘；7. 谢显；8. 钱薇；9. 郑烛；10. 林挺春；11. 钟景星。吕怀以下再传 2 人，包括：1. 唐伯元；2. 杨时乔。

（二）体例：人物处理的方式

姜希辙《理学录》中对于每个人物的处理共有五种模式。

第一种包括三个部分。首先，是人物原始文献的选录；其次，是人物的生平小传；最后是姜希辙自己的案语。这一类人物共有 14 人，包括：1. 顾宪成（《小心斋札记》34 条）；2. 高攀龙（《高子遗书》30 条）；3. 唐枢（《唐一庵要语》27 条）；4. 许孚远（《九谛》）；5. 刘宗周（《蕺山遗书》中《证学杂解》和《原旨》的部分）；6. 冯从吾（《冯少墟语录》22 条）；7. 钱绪山（《会语》19 条）；8. 王畿（《语录》39 条）；9. 邹守益（《语录》34 条）；10. 王时槐（《语录》37 条）；11. 陈献章（《语录》51 条）；12. 湛若水（《心性图说》、《学说》）；13. 吕怀（《文集》选录，包括书信 20 封、序文 3 篇和一篇未具名文）；14. 唐伯元（《唐伯元醉经楼集解》选录 69 条）。其中，姜希辙评论顾宪成的案语没有紧接着放在顾宪成的生平小传之后，而是放在了顾允成的小传之后，但观其内容，该案语评的是顾宪成而非顾允成。这是一个体例上的例外。其余都是案语紧接在人物生平小传之后。

第二种没有姜希辙的案语，只有人物原始文献选录和生平小传两个部分。这一类人物共有 13 人，包括：1. 徐用检（《徐鲁源语要》15 条）；2. 周汝登（《周海门或问》5 条）；3. 邹善（《邹颖泉语录》19 条）；4. 邹德涵（《邹聚所语录》35 条）；5. 刘文敏（《刘两峰论学要语》48 条）；6. 刘邦采（《刘狮泉易蕴》8 条）；7. 刘阳（《刘三吾语要》17 条）；8. 贺钦（《贺医闾言行录》24 条）；9. 张诩（《张东所文集》中《白沙遗言纂要序》、《介石记》、《柳塘记》、《复乾亨》、《复曹梧州》和《白沙先生墓表》6 篇）；10. 蒋信（《蒋道林文集》选录 24 篇）；11. 何迁（《何吉阳集》选录，包括《心统图说序》、《赠沧守胡子序》和《龙冈摘稿序》3 篇和语录 13 条）；12. 洪垣（《觉山绪言》29 条）；13. 杨时乔（《杨止庵孔子像碑》和《朱晦翁碑》2 篇）。

第三种没有人物的文献选录，只有生平小传和姜希辙的案语。这一类人物有 2 人：1. 欧阳德；2. 薛应旂。

第四种则只有人物的生平小传，既无文献选录，也没有姜希辙的案语。这一类人物共有 50 人，包括：1. 李春芳；2. 万虞恺；3. 王宗沐；4. 何祥；5. 张榮；6. 顾允成；7. 薛敷教；8. 钱镇；9. 赵志皋；10. 萧彦；11. 刘元卿；12. 罗大纮；13. 丁此吕；14. 章潢；15. 甘士价；16. 王图；17. 萧良幹；18. 唐顺之；19. 程大宾；20. 查铎；21. 戚衮；22. 周怡；23. 张元忭；24. 陶望龄；25. 陶奭龄；26. 邹德溥；27. 邹德泳；28. 刘晓；29. 陈嘉谟（附了几条语录在小传中）；30. 贺泾；31. 邹智；32. 李承箕；33. 林光；34. 陈茂烈；35. 李孔修；36. 何廷矩；37. 谢祐；38. 区越；39. 林体英；40. 丁积；41. 姜麟；42. 方重杰；43. 钟晓；44. 钱薇；45. 潘子嘉；46. 方瓘；47. 谢显；48. 郑烛；49. 林挺春；50. 钟景星。

第五种，无生平小传及文献选录，但有案语。此类人物只有 2 人：1. 庄昶；2. 罗伦。唯姜希辙对两人的评论见于同一条案语中。

姜希辙《理学录》中案语共 22 条，其中关于学派的案语有 5 条，分别评论 5 个学派，包括：1. 龙溪学派；2. 邹氏学派；3. 刘氏学派（2 条）；4. 白沙学派。其余 17 条案语则针对具体人物，包括：1. 欧阳德；2. 薛应旂；3. 顾宪成；4. 高攀龙；5. 唐枢；6. 许孚远；7. 刘宗周；8. 冯从吾；9. 钱绪山；10. 王畿；11. 邹守益；12. 王塘南；13. 陈献章；14. 庄昶与罗伦；15. 湛若水；16. 吕怀；17. 唐伯元。

此外，姜希辙《理学录》在体例上还有一个特别之处，即每一学派之前有一个图表，明确显示出该学派人员构成之间的谱系和传承。例如：

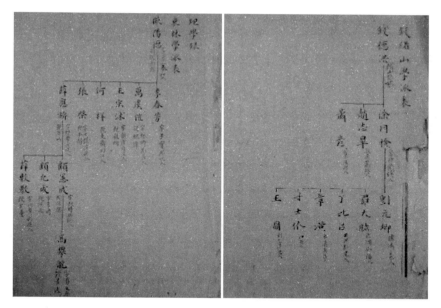

　　我们知道，在《宋元学案》中，每个学案之前也都有这样一个显示学派构成人员之间谱系和传承的图表。但是，今本《宋元学案》并非黄宗羲的原本，而是经过了后来不断的增补和修改而续成的。《明儒学案》既早于《宋元学案》的编写，更是黄宗羲亲手编写的完成的。可是在《明儒学案》中，却并没有这一体例。那么，《宋元学案》中的图表体例与姜希辙《理学录》中的这一图示体例有何关系？这一点，我们会在后面关于姜希辙《理学录》的价值和意义的部分加以讨论。

四、姜希辙《理学录》与黄宗羲《理学录》的关系

　　姜希辙的《理学录》仅限于明代儒学，且主体部分是阳明学。刘宗周的《阳明先生宗印录》选录的是王阳明的语录，应当视为

王阳明文献的选录。此外的八个学派中，除了东林学派、蕺山学派、白沙学派和甘泉学派，其余四个都是阳明学的流派。与此相对照，黄宗羲的《理学录》以宋、元儒学为重点，不但十六个学派中只有五个学派是关于明代儒学的，而且明代儒学的五个学派包括明初学派、河东学派、崇仁学派、白沙学派和甘泉学派，完全没有阳明学派的位置。如此看来，不论就宋、元、明三朝的儒学史来看，还是仅就明代的儒学史而言，姜希辙与黄宗羲的《理学录》都可以说恰好彼此互补。如何看待这种互补的关系，需要在考察了姜希辙的《理学录》与黄宗羲的《理学录》和《明儒学案》之间的关系之后，方可推断。因此，这一点将放在本文的结语部分加以说明。

姜希辙《理学录》与黄宗羲《理学录》共同的部分有两个学派，即白沙学派和甘泉学派。对比两部《理学录》中这两个共同的部分，我们可以了解两部《理学录》之间的关系。

先看白沙学派。

首先，姜希辙《理学录》白沙学派所录 19 人与黄宗羲《理学录》中白沙学派所录 19 人完全一致，除了贺钦与湛若水两人在白沙门人之下排列位置有第一和第二位的差别之外，其余 17 人排列的先后顺序都完全一致。

其次，姜希辙《理学录》白沙学派中所列 14 位白沙一传门人之中，除了湛若水别见甘泉学派之外，只有贺钦和张诩两人有文献选录，其余都只有生平小传。这一点，在黄宗羲《理学录》的白沙学派中，也是完全一样的。所不同者，姜希辙《理学录》中收录了贺钦《贺医闾言行录》的 24 条语录，收录了张诩《张东所文集》的 6 篇文字，而在黄宗羲的《理学录》中，贺钦和张诩的小传前分别只有《贺医闾言行录》和《张东所文集》的存目，并未选录具体的内容。

第三，对于其中人物以及整个学派的评语，姜希辙与黄宗羲的《理学录》各有 3 条案语，分别评论陈献章、庄昶和罗伦以及整个白沙学派。除了姜希辙案语前有"臣希辙曰"之外，两部《理学录》中的 3 条案语完全一致。在陈献章的生平小传之后，姜希辙有如下一段案语：

> 臣希辙曰：自宋南渡以来，以穷理居敬为二门。穷理者，役心于载籍；居敬者，以心操心，以念克念。失之者，固无论矣；得之者，亦终苦其难一也。白沙舍繁求约，舍难求易，而学以自然为宗，以忘己为大、无欲为至。其用力以勿忘勿助之间、纤毫人力不着为天则。盖虽学于康斋，而于康斋之学，别出一宗者也。

这段话与黄宗羲《理学录》中对陈献章的案语完全一致。

在庄、罗二人之后，姜希辙有如下一段案语：

> 臣希辙曰：定山、一峰虽不在白沙弟子之列，而其推崇白沙，一如弟子也。定山得白沙之玄远，一峰得白沙之真实，皆非标榜门户者所能及也。

这段话与黄宗羲《理学录》中对庄昶、罗伦的案语也是完全一致的。

在白沙学派之后，姜希辙还有一段整体上评论白沙学派的案语：

> 臣希辙曰：及白沙之门者甚众，如易德元、陈秉常其人，皆重内而轻外，己大而物小。盖白沙教人，常令学者看"与点"一章。章枫山曰："朱子谓专理会此事，恐入于禅。"白沙曰："彼一时也，此一时也。朱子时人多流于异学，故以此语救之。今人溺于利禄深矣，必知此意然后有进步处。"故其门人能兴起如此。呜呼！世之陷溺于利欲者，其以禅学目白沙，宜矣？

同样的这段话，也见于黄宗羲《理学录》中白沙学派之后。所不同者，只是在姜希辙的《理学录》中，三段案语之前都有明确的"臣希辙曰"，而在黄宗羲的《理学录》中，只有案语后面的文字，并无"宗羲案"这样的字眼。[1] 并且，在后来《明儒学案》的对应部分，都不再有这三条语录了。

第四，姜希辙《理学录》中白沙学派各个人物的小传详略不同，有的只有简单的一句话。譬如，林体英的小传只有如下这样一段话：

> 莆田人，举乡试，学于白沙两月。其归也，献章有诗送之。

---

[1] 姜希辙所有的案语之前都有"臣希辙曰"的字眼，这是其《理学录》的通例，也是与黄宗羲《理学录》在体例上的一个不同。

这一点，在黄宗羲的《理学录》中也是一样。更为有趣的是，仔细对比两部《理学录》中白沙学派各个人物的小传，笔者发现文字竟然完全相同，一字不异。而黄宗羲后来《明儒学案》中《白沙学案》的部分，则与其《理学录》中的白沙学派有所不同。其间的差异，笔者已有所考察。但姜希辙《理学录》中白沙学派内容与黄宗羲《理学录》中白沙学派内容高度一致这一现象，使得我们不得不要思考姜希辙《理学录》的价值和意义。这一点，也是后文将会专门讨论的内容。

最后需要指出的是，笔者在考察黄宗羲《理学录》时，曾经列出了《理学录》所有而《学案》所无的人物。其中，白沙学派中有 6 人，包括白沙一传区越、林体英、丁积和姜麟以及再传方重杰和钟晓。但正如之前指出的，姜希辙的《理学录》和黄宗羲的《理学录》在白沙学派部分所收的 19 个人物完全相同。因此，这六位不见于后来《明儒学案》的人物，自然也在姜希辙的《理学录》之中，并且，其小传的内容两部《理学录》也完全一致。

再看甘泉学派。

黄宗羲《理学录》中的甘泉学派因残卷至潘子嘉而止，且潘子嘉的小传也不完整。但对照姜希辙与黄宗羲两部《理学录》中甘泉学派的部分，我们可以断定，和白沙学派一样，两部《理学录》在甘泉学派的部分也是几乎完全一致的。所不同的只有两点：第一，整个甘泉学派中姜希辙有三条案语，分别评价湛若水、吕怀以及整个甘泉学派。这三条语录的前两条，与黄宗羲

《理学录》中评价湛若水和吕怀的案语完全一致，只是姜希辙《理学录》中的案语开头一律都冠之以"臣希辙曰"。黄宗羲《理学录》中甘泉学派部分的案语之所以只有两条，缺了评价整个甘泉学派的一条，是因为现存书是一部残稿，止于潘子嘉不完整的小传。

此外，和白沙学派一样，黄宗羲《理学录》中甘泉学派并未具体收录人物的语录，只有《吕巾石文集》和《洪觉山绪言》的存目。而在姜希辙《理学录》甘泉学派的部分，则具体选录了湛若水的《心性图说》和《学言》、《吕巾石文集》中的 20 封书信和 4 篇序文、《何吉阳集》中的 3 篇序文和 13 条语录、《洪觉山绪言》中的 29 条语录、杨时乔的 2 篇碑传以及唐伯元《醉经楼集解》中的 69 条。

除了上述不同之外，笔者推测两部《理学录》甘泉学派在结构与构成人员上应当完全相同，是对比两部《理学录》中对应文字所得出的结论。除了两部《理学录》中评论湛若水和吕怀的案语一致之外，对比黄宗羲《理学录》中甘泉学派所收湛若水、吕怀、蒋信、何迁、洪垣、钱薇和潘子嘉的小传与姜希辙《理学录》中这些人物的小传，我们可以看到彼此文字完全一致。最有说服力的是潘子嘉的例子。黄宗羲《理学录》中潘子嘉的小传是不完整的，其文字如下：

潘子嘉，字汝亨，六安州人。湛若水开观光馆于南雍，负笈往从问学。若水曰："在闻道。"问闻道。曰："在心志。"又曰："必真知而后知立志也者，其圣学之基乎？"问道。曰：

"道，天理也，心之本体也。子能知本体之自然，则知道矣。"
问自然。曰："心之本体不假人力，故知勿忘勿助之间，无所
用（国翔按：下缺，残稿至此完）

而姜希辙《理学录》中潘子嘉的完整小传则是这样的：

> 潘子嘉，字汝亨，六安州人。湛若水开观光馆于南雍，负
> 笈往从问学。若水曰："在闻道。"问闻道。曰："在心志。"
> 又曰："必真知而后知立志也者，其圣学之基乎？"问道。曰：
> "道，天理也，心之本体也。子能知本体之自然，则知道矣。"
> 问自然。曰："心之本体不假人力，故知勿忘勿助之间，无所
> 用力者，斯得之矣。"问忘助。曰："忘助皆私心也。滞于物，
> 胜于事，皆忘也。矜持欲速，皆助也。"问勿忘勿助之间。
> 曰："无在无不在也。中正而不息，《易》所谓存乎？"子嘉闻
> 之，顿然有悟。

两相对照，可以推断后者当是前者的完整文字。

由此，我们也可以推断，黄宗羲《理学录》甘泉学派部分潘
子嘉之后，也应当还有方瓘、谢显、郑烛、林挺春、钟景星、唐
伯元和杨时乔这7人。① 笔者撰写〈黄宗羲佚著《理学录》考论〉
时，曾对比《明儒学案》中《甘泉学案》的部分，指出钱薇和潘
子嘉未见录于《明儒学案》。如今看来，黄宗羲《理学录》甘泉学

---

① 钱薇亦见黄氏《理学录》，惟排在潘子嘉之前，与姜氏《理学录》顺序不同。

派中不见于《明儒学案》的人物，应该还有潘子嘉、方瓘、谢显、钱薇、郑烛、林挺春、钟景星。

另外，蒋信的例子也是证明两部《理学录》甘泉学派彼此一致的有力证据。笔者在《黄宗羲佚著〈理学录〉考论》中曾经指出，蒋信在《明儒学案》中属于楚中王门，而在黄宗羲的《理学录》中则是属于甘泉学派。在姜希辙的《理学录》中，蒋信也是属于甘泉学派的。对比两部《理学录》中蒋信的小传，我们可以看到彼此文字完全一致。虽然均提到蒋信由冀元亨引见王阳明一事，但都没有《明儒学案》中所谓"先生（蒋信）遂与闇斋（冀元亨）师事焉"一句。

最后需要说明的是甘泉学派中的案语部分。前已指出，姜希辙《理学录》中分别评论陈献章、庄昶和罗伦以及白沙学派的 3 条案语与黄宗羲《理学录》中的对应案语完全一致。这一点，也同样表现在甘泉学派中。姜希辙《理学录》中甘泉学派共有案语 3 条，分别评论湛若水、吕怀和唐伯元。其中评湛若水案语如下：

> 臣希辙曰：甘泉以随处体认天理为宗，即白沙之自然也。自然处为天理，稍着意即失之矣。故白沙语之曰："人与天地同体。四时行，百物生。若滞在一处，安能为造化之主？善学者，常令此心在无物处，便运得转耳。"又曰："自然之乐，乃真乐也。宇宙间复有何事？"观甘泉年九十而有南岳之游，邹东廓令诸人献老而不乞言，斯（黄宗羲《理学录》中无"斯"字）甘泉之入人者深矣。

评吕怀案语如下：

> 臣希辙曰：巾石宗旨以变化气质为主，其工夫趋于平实，亦以救一时悬空测度之弊。在白沙一派，尤为得力者也。

这两条案语，除了之前的"臣希辙曰"之外，与黄宗羲《理学录》中的案语也是一致的。至于姜希辙评论唐伯元的案语，则既不见于黄宗羲的《理学录》，也不见于《明儒学案》。姜希辙这一类的案语在《理学录》中共有 17 条，其价值和意义将在后文专门讨论。此外，姜希辙的 22 条案语，包括这特有的 17 条以及与黄宗羲《理学录》相同的 5 条，笔者将一并辑录附于文后。

　　上述白沙学派和甘泉学派中 5 条在两部《理学录》中相同的案语，笔者在考察黄宗羲的《理学录》时曾经指出，作为黄宗羲撰写《理学录》时对相关学派和人物的评价，因不见于后来的《明儒学案》，对于考察黄宗羲自己的学术思想史观有重要的文献意义。但是，如今看来，这五条案语所反映的看法能否视为黄宗羲个人思想的表述，还需要进一步的研究。就目前两部《理学录》中诸多相同的文字来看，在对明代儒学一些学派和人物的判断与评价上，姜希辙和黄宗羲的高度一致能够说明什么，也值得深究。这些值得探讨的问题，后文将会专门进行考察。由于黄宗羲的《理学录》中明代儒学部分只有白沙学派和甘泉学派，阳明学的诸多学派与人物在《明儒学案》中才得到反映，因此，对比姜希辙的《理学录》和黄宗羲的《明儒学案》的同异，可以让我们对诸多问题有进一步的了解。

五、姜希辙《理学录》与黄宗羲《明儒学案》的关系

对于姜希辙《理学录》与《明儒学案》的关系，以下从形式结构与文献内容两个方面对比考察。

除王阳明之外，姜希辙《理学录》中的八个学派，有四个在《明儒学案》中有直接的"学案"与之对应，即《东林学派》、《蕺山学派》、《白沙学派》和《甘泉学派》，分别对应《明儒学案》中的《东林学案》、《蕺山学案》、《白沙学案》和《甘泉学案》。《邹氏学派》和《刘氏学派》虽然在《明儒学案》中没有直接对应的学案，但《明儒学案》中《江右王门学案一》所记载的邹守益家学的一脉，完全对应于《理学录》中的《邹氏学派》，《明儒学案》中《江右王门学案四》收录的刘文敏、刘邦采、刘晓、刘阳、王时槐、陈嘉谟，也几乎完全对应《理学录》的《刘氏学派》。《理学录》中的《钱绪山学派》和《龙溪学派》，则在《明儒学案》中没有对应的学案。

不过，即使在《明儒学案》中有完全对应的学案，《理学录》中《东林学派》、《蕺山学派》、《白沙学派》和《甘泉学派》所收录的人物，与《明儒学案》对应学案中所收的人物并不完全一致。而在《明儒学案》中完全没有学案对应的《钱绪山学派》和《龙溪学派》，所收人物则大都能在《明儒学案》中找到，只不过被分属于不同的各个学案之中了。下面，我们就按照《理学录》各个学派的顺序，具体考察《理学录》各个学派所收人物与《明儒学案》相关"学案"之间的关系。

《东林学派》所收 11 人，对应于《明儒学案》来说，有三种情况。一是列入《东林学案》的，共有 4 人，包括顾宪成、顾允成、薛敷教和高攀龙。二是被列入其他学案的，共有 5 人。欧阳德被列入《江右王门学案二》，王宗沐被列入《浙中王门学案五》，何祥被列入《泰州学案四》，张棨被列入《南中王门学案》开篇的"无语录可考见者"之列，薛应旂被列入《南中王门学案一》。三是《明儒学案》未收的，共有 2 人，包括李春芳和万虞恺。

《蕺山学派》所收 5 人，对应于《明儒学案》，只有刘宗周本人列入《蕺山学案》。其他 4 人，也是分别属于其他学案以及未收两种情况。唐枢被列入《甘泉学案四》，许孚远和冯少墟被列入《甘泉学案五》，钱镇则《学案》未收。

《钱绪山学派》所收 10 人，在《明儒学案》中并没有一个专门的学案与之对应。其中有 6 人分别属于各个不同的学案，4 人未收。钱绪山属于《浙中王门学案一》，徐用检属于《浙中王门学案四》，刘元卿属于《江右王门学案六》，罗大纮属于《江右王门学案八》，章潢属于《江右王门学案九》，萧彦属于《南中王门学案》中"无语录可考见者"。赵志皋、丁此吕、甘士价和王图则《明儒学案》未收。赵志皋之名在郝敬的小传中出现过一次，其余三人则在《明儒学案》中完全找不到姓名。

《龙溪学派》所收 11 人，在《明儒学案》中也没有一个专门的学案与之对应。11 人都分别被系属于各个不同的学案。王畿属于《浙中王门学案二》，周汝登、陶望龄和陶奭龄三人属于《泰州学案五》，唐顺之属于《南中王门学案二》，周怡属于《南中王门学案一》，张元忭属于《浙中王门学案五》。萧良榦、程大宾、查铎和戚衮这四人，则被列入《南中王门学案》开篇那些"无语录可考见者"之列。

《邹氏学派》所收 5 人，实为邹守益一脉家学。这一学派 5 人，与《明儒学案》中《江右王门学案一》完全对应。就此而言，虽然名称不同，但《邹氏学派》所收人物是《理学录》中唯一在《明儒学案》中可以完全找到对应方的一个学派。

《刘氏学派》所收 7 人，在《明儒学案》中也没有专门的学案与之对应。其中，刘文敏、刘邦采、刘晓和刘阳四人属于《江右王门学案四》；王时槐属于《江右王门学案五》，陈嘉谟属于《江右王门学案六》。贺泾则《学案》未收。

《白沙学派》在《明儒学案》中有对应的《白沙学案》。所收 19 人（湛若水别见《甘泉学派》）中，陈献章、贺钦、张诩、邹智、李承箕、林光、陈茂烈、李孔修、何廷矩和谢祐 10 人俱见《白沙学案》，庄昶和罗伦列入《诸儒学案上三》，区越、林体英、丁积、姜麟、方重杰和钟晓 6 人则《学案》未收。《明儒学案》《白沙学案》中的史桂芳则不见于《理学录》。

《甘泉学派》在《明儒学案》中也有对应的《甘泉学案》。所收 14 人中，湛若水、吕怀、何迁、洪垣、唐伯元和杨时乔六人列入《甘泉学案》，蒋信列入《楚中王门学案》，郑烛列入《南中王门学案》开篇的"无语录可考见者"之列，潘子嘉、方瓘、谢显、钱薇、林挺春和钟景星 6 人则《学案》未收。《明儒学案·甘泉学案》中的唐枢、许孚远和冯从吾，在《理学录》中则被收入《蕺山学派》。而《甘泉学案》中的蔡汝楠则《理学录》未收。

总之，《理学录》的学派划分与《明儒学案》的学案划分有很大差别。若干人物的学派归属在《理学录》和《明儒学案》中有所不同。这一点所反映的问题，我们在后面《理学录》一书的价值和意义部分再专门探讨。《理学录》收录的人物与《明儒学案》也不一致。虽然总体上《明儒学案》所收人物远远多于《理学录》，但《理学录》中也有一些人物不见于《明儒学案》。

除了上述形式结构上的同异之外，《理学录》和《明儒学案》在各个人物文献选录的内容方面，更有值得比较研究之处。

和《理学录》一样，《明儒学案》也是以阳明学为主体的。并且，尽管随着《四库全书存目丛书》、《续修四库全书》、《四库禁毁书丛刊》、《四库未刊丛书》等大型古籍整理成果的出现，阳明后学各个人物的完整文集已经大都可以找到，但是，在未便获致这些文献或者由于卷帙浩繁而需要一个精简的文献选本时，《明儒学案》迄今仍然是治明代儒学史的学者不可或缺的资料书。那么，同样是以阳明学为主体，较之《明儒学案》，姜希辙的《理学录》又有哪些值得注意之处呢？对比《理学录》与《学案》，我们发现有以下几种情况。

第一种，《理学录》与《明儒学案》二书所选学者文献有些内容彼此完全或几乎完全一致。譬如，《理学录·白沙学派》中《张东所文集》共收张诩文字6篇：《白沙遗言纂要序》、《介石记》、《柳塘记》、《复乾亨》、《复曹梧州》和《白沙先生墓表》。除"曹梧州"《学案》作"曹梧丹"外，6篇文字内容完全一致。《理学录·甘泉学派》部分与《学案》也几乎完全一致。其中所录《甘泉语录》部分包括《心性图说》、《学说》以及46条问答语录，除《学说》一段外，俱见《学案》。惟《学案》除《心性图说》、《语录》之外，还有《求放心篇》1篇、《论学书》27篇，且《语录》中有8条语录不见于《理学录》。《吕巾石文集》不仅所收25篇论学书完全见于《学案》中的吕怀《论学语》，编排顺序也完全一致，只不过《学案》中第14篇《答谢显》和第15篇《答沈仲木》不见于《理学录》而已。《何吉阳集》选录序文3篇、语录13条，与《学案》中何迁《论学语》所选完全一致。唐伯元《醉经楼集解》的69条选录，也同样与《学案》一致。

第二种、《理学录》中一些人物的文献选录，《明儒学案》中全部都有收录，但《学案》对应的部分内容更为丰富。譬如：《理学录》共收高攀龙的《高子遗书》中语录27条以及《静坐说》、《未发说》和《乾坤说》3篇。其中除第25条一条外，① 《学案》均有收录，且文字完全相同。而《学案》共选录高攀龙《语录》47条、《札记》8条、《说》10篇、② 《辨》1篇、《论学书》28篇、《杂著》14篇、《讲义》17段、《会语》24条，较《理学录》所收丰富。

第三种，有些学派和人物的选材，《理学录》可以涵盖《明儒学案》，且文字较《学案》为多。例如，《理学录·邹氏学派》中《邹聚所语录》35条，而《学案》中选邹聚所语录20条，其中19条皆见于《理学录》。《理学录》多出的16条语录，俱见邹裒所编《邹氏学脉》所收邹聚所语录中。③ 由此可见，在黄宗羲与

---

① 该句为"孝弟二字，终日味之不可穷，终身行之不可尽。下学上达在此。"
② 包括《静坐说》、《书静坐说后》、《示学者》、《为善说》、《知天说》、《未发说》、《心性说》、《气心性说》、《理义说》、《气质说》、《乾坤说》和《邹顾请益》。
③ 邹裒是邹守益曾孙，所编《邹氏学脉》收录包括邹守益、邹守益之子邹善以及邹善之子孙邹德涵和邹德泳的语录。

姜希辙相同的选材之外，姜氏《理学录》中还有《明儒学案》不曾选录的文献。这一类的文字，由于目前大都可以在对应人物的文集中找到，且这些文集如今大部分都收入了《四库全书存目丛书》、《续修四库全书》等已经正式出版的大型古籍整理的丛书之中，本文就不再一一辑出附于文后了。

第四种、《理学录》和《明儒学案》在对应人物的文献上，彼此选材有时差异相当大。譬如，陈白沙的部分《理学录》共收《陈白沙语录》49 条，而《学案》仅收白沙语录 7 条。但语录之外，《明儒学案》又收白沙《论学书》17 篇、"题跋" 4 篇、《著撰》10 篇。仔细对照，《明儒学案》中《论学书》、《题跋》、《著撰》中有 5 条是与《理学录》中的语录基本或完全一致的。但是，除了这 5 条之外，《明儒学案》所收白沙 7 条语录，在《理学录》中全无对应。而《理学录》中还有 44 条语录不见于《明儒学案》。这彼此之间的差别，反映了姜希辙与黄宗羲在选择陈献章的代表性文献方面具有不同的认识。从形式上看，似乎《明儒学案》取材更为广泛，更有涵盖性。但就掌握白沙的思想特质而言，笔者以为，姜希辙《理学录》中的选材，似更具有代表性。

这一类彼此选材差异的例子还有很多，譬如，《理学录》中《刘两峰论学要语》共 49 条，有 15 条不见于《明儒学案》（分别为第 1、2、3、6、9、16、17、18、21、25、30、32、36、39、47条）。《理学录》中《刘三吾语要》共 17 条，其中有 11 条不见于《明儒学案》中的《三吾先生洞语》。《明儒学案》中《三吾先生洞语》共 24 条，也有 18 条不见于《理学录》。《理学录·贺医闾言行录》共收贺钦语录 24 条，《明儒学案》则收 23 条。两相对照，相同者仅 11 条（《理学录》第 2、4、5、10、11、12、14、15、16、18、19、22、24 条不见于《明儒学案》）。《理学录·徐鲁源语要》共收 15 条，其中第 1 条是关于徐用检和李贽交往的故事，在《明儒学案》中并入徐用检的小传。第 9、10、11、12、13、14、15 条见《明儒学案·兰游语录》。如此仍有 7 条语录不见于《学案》。《理学录·钱绪山学派》中《钱绪山会语》共 19 条，其中有 11 条不见于《学案》。《明儒学案》收钱绪山《会语》共 26 条，只有 8 条可以在《理学录》中找到对应者。并且，我们可以发现，《明儒学案》中的这 8 条语录是节录，而《理学录》所录较为完整。核之其他几部收录绪山语录的书，包括周海门的《王门宗旨》、《圣学宗传》、孙奇逢的《理学宗传》、池上客的《正心录》以及日本学者吉田公平整理的《钱绪山遗文抄》，我们可以发现《明儒学案》不见而《理学录》收录的 11 条，如此可见姜氏《理学录》所收钱绪山语录的不妄。①

第五种，二书文献选录完全不同。这种情况有两例。一是周汝登文献的选材内容，二是许孚远文献的选录形式。《明儒学案》所选周汝登的材料有《证学录》语录 28 条、诗 5 首及其回应许孚远《九谛》的《九解》。《理学录》中周汝登的部分，则选录《周海门或问》5 条，均为较长篇幅的文字。这五条问答语录既不见于通行的十六卷本《东越证学录》，也不见于十二卷本的《周海门文

---

① 笔者曾经在吉田公平《钱绪山遗文抄》的基础上进一步搜求和考证钱绪山的语录，参见彭国翔：《钱绪山语录辑逸校注》，《中国哲学史》（北京），2003 年第 3 期，页 111－128；《中国文哲研究通讯》，中研院中国文哲研究所，2003 年，第十三卷第二期，页 13－56。

录》，而见于万历刻二十卷本《东越证学录》之中，[①] 分别是其中《或问十则》的第2、3、4、5、6条。《明儒学案》中许孚远部分选录其《原学篇》1篇和《论学书》13篇，未选其《九谛》。《理学录》中许孚远的部分，则仅录其《九谛》而未及其余。当然，《明儒学案》中周汝登《九解》的部分，已经包含许孚远的《九谛》，因此，若从内容来看，就不能说《理学录》中许孚远的文献选材与《明儒学案》完全不同了。

对于姜希辙《理学录》与黄宗羲《明儒学案》在形式结构与文献内容方面的同异，以上的考察限于事实的描述。下面，我们要进一步分析和探讨姜希辙《理学录》与《明儒学案》同异之间所反映的学术思想史上的问题，说明姜希辙《理学录》一书的价值和意义。在姜希辙的《理学录》进入研究者的视野之前，若干学术思想史上的问题无从引起思考，相关的思考也缺乏足够的文献支持。

六、姜希辙《理学录》的价值和意义

姜希辙《理学录》的价值和意义，也可以分别就其形式结构和文献内容两方面来看，以下分别言之。

黄宗羲《明儒学案》中不同学案的划分，基本上是以地域为标准的。但是，这种划分也毕竟不能与学派的归属完全无关。正

---

① 该本现藏北京国家图书馆。《或问十条》是周汝登万历四十二年甲寅（时周汝登68岁）在南都讲学时门人祁承业记录的。参见彭国翔：《周海门年谱稿》，现收入本书。

是在学派归属的问题上，黄宗羲的《明儒学案》其实存在不少值得检讨的问题。而姜希辙《理学录》在形式结构上的不同，可以使《明儒学案》中学派划分所存在的问题得到进一步的澄清。

笔者多年前曾经撰文辨正周汝登的学派归属以及《明儒学案》中泰州学案设置的不当。① 依笔者的考证，无论按照地域还是师承的标准，以周汝登为首的整个《泰州学案五》都应该作为王畿的传人而属于浙中王门，不当属于泰州学派。并且，泰州学案的设置无论从地域还是师承的标准来看，都颇多问题，其实是黄宗羲有意区别阳明正传与别派，以便使阳明学尽可能减少与禅宗干系这样一种考虑的产物。泰州王艮一脉明明是阳明的传承，但却不冠之以"王门"，显然说明在黄宗羲的心目中泰州一脉已经不在正统阳明学的范围之内了。虽然当初笔者的辨正已经有充分的文献证据而无可置疑，但当笔者看到姜希辙《理学录》中龙溪学派的人员构成时，还是由于在其中获得了印证而感到欣慰。在姜希辙《理学录》的龙溪学派中，周汝登正是被作为王畿的第一个传人，而陶望龄、陶奭龄，也正是作为周汝登的传人而系属于龙溪学派的第三代。②

不仅如此，笔者阅读王畿自己的各种文集以及相关史料时看到的那些王畿的门人弟子，③ 包括萧良榦、查铎、戚衮、周怡、张元

---

① 彭国翔：《周海门的学派归属与〈明儒学案〉相关问题之检讨》，《清华学报》（台湾），新 31 卷第 3 期，2002 年 9 月，页 339－374。该文现收入本书。
② 在《明儒学案》中，周汝登的传人除了陶望龄和陶奭龄之外还有刘塙。但在姜希辙的《理学录》中，无论在龙溪学派开首的图表中还是正文中，都没有提到刘塙。
③ 关于王畿的诸位门人弟子，参见笔者撰写的《王龙溪先生年谱》，见彭国翔：《良知学的展开——王龙溪与中晚明的阳明学》（北京：三联书店，2005），附录，页 511－571。

忾等人，在姜希辙的《理学录》中也恰恰都是被归于龙溪学派的。但是在《明儒学案》中，萧良幹、查铎、戚衮、周怡均被列入了《南中王门学案》开篇的"无语录可考见者"，[①] 张元忭则被列入《浙中王门学案五》。而在这些人物的小传中，黄宗羲也都据实指出了这些人都是受业于王畿的。由于思想的理论水平高超加之得享高年，王畿实际上成为王阳明之后整个阳明学的核心人物，以至于当时投身其门者甚众。而这样一个事实上存在的人数不少的学派，在《明儒学案》中没有得到反映。在这个意义上，姜希辙《理学录》中龙溪学派的设置，可以说反映了思想史的实际，弥补了《明儒学案》的不足。

姜希辙《理学录》中的钱绪山学派的意义也是同样。钱绪山的理论建构虽然不能与王畿相提并论，但其讲学较之王畿却并无太多逊色。一时间，也有很多学者投身其门。比如徐用检、赵志皋、萧彦，都是直接从学于钱绪山的。这一点，即使在《明儒学案》中，也无从否认。如萧彦，黄宗羲就明谓其"师事绪山"。[②] 至于刘元卿、罗大纮，则都是徐用检的门下，可谓钱绪山的再传。而这些人物，在《明儒学案》中也是被分散到了各个不同的学案。徐用检被归入《浙中王门学案四》，萧彦被列入《南中王门学案》开篇的"无语录可考见者"，赵志皋则根本无传，仅在郝敬（1558－1639，字仲舆，号楚望）的小传中提到其名。至于钱绪山的再传刘元卿和罗大纮，则分别被归入《江右王门学案六》和《江右王门学案八》。显然，如果没有姜希辙《理学录》的对照，

---

① 《黄宗羲全集》，第 7 册，页 671。
② 《黄宗羲全集》，第 7 册，页 673。国翔按：《黄宗羲全集》中误作"萧念"。

和龙溪学派一样，钱绪山学派在阳明学的整体图景中也是几乎销声匿迹的。而龙溪学派和钱绪山学派中那些被《明儒学案》归入《南中王门学案》开篇"无语录可考见者"的人物，也反过来说明了《明儒学案》中《南中王门学案》的设置不无可商榷之处，尽管或许不像《泰州学案五》中周汝登一脉那样明显不合史实。

此外，姜希辙《理学录》中关于蒋信的学派归属，也可以让我们进一步思考《明儒学案》中《楚中王门学案》和《泰州学案四》存在的问题。笔者在考察黄宗羲的《理学录》时曾经指出了黄宗羲《理学录》与《明儒学案》前后的不同。在《明儒学案》中，蒋信是被归入《楚中王门学案》的。在黄宗羲的《理学录》中，蒋信被归于甘泉学派。而在姜希辙的《理学录》中，和黄宗羲《理学录》中的划分一致，蒋信也是被作为湛若水而非王阳明的传人。在黄宗羲《理学录》蒋信的小传中，并无明确说明蒋信曾经"师事"阳明。只是到了《明儒学案》中，黄宗羲才在蒋信的小传中明确加了"遂与闇斋（冀元亨）师事焉"一句。但是，即是如此可以表明蒋信师事阳明在先，蒋信从游湛若水的时间以及与湛若水的亲密程度，都超过阳明。这一点，在黄宗羲的《理学录》和《明儒学案》中，记载都是同样的。如此看来，黄宗羲将蒋信从甘泉学派改为阳明门人，只能是出于地域的考虑，因为蒋信是"楚之常德人"。在《明儒学案》中加上蒋信师事阳明一句，无非是要使这种划分的合理性在地域之外还有师承的担保。但是，同样是楚人的耿定向、耿定理兄弟两人，尽管与泰州王艮一脉并无直接关联，在《明儒学案》中却被黄宗羲划入了《泰州学案四》。之所以如此，和对待周汝登、陶望龄和陶奭龄一样，也是出于黄宗羲对耿氏兄弟之学的判断。对此，黄宗羲自己在《楚中王门学案》的开篇部分其实自己已经透露了消息：

> 楚学之盛，惟耿天台（耿定向）一派，自泰州流入。当阳明在时，其信从者尚少。……然道林（蒋信）实得阳明之传，天台之派虽盛，反多破坏良知学脉，恶可较哉！①

黄宗羲认为耿定向兄弟之学"破坏良知学脉"，因此不顾其学派划分的地域标准，将耿氏兄弟划入泰州，如此《明儒学案》《楚中王门学案》只有蒋信和冀元亨两人，而冀元亨是没有文献选录的。在这种情况下，如果蒋信不入楚中王门，楚中王门则仅余空名。但是，蒋信从游湛若水历时更久以及与湛若水关系更为密切的事实不容更改，因此，《明儒学案》对蒋信学派归属的划分，未必合理。这一点，从黄宗羲和姜希辙两人在各自的《理学录》中都把蒋信放在甘泉学派来看，是可以得到支持的。

总之，从形式结构来看，《理学录》比较明确是以师承的授受关系作为划分学派归属的唯一标准，不考虑地域的问题。而《明儒学案》则划分学派归属的标准并不一致，主要是根据地域，但有时也根据师承而不考虑地域，如《白沙学案》和《甘泉学案》，甚至出于其维护阳明学的个人用意而于地域和师承两方面都不顾

---

① 《黄宗羲全集》，第7册，页727。

者，如《泰州学案五》中周海门、陶望龄、陶奭龄和刘塙诸人。与之相较，姜希辙《理学录》中各个学派的划分，比较能够反映当时学派的客观分布，同时可以反衬出《明儒学案》学派划分的一些问题。这是其价值和意义的一个方面。

当然，姜希辙《理学录》中的学派划分也并非毫无可以商榷之处。譬如，姜氏《理学录》中东林学派中收入欧阳德、王宗沐和薛应旂，就有不妥。顾宪成虽然从学于薛应旂，而薛应旂是欧阳南野门下，但由此将欧阳南野和薛应旂一并归于东林学派，并不合理。纵使薛应旂可为东林先驱，欧阳南野无论如何也是阳明亲炙弟子，王门的重要人物之一，不当放在东林学派。王宗沐是欧阳南野门下，与东林并无关系。姜氏《理学录》似乎是因为将欧阳南野归入东林学派，因而也将王宗沐一并划入。但是，既然欧阳南野作为王门重要一员不当归入东林，王宗沐也就自然不当属于东林学派了。还有蕺山学派中的唐枢、许孚远和冯从吾三人。在《明儒学案》中，三人皆入《甘泉学案》，《蕺山学案》只有刘宗周一人。许孚远是唐枢的门下，而唐枢师事湛若水，因此，即使许孚远是刘宗周的老师，将唐枢连同许孚远一道归入蕺山学派，似有不当。至于冯从吾，虽与刘宗周同为许孚远门下，且刘宗周任御史大夫时曾经上疏复建首善书院，崇祀冯从吾，但是否将冯从吾算作蕺山学派的成员，似乎也并无理据。

此外，关于姜希辙《理学录》形式结构上的特点，还有一点值得特别说明。我们知道，黄宗羲在《明儒学案》的每个学案之前，并没有采用图表的方式来显示该学案构成人员的谱系与授受关系。在其更早的《理学录》中，也没有这种形式。只有到了黄宗羲本人未竟而由全祖望等人续成的《宋元学案》中，才有了以图表方式显示学案构成人员之间谱系与授受关系的那种形式。而《宋元学案》每个学案开头用以显示谱系与师承授受关系的图表法，与姜希辙《理学录》每个学派之前的图表方式几乎完全一致，只是前者未在每个人名下注出其字和里籍而已。那么，《宋元学案》中的图表法，是否得之于姜希辙的《理学录》呢？黄宗羲之前和同时，在体例上类似于《理学录》和两部《学案》的学术思想史撰著主要有刘元卿（1544－1621）的《诸儒学案》、冯从吾（1556－1627）的《元儒考略》、周汝登的《圣学宗传》、孙奇逢（1584－1675）的《理学宗传》、魏裔介的《圣学知统录》和《圣学知统翼录》、董允瑶（1627－1679）的《尊道集》、①熊赐履（1635－1709）的《学统》以及万斯同的《儒林宗派》等。在这一类的著作中，除了万斯同的《儒林宗派》之外，其他都没有这种显示师承授受关系的图表法，如此一来，《宋元学案》中图表法的来源，极有可能是有取于姜希辙的《理学录》和万斯同的《儒林宗派》。进一步追问的话，就要考察姜希辙《理学录》和万斯同《儒林宗派》在撰写时间上的先后了。关于姜氏《理学录》撰写的时间，本来也是本文的题中应有之义。为了说明姜氏《理学录》图示体例的意义，在此一并稍加考证。

万斯同的《儒林宗派》一书本身其实就是一个图表，所谓史表体，其中并无文献的选录。其成书的确切年代或不易断，但大

---

① 董氏《尊道集》已佚，然其《序》尚存民国柴永祺纂修《四明儒林董氏宗谱》（民国七年崇本堂木活字本）中。

致在康熙十二年稍前，① 自然比《明儒学案》成书为早。但是，姜希辙《理学录》的成书时间应当比《儒林宗派》更早。姜氏《理学录·刘师泉易蕴》第 8 条 "见玄而不影响者，鲜矣；务博而不支离者，鲜矣。见过以致玄，玄而质也。" 句中三个 "玄" 字，在《明儒学案》中均改为 "元"，当为避康熙讳。② 姜氏《理学录》中多处既未改 "玄" 字，也未去掉 "玄" 字末划一点。③ 由此可知其撰写《理学录》不但早于黄宗羲的《明儒学案》，并且应当是在康熙朝之前，早于万斯同的《儒林宗派》。有趣的是，《儒林宗派》的图表体例与姜希辙《理学录》的图表体例完全一致，都是几乎在每位人物的姓名下以小字注出其字和里籍。就此而言，我们说万斯同《儒林宗派》的图示体例来自于姜希辙的《理学录》，应该是一个不错的判断。事实上，正如前文已经指出的，万斯同康熙八年（1669）始有数年时间正是寓居姜希辙家中阅读明实录的。因此，我们应当可以说，《宋元学案》各个学案之前的图表体例，无论是黄宗羲撰写《宋元学案》之初已经开始采用，还是后来续成《宋元学案》的诸人所补，若论其最早的依据和来源，都只能说是借鉴了姜希辙《理学录》的体例。就此而言，这种图示体例可以说是姜希辙《理学录》一书在形式结构上具有特别价值

---

① 参见方祖猷：《万斯同评传》（南京：南京大学出版社，1996），页 60。

② "玄" 字避讳从康熙元年直到清末。当然，之前历史上也曾有过 "玄" 字避讳，即北宋大中祥符五年（1013）十月之后至宋末，因崇信道教的宋真宗赵恒仿效李唐王朝尊太上老君李耳为先祖的做法，虚构了一位 "上灵高道九天司命保生天尊大帝"，以之为赵氏始祖，名玄朗。事见《宋史》（清乾隆武英殿刻本，《中国基本古籍库》），卷一〇四《礼志》第五十七。自此以后，宋朝即避 "玄" 字讳而代之以 "元" 字。但此类避讳只终其一朝，改朝换代之后即不避。

③ 原书字迹有时难以辨认，有个别处似又去掉了 "玄" 字末划一点，如许孚远谛九中 "而奈何以玄言妙语，更谓可接上根之人"。但又似磨损所致。

和意义的另外一点。

以上是从形式结构看姜希辙《理学录》一书的价值和意义。就文献内容而言，姜希辙《理学录》的价值和意义同样有两点值得探究。

首先，一般来说，《明儒学案》所选文字较《理学录》涵盖面广且内容为多。但就两书共选的语录对比来看，《理学录》所录语录往往较为完整，而《明儒学案》有时加以节略甚至改写。如此一来，不仅无法反映原作者文字的原貌，有时甚至会引起误解。对此，我们各举《冯少墟语录》和《小心斋札记》中的两例为证。

《明儒学案》选录冯从吾《辨学录》20条、《疑思录》15条、《语录》25条、《论学书》5条、《义利图说》1篇，《理学录》仅选录《冯少墟语录》22条，总量不如《明儒学案》丰富。但是，将两书共选少墟语录与现存冯从吾次子冯嘉年所刻二十二卷本《少墟集》对照，可以发现《理学录》所选文字较忠实原文。例如，《理学录·冯少墟语录》第2条为：

> 问："孟子言性善，亦只说得情一边，性安有善之可名？"曰："性体无声无臭，不睹不闻，原不可名。第观于情之善，而性之善始可得而名耳。故曰'乃若其情，则可以为善矣'。乃所谓善也。观于石中有火，击之乃见，则知火在石中。虽不击，亦有。观于洪钟有声，叩之始鸣，则知声在钟中，虽不叩非无。知击之有火，叩之有声，则知情。知不击之火，不叩之声，则知性矣。此正孟子所以善言性也。"

与这段话完全相同的文字亦见《少墟集》卷九第 8 条语录，由此可见，《理学录》这段话是完整摘录冯从吾语录的原文。《明儒学案·少墟语录》第 10 条也有这段话，但文字却是这样的：

> 孟子以情善言性善，譬之石中有火，击之乃见，则知火在石中，虽不击亦有；洪钟有声，叩之始鸣，则知声在钟中，虽不叩非无。知击之有火，叩之有声，则知情；知不击之火、不叩之声，则知性矣。

第一句"孟子以情善言性善"，显然是黄宗羲自己的概括。其后，则只是选取原文的部分，并非原文段落的完整实录。

再比如，《理学录·冯少墟语录》第 10 条为：

> 心一也，自心之发动处谓之意，自心之灵明处谓之知。意与知同念并起，无等待，无先后，人一念发动，方有善念，方有恶念，而自家就知道孰是善念？孰是恶念？一毫不爽，可见意有善恶，而知纯是善。何也？知善固是善，知恶亦是善也。惟此良知，一毫不爽，所以有善念，便自有好善之念。有恶念，便自有恶恶之念。彼不诚其恶恶好善之意者，自家良知岂能瞒昧得？只是明知而故为之，不肯致知耳。小人拚其不善，以著其善。其于善不善之介，其于诚不诚之介，岂不分明？所谓有恶念，亦自有恶恶之念。只是小人不肯诚于恶恶耳。学者不必如何去做功夫，只是知恶之当恶，便如恶恶臭之恶以恶之，则知恶之知致，而恶恶之意诚矣。知善之当好，便如好好

色之好以好之，则知善之知致，而好善之意诚矣。此诚意所以先致知也。独字，文公解曰："人所不知而己独知之地也。"以知字解独字，真得孔曾之髓。而或以自字解独字，则误甚矣。

这段话也是《少墟集》卷九中一段语录的完整实录。可是在《明儒学案》中，这段话却只被选录如下：

心一也，自心之发动处谓之意，自心之灵明处谓之知。意与知同念并起，无等待，无先后。一念发动，有善有恶，而自家就知孰是善念，孰是恶念，一毫不爽。可见意有善恶，而知纯是善。

这两个例子都表明在选录人物的语录时，《理学录》往往是完整摘录相关的段落而不加删改，《明儒学案》则有时有所删节。就此类文字而言，显然姜氏《理学录》的文献选录比《明儒学案》更能呈现原始的语脉，反映出文献作者完整的思想内容。

姜希辙《理学录》共选录顾宪成《小心斋札记》34 条。其中第 16 条如下：

关尹子曰：人身之生死，有形者也；人心之生死，无形者也。众人见有形之生死，不见无形之生死，故常以有形者为主，情欲胜而道义微，即其耳目人也、口鼻人也、四肢人也，不过行尸走肉已耳。圣贤见无形之生死，不见有形之生死，故常以无形者为主，道义胜而情欲微，即其耳目人也、口鼻人也、四肢人也，固已超然与造物者游矣。而今理会生死，须把二字勘得明白然后可。

这段话出自顾宪成《小心斋札记》卷六，有清康熙本《顾端文公遗书》可以对照。但在《明儒学案》卷五十八《东林学案一》所录顾宪成《小心斋札记》第23条，这段完整的话却成了如下一段：

人身之生死，有形者也；人心之生死，无形者也。众人见有形之生死，不见无形之生死，故常以有形者为主；圣贤见无形之生死，不见有形之生死，故常以无形者为主。①

两相比较，显然可见黄宗羲对原文作了简化。

再譬如，姜希辙《理学录》中《小心斋札记》第17条中是这样的：

问程子《识仁说》。曰："程子此一篇，字字从赤心中流出。迩来儒者，既已家尸而户祝之矣。只是程子全提，今也似乎半提。"曰："何也?"曰："'仁者浑然与物同体，义礼智信，皆仁也'，此全提也。今也于'仁者浑然与物同体'则悉意举扬，于'义礼智信皆仁也'则草草放过。'识得仁体，以

① 《黄宗羲全集》，第八册，页739。

诚敬存之而已，不须防检，不须穷索'，此全提也。今也于'不须防检，不须穷索'则悉意举扬，于'诚敬存之'则草草放过。若是者，非半提而何？"曰："既于'义礼智信皆仁也'草草放过，即所谓'浑然与物同体'，亦只窥见得一个笼统意思而已，非真能如程子之所谓'浑然与物同体'也。既于'诚敬存之'草草放过，即所谓'不须防检，不须穷索'，亦只窥见得一个脱洒意思而已，非真能如程子之'不须防检，不须穷索'也。是且并其半而失之矣。子谓'程子全提，今也似乎半提'，愚窃谓程子实提，今也似乎虚提。"曰："也难道他尽是虚，只是多从便宜处走了。"

这里是顾宪成与问者一段完整的对话。核之《顾端文公遗书》中《小心斋札记》卷七，原文与这里姜希辙《理学录》所录完全一致。但在《明儒学案》所录《小心斋札记》第24条，这段问答却变成了以下这段话：

迩来讲《识仁说》者，多失其意。"仁者浑然与物同体，义礼智信皆仁也"，此全提也。今也于"浑然与物同体"则悉意举扬，于"义礼智信皆仁也"则草草放过。"议得仁体，以诚敬存之而已，不须防检，不须穷索"，此全提也。今也于"不须防检，不须穷索"则悉意举扬，于"诚敬存之"则草草放过。若是者，非半提而何？既于义礼智信放过，即所谓"浑然与物同体"者，亦只窥见笼统意思而已。既于"诚敬存之"放过，即所谓"不须防检、穷索"者，亦只窥见脱洒意思而已。是并其半而失之也。①

这里不仅对文字有所简化，更将两人的话合为一人之词，问者的话也就无形中成了顾宪成的话。这样的做法，虽然或可收简洁之效，但已不是原始文献的真实呈现了。

就后人从事研究所当依据的原始文献来看，姜希辙《理学录》中这些记录更为完整的语录，较之《明儒学案》中那些简化甚至误植的文字，自然有其优胜处。这一点，我们不妨再举王时槐语录中的两条为证。

譬如，《明儒学案·王塘南语录》第9条如下：

> 问："知一也，今谓心体之知与情识之知不同，何也?"
> 曰："心体之知，譬则石中之火也，击而出之为焚燎，则为情
> 识矣。又譬则铜中之明也，磨而出之为鉴照，则为情识矣。致
> 知者，致其心体之知，非情识之谓也。"②

而在《理学录·王塘南语录》第6条，这句话是这样记录的：

> 问："知一也，今谓心体之知与情识之知不同者，何居?"
> 曰："心体之知，譬则石中之火也，击而出之为焚燎，则为情
> 识矣。心体之知，譬则铜中之明也。磨而出之为鉴照，则为情
> 识矣。焚燎之火有起灭，而蕴在石中者无起灭也。鉴照之明有

---

① 《黄宗羲全集》，第8册，页739。
② 《黄宗羲全集》，第7册，页554－555。

开蔽，而含在铜中者无开蔽也。致知者，致其心体之知而已。

两相比较，显然后者意思表达更为完整连贯。尤其后者"焚燎之火有起灭，而蕴在石中者无起灭也。鉴照之明有开蔽，而含在铜中者无开蔽也"一句，更为生动地说明了"情识之知"与"心体之知"之间的不同。

再譬如，《明儒学案·王塘南语录》第16条是如下一句：

> 意在于空镜，则空镜亦物也。知此，则格物之功无间于动静。①

而在《理学录·王塘南语录》中，这句话却是这样记载的：

> 问："一念未行，即为空境，亦是物也。何如？"曰："意在于空境，则空境亦物也。知此，则知格物之功，无间于动静。"

显然，《理学录》中的记载不仅完整，而且"空境"与"空镜"相较，更合乎这里所要表达的义理。事实上，王塘南《友庆堂合稿》卷四《三益轩会语》中的语录正作"空境"，②《明儒学案》的"空镜"当是误植。

---

① 《黄宗羲全集》，第7册，页556。
② 王时槐《友庆堂合稿》卷四《三益轩会语》中该段作："问：'一念未萌，即为空境，亦是物也。如何？'曰：'意在于空境，则空境亦物也。知此，则知格物之功，无间于动静。'"见《四库全书存目丛书》，集部第114册，页252。

其次，前文已经提及，姜氏《理学录》中还有不少《明儒学案》未收的语录。这些文字，在对应学者的全集或较为完整的选集中，不但这些文字都可以找到，而且往往都是完整的摘录。

例如，《冯少墟语录》第5条为：

> 告子食色性也，谓之曰性。若曰：人之所不学而能者，其良能也；所不虑而知者，其良知也。孩提之童，无不知甘其食也，及其长也，无不知悦其色也。甘食，性也。悦色，性也。无他，达之天下也。故孟子不得已，亦曰人之所不学而能者，其良能也；所不虑而知者，其良知也。孩提之童，无不知爱其亲也，及其长也，无不知敬其兄也。亲亲，仁也。敬长，义也。无他，达之天下也。如此，则孟子仁义性也之说，不惟别人心服，即告子亦心服矣。从告子之论性，则甘食悦色，无仁义以为堤防。人人以纵欲为真，以循理为伪。其究也，至于为禽为兽。从孟子之论性，则爱亲敬长，即食色亦协天则。人人以循理为是，以纵欲为非。其究也，可以为圣为贤。性学一差，毫厘千里。欧阳公谓教人性非所先，误矣，误矣。

这段话也见于《少墟集》卷九。另外，《理学录·冯少墟语录》中第4、8、11、12、14、15、16、17、18、19、20、21条均不见于《明儒学案》，却都是《少墟集》中相关语录的完整摘录。

再比如，《理学录·小心斋札记》第31条是如下一大段话：

> 或问："不思之谓神，不勉之谓化。性体原是如此，圣人

之尽性，亦是如此。窃以为学者起因结果，都应不出不思不勉四字。子于此屡有推敲，何也？"曰："君谓不思者，自能不思乎？不勉者，自能不勉乎？当必有个来脉矣。君谓不思者，贵其不思而已乎？不勉者，贵其不勉而已乎？当必有个落脉矣。《中庸》曰'诚者不勉而中，不思而得，'诚是来脉。曰中曰得，是落脉。要而言之，来脉处即落脉处，此所谓性体也。是故寻着来脉，方好入脚。不然，纵要不思不勉，如何强得？向落脉上勘明，方好驻脚。不然，纵能不思不勉，亦有何用？试看告子'不得于言，勿求于心'，分明是个不思；'不得于心，勿求于气'，分明是个不勉。如此，告子分明是个圣人。无论孟子，即孔子未到从心时，还须让他三舍。然而证诸性体，天地悬隔，何也？缘他只认得不思不勉是性，不认得善是性，竟作空头帐耳。由此观之，君将就不思求不思乎？抑亦就所以不思求不思乎？将就不勉求不勉乎？抑亦就所以不勉求不勉乎？恐不可不屡加推敲也。"

这段话也不见于《明儒学案》，但核之《顾端文公遗书》，可知出自《小心斋札记》卷十二。除了最后一句有异文之外，其他与原文一字不差。这不但再次说明姜希辙《理学录》在选录文献时非常忠于原文，更表明《明儒学案》选录的文献，并不能反映作者思想材料的全貌。因此，姜氏《理学录》中这些《明儒学案》未收的文字，具有原始文献的价值，可以弥补《明儒学案》的不足。这是《理学录》在文献内容方面的第二点价值和意义。以往研究明代儒学，在文献的依据上往往多根据《明儒学案》的选材，而忽视了周汝登的《圣学宗传》、孙奇逢的《理学宗传》等当时其他的学案体著作。事实上，和姜氏《理学录》一样，这些著作的文献选录中，也往往含有《明儒学案》未收的原始文献。仅以《明儒学案》为据，无论在原始文献的占有还是学术谱系的掌握两个方面，都不免会受到限制。[1] 尤其在缺乏完整的原始文集的情况下，《明儒学案》之外诸如姜氏《理学录》、《圣学宗传》和《理学宗传》此类学案体著作中《学案》未收的文献选录，对于全面和充分的研究就具有特别的意义。[2]

最后，除了形式结构和文献内容方面的四点价值和意义之外，姜希辙《理学录》中评论各个学派与人物的 22 条案语，也有其学术思想史研究的价值和意义。前文已经指出，在姜希辙《理学录》的这 22 条案语中，评论陈献章、庄昶和罗伦（两人共一条）、白沙学派、湛若水和吕怀的 5 条和黄宗羲《理学录》中对应的案语一字不差、完全一样。那么，我们不禁要问：这五条评论究竟是姜希辙的看法，还是黄宗羲的看法？抑或是姜、黄两人平素磋商、

[1] 事实上，钱穆先生亦曾指出《明儒学案》不能作为治明代儒学的最终凭籍。所谓："余少年读黄梨洲《明儒学案》，爱其网罗详备，条理明晰，认为有明一代之学术史，无过此矣。中年以后，颇亦涉猎各家原集，乃时憾黄氏取舍之未当，并于每一家之学术渊源，及其独特精神所在，指点未臻确切。乃复时参以门户之见、意气之争。""故其（梨洲）晚年所为学案，亦仅可为治明代儒学者之一必要参考书而止。"《读刘蕺山集》，《钱宾四先生全集》，第 21 册，《中国学术思想史论丛》（七）（台北：联经出版公司，1993），页 351，页 365。

[2] 譬如，钱绪山完整的语录虽然尚不能断言佚失，但至今尚未见得见，如果仅凭《明儒学案》中的绪山语录，很难对绪山思想有全面的了解。笔者曾经搜求《明儒学案》之外的钱绪山文献，参见彭国翔：《钱绪山语录辑逸校注》，《中国文哲研究通讯》，中研院中国文哲研究所，2003 年，第十三卷第二期，页 13 – 56。如今这部姜氏《理学录》中所收绪山 19 条语录中，亦有 11 条不见于《明儒学案》。而《明儒学案》所收绪山会语共 26 条中，只有 8 条可以在《理学录》中找到对应。并且，这 8 条语录是节录，《理学录》所录较为完整。

交流形成的共同看法？

　　姜氏《理学录》成书尚在黄宗羲《理学录》之前，更早于《明儒学案》。因此，从这五条一字不差的案语来看，自然有可能是黄宗羲得之于姜希辙。整个姜氏《理学录》中的22条案语前都冠之以"臣希辙曰"，更无疑表明这些评论都是姜希辙的看法。但是，在当时的文化环境中，并没有我们如今这种知识产权的观念。比如说，黄宗羲《明儒学案》中许多人物的小传，其实都是得自于焦竑的《国朝献征录》。如果当时已有这样的观念，黄宗羲是断不会如此大量掩袭的。因此，姜氏《理学录》虽然早出，那些案语却仍然有可能是他平常与黄宗羲彼此切磋、交流所形成的看法。姜氏《理学录》22条案语前都以"臣希辙曰"开头，似乎也主要在于表明姜氏此书之作意在上达朝廷，未必可以证明他是要藉此来表示那些评论的案语都是他个人的一己之见。在缺乏足够证据的情况下，要从发生学的角度去推究那些案语最初究竟是来自于姜希辙还是黄宗羲，如今恐怕是难以定论的。从姜、黄关系之密以及曾有合著《历学假如》的经验来看，尤其从《明儒学案》成书时姜希辙仍在世以及黄宗羲自言《明儒学案》成书是"与姜、董撮其大要"的事实来看，那五条案语固然不排除仍有可能是黄宗羲得之于姜希辙，但作为姜、黄两人共识的可能性或者更大。不过，这是就案语的语意内涵而言。若从文字的表达形式来说，由于毕竟姜氏《理学录》早出，即便五条案语的意思是姜、黄两人平素交流达成的共识，具体的文字表述，仍可说是黄宗羲得之于姜希辙。当然，无论如何，这五条相同案语更为重要的价值和意义，也许并不在于其所有权问题，而在于至少可以让我们认识到，黄宗羲《明儒学案》中对一些人物和学派的判断，并不能完全视之为黄宗羲个人的一己之见。对于学术思想史而言，这一点非常重要，我们不妨再举三个例子来加以说明。

姜希辙《理学录》中薛应旂小传之后有这样一段案语的评论：

> 臣希辙曰：南野之学者，当时半天下，而方山聊备一人之数耳。一传至泾阳，东林之盛，又南野之时所不及也。然世不知东林出于南野，此后来之见闻，所以日狭也。

这句话虽然不见于《明儒学案》，但《明儒学案》薛应旂小传中有这样一段话：

> 先生为考功时，寘龙溪于察典，论者以为逢迎贵溪。其实龙溪言行不掩，先生盖借龙溪以正学术也。先生尝及南野之门，而一时诸儒，不许其名王氏学者，以此节也。然东林之学，顾导源于此，岂可没哉！①

最后两句指出薛应旂出自欧阳南野之门而下开东林一派，和姜希辙的案语意思完全一致。

再有，姜希辙《理学录》中《东林学派》之后评论整个东林学派的案语是这样的：

---

① 《黄宗羲全集》，第 7 册，页 689。

臣希辙曰：自泾阳讲学东林，凡天下讲学者，皆谓之东林。即天下之不必讲学而有气节文章者，亦皆谓之东林。其实东林聚讲而出自泾阳之派者，不过数十人。故非景逸之学之醇，东林虽盛于一时，其源远流长，亦未可知也。

而《明儒学案》中《东林学案》开头，黄宗羲有这样一段话：

今天下之言东林者，以其党祸与国运终始，小人既资为口实，以为亡国由于东林，称之为两党，即有知之者，亦言东林非不为君子，然不无过激，且依附者之不纯为君子也，终是东汉党锢中人物。嗟乎！此瘈语也。东林讲学者，不过数人耳，其为讲院，亦不过一郡之内耳。昔绪山、二溪，鼓动流俗，江浙、南畿，所在设教，可谓之标榜矣。东林无是也。京师首善之会，主之为南皋、少墟，于东林无与。乃言国本者谓之东林，争科场者谓之东林，攻逆阉者谓之东林，以至言夺情奸相讨贼，凡一议之正，一人之不随流俗者，无不谓之东林。若是乎东林标榜，遍于域中，延于数世。东林何不幸而有是也？东林何幸而有是也？然则东林岂真有名目哉？亦小人者加之名目而已矣。论者以东林为清议所宗，祸之招也。"子言之，君子之道，辟则坊与。"清议者，天下之坊也。夫子议臧氏之窃位，议季氏之旅泰山，独非清议乎？清议熄而后有美新之上言，媚奄之红本，故小人之恶清议，犹黄河之碍砥柱也。熹宗之时，龟鼎将移，其以血肉撑拒，没虞渊而取坠日者，东林也。毅宗之变，攀龙髯而蓑蝼蚁者，属之东林乎，属之攻东林者乎？数十年来，勇者燔妻子，弱者埋土室，忠义之盛，度越前代，犹是东林之流风余韵也。一堂师友，冷风热血，洗涤乾坤。无智之徒，窃窃然从而议之，可悲也夫！①

将这段话与上面姜希辙评论东林学派的案语相对照，可见姜希辙案语中的三句话，黄宗羲都有对应。第一句"自泾阳讲学东林，凡天下讲学者，皆谓之东林。即天下之不必讲学而有气节文章者，亦皆谓之东林"，黄宗羲评论中对应的是："乃言国本者谓之东林，争科场者谓之东林，攻逆阉者谓之东林，以至言夺情奸相讨贼，凡一议之正，一人之不随流俗者，无不谓之东林。"第二句"其实东林聚讲而出自泾阳之派者，不过数十人"，黄宗羲评论中对应的是："东林讲学者，不过数人耳，其为讲院，亦不过一郡之内耳。"第三句"故非景逸之学之醇，东林虽盛于一时，其源远流长，亦未可知也"，黄宗羲评论中对应的是："数十年来，勇者燔妻子，弱者埋土室，忠义之盛，度越前代，犹是东林之流风余韵也。"由此可见，黄宗羲与姜希辙对东林的看法相当一致，只是黄宗羲所论发挥更详而已。

第三个例子是对于明代学术的整体评价。在《明儒学案序》中，黄宗羲曾有这样的一段话：

有明事功文章，未必能越前代，至于讲学，余妄谓过之。诸先生学不一途，师门宗旨，或析之为数家，终身学术，每久

① 《黄宗羲全集》，第 8 册，页 726–727。

之而一变。二氏之学，程、朱辟之，未必廓如，而明儒身入其中，轩豁呈露。用医家倒仓之法，二氏之葛藤，无乃为焦芽乎？①

而在《明儒学案发凡》中，黄宗羲也有几乎同样的话，所谓：

> 尝谓有明文章事功，皆不及前代，独于理学，前代之所不及也。牛毛茧丝，无不辨晰，真能发先儒之所未发。程、朱之辟释氏，其说虽繁，总是只在迹上；其弥近理而乱真者，终是指他不出。明儒于毫厘之际，使无遁影。②

以上这两段文字，往往被作为黄宗羲比较明代与之前宋元学术的一个基本判断。但是，在姜希辙《理学录》中王时槐的小传之后，姜希辙有这样一段案语：

> 臣希辙曰：有明事功文章，无一能及前代。而论学之书，则有远过宋、元者。此等语向人道，如何肯信？然细读塘南先生文集，亦大约可睹矣。或言圣道易简，塘南语未免末学望洋而返。不知直下承当，廓然无圣，寥寥有几？塘南所谓风急天寒，儒门定脚者也。

---

① 《明儒学案》（北京：中华书局，1985），页 7 - 8。国翔按：该篇序文未收入浙江古籍出版社 2005 年版《黄宗羲全集》第 7 册《明儒学案》中。
② 《黄宗羲全集》，第 7 册，页 5。

这段话后半部分是评论王时槐的，但是第一句话的意思，却和黄宗羲一样，都在于指出了明代学术在整体上有超越宋、元之处，尽管黄宗羲在上引两段话的后半部分更进一步还指出明儒过于宋儒之处在于辟佛的深入。

显然，这三个例子都再次说明，在有关明代儒学的许多看法上，不论是对某一学派还是对某些学者，甚至是对整个明代学术思想的整体判断，黄宗羲的一些看法都并非其个人的独唱，而是有取于当时其他的儒家学者。或者至少可以说在其他儒家学者中颇有共鸣。

当然，黄宗羲和姜希辙具有共识甚至借鉴姜希辙的看法时，也并非照单全收，而是在吸取的同时又有所改造。前面关于东林学派的评价，黄宗羲所论较之姜希辙虽然已经远为丰富，但毕竟尚无异议。可是对于唐枢其学的评论，黄宗羲就与姜希辙互有异同了。姜希辙《理学录》唐枢小传之后的案语如下：

> 臣希辙曰：真心者，即虞廷之所谓道心也。讨者，学问思辨之功，即虞廷之所谓精一也。随处体认天理，其旨该矣，而学者或昧于反身寻求。致良知，其几约矣，而学者或失于直任灵明。此讨真心之言，不得已而立。两家之学，盖由一庵而益明矣。

而在《明儒学案》唐枢小传中后半部分有这样一段话：

> 夫曰真心者，即虞廷之所谓道心也。曰讨者，学问思辨行

之功，即虞廷之所谓精一也。随处体认天理，其旨该矣，而学者或昧于反身寻讨。致良知，其几约矣，而学者或失于直任灵明。此讨真心之言，不得已而立。苟明得真心在我，不二不杂，王、湛两家之学，俱无弊矣。然真心即良知也，讨即致也，于王学尤近。第良知为自然之体，从其自然者而致之，则工夫在本体之后，犹程子之以诚敬存之也。真心蔽于物欲见闻之中，从而讨之，则工夫在本体之先，犹程子之识仁也。阳明常教人于静中搜寻病根，盖为学者胸中有所藏躲，而为此言以药之，欲令彻底扫净，然后可以致此良知云尔。则讨真心，阳明已言之矣，在先生不为创也。①

上引姜希辙的案语几乎可以说完全包含在黄宗羲的这段话之中，唯一不同的是，姜希辙所谓"两家之学，盖由一庵而益明矣"这句话，在黄宗羲的评论中不见了，而代之以"则讨真心，阳明已言之矣，在先生不为创也。"可见黄宗羲对唐枢的讨真心之说评价并不如姜希辙之高。姜希辙认为唐枢的讨真心之说可以兼顾并进一步发明王阳明和湛甘泉之说，而黄宗羲却认为其说阳明已言之在先。这一点即说明，在对待人物及其学说的判断问题上，即便有取于姜希辙之见，黄宗羲同时也有自己与之不同的看法。

七、结语

以上，笔者着重考察了姜希辙《理学录》一书的内容和体例，

<hr>

① 《黄宗羲全集》，第 7 册，页 5。

比较了该书与黄宗羲《理学录》和《明儒学案》之间的同异关系，指出了姜希辙《理学录》一书的价值和意义。姜氏《理学录》的内容和体例以及与黄宗羲《理学录》和《明儒学案》的同异，前文已有具体而详细的说明，此处不赘。姜氏《理学录》中的 22 条案语，包括与黄宗羲《理学录》中完全相同的 5 条，以及不见于黄宗羲《明儒学案》中的 20 位人物（其中有 12 位列入黄宗羲的《理学录》），笔者也辑出附于文后，以便研究者之用。

除了"考"的部分，对比姜希辙《理学录》与黄宗羲《理学录》和《明儒学案》同异关系所得出的一些结论，以及对于姜氏《理学录》一书价值和意义若干看法，即"论"的部分，前文也已经具体论证指出。不过，对于后一部分，笔者打算在结语的部分再将其要点加以概括，以期更为显豁。一些前文未便枝蔓的问题，此处也一并指出。

黄宗羲在改本《明儒学案序》中透露了《明儒学案》的撰写是"与同门姜定庵、董无休撮其大要"的结果。但是，由于姜希辙和黄宗羲的《理学录》以往都不为人所知，姜希辙究竟对于《明儒学案》的成书具有怎样的作用，是不得而知的。[①] 如今，根据三书各自成书的时间，以及那些相同或几乎相同的文字，尤其是那些文字完全相同的案语，我们可以认为，黄宗羲的《明儒学案》是在姜希辙的《理学录》以及他自己的《理学录》这两部书的基础上进一步完成的，因此，姜希辙《理学录》中对于明代儒

---

① 姜希辙《两水亭余稿》只是一部诗集，并无有关姜希辙与《明儒学案》的任何文字。笔者亦尝试察考董瑒的著作，看其中能否找到有关姜希辙与董瑒二人涉及《明儒学案》的文字。但董瑒文字散漫无记，天一阁现藏的残本《是学堂寓稿》，应该是其现存的一部文集，其中的记、祭文，亦无关乎《明儒学案》者。

学的一些认知和判断，不论是形式结构还是文字内容，都被黄宗羲吸收到了后来的《明儒学案》之中。其中标识学派人员构成谱系和传承的图表法，也被采纳到了《宋元学案》之中。《明儒学案》从开始编写到成书，姜希辙尚在人世，他不但一定了解黄宗羲《明儒学案》的撰写，而且一定和黄宗羲对于《明儒学案》中的学派划分、人物构成以及对于各个学派和人物的评价有过深入的交流。正是如此，黄宗羲所谓"与同门姜定庵、董无休撮其大要"才能得到具体的印证和理解。同时，姜希辙《理学录》后来为什么没有流通以至湮没不闻，也才能得到说明。对姜希辙来说，由于他实际上已经介入了《明儒学案》的编写，其《理学录》的许多内容已经被吸收、融入到了《明儒学案》之中，而《明儒学案》更为完备，因此，他自己的《理学录》也就没有流传的必要了。黄宗羲自己的《理学录》之所以后来失传而被认为已经佚失，更是因为对他来说，该书只是其《宋元学案》和《明儒学案》的准备工作而已。

这一点得到澄清之后，对于黄宗羲有关明代学术思想史的一些认识和判断，我们也会随之有进一步的了解。以往在研究黄宗羲的政治思想时，我们看到，黄宗羲反专制的政治思想在当时并非其个人的独唱，既是当时思想氛围下的自然产物，也是他与当时其他一些思想家、学者彼此交流、相互激荡的结果，可以视为一种时代的共鸣。这一观察，如今来看，也同样适用于黄宗羲对于明代学术思想史的认识和判断。我们在黄宗羲《理学录》和《明儒学案》中看到的那些与姜希辙《理学录》中完全一致和几乎一致方面，包括形式结构和文字内容，尤其是那些案语，正说明了这一点。

　　不过，虽然姜希辙《理学录》的一些内容被吸收、融入到了黄宗羲的《明儒学案》之中，但是，姜氏《理学录》对学派划分、人物构成、文献选录以及对各个学派和人物的评价，毕竟仍然有许多不同于《明儒学案》之处。这些不同之处，在如今《明儒学案》所勾画的明代儒学地貌几乎已成研究明代儒学史的前提和出发点的情况下，正可以补充《明儒学案》的不足，使我们对于明代儒学尤其阳明学的面貌有更为完整和真实的了解。一方面，关于《明儒学案》中学派划分的若干问题，与相关的原始文献相配合，姜氏《理学录》可以纠正其中的错误。笔者在本世纪伊始撰文检讨《明儒学案》中周汝登学派归属以及泰州学派设置的不当时，已经指出了《明儒学案》中学派划分的问题构成了明代儒学研究的前提性限制。而姜希辙《理学录》中的学派划分，可以使我们进一步意识到《明儒学案》中学派划分的诸多问题，让我们对于明代儒学尤其阳明学派的认识不再为受制于《明儒学案》的限制。至少，姜氏《理学录》可以为了解明代儒学史的面貌提供一个不同于黄宗羲《明儒学案》的观察视角，从而和其他一些类似的学术思想史著作一道，透过不同视域的融合，对明代儒学的整体面貌有更为全面和深入的了解。另一方面，在无法获得某一个学者完整的文献材料（全集）时，姜氏《理学录》中选录的文献有时比《明儒学案》选录的文献更为完整和精当，有时更是实录原文而符合原始文献的本来面目，总之可以弥补《明儒学案》的缺失。就此而言，姜氏《理学录》迄今仍不失为一部有价值的原始文献选编。事实上，黄宗羲本人的《理学录》，在这一点上也具有同样的意义。即便是作为《宋元学案》和《明儒学案》的准备工作，其中的有些内容，也可以构成后来两部《学案》的补充。黄宗羲自己学术思想史观的一些轨迹借之得由而见，就更不必论了。

前文比较姜希辙与黄宗羲的两部《理学录》时，曾经提及两书在结构与内容上的互补性。但是，如何理解这种可能的互补性？由于叙述的脉络未便详说。在文章最后的部分，笔者打算稍事推敲，以为本文的结束。

黄宗羲的《理学录》以宋、元儒学为重点，且明代部分完全不及阳明学。姜希辙的《理学录》限于明代而不含宋、元，且恰恰以阳明学为主体。这种互补的关系，难道是偶然的吗？明代儒学以阳明学最为突出，而黄宗羲《理学录》中明代的部分竟然完全没有阳明学的内容，或许正是由于姜希辙的《理学录》已经以阳明学为主体。黄宗羲的《理学录》康熙六年尚在编辑当中，较姜希辙的《理学录》晚出，但以黄宗羲与姜希辙的亲密关系，不会不知道姜氏《理学录》的存在。而姜希辙既然实际上对于《明儒学案》的撰写已经发生了相当的作用，他也不会不知道黄宗羲在撰写《明儒学案》之前有《理学录》之作。前文所论黄宗羲《理学录》和《明儒学案》中那些在形式结构和文字内容上与姜希辙完全一致或几乎一致之处，都可以证实这一点。因此，黄宗羲自觉地略人所详，不再选录阳明学的内容。这种详略的取舍，就从事学术研究的基本自觉来看，是很自然的。我们甚至可以推测，姜希辙的《理学录》和黄宗羲的《理学录》或许是互通有无、相互交流之下的彼此配合之作，只不过姜希辙的《理学录》成书在前而已。

　　可是，我们也许可以问：如果黄宗羲的《理学录》是在姜希辙《理学录》之后自觉地详人所略，那么，他不但不需要阳明学的部分，姜氏《理学录》已有的白沙学派和甘泉学派，似乎也应当忽略。可是，黄宗羲《理学录》的白沙学派和甘泉学派，又恰恰是几乎与姜氏《理学录》中的这两个学派几乎完全一致的，这又该如何解释呢？由于现存黄宗羲的《理学录》是一部残稿，所以也许存在另一种可能性。那就是，黄宗羲的《理学录》原本也有阳明学派的内容，只是后来散佚了。不过，黄宗羲的详略取舍之间，也许未必如此泾渭分明，一定要合乎逻辑上的排中律。他在明代的部分忽略阳明学的内容，也未必非得连同白沙学派与甘泉学派的内容也要弃之不顾。

　　当然，这里关于两部《理学录》可能构成的互补性的推究，只是附带所及，并非本文的主旨。通过细致的文本研究，对比和分析姜希辙《理学录》与黄宗羲《理学录》和《明儒学案》在形式结构和文字内容方面的同异，了解姜氏《理学录》一书对于学术思想史研究的价值和意义，这才是本文的重点和目标。

附录：

一、姜希辙《理学录》中的案语

1. 臣希辙曰：阳明尝谓独知无有不良，故南野论学，多得于独知之说，好好色、恶恶臭，乃其感应之真机。戒自欺以求自慊，即所以慎之之功也。然毕竟所谓观未发前气象，于程门相传之旨，终隔一层。而双江之归寂，见罗之止修，又似偏于上一截。惟先师归功于意，始为无弊耳。（欧阳德小传之后案语）

2. 臣希辙曰：南野之学者，当时半天下，而方山聊备一人之数耳。一传至泾阳，东林之盛，又南野之时所不及也。然世不知东林出于南野，此后来之见闻所以日狭也。（薛应旂小传之后案语）

3. 臣希辙曰：泾阳言本体只是性善二字，工夫只是小心二字，用以辨阳明心体无善无恶之旨。夫阳明之所谓无善无恶者，先师尝言之矣。人心只有好恶一几。好便好善，恶便恶不善，正见人性之善。若说心有个善，吾从而好之；有个不善，吾从而恶之，则千头万绪，其为矫揉也多矣。故泾阳之辩，只是不得阳明之意，非阳明之说有弊也。（顾宪成小传之后案语）

4. 臣希辙曰：自泾阳讲学东林，凡天下讲学者，皆谓之东林。即天下之不必讲学而有气节文章者，亦皆谓之东林。其实东林聚讲而出自泾阳之派者，不过数十人，故非景逸之学之醇。东林虽盛于一时，其源远流长，亦未可知也。（东林学派之后案语）

5. 臣希辙曰：真心者，即虞廷之所谓道心也。讨者，学问思辨之功，即虞廷之所谓精一也。随处体认天理，其旨该矣，而学者或昧于反身寻求。致良知，其几约矣。而学者或失于直任灵明。此讨真心之言，不得已而立。两家之学，盖由一庵而益明矣。（唐枢小传之后案语）

6. 臣希辙曰：敬庵自叙："己未下第，拜唐一庵先师。壬午释褐，又从四方有道者游。讨论切磋，二十余年，不为不久。平时持身行政，自谓颇已端详。通达性命之微，亦稍有窥测。间用力于操存涵养之功。然反己细观，欲根未清，习气尚在。日夕精神，多涉耗散。言语每病发扬，屡觉屡迷，频复频失。以若作为，求其发万古之精蕴，而入圣贤之途辙，真妄想耳。而今而后，有不洗心竭力专精此道、究竟成就者，非人也。"敬庵为学，孳孳不已如此。彼以认识为了手者，视此何如哉？（许孚远小传之后案语）

7. 臣希辙曰：先师始从主敬入门，积久而至于慎独。精微平实，严毅清苦之中，发为光风霁月，庶几恭而安矣。有明理学庞杂，先师一人，折衷其毫厘之差，而默契其自得之妙。由先师之书以浏览诸家，则条分缕析，何真伪之足眩哉？理学似周元公，死节似江古心，论谏似胡澹庵，钓台似李元礼，绝俗似范史云。此天下之公言而非某一人之私言也。（刘宗周小传之后案语）

8. 臣希辙曰：南皋、少墟之主讲席也，南皋宗解悟，少墟重躬行。先师为两家骑邮，通彼我之怀。及先师为御史大夫，上疏请复首善书院，崇祀少墟为瞽宗，而南皋不与焉。盖少墟之学，所谓邪说不能乱者也。（冯从吾小传之后案语）

9. 臣希辙曰：龙溪谓绪山曰："君所造，大概已坚肯凝定。中间行迹未尽脱化，未可全道功行未修。或者彻底透脱处，尚有可商量在。"绪山曰："彻底未尽透露，正因功行之未修耳。功行若修，更无可商量矣。"此绪山自知之语也。今人谓功行龙溪不如绪山，解悟绪山不如龙溪，亦浅之乎为论也。（钱绪山小传之后案语）

10. 臣希辙曰：象山之学，得慈湖而益大；阳明之学，得龙溪而益大。然后之追论者，以为象山之传，至慈湖而失之；阳明之传，至龙溪而失之；其所以大者，乃其所以失也。授受之际，可不谨乎？（王畿小传之后案语）

11. 臣希辙曰：龙溪之派，传之最远最久。然至海门、石簣而湛然澄之禅入之，至石梁而密云悟之禅入之，阳明之传，几乎扫地矣。然吾越中讲席，至今尤不微者，则未尝非其功也。（龙溪学派之后案语）

12. 臣希辙曰：阳明立教之后，承流接响者，以纵任为性体自然。东廓则申戒惧自强之真性，惧其流于荡也。以寂静为知体，东廓则明动静无二，惧其倚乎内也。以无为为向上一机，东廓则明下学即上达，惧其流于邪也。非东廓干城师说，则分流者将无穷源之日矣。（邹守益小传之后案语）

13. 臣希辙曰：东廓以讲学为事，常会七十，大会凡十。远者经年，近者弥月。其学徒遍天下。然而不叙其家学，以见其自迩至远也。（东廓学派之后案语）

14. 臣希辙曰：文成之后，惟江右不失其传。世皆以为东廓、念庵之功不可磨灭。岂知微言坠绪，往往得之刘氏哉？东廓、念庵尚有名位，可藉鼓动流俗。若刘氏者，为更难哉！（刘三吾小传之后案语）

15. 臣希辙曰：有明事功文章，无一能及前代。而论学之书，则有远过宋、元者。此等语向人道，如何肯信？然细读塘南先生文集，亦大约可睹矣。或言圣道易简，塘南语未免末学望洋而返。不知直下承当，廓然无圣，寥寥有几？塘南所谓风急天寒，儒门定脚者也。（王时槐小传后案语）

16. 臣希辙曰：阳明在江右最久，故江右之学，多得其要领，而刘氏其尤也。自淮南一派流入盱江，而江右学术为之一变。此时刘氏谨守藩篱，亦不能障澜而息焰也。塘南直透性体，使狂慧无所措手足，非积久之力，亦何能至是哉？（刘氏学派之后案语）

17. 臣希辙曰：自宋南渡来，以穷理居敬为二门。穷理者，役心于载籍；居敬者，以心操心，以念见念，失之者，故无论矣；得之者，亦终苦其难一也。白沙舍繁求约，舍难求易，而学以自然为宗，以忘己为大，无欲为治。

其用力以勿忘勿助之间，纤毫人力不着为天则。盖虽学于康斋，而于康斋之学，别出一宗者也。（陈献章小传之后案语）

18. 臣希辙曰：定山、一峰虽不在白沙弟子之列，而其推崇白沙，一如弟子也。定山得白沙之玄远，一峰得白沙之真实，皆非标榜门户者所能及耳。（庄昶、罗伦小传之后案语）

19. 臣希辙曰：及白沙之门者甚众，如易德元、陈秉常其人，皆重内而轻外，己大而物小。盖白沙教人，常令学者看"与点"一章。<u>章枫山曰："朱子谓专理会此章，恐入于禅。"白沙曰："彼一时也，此一时也。朱子时人多流于异学，故以此言救人。今人溺于利禄深矣，必知此意，然后有进步处。"</u>（国翔按：划线句《明儒学案》录于《夏东岩文集》）故其门人能兴起如此。呜呼！世之陷溺于利欲者，其以禅学目白沙宜矣？（白沙学派之后案语）

20. 臣希辙曰：甘泉以随处体认天理为宗，即白沙之自然也。自然处为天理，稍着意即失之矣。故白沙语之曰："人与天地同体。四时行，百物生。若滞在一处，安能为造化之主？善学者，常令此心在无物处，便运得转耳。"又曰："自然之乐，乃真乐也。宇宙间复有何事？"观甘泉年九十而有南岳之游，邹东廓令诸人献老而不乞言，斯甘泉之入人者深矣。（湛若水小传之后案语）

21. 臣希辙曰：巾石宗旨，以变化气质为主，其工夫趋于平实，亦以救一时悬空测度之弊。在白沙一派，尤为得力者也。（吕怀小传之后案语）

22. 臣希辙曰：嘉、隆以后，举天下皆言王氏之学，而湛氏孤其间。不可泯灭者，则以其门下皆能自得，不徒依傍口耳之传授也。独怪仁卿，能契白沙之心悟，而疑阳明为新学，此不知二五之为十耳。（唐伯元小传之后案语）

（国翔按：以上第17、18、19、20、21条案语虽不见于《明儒学案》，但却见于黄宗羲的《理学录》。其余各条，则黄宗羲的《理学录》和《明儒学案》俱不见。）

二、姜希辙《理学录》中《明儒学案》未收人物（共20人）：

（一）东林学派：

1. 李春芳；2. 万虞恺。

（二）蕺山学派：

1. 钱镇。

（三）钱绪山学派：

1. 赵志皋（仅在郝敬小传中提及）；2. 丁此吕；3. 甘士价；4. 王图。

（四）刘氏学派

1. 贺泾。

（五）白沙学派：

1. 区越；2. 林体英；3. 丁积；4. 姜麟；5. 方重杰；6. 钟晓。

（六）甘泉学派：

1. 潘子嘉；2. 方瓘；3. 谢显（仅在吕怀文献中有一封"答谢显"的书信中有谢显之名）；4. 钱薇；5. 林挺春；6. 钟景星。

（国翔按：此处白沙学派和甘泉学派12人亦见黄宗羲《理学录》。）

十三、清康熙朝理学的异军

——彭定求的《儒门法语》初探

一、引言

如理学取其广义，清代康熙一朝的理学，不论其在朝在野，学界历来都认为以程朱为主。这当然是合乎历史实际的判断。不过，在程朱之外，同时对陆王学说能有同情了解、甚至颇多肯定者，往往被归于程朱、陆王的调和论，或者是程朱主流之下陆王一脉颓势的余绪。因此，对于清初尤其康熙一朝肯定陆王的学者，历来研究不多。[①] 但是，如果不为程朱和陆王之争的旧典范所限，在康熙朝声势浩大的程朱理学尤其"尊朱黜王"风潮之下，那些同样尊朱却也肯定王学的儒者，对于其人其学的观察，或者我们可以别开生面，尤其对其立言的宗旨，也许能有更为真实的把握和定位。

事实上，在以往程朱、陆王学派之争的观察视角之下，彭定求（1645－1719，字勤止，号南畇，今苏州吴县人），就是一位仅仅

---

① 钱穆先生在其《中国近三百年学术史》中专章所论者，仅李穆堂一人。而黄进兴先生对于李穆堂的研究，则是较为少见的以清初肯定王学者为对象的专书，见其 *Philosophy, Philology, and Politics in Eighteenth - century China.* Cambridge：Cambridge University Press, 1995.

被归为王学维护者的人物。从梁启超的《中国近三百年学术史》直到晚近关于清代理学的研究，大都是如此。① 与康熙朝的"理学名臣"李光地（1642－1718，字晋卿，号厚庵，福建安溪湖头乡人）相较，彭定求的时代几乎与之完全重合。彭定求虽然年幼三岁，科举中式晚六年，但却高寿一年。彭定求在朝虽不如李光地显赫，但却是康熙十五年丙辰的状元，后来也曾任国子监司业和翰林院侍讲。② 更为有趣的是，在徐世昌的《清儒学案》中，紧随卷四十和四十一《安溪学案》之后的，便是《南畇学案》。然而，与迄今为止有关李光地的研究相比，③ 对于彭定求的研究却不免显得极为薄弱，基本上只是被视为王学余波的余波。本文之作，就是要以彭定求的《儒门法语》一书为中心，尝试考察其立言与为学的宗旨究竟何在。

---

① 梁启超在言及清初学术论辩时称"而黄梨洲一派大率左祖阳明，内中彭定求的《阳明释毁录》最为激烈。"见氏著《中国近三百年学术史》，《饮冰室合集》专集之七十五（北京：中华书局，1989），页101。按：此处任公所谓"《阳明释毁录》"，当即为"《姚江释毁录》"。钱穆先生同名的《中国近三百年学术史》持论与梁启超虽多有不同，但"朱陆异同"的观察视角则一。并且，在梁、钱两位的《中国近三百年学术史》中，彭定求都只是被一笔带过而已。如钱穆先生《中国近三百年学术史》中有关彭定求仅一句话，所谓"故彭定求南畇遂有《阳明释毁录》之作"。而所论正在李穆堂一章中"清初之朱陆异同论"一节。见氏著《中国近三百年学术史》（上）（北京：商务印书馆，1997），页295。二十一世纪伊始，史革新在其《清代理学史》上卷一书虽对彭定求有数页着墨，较梁、钱稍详，但却同样是在"程朱、陆王之争"一节中，将彭定求定位为王学的辩护者。见氏著《清代理学史》上卷（广州：广东教育出版社，2007），页268－273。
② 有关彭定求的生平事迹，参见罗有高所撰《彭公定求行状》，收入《碑传集》卷四十四，见《清代碑传全集》（上册）（上海古籍出版社，1987），页235。
③ 晚近有不少关于李光地研究的力作，例如，英语世界即有 On－Cho Ng（伍安祖）的 *Cheng－Zhu Confucianism in the Early Qing：Li Guangdi and Qing Learning* 一书。

二、《儒门法语》的内容

由于以往学界对于《儒门法语》一书似乎并无专门的研究，笔者在此需要首先对其内容稍作介绍。

《四库提要》中对《儒门法语》的概述如下：

> 是编凡录宋朱子、陆九渊，明薛瑄、吴与弼、陈献章、王守仁、邹守益、王敬臣、罗洪先、王畿、顾宪成、高攀龙、蔡懋德、魏校、罗伦、冯从吾、吕坤、孟化鲤、刘宗周、陈龙正、黄道周二十一家讲学之语，少或一二条，多至十数条。定求自有所见，即附识于后。其卷首题词有云：功殊博约，候分顿渐，自朱、陆立言始。要之，入门异而归墟同，无容偏举也云云。可以见其宗旨矣。

这里，四库馆臣已经说明，"入门异而归墟同，无容偏举也"是引自彭定求自己在《儒门法语》卷首的"题词"。不过，紧随这句话之后的两句，却被略去了。单凭这里的引语，再加上"可以见其宗旨矣"这句评语，很容易让人仍旧落在朱陆异同或朱陆之争的格局中去思考，从而将彭定求视为调和派或者陆学的辩护者。四库馆臣未脱此窠臼，情有可原。但其实紧随这"入门异而归墟同，无容偏举也"之后而未引的两句话，才是彭定求立言宗旨或者说编撰此书用意的自我表达。这一点，后文详说，此处暂且不表。

《四库提要》称《儒门法语》收录二十一家讲学之语，但笔者所见民国十一年承业堂排印本，其中却并无魏校和罗伦二人的文字，只有其余十九家。① 不过，这并不影响以笔者所见的这一版本为中心，结合其他相关史料，来探讨彭定求的思想倾向及其定位。

《四库提要》并未具体指出所录诸人的文字是哪些。据笔者所见的这部《儒门法语》，除了卷首的《儒门法语题词》五条以及卷末乾隆三十五年彭定求之孙彭启丰撰写的《儒门法语后序》，② 以及同治五年六世孙彭慰高和民国十一年八世孙彭清鹏的两篇重刻后记之外，彭定求收录的十九家文字具体包括以下内容：

朱子：《白鹿洞书院揭示》、《谕学者》、《答宋泽之书》；

象山：《白鹿洞书院讲义》、《荆门军上元设厅讲义》、《与包显道书》、《与曹挺之书》；

薛瑄：《慎独斋记》、《戒子书》；

吴与弼：《与章士言训导书》；

陈白沙：《禽兽说》；

王阳明：《拔本塞源论》、《示弟立志说》、《与辰中诸生论学书》、《与诸弟论改过书》、《稽山书院尊经阁记》、《示徐曰仁应试语》；

邹守益：《答东山诸友语》；

王敬臣：《论学语》、《忠信说》、《圣门师弟说》；

罗念庵：《答郭平川致良知书》、《答门人问学书》、《龙场

① 笔者所见和所用的这部民国承业堂本现存香港中文大学新亚书院钱穆图书馆。
② 《儒门法语题词》五条也收入彭定求的《南畇文稿》卷十二，见《四库全书存目丛书》，集部第 246 册，页 818。下引《南畇文稿》皆据此本，不另注。

阳明祠记》；

　　王龙溪：《蓬莱会申约后语》；

　　顾宪成：《东林讲会识人说》、《日新书院记》、《示儿帖》；

　　高攀龙：《困学记》、《示揭阳诸友诸书法》、《复七规》、《同善会讲语三条》、《家训二十一则》（后有陈龙正跋）；

　　冯从吾：《善利图说》、《关中书院记》、《论理学举业一则》；

　　吕坤：《理欲生长极致图说》、《身家盛衰循环图说》；

　　孟化鲤：《责善说》；

　　刘宗周：《与王金如论三教书》、《与张应鳌辨儒释书》、《证人会约言并附诸戒条》、《家塾规》、《学戒四箴》；

　　陈龙正：《家训》；

　　黄道周：《论朱陆异同》；

　　蔡懋德：《圣门律令》、《管见臆测》；

　　在这四十八篇文字中，顾名思义，薛瑄的《戒子书》、顾宪成的《示儿帖》以及陈龙正的《家训》，似乎并非如四库馆臣所言都是"讲学之语"。但传统儒家从修身到齐家、治国、平天下一以贯之，即便在这些写给家人的文字中，也同样是其思想学说的反映。在这个意义上，称其为"讲学之语"，也并不为过。

　　至于《四库提要》所谓"定求自有所见，即附识于后"，表明了《儒门法语》的基本体例，即在每篇所选文字之后，彭定求通常都有一段按语。与所选文字类似，这些按语也是或长或短。正

題識

一是編斷章取義必先詳通達源清未之繼次敬弗像其人也
亦不能仿近思錄之體依類分纂精言片羽羽學者貴得其
大意之所存云耳有能登餘固陋者需續登剞劂
字某用便俊後學稽考篇末閱陽小說蓬心綿力自慚無以發揮
楮餘恐不足當眼眼一咲也

大世孫祖賢敬錄

儒門法語目錄
宋朱文公〔公諱熹字元晦世居婺源紫陽山下公父贈居建州公為建人〕
建州公為建人〕
白鹿洞書院揭示
勸學者
答宋澤之書
宋陸文安公〔公諱九淵字子靜金谿人學者稱象山先生〕
荊門軍上元設廳講義
與包顯道書
與曹立之書
白鹿洞書院講義
薛文清公〔公諱瑄字德溫河津人〕
慎獨箴記
戒子書
明吳康齋先生〔先生諱與弼字子傅崇仁人〕
與章士言銓導書

是这些按语，为我们探讨彭定求的思想提供了第一手的文献基础。当然，并非每一篇选录的文字后面都有按语，有十九篇文字后面就没有按语，包括朱子的《白鹿洞书院揭示》、象山的《荆门军上元设厅讲义》、薛瑄的《戒子书》、阳明的《示弟立志说》和《示徐曰仁应试语》、王敬臣的《论学语》和《忠信说》、罗念庵的《答郭平川致良知书》和《答门人问学书》、王龙溪的《蓬莱会申约后语》、顾宪成的《日新书院记》和《示儿帖》、高攀龙的《示揭阳诸友诸书法》、《同善会讲语三条》和《家训二十一则》、冯从吾的《善利图说》、吕坤的《理欲生长极致图说》和《身家盛衰循环图说》以及刘宗周的《与王金如论三教书》。不过，即便没有按语，这些文字被选入《儒门法语》本身，也表明其中所论的内容必定是彭定求认同的。因此，讨论《儒门法语》所反映的彭定求的思想，就不能单纯以其按语为据。其中所选文字的内容，亦当与彭定求的按语相配合而观。此外，彭定求的其他文献，包括《南畇文稿》和《姚江释毁录》中的相关文献，本文也会在相关的地方适当采用。但因本文讨论的对象毕竟是《儒门法语》，为免喧宾夺主，其他的文献材料，只能是辅助性的。

三、《儒门法语》的宗旨与用意

彭定求选择这四十八篇先儒的文献，汇编为一书，称之为"儒门法语"，并非任意偶然。他虽然谦称此书"断章取义"、"吉光片羽"，但同时也表明希望学者"贵得其大意之所存"。显然，在彭定求看来，宋明两朝十九位儒家学者的这四十八篇文字虽各有不同，但却有其共同"大意"贯穿其间。而在选编的取舍之间，彭定求所理解的这些文字共同的"大意"，其实正是彭定求自己的立言宗旨及其编撰《儒门法语》的立意所在。

《儒门法语》首录朱子的《白鹿洞书院揭示》。在《揭示》最后的识语中，朱子说：

> 熹观古昔圣贤所以教人为学之意，莫非使之讲明义理，以修其身，然后推以及人，非徒欲其务记览、为词章，以钓声名、取利禄而已也。

这里朱子强调"为己之学"与"利禄之学"的差别，强调义利之辨。此可谓儒家的核心价值之一，而在这一点上，朱陆毫无差别。而彭定求首选此篇，可见其用意并不在于维护陆学，而在于开宗明义，指出儒学之所以为儒学、儒者之所以为儒者的一个最为重要的基本原则。在当时以理学之名干禄的风气之下，同时又具有针砭现实的意义。这涉及《儒门法语》思想的定位问题，后文会有详细讨论，此处暂且不赘。

而在首引朱子《白鹿洞书院揭示》之后，彭定求紧接着又引了朱子《谕学者》中的如下一段话：

> 书不记，熟读可记；义不精，细思可精。唯有志不立，直是无着力处。只如而今贪利禄而不贪道义，要做贵人不要作好人，皆是志不立之病。直须反复思量，究见病痛起处，勇猛奋跃，不复作此等人。一跃跃出，见得圣贤所说，千言万语，都无一事不是实语，方始立得此志。就此积累工夫，迤逦向上去，大有事在。诸君勉旃，不是小事。

这里彭定求所录，亦非在取朱子合于象山之言，而仍是儒家通义中的核心原则，即"义利之辨"。其中"只如而今贪利禄而不贪道义，要做贵人不要作好人，皆是志不立之病"，恐亦借古讽今，有针砭当时世风之意。所以彭定求在这段朱子《谕学者》之后，有如下的一段按语，表达了他自己用心的所在。所谓：

> 朱子著书立言，意在主循序致精，其于知行、博约、德性、问学诸项，几于条分缕晰矣。然及其融合贯通，固未尝举心与理而二之也。一言以蔽之，曰全乎天理而无一毫人欲之私。此圣学指归，而朱子之学之教所奉以为鹄者也。自以传注为帖括

之资，经生家句诠字释，不过纸上陈言、口头习语，藉以希世干禄而已。于是志趣高明者，遂不屑屑于章句之绪余，而后不免于失诸决裂。夫岂朱子立言之过哉？此条专以立志二字吃紧提撕，则一语足胜千百。盖义利之间，界限分别，彻上彻下，总离不得立志为第一义。否则画脂镂冰，更无话可说。故朱子之文，美不胜录，姑择其简要者，弁诸卷首。

如所周知，阳明批评朱子的要点在于"析心与理为二"。但是，由彭定求的这段话可见，他完全没有站在阳明的这一根本立场发言，而恰恰是认为朱子虽然对于儒家传统中"知行"、"博约"以及"尊德性和道问学"这些重要观念进行了分疏，但在观念的"条分缕析"之后，朱子却最终能够"融合贯通"，"未尝举心与理而二之也"。不仅如此，彭定求甚至认为那些"志趣高明"、"不屑屑于章句"者与朱子学"决裂"，未免有"失"。如果说非但没有站在阳明学的立场，反而认为朱子并未"析心与理为二"，是这段按语的第一个要点。那么，这段话的另一个要点，即再次强调"立志"在"义利之间"有所"界限"和"分别"、"全乎天理而无一毫人欲之私"，应当是"彻上彻下"的第一义和"圣学指归"。而所谓"自以传注为帖括之资，经生家句诠字释，不过纸上陈言、口头习语，藉以希世干禄而已"，则又一次将批判的锋芒指向那些假借朱子学为"帖括之资"而"希世干禄"的伪儒。

至于《儒门法语》所选朱子的最后一篇文字《答宋泽之书》，其中的核心意旨，仍在于强调义利之辨，批评那些"以文字言语为工夫、声名利禄为归趣"的"干禄"之徒。所谓：

大抵今之学者之病，最是先学作文干禄。使心不宁静，不暇深究义理。故于古今之学、义利之间，不复能察其界限分别之际，而无以知其轻重取舍之所宜。所以诵读虽博，文辞虽工，而只以重为此心之害。要须反此，然后可以议为学之方耳。向者盖亦屡尝相为道此，然觉贤者意中未甚明了，终未免以文字言语为工夫，声名利禄为归趣。

而彭定求特意选择此篇，显然表明他对朱子篇中所论，有着强烈的共鸣。因此他在该段文字的按语中发其感慨之词如下：

观文公是书，所以抉发陋习，洗剔病根，岂尚夫局守书册、寻章摘句乎！

既然彭定求一再强调"义利之辨"，他在选录陆象山的文字时首选象山应朱子之请所作《白鹿洞书院讲义》，就是再自然不过的了。因为象山此篇的核心，正在于阐发《论语》中"君子喻于义，小人喻于利"一章。其中有谓：

此章以义利判君子小人，辞旨晓白。然读之者苟不切己观省，亦恐未能有益也。……故学者之志，不可不辨也。科举取士久矣，名儒巨公，皆由此出。今为士者，固不能免此。然场屋之得失，顾其技与有司好恶如何耳，非所以为君子小人之辨也。而今世以此相尚，汩没于此而不能自拔，则终日从事者，虽曰圣贤之书，而要其志之所向，则有与圣贤背而驰者矣。推而上之，则又惟官资崇卑、禄廪厚薄是计，岂能悉心力于国事民隐，以无负于任使之者哉？

而在《与包显道书》和《与曹挺之书》两封书信中，象山更是指出：

古人不求名声，不较胜负，不恃才智，不矜功能，故通体都是道义。道义之在天下、在人心，岂能泯灭？第今人大头既没于利欲，不能大自奋拔，则自附托其间者，行或与古人同，情则与古人异，此不可不辨也。（《与包显道书》）

平时虽号为士人，虽读圣贤书，其实何尝笃志圣贤事业？往往从俗浮沉、与时俯仰、徇情纵欲，汩没不能自振。（《与曹挺之书》）

这里所谓"自附托其间者，行或与古人同，情则与古人异"，正是揭示了那些托名儒学之下而其实"醉翁之意不在酒"者的心术。此辈"虽号为士人，虽读圣贤书"，却"往往从俗浮沉、与时俯仰、徇情纵欲"，口说"道义"而身赴"名利"，适与儒家义利之辨的基本原则背道而驰。

彭定求在随后的按语中称之为"近来士人通病，读之能不汗下沾襟"，可见象山所论士子之病，引发其心中强烈的共鸣。康熙朝理学虽然号称大盛，但口论"道义"而身赴"名利"的现象，对于彭定求来说，耳闻目睹，恐怕已经是屡见不鲜。而彭定求在象山的书信中独选此两篇，亦可见其用心与针对。

自朱、陆以下，彭定求所选明代诸家文字，核心均在于突显"义利之辨"这一儒家的基本价值和原则。譬如，他所选阳明的六篇文字，是全书中个人文字收录最多者。但阳明的这六篇文字，核心之意亦在强调"义"之于"利"、德性之于知识的优先性。如其中《与诸弟论改过书》，即意在强调于日常生活中做实际的迁善改过功夫。彭定求不选那些往往被认为足以突显阳明学在理论上不同于朱子的文献，说明其用意与着眼点并不在于维护王学，而在于指明儒学的"真精神"与"假道学"之间的区别。至于所选阳明后学如邹东廓、王龙溪、罗念庵诸文，也都是意在于此。而所选冯少墟《善利图》、刘宗周《辨儒释书》、《证人会约约言弁附诸戒条》和蔡忠襄的《圣门律令》等，同样都是深辨义利的文字。在彭定求看来，如果不能于义利之间严分界线，区别路头，追逐名利的最终结果，人将不免于禽兽。这也是他为什么选了薛瑄《戒子书》、陈白沙《禽兽说》和顾宪成《东林讲会识人说》中三篇一致强调"人禽之辨"的用意所在。

置儒家"义利之辨"的根本原则于不顾，"号为士人"而"希世干禄"，这一被彭定求视为"近来世人通病"的病因，乃是虚伪不诚。而"诚"，同样是儒家的一个基本原则。虚伪不诚，正为破坏儒学价值的大害。因此，除了"义利之辨"，"诚伪之辨"同时也是彭定求一再强调的一个重点。例如，在所录高攀龙《困学记》之后的按语中，彭定求有如下一段话：

先生此记，自序儒门工夫。曰悟曰修，未尝偏废。然悟须实悟，修须真修。吾师乎！

显然，在彭定求看来，对于儒学的实践来说，在"悟"和"修"之间不要偏废固然重要，但最为关键的是"真"和"实"，所谓"悟须实悟，修须真修"。这"真"、"实"二字，正是要以诚为本而摈斥虚伪。《儒门法语》中多引"劝善文"（劝人改过向善的文字）、①"戒子书"、"家训"和"会约"之类文字，皆非谈玄说妙之语，都是要人实地在自家身心上去做真修实悟的工夫。这无疑是彭定求崇尚"真实"而摈斥"虚伪"的反映。也只有在"诚"的基础上，义利之辨方有真正实现的可能。

事实上，对于《儒门法语》一书的宗旨和用意，彭定求在卷首的题词中有明确的自我表达。而本文开头引《四库提要》介绍《儒门法语》的文字中，恰恰略去了两句至关重要的话。在《儒门法语题词》的第二段，彭定求说：

---

① 此外，彭定求也的确为像《太上感应篇》这样严格意义上的"劝善文"写过序，如《感应篇疏衍序》、《感应篇汇传集序》、《感应篇图说序》、《重刻文昌化书序》。俱收《南畇文稿》卷二。以往曾有彭定求编纂《道藏辑要》的传说，但早已为研究道教史的专家学者论证为子虚乌有。日本学者吉冈义丰 1955 年即指出此点，参见吉冈义丰：《道教经典史论》（东京：道教刊行会，1955 年），页 175 – 176。后来柳存仁又有进一步的论证，参见 Liu Ts'un – yan（柳存仁），"The Compilation and Historical Value of the Tao – tsang," in *Essays on the Sources of Chinese History*, eds. Leslie, Donald D., Colin Mackerras, and Wang Gungwu（Canberra：Australian National University Press，1973），pp. 104 – 109。在 2006 年 11 月 11 – 12 日高雄中山大学第一届道教仙道文化国际学术研讨会上，Monica Esposito 在其所撰《〈道藏辑要〉及其编纂的历史——试解清代〈道藏〉所收道经书目问题》一文中，继续这一论点。最近尹志华在 2012 年《中国道教》第 1 期上，则更加详细地论证彭定求与《道藏辑要》的编纂无关。

圣学真传，邹鲁以降，续自濂洛，精蕴微言，周程张邵，斯其至矣。而功殊博约，候分顿渐，则实自朱陆立言始。要之，入门异而归墟同，无容偏举也。若徒沿袭聚讼，诋诬排击，口说日炽，躬行日衰，又奚尚焉！故是编始自朱陆，主于明义利之辨，决诚伪之几。①

这里所谓"主于明义利之辨，决诚伪之几"，正是《儒门法语》一书的立言宗旨和用意所在。笔者前文征引文献进行的分析，恰好为彭定求的这句话提供了足够的印证和支持。那么，接下来我们要问的问题是，彭定求为什么要通过这部《儒门法语》来"明义利之辨，决诚伪之几"？这个问题涉及《儒门法语》的思想定位问

① 《南畇文稿》，页818。

题，需要我们进一步将其置入当时社会和思想的脉络之中来加以考察。

四、《儒门法语》的定位

前辈时贤将彭定求视为清初程朱理学盛行之下的王学辩护者，或者说程朱、陆王之争格局之下陆王之学的偏袒者，自然有其理据。譬如，当时陆陇其（1630－1692，字稼书，称当湖先生）排击王学甚烈，甚至仿效董仲舒独尊儒术的口吻而欲独尊朱子，所谓：

> 今之论学者无他，亦宗朱子而已。宗朱子者为正宗，不宗朱子者即非正学。汉儒不云乎："诸不在六艺之科、孔子之术者，皆绝其道，勿使并进。然后统纪可一，而法度可明。"今有不宗朱子之学者，亦当绝其道，勿使并进。朱子之学尊，而孔子之道明，学者庶乎知所从矣。[1]

陆陇其被誉为"本朝理学儒臣第一"，[2] 但面对其排击王学的激烈言论，彭定求撰《姚江释毁录》予以了回应。他直言不讳地指出：

> 当湖陆侍御以清德名儒，著书讲学，天下宗之。余读《三鱼堂文集》，见其所讲，专以排击王文成公为事，意在尊

---

① 陆陇其：《三鱼堂外集》卷四，《经学》。
② 吴光酉等：《陆陇其年谱》（北京：中华书局，1993），页2。

朱也。尊朱是矣，排击文成则甚矣。既辟其学术，复议其功业，且坐以败坏风俗，致明季之丧乱。吁！又甚矣。余不觉恫心骇目，既深为文成痛，而转为侍御惜焉。文成入手工夫，与朱子有毫厘之别，故其训格物也，实与朱子抵牾。至其所归，同传孔、曾、思、孟微言，同究濂洛渊源。文成揭出良知宗旨，警切著明，于朱子居敬穷理之学，未尝不可互相唱提也。文成之学传之当时者，若邹文庄、若欧阳文庄、若罗文恭，皆粹然无疵者也。沿及鹿忠节、蔡忠襄、孟云浦、黄石斋，谨守宗旨。而蕺山刘先生，阐扬洗涤，尤集阙成，实为有明一代扶翼道统，主持名教之归。而近之宗述文成者，若孙苏门、李二曲、黄梨洲诸先生，率皆修持邃密，经济通明。侍御欲尽举而贬抑之，亦不能也。且侍御之所宗者，不过如陈清澜之《学蔀通辨》，与近今□□□、应潜斋、张武承之言而已。以彼生平行谊，视前哲为何如哉？余之深为侍御惜者此也。①

　　由此段可见，彭定求为阳明学的辩护是显而易见的。但是，这并不意味着彭定求是站在王学的立场上来反对朱学。因为即便在这一段话中，彭定求也首先声明了"尊朱是矣"。因此，这种辩护，显然是他在陆陇其一味排击阳明学的情况下为阳明学而发的"不平之鸣"，并不意味着程朱和陆王之争格局之下的非此即彼。

　　事实上，彭定求所谓"尊朱是矣"，并非由于当时朱学得势而说的敷衍场面的话。他的确是"尊朱"的。对此，我们不妨以他

---

① 彭定求：《姚江释毁录》卷二，光绪七年刻本。

对"主敬"的态度为例，来加以说明。众所周知，"主敬"是朱子学最为重要的一个原则。朱子曾称："敬字工夫，乃圣门第一义，彻头彻尾，不可顷刻间断。"① 而针对当时所谓"主敬工夫须变化"一说，彭定求撰《主敬工夫须变化说辨》一文予以反驳，对朱子主敬之说给予了充分的肯定。他说：

> 今忽闻有"主敬工夫须变化"之言，是于主敬作转手势也，似欲屏弃宋儒，而别为之说。愚因反复思维，觉与千圣授受心法、大儒卫道条理脉络，离而去之。终夜悚息，不忍默默，因就来说所及者以对。②

> 主敬二字，圣学尽性之宗旨也。③

> 是主敬者，所以为千变万化之枢纽，而圣学于是归根也。④

显然，彭定求认同朱子主敬说而视其为圣学工夫的宗旨和根本。也正是由于彭定求真正尊朱，朱子十七世孙朱璇才曾经专程由海宁至苏州，请彭定求为朱氏宗谱作序。⑤ 彭定求若反朱学，此事是必无可能的。

---

① 《朱子语类》卷十二。
② 《南畇文稿》卷十二，页820上。
③ 《南畇文稿》卷十二，页820上。
④ 《南畇文稿》卷十二，页820下。
⑤ 彭定求《紫阳朱氏宗谱序》见《南畇文稿》卷二，页661上–662上。

此外，在上引彭定求响应陆陇其的文字中，我们可以看到，对于阳明学和朱子学的关系，彭定求认为"文成揭出良知宗旨，警切着明，于朱子居敬穷理之学，未尝不可互相唱提也。"这就表明，在彭定求看来，朱子学和阳明学并非相互排斥的关系。这一点，他在《汤潜庵先生文集节要序》一文中，有更为充分的表达：

　　　　夫学必宗程朱，固家喻户晓也。而先生（按：汤斌）之宗程朱，则能力践乎程朱之行，而会通乎程朱之言。程朱之言，居敬也，穷理也，未尝不知行一贯，博约同归，动静互摄也。相沿相习于帖括训诂之徒，支分节解，脉络壅闭，浸失程朱之本意。至于姚江，喟然为拔本塞源之论，揭致良知以为宗，孜孜教人扫荡人欲，扩充天理，则本体工夫，包罗统括，直接简易。始知程朱所谓居敬穷理者，初非区为之途、繁为之迹，正使程朱复生，当必引为同心之助。而议者好为排击，坐以新学异门。卒之意见沉痼，功利潜滋，则自托于程朱，而实自绝之者矣。①

　　在这段话中，在同样首先肯定"必宗程朱"的前提下，彭定求认为假使程朱复生，定会引阳明学为"同心之助"。这与上引文中二者可以"互相唱提"的话，恰好彼此呼应。非但如此，在他看来，阳明学反倒是程朱之学真精神的体现，因为阳明致良知之学，"扫荡人欲，扩充天理"，正可以说是实践了程朱之言。而那些"自托

---

① 《南畇文稿》卷十二，页636下。

于程朱"者，"意见沉痼，功利潜滋"，最终反而会自绝于程朱之学。

因此，彭定求之学，并不是站在王学的立场上反对程朱。认为《儒门法语》是一部"鼓吹王学思想的著述"，[①] 也实在并不恰当。严格而论，彭定求并不应当仅仅被视为清初程朱、陆王之争的调和论者，或者是康熙朝程朱理学主流之下陆王一脉颓势的余绪和辩护者。其实，彭定求完全可以说康熙朝理学中的一员。在"崇朱黜王"之风遍布朝野的局面下，他可谓一位理学的"异军"。他只是在"学必宗程朱"的前提下，肯定阳明学能够真正实践程朱之学的真精神而已。在这个意义上，彭定求已经超越了程朱、陆王之争的典范。[②] 或者说，在他看来，就儒学道义优先于功利、德性优先于知识的根本原则而言，程朱、陆王之间在根本上是无分轩轾的。就此而言，如果不能跳出程朱、陆王之争的旧典范，彭定求《儒门法语》"明义利之辨，决诚伪之几"的宗旨和用意所在，就无法得以彰显。

可是，彭定求为什么要以"明义利之辨，决诚伪之几"作为《儒门法语》的立言宗旨和立意所在？他为什么要在声势浩大的程朱理学风气之下为阳明学鸣不平？这就必须深入到当时的社会与

---

① 史革新将《儒门法语》和《姚江释毁录》一道称为"鼓吹王学思想的著述"，见其《晚清陆王心学复苏的若干考察》，载《徐州师范大学学报》，2005 年第 1 期。

② 其实，彭定求超越程朱、陆王之争的典范，从《儒门法语》的选材也可以看出。该书首录朱子和象山，而所选内容为两家"明义利"、"决诚伪"的共论，已见其平视两家的意图。而有明一朝，所选也并非只有阳明学者。薛瑄、吴与弼、陈白沙三位明代前期的学者自不必论，在顾宪成、高攀龙、刘宗周这些自成一格而不属于阳明学的学者之外，更有冯少墟、吕坤这样以经世济民见长而与阳明学并无干系的儒者。

思想氛围之中，才能明其心迹。

其实，前引彭定求《姚江释毁录》中反驳陆陇其的文字最后部分，已经透露了些许消息。他罗列阳明后学如邹东廓（谥文庄）、欧阳南野（谥文庄）、罗念庵（谥文恭），以及阳明学影响所及者如鹿善继（1575－1636，字伯顺，号乾岳，谥忠节）、孟化鲤（1545－1597，字叔龙，号云浦）、黄道周（1585－1646，字幼玄或幼平，号石斋），与陆陇其之前的陈建（1497－1567，字廷肇，号清澜，）、应㧑谦（1615－1683，字嗣寅，号潜斋）和张烈（1623－1686，字武承）相对比，正是要以前者人格的光明俊伟，来照察后者这些托名程朱理学旗下人物在人格上的猥琐虚伪。所谓"以彼生平行谊，视前哲为何如哉？"的反问，其意正在于此。

清初一些以程朱理学自居者的言行不一、流于虚伪，早已是不刊之论。当时如汤斌（1627－1687，字孔伯，号荆岘，晚号潜庵）在为王学鸣不平而回应陆陇其的《答陆稼书书》中，已经指明。所谓：

> 近年有一二巨公，倡言排之不遗余力，姚江之学遂衰，可谓有功于程朱矣。然海内学术浇漓日甚，其故何与？盖天下相尚以伪久矣。巨公倡之于上，随声附和者多。更有沉溺利欲之场、毁弃坊隅、节行亏丧者，亦皆著书镂版，肆口讥弹，曰："吾以趋时局也！"亦有心未究程朱之理，目不见姚江之书，连篇累牍，无一字发明学术，但抉摘其居乡居家隐微之私，以自居卫道闲邪之功。夫讦以为直，圣贤恶之。惟学术所关，不

容不辨，如孟子所谓不得已者可也。①

陆陇其本人行谊不仅无可指摘，反而可以说是"人格极高洁，践履极笃实"（梁任公语），② 也正因此，他才成为入清第一位从祀孔庙的儒者。他的问题是对阳明学其实并不了解，所谓"知之不真，故评之不切"。③ 但汤斌这里的重点在于，那些"沉溺利欲之场、毁弃坊隅、节行亏丧"之徒的随声附和，不过是见风使舵即所谓"趋时局"而已。可是，这样的一批人来提倡朱学，结果只能如彭定求所言，"自托于程朱，而实自绝之"。

不过，与彭定求时代几乎完全重合的李光地，如本文开篇所言，作为康熙最为宠信而位极人臣的"理学名臣"，其实恰是一位"节行亏丧者"。④ 正是由于李光地的时代与彭定求完全重合，并且李光地以提倡程朱理学尤其朱子学名世，一旦李氏节行有亏，势必直接成为彭定求心中的"反面教员"。彭定求在《儒门法语》中再三致意于"明义利之辨，决诚伪之几"，其心目中引以为鉴者，恐怕不能没有李光地的影子。《儒门法语》中指斥的种种，如"口说日炽，躬行日衰"、"以传注为帖括之资，经生家句诠字释，不过纸上陈言、口头习语，藉以希世干禄"，可以李光地为对象，似

---

① 汤斌：《汤斌集》上册（郑州：中州古籍出版社，2003），页189。
② 梁启超：《中国近三百年学术史》，页100。但梁启超同时也指出陆陇其"天分不高，性情又失之猖狭"、"能力真平常"。同书，页100。
③ 陆宝千：《清代思想史》（上海：华东师范大学出版社，2009），页142。
④ 李光地上康熙书，所谓："自朱子以来，至我皇上，又五百年，应王者之期，躬圣贤之学，天其殆将复启尧舜之运，而道与治之统复合乎？"极尽献媚之能事。钱穆先生曾不惜篇幅引李光地此书，称"光地实小人，富贵煊赫，不足掩其丑。"见氏著《中国近三百年学术史》，页292。

乎并不为过。

当然，李光地不足以为程朱理学的真正表率，这充其量或许是彭定求《儒门法语》一书的直接刺激。而康熙帝提倡理学，上有所好，下必效之，以至于众多"醉翁之意不在酒"者托程朱理学之名，而行逐名求利之实。这一虚伪与功利之风在"号为士子"中人的泛滥，应当才是彭定求在《儒门法语》中念念不忘"明义利之辨，决诚伪之几"的社会背景。当然，明末清初以降，儒学论说中对于"利"和"欲"的渐趋肯定，恐怕也是彭定求有感而发的一个宏观思想背景。[1]因此他对于"媚世谐俗"之徒的不以为然及其忧世与愤世之情，在《与林云翥》书中跃然纸上，所谓：

> 朱子之注"学而时习之"也，曰："学之为言效也。后觉者必效先觉之所为。"便是能知必贵于能行。注"止于至善"也，曰："全乎天理，而无一毫人欲之私。"工夫更何等精密。其与濂、洛脉络，原是洞彻无间，固非沿袭举业者，以训诂为阶梯也。若象山陆子鹅湖之会，讲"君子喻于义，小人喻于利"章，淋漓痛快，闻者为之流涕。阳明王子著《拔本塞源论》，直接孟子正人心之义，未尝不深切著明。白沙陈子亦曰："名节者，道之藩篱。"固未有理学而不名节者也。若徒缀葺册子，纷论异同，便拟自附坛坫，以为媚世谐俗之径迹，其趋

---

[1] 关于明清之际儒学论说中对于"利"和"欲"的渐趋肯定，迄今为止学界已有相当的检讨，较有代表性的如余英时先生《士商互动与儒学转向——明清社会史与思想史之一面向》等有关明清之际的研究论文。亦可参见余安邦、熊秉真编论文集《情欲明清——遂欲篇》（台北：麦田出版社，2004）等相关文集。

向正在乡愿之巢窟，而自绝于狂狷之可以羽翼中行者矣。纵使著作等身，正蹈程子玩物丧志之戒。其可耳食焉而堕其术中乎？①

世风沦丧，相率于寡廉鲜耻，恬不知怪；骎骎乎人禽之关，置之不讲，尚何讲学之有？②

而他的六世孙彭启丰在《儒门法语·后序》中如下的言语，同样也是情见乎辞，极能得其先祖之心。所谓：

其言类皆言近指远，而中学者隐微沈痼之疾。令其憬然剔然，发其恻隐、羞恶、辞让、是非之心，以自反于人道之常而已矣。……自功利之焰炽，忠信之说入乎耳出乎口，徒以邀时誉而取世资，其视圣贤若以为非人所可为，而其视固亦不复知其所以为人之道。

钱穆先生曾在论李光地、张烈的品节之后指出："以若是之人才，若是之心术，相与鼓噪而言正学，结帝王之欢固有余，服豪杰之气则不足，宜乎非难之蜂起也。"③ 诚然，如果托名程朱理学者不过是些"媚世谐俗"之徒，像彭定求那样的豪杰之士为阳明

---

① 《南畇文稿》，页804下。
② 《南畇文稿》，页805上。
③ 钱穆：《中国近三百年学术史》，页294–295。

学鸣不平，① 在《儒门法语》中反复强调"明义利之辨，决诚伪之几"，就是完全可以理解的了。

即便康熙对于程朱理学确有相当程度的认同，他利用和操纵这一文化象征符号以收天下之心的一面，也是无法否认的。而一旦某种学术思想与权势结合，尤其是可以成为沽名渔利的手段，那些"中无特操"的"寡廉鲜耻"之辈，必定会风起云涌，托名旗下。如此一来造成的所谓兴盛，最终却只会成为这种学术思想的"死亡之吻"（kiss of death）。直至今日，这一在儒学历史上屡见不鲜的现象，依然没有随风而逝。当然，那些真正的豪杰之士，也同样前仆后继，不绝如缕，越是在自己信奉的学术思想受到官方提倡而容易成为虚伪之徒"希世干禄"的手段时，越是会像彭定求的《儒门法语》那样，敲响"明义利之辨，决诚伪之几"的"警世钟"。

---

① 自明末以来，不少学者将明亡的原因归咎于王学的泛滥，从顾炎武到陆陇其的《学术辨》，都是如此。但彭定求却不以为然，他的如下辩驳铿锵有力，所谓："谓明亡不亡于朋党，不亡于盗寇，而亡于学术，意以此归狱阳明。嗟夫，诚使明季臣工以致良知之说互相警觉，互相提撕，则必不敢招权纳贿，则必不敢妨贤虐忠，则必不敢纵盗戕民！识者方恨阳明之道不行，不图诬之者颠倒黑白，逞戈矛、弄簧故，至于斯极也。"见罗有高：《彭公定求行状》，《碑传集》卷四十四，《清代碑传全集》上册，页235。笔者多年前曾撰文《阳明学者的"实学"辨正》，指出非但不能将明亡的责任归于阳明学，若无一应阳明学者的鞠躬尽瘁，明亡或许更速。当时尚未见到彭定求这段言辞。如今读之，颇有知音之感。

新版后记

本书去岁由台湾允晨文化实业股份有限公司列入其"允晨丛刊"出版了繁体字版。之所以在台湾首先以繁体字出版，我在前言开头即已交代了缘由。这里我想略赘数语，作为补充。

"允晨丛刊"素有声誉，该丛刊的第一本著作，就是余英时先生的《方以智晚节考》。后来余先生的《宋明理学与政治文化》和《朱熹的历史世界：宋代士大夫政治文化》，也都是在"允晨丛刊"出版的。其他如黄进兴先生的《优入圣域》、《圣贤与圣徒》和《从理学到伦理学：清末民初道德意识的转化》，王泛森先生的《古史辨运动的兴起》和《执拗的低音：一些历史思考方式的反思》，以及陈来先生的《古代宗教与伦理：儒家思想的根源》和《古代思想文化的世界》，等等，都是一时之选。起先黄进兴先生介绍本书给允晨时，我并没有意识到"允晨丛刊"之中这样的一条"学术谱系"。现在想来，我很高兴当初由允晨来出版这本书的繁体字版。

如今，本书将由在出版界同样享有盛誉的中华书局在中国大陆出版简体字版，并且，中华书局这一系列的作者群，也都是获得海内外广泛认可的中文世界的代表性学者。因此，我同样感到分外高兴。当然，我也借这次新版的机会，再次对全书的文字作了校订。这是特别要向读者说明的。

两岸的文教交流日益密切，但可惜台湾出版的书，在大陆迄今为止还不能广泛流通，让更多的读者有机会得以阅读。因此，中华书局的简体字版，应该在大陆会有更多的读者。不过，鉴于本书极为专业和纯粹学术的性质，不可能像那些通俗的大众文化读物一样畅销。所以，虽然读者相对会多一些，但如果说本书的文字还有一些价值，识者必定只能限于同行的专业学术圈。而对我来说，来自行内专业学者的认可甚至批评，远比圈外、业余人士的吹捧重要的多。后者只能满足那些缺乏真才实学和真正自信的知识从业员的虚荣，其实不过是自欺欺人；前者才是严肃学者在以"为学求道"为志业的道路上不期而获的"吾道不孤"的欣慰。余英时先生讲过，他所认同和追求的是自己的名字常常出现在同行学者专业文字的"footnotes"，而不是报纸和大众传媒的"headlines"。对此我深以为然。在我看来，这正是在学界区分"博学鸿儒"（luminary）和"公知明星"（celebrity）的一个重要标准。

客观而论，任何人都不免享受众人瞩目、镁光灯之下的满足感，学者也不例外。但是，对于真正严肃的学者，那种满足感是在追求知识、思考真理确有建树而获得世人认可的情况下，附带产生的。其原本所求，在于追求知识、思考真理本身带来的乐趣，并非世人的瞩目和拥趸。恰如陈寅恪所谓，"士之读书治学，盖将以脱心志于俗谛之桎梏"。而追求知识、探索真理，往往需要孤独和寂寞。如果一个人享受世人瞩目和拥趸的乐趣超过其求知思理所获的乐趣，那么，这个人天生其实不是学者的气质。即便最初因偶有小成而获得世人注目，也势必沉溺于镁光灯照射所带给自己的满足之中，对追求知识、思索真理终感乏味，再也不能悠游

546

其中而享受学术的乐趣。相较之下，一个真正的学者，永远具有求知、思理的内在冲动和追求。这一过程中所获得的乐趣和享受，也始终大于世俗众星捧月所能给予的虚荣和满足。这两种人，只有后者具备天然的学者气质。无论其实际成就大小，都会对学术甘之如饴。前者充其量不免终于"公知明星"，后者积力久可成"博学鸿儒"。孔子所谓"为人之学"与"为己之学"的差别，也正在于此。

当初，允晨的发行人廖志峰和编辑杨家兴两位先生为此书繁体字版出版做了很多细致的工作，这是我要表示感谢的。如今，中华书局的张继海先生为此书简体字版的出版，同样付出了很多的心力。接洽之后，我才知道原来继海兄和我当初差不多同时在北京大学读研究生，只不过他在历史系而我在哲学系。当年失之交臂，现在由他来负责出版我这本属于史学领域的著作，既可谓"书得其所"，无形中更平添了一份亲切。

最后，我要特别感谢余英时先生。余先生不但曾经亲自阅读和指点书中的几篇专论，更欣然为本书赐序和题字。同时我还要特别感谢陈来先生，正是他向中华书局介绍了我的这本著作，使我能够与中华书局和继海兄结缘，让更多大陆的学界同行了解这些年来我在中西哲学与宗教的研究之外，于学术思想史和历史文献学领域所"别开"的一面。

彭国翔

2014 年 8 月 19 日初稿于法兰克福近郊之爱普世坦（Eppstein）
2015 年 6 月 15 日修订于武林之紫金港